全国普通高等院校"十三五"规划系列教材
——城市轨道交通运营管理类

城市轨道交通规划与管理

主　编　〇　吴艳群
主　审　〇　吴　芳

西南交通大学出版社
·成都·

内容简介

本书作为全国普通高等院校"十三五"规划系列教材——城市轨道交通运营管理类之一，共3篇20章。第一篇是基础篇，分为4章，主要介绍城市轨道交通由来、发展现状、系统分类及技术经济特征、系统构成；第二篇是规划与设计篇，分为8章，主要包括城市轨道交通规划与设计基础、线网规划、线路规划与设计、车站设计、换乘站规划与设计、车辆段规划与设计、枢纽规划与设计、轨道交通与其他交通方式的衔接规划与设计；第三篇是运营与管理篇，分为8章，主要包括运营与管理基础、客流预测、运营计划、列车运行图及通行能力、列车运行组织与调度指挥、客运管理、事故及事故处理、经济效益评价。

本书内容全面，系统性强，既可作为高等院校交通工程专业、交通运输专业、土木工程专业及其他相关专业师生的教材或教学参考书，也可作为从事交通运输系统设计的工程技术人员的参考资料和培训教材。

图书在版编目（CIP）数据

城市轨道交通规划与管理 / 吴艳群主编. —成都：西南交通大学出版社，2018.1（2022.1重印）
全国普通高等院校"十三五"规划系列教材. 城市轨道交通运营管理类
ISBN 978-7-5643-5951-5

Ⅰ. ①城… Ⅱ. ①吴… Ⅲ. ①城市铁路–交通规划–高等学校–教材②城市铁路–交通运输管理–高等学校–教材 Ⅳ. ①U239.5

中国版本图书馆 CIP 数据核字（2017）第 308296 号

全国普通高等院校"十三五"规划系列教材
——城市轨道交通运营管理类

城市轨道交通规划与管理

主　　编／吴艳群	责任编辑／姜锡伟
	助理编辑／宋浩田
	封面设计／何东琳设计工作室

西南交通大学出版社出版发行
（四川省成都市二环路北一段 111 号西南交通大学创新大厦 21 楼　610031）
发行部电话：028-87600564　　　028-87600533
网址：http://www.xnjdcbs.com
印刷：四川煤田地质制图印刷厂

成品尺寸　　185 mm×260 mm
印张　25.25　　字数　629 千
版次　2018 年 1 月第 1 版　　印次　2022 年 1 月第 2 次

书号　ISBN 978-7-5643-5951-5
定价　69.80 元

课件咨询电话：028-87600533
图书如有印装质量问题　本社负责退换
版权所有　盗版必究　举报电话：028-87600562

前 言

由于处于以城市化为中心的经济增长阶段，我国的城市普遍存在中心区交通拥堵、空气质量下降、停车场地缺乏等一系列严重的问题。随着交通基础设施建设、维护和运营技术的发展，通过大力发展公共交通解决日益严重的城市交通问题已成为共识。城市轨道交通具有运能大、速度快、安全准时、节省能源、环境污染小的特点，是城市公共交通系统的骨干。目前，我国已进入了城市轨道交通建设的高峰期。

本书作为全国普通高等院校"十三五"规划系列教材——城市轨道交通运营管理类之一，在参考国内外相关文献的基础上，结合我国城市轨道交通规划与管理实际，对城市轨道交通规划与设计及运营与管理进行了全面的论述。

本书共3篇20章，由兰州交通大学交通运输学院"城市轨道交通"相关课程教学团队共同编写。具体分工如下：第一章至第五章和第十二章、第十六章由吴艳群编写，第六章至第八章、十一章由董鹏编写，第九章和第十章由许得杰编写，第十七章由蒲菡编写，第十八至第二十章由江雨星编写。感谢甘肃铁科建设工程咨询有限公司的吴佳欣和中国铁路兰州局集团有限公司兰州车务段的司晓鑫提供了大量工程相关资料。感谢学院领导和相关老师的支持和帮助，感谢徐鹰、侯文学、李高同等同学帮忙绘制了本书的插图和一些文本的录入。并对本书参考的各个文献的作者表示衷心的感谢，全书由吴艳群统稿。

由于编者时间和水平有限，书中难免有欠妥或不足之处，敬请同行专家和读者批评指正。

编 者

2017 年 12 月

目 录

第一篇 基础篇

1 城市轨道交通的由来与发展趋势 ······ 2
   1.1 城市轨道交通的由来 ······ 2
   1.2 城市轨道交通的发展趋势 ······ 10

2 国内外城市轨道交通的发展现状 ······ 15
   2.1 北京 ······ 15
   2.2 上海 ······ 19
   2.3 广州 ······ 22
   2.4 香港 ······ 25
   2.5 东京 ······ 28
   2.6 纽约 ······ 31
   2.7 华盛顿 ······ 34
   2.8 伦敦 ······ 36
   2.9 巴黎 ······ 39
   2.10 马德里 ······ 42

3 城市轨道交通系统分类及技术经济特性 ······ 46
   3.1 城市轨道交通的概念 ······ 46
   3.2 城市轨道交通系统的分类 ······ 47
   3.3 各类城市轨道交通的技术经济特性 ······ 48
   3.4 各种不同类型轨道交通的比较 ······ 58

4 城市轨道交通系统的构成 ······ 59
   4.1 车辆及其主要技术参数 ······ 59
   4.2 车辆段及其任务 ······ 61
   4.3 限界 ······ 63
   4.4 轨道 ······ 67
   4.5 车站建筑 ······ 72
   4.6 结构工程 ······ 73
   4.7 供电系统 ······ 76

4.8　通信系统 ·· 78
　　4.9　信号系统 ·· 80
　　4.10　环控系统 ·· 83
　　4.11　给水与排水系统 ·· 86

第二篇　规划与设计篇

5　城市轨道交通规划与设计基础 ··· 90
　　5.1　规划与设计的主要内容与基本理论 ······································ 90
　　5.2　规划与设计的系统分析方法 ·· 96
　　5.3　规划与设计的过程与层次 ·· 100
　　5.4　城市轨道交通规划设计原则 ·· 101
　　5.5　我国城市轨道交通系统规划 ·· 103

6　城市轨道交通线网规划 ·· 107
　　6.1　城市轨道交通线网规划概述 ·· 107
　　6.2　线网构架研究 ·· 111
　　6.3　线网规划方案评价 ··· 116

7　城市轨道交通线路规划与设计 ··· 121
　　7.1　线路设计概述 ·· 121
　　7.2　线路平面设计 ·· 124
　　7.3　线路纵断面设计 ··· 131
　　7.4　案例分析 ·· 134

8　城市轨道交通车站规划与设计 ··· 150
　　8.1　车站概述 ·· 150
　　8.2　车站总平面布局设计 ·· 157
　　8.3　车站设施设计 ·· 159
　　8.4　案例分析 ·· 165

9　城市轨道交通系统换乘站规划设计 ·· 181
　　9.1　换乘站的作用及设计原则 ··· 181
　　9.2　换乘方式类型及选择 ·· 182

10　城市轨道交通系统车辆段规划设计 ·· 192
　　10.1　车辆检修制式与修程 ·· 192
　　10.2　车辆段规划 ··· 193
　　10.3　车辆段设计 ··· 195

11　城市轨道交通枢纽规划与设计 ··· 199
　　11.1　概述 ··· 199

11.2 枢纽规划与设计 203

12 城市轨道交通与其他方式的衔接 211
 12.1 城市交通一体化 211
 12.2 多方式衔接理论 214
 12.3 城市轨道交通与其他交通衔接设计 216
 12.4 案例分析 223

第三篇 运营与管理篇

13 运营管理基础 228
 13.1 运营管理设备 228
 13.2 运营特性 244
 13.3 城市轨道交通系统运营管理模式 248
 13.4 城市轨道交通管理工作的目标与主要内容 253

14 客流预测 267
 14.1 概述 267
 14.2 客流预测的必要性 268
 14.3 影响客流预测精度的主要因素 270
 14.4 客流预测的基本方法 270
 14.5 客流预测案例 276

15 运营计划 283
 15.1 客流计划 283
 15.2 全日行车计划 288
 15.3 车辆运用计划 291
 15.4 列车开行方案 293

16 列车运行图及通过能力 297
 16.1 列车运行图的格式与分类 297
 16.2 列车运行图的要素 301
 16.3 列车运行图的编制 307
 16.4 列车运行图的检查与指标计算 310
 16.5 通过能力 312

17 列车运行组织与调度指挥 325
 17.1 概述 325
 17.2 列车运行组织 326
 17.3 行车调度 331
 17.4 行车组织规则 334

  17.5 运营指标分析 ··· 337
  17.6 实例 ··· 338
18 客流组织 ··· 346
  18.1 车站客流组织 ··· 346
  18.2 客运服务 ··· 347
  18.3 票务管理 ··· 353
  18.4 案例 ··· 355
  18.5 售检票方式 ··· 360
  18.6 车票的使用范围与管理 ··· 360
19 城市轨道交通事故及事故处理 ··· 363
  19.1 城市轨道交通事故分类 ··· 363
  19.2 事故处理 ··· 366
  19.3 事故处理预案 ··· 368
  19.4 安全运营控制体系 ·· 372
  19.5 城市轨道交通事故案例分析 ·· 377
20 城市轨道交通系统运营经济效益评价 ·· 384
  20.1 城市轨道交通运营经济效益指标 ··· 384
  20.2 城市轨道交通运营成本分析 ·· 390
  20.3 城市轨道交通系统效益评价 ·· 392

参考文献 ··· 395

第一篇
基 础 篇

1 城市轨道交通的由来与发展趋势

自 1863 年英国伦敦开通世界上第一条地铁至今,世界上已有多个国家和地区的城市建设了适合自身社会经济发展所需要的城市轨道交通网络,居住在这些城市的人们也逐渐习惯于这种便捷的交通方式。

城市轨道交通的演变历程,就像一座城市发展的缩影,承载着历史,寄托着未来。本章将重点介绍城市轨道交通的由来与发展趋势。

1.1 城市轨道交通的由来

1.1.1 生成期的城市轨道交通

1. 生成期时代背景

大约在 200 年前,人类社会开始了城市化历程,城市交通需求的暴增导致城市轨道交通的产生。城市化是人与物、资金、信息等由乡村向城市、由小城镇向大城市、由空间上的平面向某些点聚集的历史过程。生成期城市轨道交通的变革具有时代的爆发性。城市化初期,由工业技术进步所创造的所有先进交通工具基本上是首先用于解决实际交通问题的。当城市化过程发展到一定程度,城市规模扩大到只有利用交通工具才能保证城市经济生活的正常进行时,城市内部交通系统才开始诞生,出现了相应的交通工具,并逐渐有所发展。

2. 生成期的城市轨道大事件

1828 年在巴黎出现了一种可供 14 人乘坐的单行"公共马车",随后又演变成马拉轨道车(如图 1.1 所示),从而拉开了城市轨道交通发展的序幕。

图 1.1 早期的马拉轨道车

自从巴黎的马拉轨道车面世后,城市轨道交通得到了初步发展,如 1832 年纽约市建成了第一条马车铁道。当滞后于城市发展的交通工具不能满足城市交通运输的需求,当科学技术的发展为运输工具的变革提供了物质条件,量的积累必然引发质的爆发性变化。城市轨道交通就在这一历史背景下应运而生,并从此走上了城市发展的历史舞台,逐渐成为城市公共交通中的主要角色。

3. 生成期城市轨道交通的特点

受历史条件和物质技术条件的限制,生成期的城市轨道交通具有以下特点。

(1)轨道交通设计简单,技术装备水平低。

生成期的城市轨道交通建立在传统交通工具马车的基础上,其动力为畜力,运行路线固定在轨道上。

(2)轨道交通在城市交通中所占份额有限。

在生成期,城市内部交通虽然开始爆发,但主要还是通过私人交通工具来解决。同时,由于公共交通工具收费较昂贵,普通市民往往难以承受,因此只有少数人群使用公共交通出行。例如在1850年,巴黎公共交通工具的乘客主要是中产阶级和上层人士。

1.1.2 成长期的城市轨道交通

1. 成长期的时代背景

工业革命以后,许多城市开始将城市交通发展的重点从城市的外部交通逐渐转移到城市内部交通上来,先进的交通工具也随即从外部交通转移到内部交通中来。例如,伦敦、巴黎、纽约、东京和柏林都曾把部分市际铁路改造为市郊铁路,甚至一度把蒸汽机车牵引方式也引入城市内部交通之中。在城市内部交通的含义中,关于城市轨道交通的成分比例也越来越大。这一过程是与城市化的步伐紧密相连的。城市化要求城市交通系统的规模与其发展的规模相适应。随着城市化进程的加快和城市规模的扩大,除了要保证城市内部人员的正常出行需要并发展相应的城市客运交通工具以外,交通工具的规模及承运能力必须与城市化发展的规模相适应。成长期的城市轨道交通系统已相当完备,在城市交通中所占的比重越来越大。进入成长期后,国外城市内部交通系统迅速发展,各国在很短时间里就把由工业革命带来的技术进步用到了城市交通系统中来,尤其是市内交通部分,在交通工具的更新与改造方面,更是不遗余力。

2. 成长期的城市轨道交通大事件

19世纪的英国,经过了工业革命的洗礼,俨然已成为"世界的工厂"。詹姆斯·瓦特推出了经过改良的蒸汽机,如图1.2所示。

图1.2 詹姆斯·瓦特及其改良的蒸汽机

到了19世纪中期，随着蒸汽机车的普遍使用，各大城市之间的铁路基本铺好，从全国各地通向伦敦的火车轨道一直铺到了城市的边缘，伦敦人可以轻松地到达英国各地。但当时大多数伦敦居民不必经常往返于各个城市之间，而伦敦市内的主要交通工具还是价格非常昂贵的出租马车（如图1.3所示），普通大众承受不了那么高昂的费用，只能选择其他的出行方式。

图1.3　1860年英国伦敦的出租马拉轨道车

1800年到1831年间，伦敦经历了每个大城市发展的必经之路，城市人口从不足100万增加到175万，城市化发展速度相当快，几乎较之前的发展速度翻了一番。城市中心布满了密密麻麻的房屋，街道狭窄不堪，相对富裕的伦敦居民开始向较远的郊区搬迁并居住，工作时间再回到伦敦市中心。但在伦敦的边缘并没有直接通向市中心的便捷道路，高峰时间出租马车形成拥堵，交通问题成为伦敦的一大难题。于是伦敦市组织了交通委员会向所有人征集解决交通问题的方案。一位名叫查尔斯·皮尔森的律师提出了一个修建"伦敦中央火车站"的设想，但是这个设想涉及大规模的拆迁，被议会否定了；不过议会随后同意由一群承包商提出的要在伦敦修建一条地下道路的提案。不久，这两个提案被结合起来，形成了我们今天所熟悉的地铁的概念：在地下通行的火车。在修建这条世界上谁也没有见过的地下铁路之前，伦敦各大报章对它的未来进行过各种各样负面的猜测：比如地道会不会塌下来，旅客会不会被火车喷出的浓烟毒死等。当时的人们谁也无法想象这样的火车能开进地下密闭的空间。

当时的地道掘进方法在今天看来也相当笨拙，工人们先从地面向下挖掘一条大约宽10m深6m的壕沟，用砖加固沟壁，再搭成拱形的砖顶，然后将土回填，在地面上重建道路和房屋，工程不仅烦琐而且耗资巨大，如图1.4所示。为了把蒸汽机车排出的浓烟引出地下，建好的隧道还要钻出通风孔。当时的人们就是用这种看似简单的办法解决了难以克服的困难，把火车这个地面上的庞然大物挪到了地下世界。

图1.4　伦敦地铁修建场景

1862年，基本建成了4.8 km长，7个停靠站的地下铁道。蒸汽机车头牵引着列车开进了地下，大约40名官员乘坐在没有顶棚的木制车厢里对地铁进行了第一次巡游。这个场面也被记录在了贝克街壁画上：车厢类似于大型的煤矿运煤车，绅士淑女们的肩膀以上部分全部暴露在外，每到一站，人们脱帽欢呼，以表达喜悦之情。这样一个新兴事物大大缓解了伦敦的交通压力，使位于伦敦市郊的富人赶往市区更加方便，同时也方便了市区的交通，很快获得了伦敦市民的青睐。从1863年第一条地铁获得成功开始，尝到地铁甜头的伦敦人开始考虑修建第二条地铁（如图1.5~1.7所示）。同年，有一位叫作约翰·福勒的工程师提出伦敦地铁建设应该从直线向环线发展。4年以后，环线地铁投入建设，1884年完工。现代地铁设计中经常采用的环线线网雏形就起源于此。

图1.5　1869年伦敦地铁的泰晤士隧道开通

图1.6　1872年工人在伦敦地铁中的工作场景

图1.7　1870年的伦敦塔地铁（Tower Subway）内景

1879年5月31日,在德国柏林举办的世界贸易博览会上,西门子和哈尔斯克公司展示了世界上第一条电气化铁路。这条铁路长只有300 m,在上面运行的电力机车只有954 kg,最高运行时速达13 km/h,看起来就像现在的电动玩具。但在其拖车上,确实能够搭载数名乘客,在4个月的展览期间共运送8万多名乘客,被认为是世界电气化铁路的先驱(如图1.8所示)。

图1.8　1879年西门子展示的第一条电气化铁路

1881年,西门子和哈尔斯克公司又在柏林近郊的利希特菲尔德车站和军事学院之间修建了一条长2 145 m的电车线路,同年又在法国巴黎国际电工展览会上展出了第一条长500 m的由两条架空导线供电的电车线路,这就为提高电压、采用大功率牵引电动机创造了条件。这种电车形式的电气化铁路的出现,引起了西欧、美国和日本的极大兴趣,在接下来的一段时间里,英国、瑞典、美国、日本、德国、意大利也都纷纷兴建了各自的电气化铁路。早期的电气化铁路大都采用低压直流和三相交流供电,主要应用在市内交通、近郊线路和工矿线路上。随着工业的发展,电气化铁路也开始发展到城市间的干线铁路上来。但是由于科学技术发展水平的制约,交流传动系统在电气化铁路的机车牵引中并没有占主导地位,但是人们对交流传动的追求和探索一直没有停止。

此后,轨道交通一直作为城市公共交通的主要手段。到第一次世界大战前夕,世界上至少有12个城市修建了地铁,它们分别是:伦敦(1863年)、纽约(1868年)、伊斯坦布尔(1875年)、布达佩斯(1897年)、格拉斯哥(1897年)、威尼斯(1898年)、巴黎(1900年)、波士顿(1901年)、柏林(1902年)、费城(1907年)、汉堡(1912年)、布宜诺斯艾利斯(1913年)。轨道交通伴随着城市公共交通的产生而生成,它从一开始就以大众运输作为主要服务对象,并逐步成为城市公共交通结构中不可或缺的组成部分。这种运行方式适应了城市化后城市客流对公共交通变化的需要。城市轨道交通的发展,作为城市公共交通系统的主体,从一定程度上讲其飞速发展是历史的一种必然趋势(如图1.9、图1.10所示)。

图1.9　描绘伦敦中央地铁(现在伦敦地铁的Central line线)的明信片

图 1.10　匈牙利布达佩斯地下电力铁路

3. 成长期城市轨道交通的特点

城市化的发展必然对城市轨道交通的发展提出各种新的要求。

在硬件方面，先进技术的采用主要表现为城市轨道交通运输工具的更新与完善。以工业革命驱动的城市化进程及现代城市的诞生，促使了人与物针对城市空间运动流量的迅速扩大及在城市内部流量沉积量的增大。与城市经济功能及经济结构的完善，城市规模的扩大及人与物在城市内部空间运动流量的增加相对应，城市公共交通系统得到了迅速的发展与完善。交通运输工具迅速由传统化向现代化进化。而轨道交通及公共交通系统的快速发展和日臻完善，反过来又极大地推动了城市化进程和现代城市社会与经济功能的进一步强化。

在软件方面，先进技术的采用主要表现在城市规划与城市交通布局及轨道交通网络的发展开始以先进的设计思想为指导。例如西班牙工程师索里亚·马塔（Soria·Ymata）在马德里的城市改建方案中，就对轨道交通在城市规划中的系统布置提出了较为科学的看法。他的"线状城市"方案认为城市的外形应采用线状，同时轨道交通应以地下、地面和高架三种敷设方式相结合地进行规划与建设。

1.1.3　成熟期的城市轨道交通

1. 成熟期的时代背景

第二次世界大战以后，世界各国的经济进入了一个新的发展期。在第二次世界大战前城市化水平比较高的国家，在战争后又迅速进入城市化发展比较成熟的阶段。由城市化发展与城市交通发展的紧密关系所决定，轨道交通发展也进入了成熟期。由工业革命推动的城市化，在一些发达国家经过近一个世纪的加速发展后，先后于 20 世纪 70 年代进入稳定期。一方面是城市经济的进一步发展，并最终把城市化发展推向了成熟阶段；另一方面则是城市交通本身的进一步发展，使其不仅在满足城市对内与对外交通需求方面得到了进一步满足，而且在交通系统及运输手段革新方面也有了极大的发展和完善，从而保证了城市轨道交通的发展在一些发达城市进入了成熟期。

随着汽车工业的迅速发展，西方国家的私人小汽车数量急剧增长，大量的汽车涌入街头，城市道路面积明显不够，导致世界上各大城市都纷纷拆除有轨电车线路。但汽车数量的过度增长使城市交通又出现了新的问题：交通堵塞，行车速度下降，空气和噪声污染严重，在闹市区甚至连停车也很难找到适当地方，如图 1.11 所示。到 20 世纪 60 年代初，西方一些人口密集的大城市，除考虑修建地下铁道外，又重新把注意力转移到发展地面轨道交通的方式上来。

图 1.11　1953 年洛杉矶的 Venice Boulevard 和 La Cienega Boulevard 路口交通堵塞

2. 成熟期的城市轨道交通大事件

1978 年 3 月，国际公共交通联合会（UITP）在比利时首都布鲁塞尔召开会议，会上确定了新型有轨电车交通的统一名称，英文为 Light Rail Transit，简称"轻轨"，英文缩写 LRT。这里需要说明的是，在我国，根据《我国城市快速轨道交通工程项目建设标准（试行本）》，用轻轨来命名中运量的地铁（包括地面和高架铁路），而欧洲所说的"轻轨"，一般是特指现代有轨电车交通。为了与欧洲的定义兼容，所以我们提出轻轨分为两类——准地铁与新型有轨电车。准地铁与地铁的不同之处在于运量和轴重较小，曲线半径较小以及"最大坡度"较大，此外并无多大区别，因此这里不再赘述。

20 世纪 70 年代以来，现代有轨电车在世界各地发展很快，欧、美等经济发达国家已有 60 多座城市修建了有轨电车线路。如法国的第一条现代化有轨电车线路，于 1984 年在南特市建成通车，线路长度 10.16 km，共设 22 座车站，车辆采用两端设司机室的六轴单铰接式电动客车，每辆车满载定员 276 人，单向高峰小时的客运能力为 9 000～18 000 人次，如图 1.12 所示。

图 1.12　法国南特市地上有轨电车

3. 成熟期城市轨道交通系统的特点

成熟期城市轨道交通系统的结构已较为完善，在公共交通中的主导作用日益显著。其主要交通工具包括地下铁道、轻轨、高架独轨、市郊铁路、新交通系统、有轨电车、索道缆车等。

处于成熟期高级阶段的轨道交通主要具有以下基本特征。

（1）城市交通体系不再单一，更注重公交协调合作的作用，强调大小公交的衔接和一体化，大容量快速轨道交通与传统汽、电车地面交通两大类运输方式形成全方位、立体化、多层次的格局。

（2）随着城市化发展速度变慢，人与物向城市空间运动的加速度也变慢，导致人与物的空间运动量在城市中沉积量的增加量逐渐减少，空间运动规模不再扩大，这样，城市内部轨道交通的压力将得到一定程度的缓解；但是由于城市分解和过度市郊化造成的市郊轨道交通问题开始逐渐突出。

（3）城市轨道交通的发展使得人们对城市交通的地位有了重新的认识，使其成为城市居住、劳动、休息等功能服务的附属性地位上升到与居住、劳动、休息同等重要的主要功能地位，并体现在城市规划与城市建设之中。

（4）城市轨道交通的发展不再以满足数量上的需求为主要功能定位，而是转向以质量上的改进作为新的功能定位，从而使城市轨道交通向安全、快速、舒适、便利和捷运的方向转变。这将促使城市按主要交通轴线呈带状分布的形成，使城市化进入一个新阶段，促使城市文明的进一步扩散；还会促使城市人口向城市四周地区移动，形成人口在城市中的均匀分布及城市功能和经济结构的优化调整。

1.1.4 走向可持续发展的城市轨道交通

轨道交通是解决城市交通问题的最优途径，城市轨道交通在城市客运中的地位自其诞生之日起，就一直得到持续发展，在城市内部交通中处于主导地位。"可持续发展"理论使得人类越来越清醒地认识到：人口、资源和环境是当代人类生存和发展的三大基本问题，单纯的经济富裕不等于幸福，经济的"持续发展"必须兼顾长远的利益，经济社会发达必须和生态环境的保护相统一。

地铁电动车辆的最高运行速度一般为 70～100 km/h，平均运行速度为 35～50 km/h，每隔 1～2 min，即可发出一列地铁车辆。地铁单向载客量每小时约为 3～6 万人，双向每日平均载客量 30 万～60 万人，多的可达 100 万人，是解决大城市地面交通堵塞现象的重要手段，还能在很大程度上减轻城市污染。现代地铁电动车辆除重轨地铁外，还有功率较小的轻轨地铁和橡皮轮胎地铁车辆。后者为了能在隧道中准确定向运行，转向架上设有特殊的导向轮，这种车的特点是噪声低。此外，性能卓越的新型大功率交流电动机驱动的地铁动车已经在欧洲一些地区获得推广。电力电子器件的开发，直线电动机及微机的应用，新材料和新工艺的采用，都将使地铁车辆发生巨大的创新和变革。

城市轨道交通具有运量大占地少，节省能源和环境污染小的优点，这是其他交通工具无法比拟的。如今新经济、社会发展方式的要求和各种高新技术的突破，引发了世界范围内的一场以调整旧运输结构和发展模式为主旋律的交通运输革命。这一新的交通运输发展趋势，对世界各国的经济和社会发展将产生巨大的影响，而轨道运输已经成为调整传统运输结构的着眼点，以轨道交通为主的城市公共交通系统，是发达国家和一些发展中国家的共同选择。为此，世界各国正积极采取行动，在可持续发展的思想指导下，为建立立体公共交通系统而努力。总之，确立以轨道交通为重点的交通运输发展战略，是像我国这样的发展中国家城市交通发展的理性选择。只有大力发展城市轨道交通运输，才能真正解决发展中国家的城市交通运输问题，这将对发展中国家的经济发展起至关重要的作用。

1.2 城市轨道交通的发展趋势

回顾城市轨道交通的由来并总结一下，城市轨道交通的发展可以大致分为以下几个阶段。

（1）初步发展阶段（1863—1924年）：世界第一条地下铁道的诞生，为人口密集的大都市如何发展公共交通取得了宝贵的经验。特别是到1879年电力驱动机车的研究成功，大大改善了地下铁道的环境，免除了污染环境的顾虑。事实上，城市轨道交通由此步入了连续发展时期。在这一阶段，欧美的城市轨道交通发展较快。

（2）停滞阶段（1924—1949年）：这个阶段发生的战争以及汽车工业的发展，造成了城市轨道交通的停滞和萎缩。汽车的灵活、便捷及可达性，使其得到了飞速发展。轨道交通因投资大，建设周期长，一度失宠。这一阶段只有五个城市发展了城市地铁，有轨电车则停滞不前，有些线路被拆除。美国1912年已有370个城市建有有轨电车，到了1970年受拆除风的影响，只剩下8个城市保留有轨电车。由于地下空间对于战火的特殊防护作用，部分处于战争状态中的国家，反而加速进行地铁的建设，如日本的东京、大阪和苏联的莫斯科等。特别是莫斯科，第一条地铁于1935年建成通车后，第二次世界大战期间建设速度反而更快了。

（3）重新兴起阶段（1949—1969年）：汽车过度增加，使城市道路异常堵塞，行车速度下降，严重时还会导致交通瘫痪，加之空气污染，噪声严重，大量耗费石油资源，市区汽车有时甚至难以找到停车之处。人们重新认识到，解决城市客运交通必须依靠电力驱动的轨道交通。这期间，轨道交通从欧美扩展到日本、中国、韩国、巴西、伊朗、埃及等国家，共有17个城市新建了地铁，平均每年发展0.85个城市。

（4）高速发展阶段（1970年至今）：世界各国城市化的趋势导致人口高度集中，要求轨道交通高速发展，以适应日益增加的客流运输，科学技术的进步，也为轨道交通奠定了良好的发展基础，很多国家都确立了发展轨道交通的方针，立法解决，建设轨道交通的资金来源，轨道交通从欧美亚洲又扩大到大洋洲的澳大利亚，从发达国家扩展到发展中国家，这一阶段，地铁保持着每年1.4个城市的增长速度。

1.2.1 国外城市轨道交通的发展趋势

自19世纪60年代伦敦建成世界第一条地铁以来，各国在轨道交通的投资、建设、运营和监督管理等方面都经历了不同模式选择，走过了不同道路，当前国外城市轨道交通系统发展体现了以下发展趋势。

1. 交通类型多样化

目前国际上技术比较成熟，已经上线运营的城市轨道交通有地铁、市郊铁路、轻轨、单轨系统、自动导向系统、线性地铁、有轨电车、磁悬浮系统共8种。其中，市郊铁路、地铁、轻轨和有轨电车应用最广泛。

2. 交通布局网络化

纽约、伦敦、巴黎、莫斯科、东京等轨道交通较为发达的城市，基本上已形成一定的轨道交通规模和网络，可以延伸到城市的各个方向，呈辐射状分布的城市轨道交通系统已成为这些现代大都市的重要干线交通，不仅缓解了城市交通的拥挤状况，而且绿色环保，在城市的社会活动、经济活动中发挥着不可替代的重要作用。

3. 资金来源多元化

轨道交通系统的投资规模越来越大，为了解决资金问题和提高轨道交通的运营效率，很多城市轨道交通都选择政府和社会资本等共同投资的方式。投资主体的多元化现已成为世界轨道交通的发展趋势。

通过由政府独家投资变为面向社会筹资而形成的多元化的投资格局，既可解决资金问题，也可减轻政府的财政压力，政府只是投入少部分起导向作用的资金。投资主体的多元化可以发挥各个投资主体的优势，同时又可以相互监督和约束，从而使轨道交通更有效率。

目前，多数国家由中央政府、地方政府和轨道交通受益部门共同投资建设城市轨道交通系统。例如：日本地铁建设采用补助金制度，对于市郊铁路，由国家和地方政府负担36%的补贴，而对于单轨等新交通方式，国家的补贴则高达2/3；德国交通财政资助法规定，每年向购油者加收10%的税收作为城市交通建设资金，联邦政府负担60%，州政府负担40%；巴黎的法规规定，城市交通设施基础建设，中央政府投资40.5%，其余的由地方政府和有关部门投资。

一些国家还采取有偿使用资金和受益者投资的方法，如日本将各级财政以不同形式筹集的资金，以有偿使用方式通过金融机构提供给企事业单位，其单轨新交通建设，除国家、地方政府补贴外，沿线受益者也要资助建设。

4. 经营市场化

城市轨道交通通过充分发挥市场作用可提高轨道交通的运行效率，因而在轨道交通运营上引入市场机制已成为一种发展趋势。

为避免政府垄断经营或者政府干预太多，使建设和运营成本相对较高而效率却很低，应当通过市场化的方式发展城市轨道交通，引入竞争机制，打破垄断，推动经营市场化。市场化的经营方式充分考虑了市场经济规律，能够根据市场信号做出良好的反应，最终可以提高城市轨道交通的运行效率。同时市场化经营放大了政府资金的乘数效应。

例如，东京在可经营的市郊铁路上积极引入私铁概念；香港则借助市场的力量，从资金管理、建设成本控制、运营管理等层面全方位提高效率，成为全世界城市轨道交通商业化运作的楷模；相反，纽约轨道交通由于没有形成合理的竞争机制，导致目前轨道交通的服务质量和运行效率不高。

5. 管理法制化

很多城市对轨道交通实行全面法制化管理以规范其各方行为和维护各方利益，以法制化的管理来保障轨道交通持续、稳定和高效地运行。轨道交通的全面法制化管理，也成为世界轨道交通发展的趋势之一。

例如，德国的城市轨道交通建设和运营已有百年历史，和其他行业一样，德国的城市轨道交通领域也是由法律、技术法规和技术标准构成的完善的技术控制体制。对城市轨道交通来说，其建设和运营必须经过国家授权机构的批准，接受国家监督机构的监督，建设与运营单位必须遵循有关的技术标准及企业内部规章。

6. 服务与管理信息化

轨道交通计算机控制与安全系统大大提高了轨道交通车辆的运行自动化程度，无人驾驶技术则更受到世界范围广泛的关注，如伦敦的道克兰轻轨系统（DLR）。轨道交通系统应配备及实时到达信息系统，向乘客及时提供列车到发信息；有轨电车系统则通过 GPS 定位技术优化运营。开发非接触式售票系统，实现一体化联合售票，可使现代公共交通系统更具吸引力。

1.2.2 我国城市轨道交通发展趋势

1. 发展历程

纵观我国城市轨道交通的发展，轨道交通的建设可以分为以下几个阶段。

（1）起步阶段：20 世纪 50 年代开始至 70 年代初期。平时和战时结合的人防设施为主的地铁，如北京地铁、天津地铁，现仍在使用的哈尔滨人防隧道等。

（2）开始建设阶段：20 世纪 80 年代末至 90 年代初期。以上海地铁 1 号线、北京地铁复八线及地铁 1 号线改造、香港地铁荃湾线、台北捷运、广州地铁 1 号线建设为标志，我国真正以交通为目的的地铁项目开始建设。

（3）建设高潮阶段：随着上海、广州地铁项目的建设，大批城市包括沈阳、天津、南京、重庆、武汉、深圳、成都、青岛等开始上报建设轨道交通项目，纷纷要求国家进行审批。

（4）调整阶段：由于地铁建设发展迅猛，工程造价较高，设备大量引进等问题，1995 年后近三年，国家没有审批城市轨道交通项目，1998 年才开始重新启动。

（5）建设高潮阶段：随着实施积极的财政政策进一步扩大内需，1999 年国家批准了 8 个项目开工建设。与此同时，一批城市纷纷制定规划，积极加入轨道交通建设项目申报队伍。未来十年左右，将通过建设一批轨道交通项目使我国城市轨道交通建设进入一个发展高潮。

2. 发展趋势

从我国城市交通的发展分析来看，尽管我国城市政府加大了对城市交通基础设施的投入，使我国的交通基础设施有了较大的改善，城市交通供给能力得到了很大的提高，但我国现有的城市交通供给能力人难以满足日益增长的交通需求。随着我国城市经济的发展与社会进步，交通需求仍会保持较快的增长水平，如果没有较为完善的交通体系做支撑，城市交通问题将无法得到缓解。因此"十一五"期间城市交通供给能力的总量扩张仍是城市交通发展的重点，同时通过交通结构调整和采取科技进步等手段实现交通资源的更高效配置将是城市交通的发展方向。

我国城市交通的总体发展趋势是，城市交通需求仍保持较高的增长速度，城市交通基础设施发展迅速，城市交通功能进一步完善。具体表现在以下几个方面。

（1）城市居民出行持续增长。

由于城市化进程加快和农村劳动生产率明显提高，农业所占劳动力减少，大批劳动力离开农村进入城市，使得城市居民出行总量将稳定增加。同时，随着人民生活水平的提高，人们的消费和出行观念将发生改变，在生产性出行增加的同时，与外界的交流日益增加，也会导致城市居民出行的持续增长。

（2）个人机动车保有量仍将高速增长。

"轿车进入家庭"被确定为国家扶持汽车工业发展的重要战略。随着我国经济的发展、人民生活水平的提高，汽车走入城市家庭已成为必然发展趋势。截至2011年8月底，全国机动车保有量已达到2.19亿辆。其中，汽车保有量首次突破1亿辆大关，占机动车总量的45.88%。全国私家车保有量突破7 000万辆。

（3）城市综合交通供给能力的扩张将是城市交通发展的重点。

为满足日益增长的交通需求，城市交通供给能力的扩张将是未来城市交通的发展重点。"十二五"期间，城市交通基础设施建设得到进一步加强，各城市将重点构筑城市综合交通网络及公共交通体系。

（4）科技进步和交通结构的调整将进一步加强。

随着20世纪末出现的知识经济、信息化，网络经济对全球经济产生巨大影响，技术进步在城市交通发展中将发挥关键作用，采用先进技术成为城市交通实现现代化的重要标志。"十一五"期间，ITS、GIS、GPS、EDI等技术在城市交通中得到更广泛的应用；同时交通结构将日趋合理，交通结构调整将使得资源的利用率提高，公共交通的作用更加突出。

3. 未来10年城市交通发展方向

由于城市资源的限制，需求的过度增长将影响城市经济发展和居民生活水平的提高。因此，对交通需求的消费进行适当引导将成为部分特大城市交通管理部门解决交通拥挤和污染等问题的重要举措。

未来十年，我国城市交通的发展方向是：以可持续发展为前提、经济发展为主线，结合国土规划，初步建立多层次、立体化的现代化城市交通体系；实施需求管理，对不断增长的交通需求进行科学合理的控制和引导；加强轨道交通建设，在大城市实现以地面常规公交为主体向以轨道交通为骨干的城市交通体系的过渡；在注重交通基础设施规模提高的同时，提高城市交通的服务质量，进一步向国际标准转化。具体包括以下几个方面。

（1）确定符合国家可持续发展战略的城市交通发展战略，支持城市社会经济发展，满足居民不断增长的交通需求，同时也有利于城市环境状况的改善。

（2）结合各城市土地，结合各城市国土资源规划，确定城市交通资源的合理承载力。通过道路建设及其网络结构合理化，研究轨道交通线路网建设（包括利用既有市郊铁路网络）的必要性和可能性，实现城市交通管理现代化等措施，形成功能健全、结构合理的城市交通系统。

（3）构筑一体化的客运综合交通体系。在部分条件具备的大城市初步建成以快速路、主干路为骨架的城市高效道路网，建成以快速大容量轨道交通、准快速公共汽车和在公交专用道上运营的常规公共电、汽车为主体的公共客运交通网络。

（4）建成以集约化、社会化货运交通为基础的现代物流集运配送系统。

"十三五"期间，正是国家新型城镇化规划的启动时期，又处于城镇化率30%~70%的快速发展区间，将带来城市规模的进一步扩大。全国656个城市中，100万以上人口的大城市201个，其中超千万人口的超大型城市6个、500万~1000万人口的特大型城市12个、300

万~500万人口的Ⅰ型大城市21个，100万~300万人口的Ⅱ型大城市164个。"十三五"新进城的一亿人，势必将扩充现有城市规模，加剧拥堵状态，提升城市轨道交通市场需求。迄今，全国100个左右的城市提出了发展城市轨道交通的规划和设想，除在建40个城市外，60个左右的城市开展了规划、勘测、设计、咨询等前期工作，"十三五"大多有望开始建设。还有100个左右虽未见规划，但同样面临交通拥堵的Ⅱ型大城市，有可能也会在"十三五"进入建设行列。可以预见，未来五年，将出现八十个以上城市同时建设城市轨道的壮观场面。

截至2017年12月31日，中国（不包括港、澳、台地区）累计有34个城市建成投运城轨线路5 021.7 km。2017年新增石家庄、珠海、贵阳、厦门4个运营城轨线路的城市；新增33条运营线路，运营线路长度共计868.9 km。新增线路再创历史新高，与2016年新增线路的534.8 km相比增加334.1 km，增幅达62.5%。

2 国内外城市轨道交通的发展现状

城市轨道交通经过百余年的发展,因其运量大、快速、准点、低能耗、少污染、乘坐舒适方便等优点,已成为解决特大城市、大城市交通问题的基本策略。由于世界各国国情不同,城市轨道交通建设及开通运营时间也有先后,各国城市轨道交通的发展进程不尽相同,因此,形成了各具特色的发展现状。

本章将对国内外10个代表性城市(北京、上海、广州、香港、东京、纽约、华盛顿、伦敦、巴黎、马德里)的城市轨道交通发展现状进行介绍。

2.1 北京

2.1.1 概述

北京地铁(Beijing Subway)是服务于中国北京市的城市轨道交通系统。其规划始于1953年,工程始建于1965年,最早的线路竣工于1969年,1971年开始运营,是中国第一个城市轨道交通系统。

截至2017年1月1日,北京城市轨道交通共有19条运营线路(包括18条地铁线路和1条机场轨道),线路覆盖北京市11个市辖区。重复计算换乘车站共有318座运营车站,不重复计算换乘车站则为268座车站,总长约527 km。

目前,北京城市轨道交通由北京地铁运营有限公司(图2.1)和北京京港地铁有限公司(图2.2)分别运营不同线路。北京京港地铁有限公司运营的4号线也是中国第一条采用公私合营模式建设和运营的轨道交通线路。

图 2.1 北京地铁运营有限公司标志

图 2.2 北京京港地铁有限公司标志

以运营里程计算,北京城市轨道交通是世界第二大城市轨道交通系统;若以客运量计算,北京城市轨道交通则是全球最繁忙的城市轨道交通系统。2013年,北京地铁年客运量突破32

亿人次，居全球第一，日均客流量过千万已成常态。2014年3月，工作日日均客运量在1 000万人次以上，并且在2014年4月30日创下单日客运量最高值，达到1 155.95万人次。

根据2010年中共北京市委常委会审议的《北京市城市轨道交通建设规划方案（2011年—2020年）》，至2020年北京市的轨道交通线路网将包括30条线路，总长约1 050 km，车站近450个。2020年的远景规划仍处于编制过程中，但预计在2020年，北京四环路内轨道交通网密度将达1.29 km/km^{2}左右，达到或超过东京、纽约等国际城市的轨道交通线网密度水平。预计到2020年，北京市地铁线网规模将达1 000多千米，还需投资约4 000亿元到地铁建设规划上。网络日均客流量将达到1 000万人次以上，并承担公共交通出行量的50%左右。北京城市轨道交通网络图及网络运营概况分别如图2.3和表2.1所示。

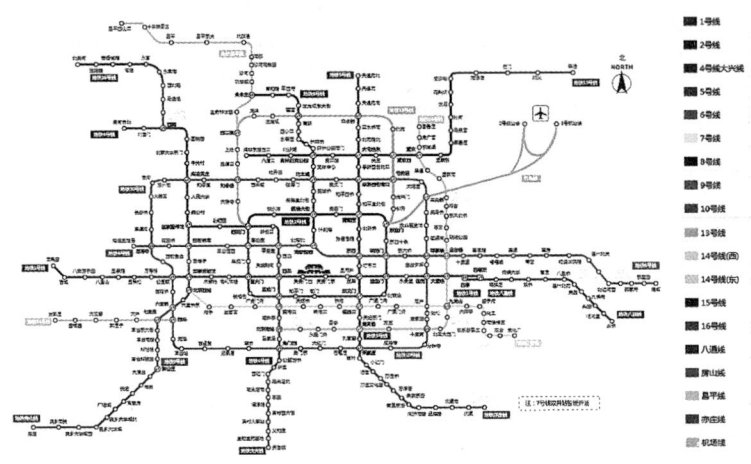

图 2.3　北京城市轨道交通网络图

表 2.1　北京市轨道交通网络运营概况

线路名称	首次通车时间	线路长度/km	车站数/座	起点站	终点站
1号线	1971年	31.0	23	苹果园	四惠东
2号线	1971年	23.1	18	西直门-积水潭（外环线） 积水潭-西直门（内环线）	
4号线	2009年	28.2	24	公益西桥	安河桥北
5号线	2007年	27.6	23	宋家庄	天通苑北
6号线	2012年	30.4	20	五路居	草房
7号线	2014年	23.7	19	北京西站	焦化厂
8号线	2008年	26.6	12	南锣鼓巷	朱辛庄
9号线	2011年	16.5	12	郭公庄	国家图书馆
10号线	2008年	57.1	45	巴沟-车道沟/火器营（外环线） 火器营-宋家庄/巴沟（内环线）	
13号线	2011年	40.9	16	东直门	西直门
14号线（西段）	2013年	12.4	7	张郭庄	西局

续表

线路名称	首次通车时间	线路长度/km	车站数/座	起点站	终点站
14号线（东段）	2013年	14.8	10	北京南站	善各庄
15号线	2010年	41.4	18	清华东路西口	俸伯
16号线	2016年	19.4	9	北安河	西苑
八通线	2003年	19.0	13	四惠	土桥
机场线	2008年	28.1	4	T2T3航站楼	东直门
昌平线	2010年	21.3	7	西二旗	昌平西山口
房山线	2010年	24.7	11	苏庄	郭公庄
亦庄线	2010年	23.2	13	宋家庄	次渠
大兴线	2010年	21.8	11	天宫院	公益西桥

2.1.2 历史

北京城市轨道交通一期工程于1965年7月1日开工，在1969年10月1日完工，这条线路长23.6 km，采用明挖填埋法施工，从西山苹果园到北京火车站，共有17座车站。这条线路是中国最早的城市轨道交通线路。

在试运营10年之后，北京城市轨道交通于1981年9月15日对外开放，它包括19座车站。1984年9月20日，北京城市轨道交通二期工程开通运营。这条马蹄形的线路自复兴门至建国门，长16.1 km，有12座车站。2000年，北京城市轨道交通建设开通了复八线，促使1号线全线贯通运营，处于缓慢发展阶段。

2001年7月13日，北京获得了第29届夏季奥林匹克运动会主办权，极大地推动了北京城市轨道交通事业的发展。2001年至2008年，北京城市轨道交通又陆续建设开通了13号线、5号线、10号线一期、8号线一期（奥运支线），机场线同时开通试运营。2009年开始，北京城市轨道交通持续发展，逐渐迈入网络运营阶段。

2.1.3 票制票价

2007年10月7日，地铁5号线开通之日，北京地铁同时实行全网2元单一票制票价。从最初使用参观票至今，地铁公司先后历经10次票价调整变化，如表2.2所示。

表2.2 北京市轨道交通票价调整变化表

阶段	时间	线路	普票	月票（仅1、2号线有效）
一	1971年1月至1987年12月（2号线1984年开通）	1号线	0.1元	10元（1978年开始）
		2号线	0.1元	7元（开通时开始）
二	1987年12月至1988年7月	1号线	0.2元	10元
		2号线	0.2元	
		跨线	0.3元	
三	1988年8月至1990年12月	1、2号线	0.3元	10元

续表

阶段	时间	线路	普票	月票（仅1、2号线有效）
四	1991年1月至1995年12月	1、2号线	0.5元	18元
五	1996年1月至1999年12月	1、2号线	2元	40元
六	2000年1月至2006年4月（13号线2002年9月开通；八通线2003年12月开通）	1、2号线	3元	80元
		13号线	3元	50元（专用）
		八通线	2元	
		1、2号线与13号线换乘	5元	无
		1、2号线与八通线换乘	4元	
七	2006年5月至2006年12月31日	1、2号线	3元	90元
		13号线	3元	60元（专用）
		八通线	2元	
		1、2号线与13号线换乘	5元	无
		1、2号线与八通线换乘	4元	
八	2007年1月1日至2007年10月6日	1、2号线	3元	
		13号线	3元	
		八通线	2元	60元（专用）
		1、2号线与13号线换乘	5元	
		1、2号线与八通线换乘	4元	
九	2007年10月7日至2008年7月18日	全网络	2元	无
十	2008年7月19日至2014年	城市轨道交通网络	2元	无
		机场线	25元	

2008年6月9日起，北京城市轨道交通启用新型AFC检票售票系统。乘客可通过自动售票机购买一票通，还可以使用市政交通一卡通乘坐城市轨道交通。

2014年12月28日起，采用新的分段计价制度。详情如表2.3所示。

表2.3 北京地铁票价制度

里程/km	0~6（含）	6~12（含）	12~22（含）	22~32（含）	32~52（含）	52~72（含）	72~92（含）
票价/（元/次）	3	4	5	6	7	8	9

2.1.4 运营特点

1. 客流特点

2008年奥运会后，由于城市人口和规模的增长、低票价的实施，北京市轨道交通客流增长迅猛，日均客运量逐年攀升。

北京市轨道交通全日客流分布，在时间上有较为明显的高峰和平峰，高峰时段客流集中，平峰时段客流相对较小；在空间上也存在客流密度差异明显的情况，如在早高峰时段网络各区间断面客流量的分布极不均衡，部分线路如 5 号线、10 号线和 13 号线的运力明显不足。

2. 城市轨道交通行车特点

（1）城市轨道交通列车运行间隔短，发车密度高。截至 2013 年 10 月，北京城市轨道交通市区线在客流高峰期列车的发车间隔都已经缩短至 3 min 或以下，2 号线和 4 号线最小间隔已达 2 min，如表 2.4 所示。

表 2.4　北京市轨道交通各线最小发车间隔

线路名称	最小发车间隔	线路名称	最小发车间隔
1 号线	2 min 5 s	13 号线	2 min 40 s
2 号线	2 min	15 号线	6 min 15 s
4 号线-大兴线	2 min	八通线	2 min 50 s
5 号线	2 min 30 s	机场线	8 min 30 s
6 号线	4 min	昌平线	5 min 30 s
8 号线	3 min 30 s	房山线	9 min 30 s
9 号线	7 min 30 s	亦庄线	5 min 50 s
10 号线	2 min 15 s		

（2）计算机编制列车运行计划。北京市轨道交通已实现了计算机编制列车运行图，列车运行图的种类包括平日、双休日、节假日、节前、除夕及其他特殊阶段运行图类型。

（3）行车调度工作。调度控制中心（OCC）是北京城市轨道交通系统运行的核心和基本单位，它实行各部门各工作高度集中的统一指挥，保证列车运行安全、准点、及时调整与实现各种情况下的乘客运输任务。在突发事件情况下，当由调度控制中心控制转移为车站控制时，实现车站所辖范围内的列车进路的办理及信号开放等行车作业。

3. 网络运营管理模式

北京市通过对城市轨道交通各线路的行车组织、电力控制、环境控制、视频监控等诸多专业系统资源进行系统整合，建设网络调度指挥平台（TCC）；通过对各线路的自动售检票系统进行系统整合，建设网络联网收费与清分清算平台（ACC），实现了高效的运输方式和科学严谨的管理体系。

2.2 上海

2.2.1 概述

上海城市轨道交通第一条线路于 1995 年 4 月 10 日正式运营，是继北京地铁、天津地铁建成通车后中国大陆投入运营的第三个城市轨道交通系统，由上海申通地铁集团有限公司（简称"上海申通地铁"）负责运营。上海申通地铁集团有限公司标志如图 2.4 所示。

截至 2017 年 11 月，上海轨道交通开通线路 14 条（1~13 号线，16 号线），全网运营线路总长 617 km，车站共计 366 座。轨道交通网络图及网络运营情况如图 2.5 和表 2.5 所示。

图 2.4　上海申通地铁集团有限公司标志

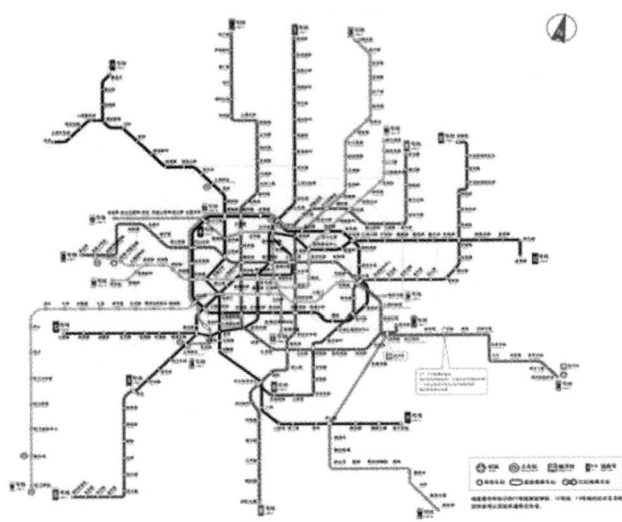

图 2.5　上海城市轨道交通网络图

表 2.5　上海市轨道交通网络运营概况

线路名称	首次通车时间	线路长度/km	车站数/座	起点站	终点站
1号线	1995年	36.9	28	莘庄	富锦路
2号线	2000年	60.3	30	徐泾东	浦东国际机场
3号线	2000年	40.2	29	上海南站	江杨北路
4号线	2005年	33.8（与3号线共线运营11.6）	26（与3号线共线运营9座车站）	环线	
5号线	2003年	17.2	11	莘庄	闵行开发区
6号线	2007年	32.7	28	港城路	东方体育中心
7号线	2009年	43.9	32	美兰湖	花木路
8号线	2007年	37.4	30	市光路	沈杜公路（原航天博物馆）
9号线	2007年	45.6	26	松江南路	杨高中路
10号线	2009年	35.2	31	虹桥火车站/航中路	新江湾城
11号线	2013年	65.0	32	嘉定北/安亭	罗山路
12号线	2013年（东段）2015年（全线）	40.4	32	七莘路	金海路
13号线	2010年	9.4	6	金运路	金沙江路
16号线	2013年（北段）2014年（全线）	58.96	13	罗山路	龙阳路
磁浮线	2002年	30.0	2	龙阳路	浦东国际机场

截至 2017 年 11 月，上海地铁共在建 9 条线路，其中 5 条线路延伸（5、8、9、10、13 号线）、4 条线路新建（14、15、17、18 号线）。

2.2.2 历史

上海地下铁道工程新龙华站（今上海南站）至新客站（上海火车站）于 1990 年 3 月 7 日开工兴建，1995 年建成投入运营。从此，上海的城市轨道交通步入了飞速发展的时期。

2009 年，上海地铁运营体制改革，撤销上海地铁运营有限公司、上海现代轨道交通有限公司，新组建上海轨道交通运营管理中心、上海地铁第一运营有限公司、上海地铁第二运营有限公司、上海地铁第三运营有限公司、上海地铁第四运营有限公司，由它们负责上海城市轨道交通运营工作。

2.2.3 票制票价

上海所有轨道交通实行一票通的全网络计价模式，无论乘客跨线乘坐多少城市轨道交通，均按进出两站间最短换乘里程计费，起步 3 元（5 号线起步 2 元），6 km 内 3 元，最高 10 元，以后每 10 km 增加 1 元。

另外，上海也发行特殊车票，包括：1 日票，票价 18 元，乘客可在首次刷卡进站后 24 h 的运营时段内无限次乘坐上海轨道交通的所有线路（磁浮线除外）；3 日票，票价 45 元，乘客可在首次刷卡进站后 72 h 的运营时段内无限次乘坐上海轨道交通的所有线路（磁浮线除外）。

2.2.4 运营特点

（1）上海轨道交通系统具有较强的乘客服务理念，车站的设备设施、乘客诱导以及信息发布等方面都体现着上海轨道交通乘客至上的服务理念，主要体现在以下几个方面。

首先，上海地铁非常重视与媒体的沟通，为乘客提供更直接、便捷的运营服务等相关信息。目前已运用成熟的媒介，包括电视台、交通广播、移动电视、网络微博、门户网站等，通过这些媒介，可及时、全面地将各线路断面客流信息、突发事件信息向乘客发布，为乘客的出行及路径选择提供了极大的便利。乘客可以通过上海地铁官方电子指南（App）查询轨道交通全网实时运营动态，如图 2.6 所示。

图 2.6 上海地铁官方电子指南（App）

其次，上海地铁车站设备设施的设计和建设均考虑了乘客的便利性。上海地铁诱导标示标志显著，自主购票设备机界面友好、操作简便，为乘客的出行提供了极大的便利；车站信息牌详细、清晰告知乘客最关注的信息，上海地铁曲阜路站站层图如图2.7和图2.8所示。

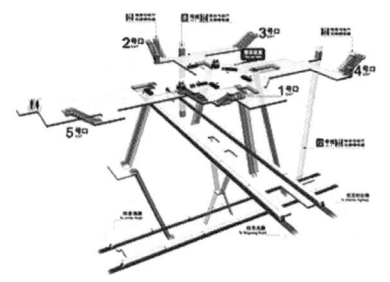

图 2.7　上海地铁曲阜路站站层立体图

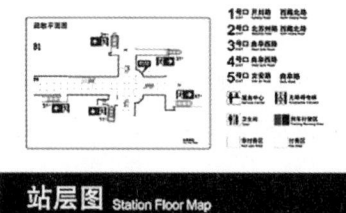

图 2.8　上海地铁曲阜路站站层图

（2）上海的轨道交通系统是一个高度综合、统一的集团组织，其运营、建设、投融资及设计研究单位统一归属上海申通地铁，各运营企业、建设单位及设计研究单位之间业务虽相互独立，但亦相互依托、紧密结合。

（3）上海的轨道交通系统在运营管理平台中建立了COCC应急指挥平台，统一监控处理各线路的突发事件，并建立了简单高效的红黄牌制的应急管理体制，通过应急指挥中心的统一协调指挥监控，判定相应的事件等级，向相应的车站、线路等相关人员下发红黄牌指令，启动相应级别的应急响应，通过调度系统、短信平台、电话通报等方式达到对事件的快速有效处置通报的目的。

（4）目前，上海城市轨道交通各条线路受制于不同的线路情况，行车间隔各不相同，最短行车间隔 3 min 左右，由于部分线路折返能力的限制，或与其他线路存在共线运营的区段（如 4 号线虹桥路至宝山路共 9 个车站与轨道交通 3 号线共线运营）的原因，导致这些线路能力提升比较困难。

2.3　广州

2.3.1　概述

广州城市轨道交通系统首段于 1997 年 6 月 28 日正式开通，是中国大陆第四个开通并运营地铁的城市。截至 2016 年 12 月 28 日，广州地铁共有 10 条营运路线（1 号线～8 号线、广佛线及珠江新城集运系统（APM 线）），总长为 308.7 km，共 167 座车站（换乘站重复计算），开通里程居全国第三，世界前十，客流强度全国第一。广州地铁已经成为广州市民最主要的交通工具之一，截至 2016 年 5 月 1 日，广州地铁单日客流纪录达到 900 万人次，总客流人次超过 2015 年 12 月 31 日的 879 万人次，再次刷新纪录，较去年同期增长 5.3%，由广州地铁总公司（图 2.9）负责运营。

图 2.9　广州地铁总公司标志

此外，广州地铁总公司还是广佛地铁的实际建设及运营者，并由此间接成为佛山地铁 1 号线（即佛山境内魁奇路至金高新区区间）的运营商。广州城市轨道交通网络运营情况如表 2.6 所示，线网规划图如图 2.10 所示。

表 2.6　广州城市轨道交通网络运营概况

线路名称	通车时间	线路长度/km	车站数/座	起点站	终点站
1 号线	1997 年	18.5	16	西朗	广州东站
2 号线	2002 年	32	24	嘉禾望岗	广东南站
3 号线	2005 年	64.4	16	天河客运站	番禺广场
			13	机场南	体育西路
4 号线	2005 年	43.6	16	金洲	黄村
5 号线	2009 年	40.5	24	滘口	文冲
6 号线	2013 年	41.7	29	浔峰岗	香雪
7 号线	2016 年	21.1	9	大洲停车场	大石控制中心
8 号线	2002 年	14.2	13	万胜围	凤凰新村
广佛线	2010 年	34.4	18	新城东	燕岗
珠江新城集运系统（APM 线）	2010 年	4.0	9	广州塔	林和西

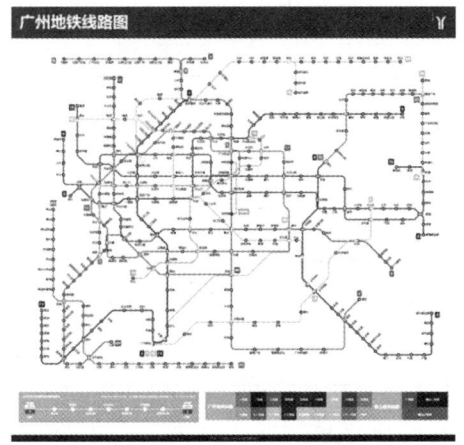

图 2.10　广州地铁线网规划图

2.3.2 票制票价

广州城市轨道交通网络票价按里程分段计价，票种多样、票制灵活。里程分段计价办法为：起步 4 km 以内 2 元；4~12 km 范围内每递增 4 km 加 1 元；12~24 km 范围内每递增 6 km 加 1 元；24 km 以后，每递增 8 km 加 1 元。APM 独立计费，每程 2 元。使用羊城通搭乘城市轨道交通享 9.5 折优惠；持羊城通学生卡搭乘城市轨道交通的同学享 5 折优惠；60（含）岁至 65（不含）岁广州市籍老人，持老年人优惠卡搭乘城市轨道交通享 5 折优惠；65 岁以上广州市籍老人持老年人优惠卡搭乘城市轨道交通免费。

（1）羊城通学生卡：学生凭卡搭乘地铁每次享受地铁票价 5 折优惠。公交月票优惠和地铁优惠可以合并在一张羊城通上办理。

（2）60（含）岁至 65（不含）岁老人，持老年人优惠卡搭乘地铁享 5 折优惠；65 岁及以上老人持老年人优惠卡搭地铁免费。

（3）广州本地户籍的重度残疾人可以申领重度残疾人优惠票卡，凭卡免费乘坐地铁。

（4）在一个自然月中，使用羊城通坐公交、地铁累计 15 次（地铁未够 15 次前享 9.5 折优惠）后，均可享受 6 折优惠。

按现时计算票价办法计算，广州城市轨道交通按里程计算票价如表 2.7 所示：

表 2.7 广州城市轨道交通按里程计算票价表

里程/公里	票价（人民币）/元
0~4	2
4~8	3
8~12	4
12~18	5
18~24	6
24~32	7
32~40	8
40~48	9
48~56	10
56~64	11
64~72	12
72~80	13
80~88	14
88~96	15

直到目前为止，广州地铁最高票价为 14 元。按 2013 年开通的路线计算，最远的是地铁四号线金洲往返地铁三号线机场南站，里程为 85 km，在 80~88 收费区间，收 14 元。广州地铁票价不设封顶，以后线路再长，只要在后面每加 8 km 加一元计算便可。

值得注意的是，广州地铁的单程票以及羊城通均有时间限制，目前计算时间是入闸后 240 min 内必须出闸。否则需要按照出闸站线网最高票价支付更新车票的费用。单程票遗失、无票乘车、人为折损等，也需要按照出闸站线网最高票价进行补票。

单程票实行回收循环使用，检票机就是一条很短的通道，刷票后，自动检票机发出"嘟"声，机器中间的两个红色"扇门"打开，乘客就能通行。乘客出站时需要将单程票放到检票机下方的"回收口"里回收，像这样的一张单程票将由地铁经营单位简单处理后进行循环使用。

2.3.3 运营特点

（1）广州城市轨道交通建立了具有高效统一的网络层级应急指挥平台，通过网络控制中心的运营监控和协调处置，实现了对网络突发事件的快速反应和应急联动协调上报。

（2）广州城市轨道交通注重与其他公共交通方式的联合接驳问题，通过交通委层面的协调，在相应的突发事件条件下，加强了与公交公司的合作，建立了长效的合作机制，在固定的断面客流较高区段，当有突发事件发生时，开通了免费公交接驳，明确了接驳车辆的行经路径，极大地缓解了轨道交通的运营压力，方便了乘客的出行。

（3）广州城市轨道交通客流较多的线路多集中在新的人口居住区，如 3 号线北段的白云新区以及南段的番禺区。值得注意的是，广州城市轨道交通客流有别于北京城市轨道交通和上海城市轨道交通的特征是：节前客流变化不明显，节日当天客流较高。

（4）广州城市轨道交通致力于为乘客提供全方位的实时运营信息，广州地铁采用官网实时信息查询（如图 2.11 所示）和广州地铁官方 App（如图 2.12 所示），通过海量数据收集和科学的数据分析，为乘客提供最科学的出行路径指引和最全面的站点信息告知，让乘客出行无忧。广州地铁官网实时信息查询不仅可以查询全网客流实时动态，还可以查询某条线路的客流实时动态，用不同颜色表示出客流的流量大小情况，为乘客快速决策提供方便。

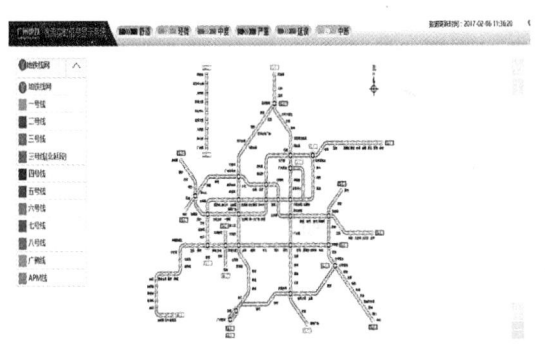

图 2.11 广州地铁官网实时信息查询

图 2.12 广州地铁官方 APP

2.4 香港

2.4.1 概述

香港城市轨道交通由香港铁路有限公司（MTR Corporation Limited）运营，如图 2.13 所示。自 1979 年开通以来，香港地铁是一个既快捷又安全可靠的集体运输网络，覆盖香港心脏地带。

截至 2016 年年底，整个综合铁路系统全长 264 km，由观塘线、荃湾线、港岛线、南港岛线、东涌线、将军澳线、东铁线、西铁线、马鞍山线、迪士尼线、机场快线共 11 条线路（共计 154 个车站）及作为屯门、天水围及元朗新市镇的主要区内交通的 12 条轻铁线路组成。此外,还有来往东涌站及昂坪的旅游吊车系统(昂坪360)。

香港地铁周日平均载客量约为340万人次,是全球首屈一指的城市轨道交通系统,以其安全、可靠、卓越服务及成本效率见称,也是全球少数几个盈利的城市轨道交通系统之一。此外,使用香港地铁的直通车服务前往内地多个城市公干或游玩的乘客,可享受同样舒适和方便的旅程。

图 2.13 香港铁路有限公司标志

香港地铁网络图及网络运营情况如图 2.14 和表 2.8 所示。

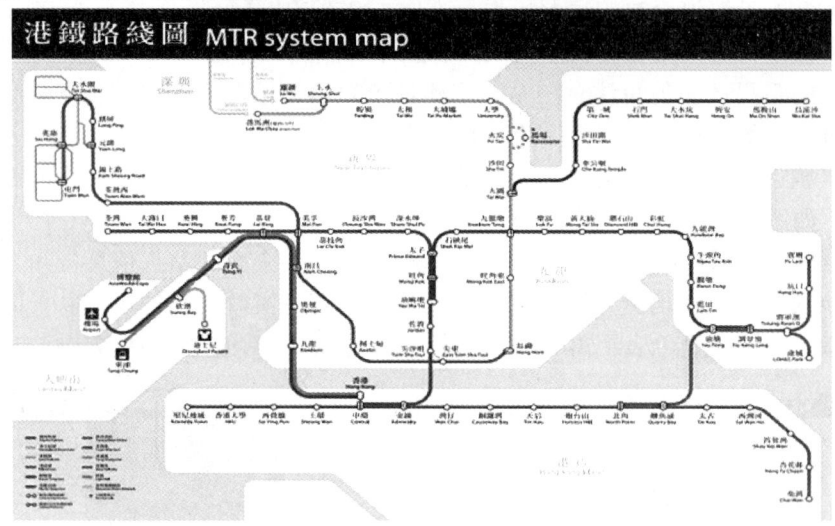

图 2.14 香港地铁网络图

表 2.8 香港城市轨道交通网络运营概况

线路名称	通车时间	线路长度/km	车站数/座	起点站	终点站
观塘线	1979 年	11.2	15	油麻地	调景岭
荃湾线	1982 年	16	16	中环	荃湾
港岛线	1985 年	13.3	14	上环	柴湾
南港岛线(东段)	2016 年	7	5	海怡半岛	金钟
东涌线	1998 年	31.1	8	香港	东涌
将军澳线	2002 年	11.9	7	北角	宝琳
东铁线	2007 年	42.5	14	红磡	罗湖/落马洲
西铁线	2003 年	30.5	12	红磡	屯门
马鞍山线	2004 年	11.4	9	大围	乌溪沙
迪士尼线	2005 年	3.3	2	欣澳	迪士尼
机场快线	1998 年	35.2	5	香港	博览馆
昂坪 360	2006 年	5.7	2	东涌	昂坪

2.4.2 历史

香港于 1975 年 11 月动工兴建第一条城市轨道交通线路,连接中环至观塘。该线路于 1979 年 9 月 30 日完工,并于 10 月 1 日正式通车。路线将香港岛中环与九龙的主要住宅工业区连接起来,其中 12.8 km 在地底建造,其余的 2.8 km 则为架空路段。全线有 15 个车站,包括 12 个地下车站及 3 个高架车站。

之后,陆续建设了荃湾线、港岛线、东隧延线、将军澳线、机场铁路等线路,香港城市轨道交通网络初步形成。

2.4.3 票制票价

香港城市轨道交通收费并非简单划一,而是根据路程长短而定。所搭乘的站数越多,收费就会越高。一般路线的成人单程收费由 3.8 港币至 23.1 港币不等。特惠票价约为成人票价的一半。

香港城市轨道交通付款方式有八达通、单程票及旅客票 3 种。八达通是一种电子收费系统,也是香港城市轨道交通最常用的一种付款方式。除了机场快线单程,香港城市轨道交通为八达通使用者提供一定优惠。单程票即为单次出行车票。旅客票分为两种,一种是一日内任意搭乘的通行票,于车票有效期内(由首次车程入闸时间开始计算 24 小时内)无限次搭乘城市轨道交通,部分线路及车站除外;另一种为 3 日内任意搭乘,附有机场快线单程或往返程的通行票。

2.4.4 运营特点

(1)香港城市轨道交通通常提供每日 19 h 的运营服务,大约为当日 6:00 至翌日 1:00,非行车时间则进行轨道及轨旁维修工程。在一些假期和节日,例如平安夜、除夕、农历新年前夕及中秋节,城市轨道交通会做出特别服务安排,甚至会提供通宵列车服务(机场快线除外,迪士尼线则会延长服务时间);烟花会演等大型活动期间则会加密班次,以满足客流需要。

(2)香港城市轨道交通几乎所有换乘节点均由两个换乘车站组成,每个换乘车站均可实现一个换乘方向的同站台换乘,即某一方向换乘客流无须通过换乘通道,便可实现快捷换乘。旺角站上下部站台快捷换乘示意图如图 2.15 所示。

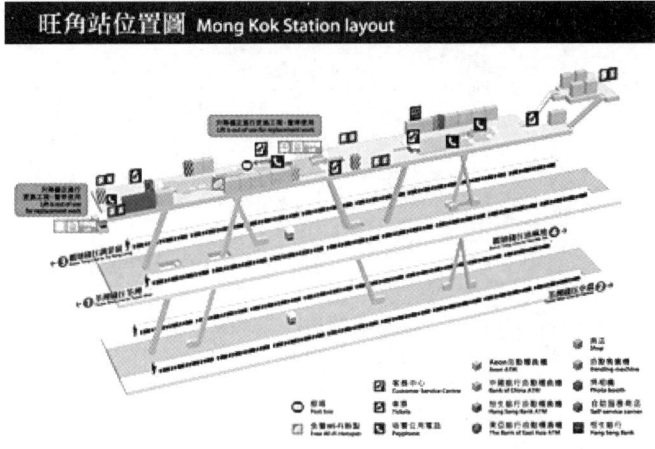

图 2.15 旺角站上下部站台快捷换乘示意图

2.5 东京

2.5.1 发展现状

东京城市轨道交通现有 13 条运营线路（总里程为 312.6 km），城市轨道交通年平均客流量高达 26.6 亿人次，位居世界前列。这些线路既有地下铁路，也有高架铁路，其互相交错形成了密如蜘蛛网的轨道交通体系。

东京城市轨道交通分别由东京地铁股份有限公司（简称东京地铁公司，Tokyo Metro，如图 2.16 所示）和东京都交通局（又称都营地铁公司，Toei Subway，如图 2.17 所示）负责运营。目前，东京地铁公司负责运营的线路有 9 条，分别为银座线（线路标识号为 G）、丸之内线（M 和 m）、日比谷线（H）、东西线（T）、千代田线（C）、有乐町线（Y）、半藏门线（Z）、南北线（N）、副都心线（F），总里程为 203.6 km；都营地铁公司负责运营的线路有 4 条，分别为浅草线（A）、三田线（I）、新宿线（S）、大江户线（E），总里程为 109 km。

图 2.16　东京地铁公司标志

图 2.17　都营地铁公司标志

东京城市轨道交通共设车站 294 个，与 JR（日本国有铁路系统 Japanese Railway）、私营铁路三部分共同组成了日本东京城市快速轨道交通，整体服务范围涵盖东京都、神奈川县、埼玉县与千叶县，在公共交通中的分担率达 60%以上，是东京地区非常重要的交通方式之一，其以人为本、方便、安全、高效的理念很大程度上缓解了东京交通拥堵问题，满足了居民日常出行需求。网络图及网络运营情况如图 2.18 和表 2.9 所示。

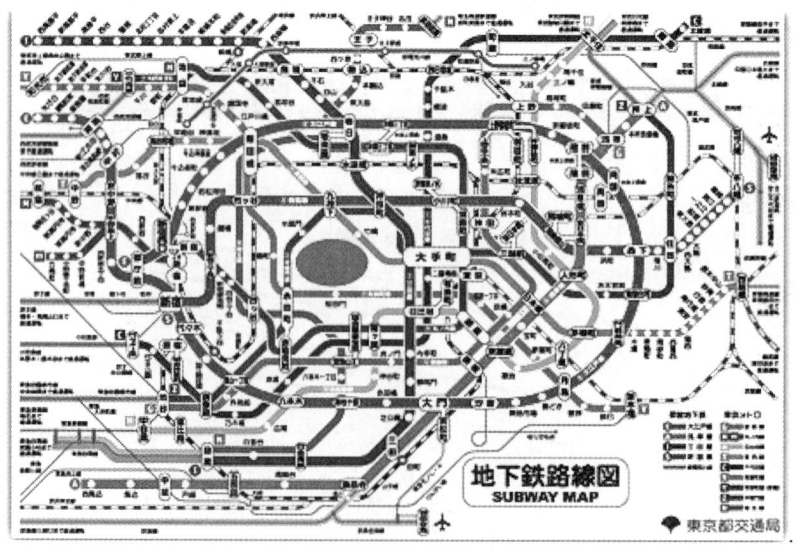
图 2.18　东京城市轨道交通网络图

表 2.9 东京城市轨道交通网络运营概况

线路名称	通车时间	线路长度/km	车站数/座	起点站	终点站
浅草线	1960 年	18.3	20	西马达	押上
日比谷线	1961 年	20.3	21	中目黑	北千住
银座线	1927 年	14.3	19	涩谷	浅草
丸之内线	1954 年	24.2	28	荻洼	池袋
	1962 年	3.2	4	方南町	中野坂上
东西线	1964 年	30.8	23	中野	西船桥
三田线	1968 年	26.5	27	目黑	西高岛平站
南北线	1991 年	21.3	19	目黑	赤羽岩渊
有乐町线	1974 年	28.3	24	和光市	新木场
千代田线	1969 年	24.0	20	代代木上原	绫濑
新宿线	1978 年	23.5	21	新宿	本八幡
半藏门线	1978 年	16.8	14	涩谷	押上
大江户线	2000 年	40.7	38	光丘 都厅前—饭田桥—两国—六本木（环状）	都厅前
副都心线	2008 年	20.2	16	和光市	涩谷

2.5.2 历史

东京地下铁公司的前身为 1941 年依"帝都高速度交通营团法"成立的帝都高速度交通营团（又称为营团地下铁；经营的路线通称为营团线）。在此之前，原本是由最早开业的"东京地下铁道"与后来开业的"东京高速铁道"两间公司，各自兴建并经营两段地下铁路线区间。之后政府出面整合，先是让双方的路线相互直通运转，最终借由收购股份的方式，将两间公司合并，并协同当时的东京市以及其他私铁业者共同投资，组成特殊交通法人——"营团"。

第二次世界大战后，新组成的东京都政府有意废止营团，将地下铁全面收归都营。但当时的运输省（今国土交通省）认为：营团地下铁为国家出资是具有高度公共性的事业体，且为战后复兴所需，因此应予存续。2004 年 4 月 1 日，应行政组织改革而正式公司化（由政府与东京都共同出资）并改为今名（经营的路线也随之改称），并在 2007 年达成完全民营化的目标。

2.5.3 票制票价

东京城市轨道交通的票价比较灵活，总体包括 5 种票制，基本票价按区段确定。成人，1~6 km 为 160 日元，7~11 km 为 190 日元，12~20 km 为 230 日元，21~27 km 为 270 日元，28~40 km 为 300 日元；儿童票价为成人票价的一半。此外，有多种优惠票：一种是"自由车票"，每张 700 日元，限一名持票人当天使用，不限次数坐东京城市轨道交通任何线路的车，分为 1 个月、3 个月、6 个月 3 个票种；另一种是"回数票"，可用 10 张普通票的价格购买 11 张车票；还有"非高峰时间次数票""周末/节假日次数票"，一般以 10 张普通票价格购买 12

张车票。另外，对团体、学生乘车也有优惠。乘客使用通勤/通学月票可享受相当大的优惠，与普遍票价相比，1个月的通勤月票可节省37.4%，而学生月票可节省66.1%。

为了方便乘客，2007年东京27家城市轨道交通、铁路公司和32家公交巴士公司联合推出了一种可反复充值的新型IC卡——PASMO。使用时只需要将其接触验票机的读卡部分，也可作为月票使用。若已充值，在区间以外乘车时可自动补票。PASMO还具备电子货币的功能，可在加盟店和部分自动售货机代替现金购物。

2.5.4 运营特点

1. 客运组织

东京地铁公司客流主要由通勤、通学人员组成，据统计，高峰时段该种客流约占90%。在工作日高峰时段和平峰时段，客流量存在很大不同，在高峰时段常出现拥挤、人流如潮等现象，但在站务人员的积极组织下，车站秩序良好，乘客有条不紊地购票、进站出站、上车下车。

2. 列车车辆

东京城市轨道交通不同条线路的列车，都由特定的颜色进行区别。由于开通年代不同，各线列车装备类型差别较大，但设备完备，车厢整洁，车内列车运行信息的显示内容丰富、清晰且易识别。但是，由于东京城市轨道交通列车车厢内大幅广告较多，有时会干扰乘客观看列车运行信息。

东京地铁公司各类列车运行速度有所不同，其中列车最高运行速度为70 km/h，旅行速度约为60 km/h。银座线、丸之内线、南北线为6辆编成，日比谷线为8辆编成东西线、千代田线、有乐町线、半藏门线、副都心线为10辆编成。工作日每日开行列车5 655列，列车走行公里约为100 000车·km，双休日每日开行列车4 451列，列车走行公里约为80 000车·km。

3. 列车运行

东京城市轨道交通运营时间为4:00～24:00，且工作日和周末及节假日运行时间一样，但根据客流需求，开行不同数量的列车，早高峰时段最小列车开行间隔为1 min 50 s（丸之内线），平峰时段列车最小间隔时间为3 min（银座线），晚高峰时段最小列车开行间隔为2 min 15 s（银座线、丸之内线）。另外，东京城市轨道交通在现有设备条件下，通过采用高效的运营组织措施来提高服务质量和运营效率，其组织措施主要体现在周期化列车运行、直通运行和快慢车混合运行三个方面。

4. 安全管理

东京城市轨道交通除在车站站台设置报警设备、安全屏蔽门及活动踏板等常规安全设备，以保证乘客乘车安全外，还建立了一套完备的防灾减灾措施，其主要包括电源故障维护，防震、防洪、防火措施，以应对自然灾害的突袭。同时，东京城市轨道交通综合指挥所在行车调度、行车控制（客运）信息调度、车辆管理、电力调度和设备设施控制等方面的工作，也为其安全运行提供了更大的保障（如图2.19所示）。

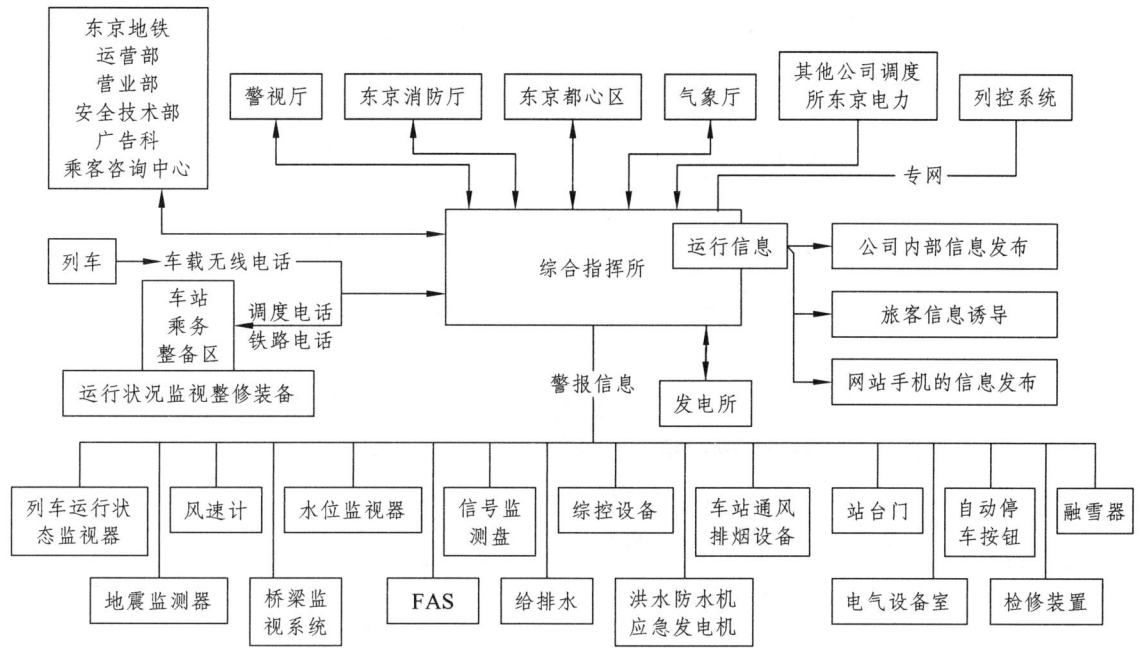

图 2.19 东京城市轨道交通综合指挥所工作示意图

2.6 纽约

2.6.1 概述

纽约城市轨道交通（New York City Subway，NYCS）是美国纽约市的城市轨道交通系统，现由纽约大都会运输署（Metropolitan Transportation Authority，MTA）管理，纽约市捷运局负责运营。

纽约城市轨道交通是全球历史最悠久的公共地下铁路系统之一，也是世界上覆盖范围最广的公共交通系统。目前，纽约城市轨道交通运营线路达 37 条，共开行 24 路列车，运营线路长度为 373 km，共计 468 座车站，有 60%的车站在地下。虽然纽约城市轨道交通站间距较短，但最长的区间（Howard Beach/JFK Airport 站与 Broad Channel 站）也达到了 5.6 km。

纽约城市轨道交通是 24 小时全年无休的快速交通系统之一。按照 2012 年客运量，纽约城市轨道交通是世界非常繁忙的轨道交通系统，仅次于东京、首尔、北京、莫斯科、上海和广州。2012 年，纽约城市轨道交通客运量为 16.7 亿人次，其中工作日的日均客运量为 540 万人次，周六日均客运量为 320 万人次，周日日均客流量约为 250 万人次。纽约城市轨道交通网络图及网络运营情况如图 2.20 和表 2.10 所示。

2.6.2 运营情况

纽约城市轨道交通简化及分成三大系统：IRT（Inter borough Rapid Transit），IND（Independent Subway），BMT（Brooklyn Manhattan Transit），其中 IRT 线由于规格上和 IND 以及 BMT 不同（IRT 的车辆限界比较小），IND 与 BMT 早已相通，因此在路线上 IRT 是以数字

表示，IND 与 BMT 系统则是以英文大写字母来表示，如图 2.21 所示。

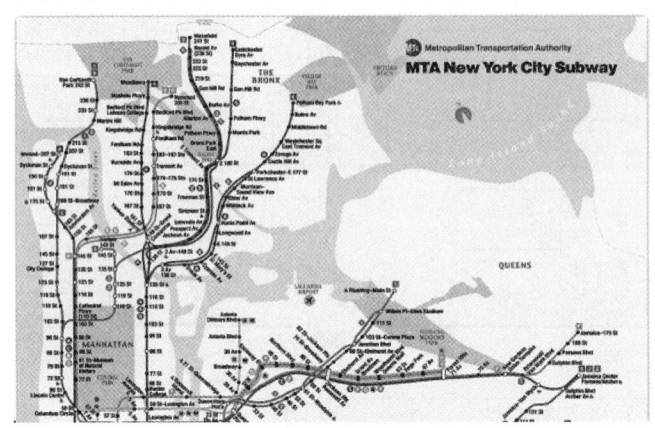

图 2.20　纽约城市轨道交通网络图

表 2.10　纽约城市轨道交通网络运营概况

线路名称	通车时间	车站数/座	起点站	终点站
1 路车	1904 年	37	范科特兰公园-242 街	南码头
2 路车	1905 年	61	威克菲-241 街	纽罗次大道
3 路车	1904 年	34	哈林-148 街	纽罗次大道
4 路车	1917 年	54	坞隆	纽罗次大道
5 路车	1918 年	53	伊斯特切斯特-代里大道	纽罗次大道
6 路车	1904 年	38	佩蓝湾公园	布鲁克桥-市政府
7 路车	1948 年	21	法拉盛-缅街	时报广场
A 路车	1932 年	66	印坞-207 街	洛克威公园-临海 116 街
B 路车	1940 年	45	贝德福公园大道	布来顿海滩
C 路车	1933 年	40	168 街	尤克利德大道
D 路车	1940 年	41	诺坞-205 街	科尼岛-斯提威尔大道
E 路车	1933 年	34	牙买加-179 街	世界贸易中心
F 路车	1940 年	45	牙买加-179 街	科尼岛-斯提威尔大道
G 路车	1933 年	21	长岛市-法庭广场	教堂大道
J 路车	1883 年	30	牙买加中心-帕森斯/射手	百老街
L 路车	1924 年	24	第八大道	卡纳西-洛克威公园
M 路车	1924 年	36	七十一大道-州陆大道-森林高地	中村-大主教大道
N 路车	1915 年	46	阿斯托利亚-迪特马士大道	科尼岛-斯提威尔大道
Q 路车	1920 年	35	阿斯托利亚-迪特马士大道	科尼岛-斯提威尔大道
R 路车	1920 年	45	七十一大道-州陆大道-森林高地	湾桥
Z 路车	1883 年	30	苏特芬大道/射手大道-机场捷运	百老街
42 街接驳车	1940 年	2	时报广场	大中央车站
法兰克林大道接驳车	1920 年	4	法兰克林大道	前程公园
洛克威公园接驳车	1950 年	5	百老汇水道	洛克威公园-临海 116 街

图 2.21　纽约 IRT、IND 与 BMT 城市轨道交通列车

纽约城市轨道交通的车种有快车（Express，菱形）和区间车（Locals，圆形）两种，列车车头上的标志如图 2.22 所示。快车全日营运，只停大站；区间车则每站都停。

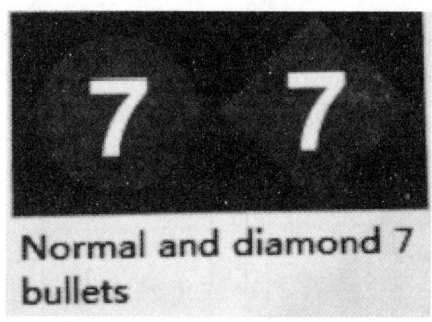

图 2.22　纽约城市轨道交通不同车种列车标志

纽约城市轨道交通高峰时段 3~5 min 发一趟车，白天非高峰时段 10~12 min 发一趟车，夜间 12 点至凌晨 5 点之间每 20 min 发一趟车。

2.6.3　票制票价

目前，纽约的城市轨道交通票单程票价是 2 美元，出站不需要检票。此外，还有在一定时间内无限制乘坐城市轨道交通的定期票（卡），1 天内的价格是 7 美元，7 天内的价格是 24 美元，一个月内的无限制卡费用是 76 美元。纽约城市轨道交通于 1994 年由纽约城市捷运局推出新票证系——Metrocard（如图 2.23 所示）来取代代币（如图 2.24 所示），1997 年新增 2 h 内转乘免费的优惠，代币于 2003 年停止使用。

图 2.23　纽约城市轨道交通 Metrocard　　　　图 2.24　纽约城市轨道交通代币

2.6.4 运营特点

（1）世界上多数城市的城市轨道交通系统的"列车行车路径（Route）"或"营运区间（Service）"等同于"轨道线路（Line）"，如北京轨道交通1号线列车的行车路径仅限于1号线线路范围内。但纽约城市轨道交通列车的行车路径常因轨道的启用，暂停或运营模式的更正而改变，列车的行车路径往往跨越几条轨道线路，因此，纽约城市轨道交通将两者分开。列车的行车路径以英文字母或数字作为代号（如4路车）；而轨道线则给予名字称呼（通常是行径的地名或街道名称，如IRT莱辛顿大道线）。

（2）纽约城市轨道交通设备老旧，网络结构复杂，列车多跨线运行，列车开行方案较为复杂。

（3）纽约城市轨道交通是全球唯一一个24 h全年无休的大众运输系统。车站遍布于曼哈顿，布鲁克林，皇后区以及布朗克斯区。某些车站夜晚或周末时会关闭，但不会影响乘客在市区范围内出行。

（4）纽约城市轨道交通主干线一般有四条轨道，城市轨道交通的四个轨道中，有两条是给快车行驶，另两条则是给慢车行驶。有快慢线的换乘站，往往有上下几层站台，非换乘站的同一层站台四道并行，快车E从中间两条车道疾驶而过，慢车L则经由两侧慢线靠站，快慢车各行其道，如图2.25所示。

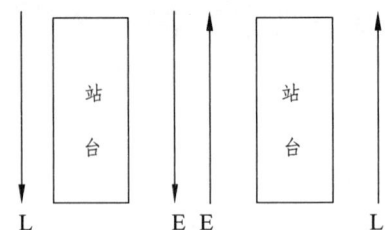

图 2.25　纽约城市轨道交通四轨车站示意图（岛式站台）

2.7　华盛顿

2.7.1　概述

华盛顿城市轨道交通，也称华盛顿都会区捷运系统（Washington Metro-rail），为美国第二繁忙的城市轨道交通系统，仅次于纽约城市轨道交通，于1976年开始运营，总长171.1 km。华盛顿城市轨道交通的标志如图2.26所示，服务范围包含华盛顿特区及邻近马里兰州的乔治王子县，蒙哥马利县，维吉尼亚州的费尔法克斯县，阿灵顿县及亚历山卓市。

华盛顿城市轨道交通网络图及网络运营情况如图2.27和表2.11所示。

图 2.26　华盛顿城市轨道交通标志

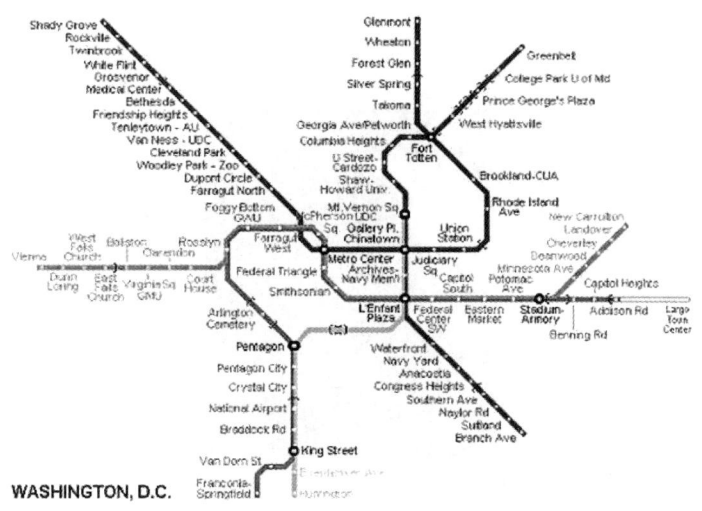

图 2.27 华盛顿城市轨道交通网络图

表 2.11 华盛顿城市轨道交通网络运营概况

线路名称	通车时间	线路长度/km	车站数/座	起点站	终点站
1 号线（红）	1976 年	51.3	27	凉荫从	格兰蒙特
2 号线（橙）	1978 年	50.4	26	维也纳/费尔法克斯	乔治海森大学·新卡罗顿
3 号线（蓝）	1977 年	29.76	27	法兰克尼亚	斯普林菲尔德·拉哥镇中心
4 号线（黄）	1983 年	26.16	17	亨廷顿	塔腾堡
5 号线（绿）	1991 年	38.4	21	布兰奇大道	绿带
6 号线（银）	计划中	计划中	计划中	州公路 772	体育场—军械库

2.7.2 历史

华盛顿城市轨道交通于 1969 年开始动工，1976 年 3 月 27 日，长 74 km 的捷运系统开始运营，从罗德岛大道站（Rhode Island Avenue）至法拉格特北站（Farragut North）；同年的 7 月 1 日，城市轨道交通延伸至维吉尼亚州的阿灵顿县；1978 年 12 月 17 日延伸至维州亚历山卓市。2001 年 1 月 13 日，总长 166 km，83 个车站的系统终于完成，但系统的延伸计划并未因此停止。2004 年 12 月 18 日，蓝线完成了 5.18 km 长的延伸段。

2.7.3 票制票价

华盛顿城市轨道交通车费依据搭乘距离及进站时间而有所差异。在平常时段（周日至周五为早上开业时间至 9:30，15:00～19:00，周五至周六晚间从凌晨 2:00 至歇业时间）的车费依据行驶站数，介于 1.65 美元和 4.50 美元之间，其他时段车费则为 1.35 美元，1.85 美元或 2.35 美元。学龄儿童、残障人士及老人享有折扣优惠。除了哥伦布日，退伍军人节，马丁·路德·金纪念日，总统节 4 个会在高峰时段加开班次的节日外，其他国家假日期间的车费都会降价。

此外，城市轨道交通乘客还可以使用被称为"智慧旅（Smart Trip）"的智能卡，这种卡可储值 45 美元，储值用罄可以补值重新利用。乘客也可以在大部分的售票机构买乘车证，这种乘车证用法同 Smart Trip，但可以让乘客在一定时段里无限制地在城市轨道交通系统内搭车。华盛顿地铁收费系统如图 2.28 所示。

图 2.28 华盛顿地铁收费系统

2.7.4 运营特点

（1）每逢假日或特定节日，如美国独立日或总统就职典礼时，华盛顿城市轨道交通会采用特殊的列车运营模式，以提供民众抵达国家广场的交通工具。有时城市轨道交通为了疏散拥挤的情形，甚至会规定部分车站仅可进站或出站。图 2.29 为 Smithsonian Station 车站构造。

图 2.29 华盛顿城市轨道交通 Smithsonian Station 车站构造

（2）华盛顿城市轨道交通网络设计很有特点，网络各线间重合线路比例较高，重合区段的各线间列车到发时刻交替设计，列车开行间隔多为 3 min，5 min，6 min。在单线运力不大的情况下，重合区间也可以有较大的运力，既缓解了城区运输压力，又节约了运营成本。

2.8 伦敦

2.8.1 概述

伦敦城市轨道交通是世界上历史最悠久的地下铁道，伦敦已建成总长 402 km 的城市轨道交通网，其中 160 km 的线路在地下，每日载客量平均高达 304 万人次。2004—2005 年度总载客人次为 9.76 亿人次。按线路运营长度来说，它是世界上第三大的城市轨道交通网络，仅次于上海和北京。伦敦城市轨道交通标志如图 2.30 所示。

图 2.30 伦敦城市轨道交通标志

2003 年开始,伦敦城市轨道交通成为伦敦交通局的一部分,该公司同时运营市内巴士(包括伦敦著名的红色双层巴士)及伦敦地铁系统。伦敦城市轨道交通是国际城市轨道交通联盟(COMET)的成员之一。

今天的大伦敦是一个长宽各 40 km 的城市,环状划分成了 6 个区,一、二区为市中心,六区则是较偏远的地区。12 条城市轨道交通线在 6 个区里纵横交错,其中 11 条穿过市中心所在的一区。不少一区的车站像贝克街一样,必须在地下修建成上下若干层,以供几条线路同时使用。伦敦城市轨道交通网络图及网络运营情况如图 2.31 和表 2.12 所示。

图 2.31 伦敦城市轨道交通网络图

表 2.12 伦敦城市轨道交通网络运营概况

线路名称	通车时间	线路长度/km	车站数/座	起点站	终点站
贝克鲁线	1906	23.3	25	哈洛与威尔士东	象堡
中央线	1900	74.0	51	西鲁斯利普	艾平
环线	1884	27.0	35		
区域线	1868	64.0	60	里奇蒙	艾奇韦尔路
东伦敦线	1869	8.0	30	高贝利与艾斯灵顿	西克罗伊登
汉默史密斯及城市线	1863	26.5	28	汉默史密斯	柏京
银禧线(或朱必利线)	1979	36.2	27	史丹摩	特斯拉福
大都会线	1863	66.7	34	奥德门	阿默斯罕
北线	1890	58.0	50	莫登	埃奇韦尔
皮卡迪里线	1906	71.0	53	卡克福斯特	厄士桥
维多利亚线	1969	21.0	16	沃森斯托中央	布里克斯顿
滑铁卢与城市线	1898	2.3	2	银行	滑铁卢

2.8.2 票制票价

伦敦城市轨道交通实行分段计价,乘客在车站通过自动售检票系统购买车票,检票,进站,出站等,图 2.32 为伦敦城市轨道交通进站检票闸机。

伦敦城市轨道交通车票种类繁多,按时间(9:30 前和 9:30 后),地区(1 个区价,2 个区价等),使用时间(单程票,1 日票,2 日票等),年龄(大人票,儿童票),人数(个人票,家庭票等)实行不同票制。另外设置各类型的组合票制,如一周第一区大人票,周末两日家庭票等,方便乘客选择。

图 2.32　伦敦地铁进站检票闸机

2.8.3 运营特点

伦敦城市轨道交通是世界上最早建设与运营的城市轨道交通系统,150 年前设定的很多标准和规范至今仍在大部分国家城市轨道交通系统中得到广泛使用。

1. 城市轨道交通地图标准

城市轨道交通线路图(Tube Map)也称城市轨道交通图,是一种广泛用于表示城市轨道交通线路,车站和地区的原理图(Schematic Diagram),而不是传统的地理图(Geography Map)。

(1)以颜色区分路线。

(2)路线大多以水平、垂直、45°角三种形式来表现。

(3)路线上的车站距离与实际距离不成比例关系。

目前,全球各大城市的城市轨道交通系统大多采用这种设计原则绘制城市轨道交通线路图。

2. 建设标准

伦敦城市轨道交通建设初期就采用了与铁路一样的标准轨距(1 435 mm),保证了今后城市轨道交通速度,载客量的不断发展。

伦敦城市轨道交通采用的城市轨道交通供电方式,车站设计标准也为各国城市轨道交通建设提供了依据。

3. 复杂的线路结构和运营情况

伦敦城市轨道交通不仅线路里程较长,其线路结构也较为复杂,很多线路具有在郊区分叉,在市区汇合并再度分开或者汇合的特点,如图 2.33 所示。

为了与复杂的线路结构相适应,伦敦城市轨道交通采取了相对复杂的列车运行模式,如在不同时段的北线采取了不同比例的交路设置，适应北站客流进出城区的需要，Brent Cross 车站不同交路列车发车间隔指示牌如图 2.34 所示。

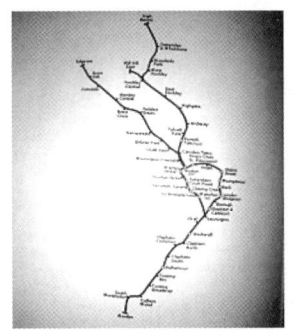 

图 2.33　伦敦城市轨道交通北线线路图　　图 2.34　Brent Cross 车站不同交路列车发车间隔

4. 便捷措施多

伦敦城市轨道交通的 P+R 设施很多，基本所有的二区以外车站都有停车设施，每个车站的停车设施并不大，主要是靠周围小区停车场支持，而且走行距离也并不近。

伦敦城市轨道交通车厢狭小，但是几乎所有车站都允许乘客在高峰期间外的时间携带自行车进入城市轨道交通车站。图 2.35 为伦敦城市轨道交通可以携带自行车进站的车站示意图。

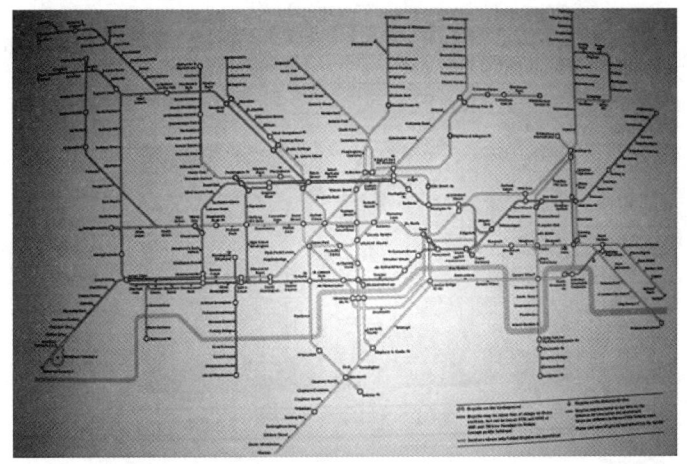

图 2.35　伦敦城市轨道交通可以携带自行车进站的车站示意图
（实线为高峰期外允许普通自行车进站，空心线为任何时候都允许折叠自行车进站）

2.9　巴黎

2.9.1　概述

巴黎城市轨道交通是法国巴黎的地下捷运系统，现由巴黎大众运输公司（Regie Autonome des Transports Parisiens，RATP）负责运营。截至 2013 年 10 月，巴黎城市轨道交通总长为 213.8 km，共 14 条主线、2 条支线，383 个车站、62 个交会站，日客运量超过 600 万人次。巴黎地铁标志如图 2.36 所示。

图 2.36 巴黎地铁标志

巴黎的城市轨道交通分成两个系统：运行的范围在二环之内的，称作 Metro，城市轨道交通站入口有的用一个 M/Metro 作标志，这个系统共有 16 条线，用字母 M 加数字表示，也就是 M1 到 M14，M3bi 到 M7bis；运行的范围超出二环的，称作 RER，共有 5 条线，用字母表示，就是 RER A，B，C，D 和 E。巴黎城市轨道交通网络图及网络运营状况如图 2.37 和表 2.13 所示。

图 2.37 巴黎城市轨道交通网络图

表 2.13 巴黎城市轨道交通网络运营概况

线路名称	通车时间	线路长度/km	车站数/座	起点站	终点站
1 号线	1900	16.6	25	拉德芳斯	文森城堡
2 号线	1900	12.3	25	王妃门	民族广场
3 号线	1904	11.7	25	勒瓦卢瓦桥	加列尼
	1971	1.3	4	冈贝塔	丁香门
4 号线	1908	12.1	27	克里尼昂古门	奥尔良门
5 号线	1906	14.6	22	博比尼	意大利广场

续表

线路名称	通车时间	线路长度/km	车站数/座	起点站	终点站
6号线	1909	13.7	28	凯旋门	民族广场
7号线	1910	18.6	38	新庭	伊夫里镇/犹太城
	1967	3.1	8	路易布朗克	佩圣热尔维
8号线	1913	23.4	38	巴拉	克雷特伊湖之角
9号线	1922	19.6	37	塞夫尔桥	蒙特勒伊
10号线	1923	11.7	23	布洛涅	奥斯特里茨车站
11号线	1935	6.3	13	夏特雷	丁香镇
12号线	1910	15.3	29	小教堂门	伊西镇
13号线	1911	24.3	32	阿尼耶/圣德尼	沙蒂水
14号线	1998	9.2	9	圣拉扎尔	奥林匹亚德

2.9.2 历史

1896年，巴黎当局核准城市轨道交通网络修建计划。1900年，巴黎城市轨道交通首条线路 Maillot-Vincennes 线随巴黎世界博览会的开幕而启用，车站新艺术样式出入口沿用至今，如图2.38所示。原计划的网络有10条线（今日1号线～10号线），开工后进度极快，并做了小小的变动。

图2.38 巴黎城市轨道交通车站出入口

2.9.3 运营情况

20世纪20～30年代，巴黎城市轨道交通开通了两条线路，分别为连接市区西南部与市中心，并行走于巴黎十六区大部分地段的左岸中北部。20世纪30～50年代，巴黎城市轨道交通网络开始了新一轮扩张，向巴黎近郊拓展，但因处于第二次世界大战期间，部分线路因此缩并或调整，第二次世界大战后城市轨道交通开始重建，但恢复过程漫长。

1998年10月，14号线开通，这是巴黎城市轨道交通网最新建成的一条线路。该线路采用VAL无人驾驶系统，全自动运行，如图2.39所示。

2.9.4 票制票价

巴黎城市轨道交通车票种类很多，分为单票、日票、周票、月票、1天～5天票、年票、青年票等，而每种票按1～6环的区域价格不等，如1～2环日票等。

图 2.39 巴黎 VAL 无人驾驶系统

2.9.5 运营特点

（1）巴黎城市轨道交通运营最大的特点是极其方便，4 线换乘、5 线换乘的车站不在少数，乘客使用方便，极大地减少了乘客一次出行的换乘次数。

（2）城市轨道交通与其他公共交通方式实现无缝衔接，如巴黎北站、巴黎东站、高铁车站、普通铁路车站、市郊铁路车站和城市轨道交通车站一体化的设计建造，乘客换乘便捷。巴黎东站及换乘示意图如图 2.40 所示。

图 2.40 巴黎东站及站内换乘示意图

（3）巴黎城市轨道交通从每日清晨 5:30 开始服务，每条线路的首班车从线路的起讫站开出，至次日凌晨 1:15 服务停止。在高峰期，列车平均 2 min 一班，但在客流量较大的线路，比如 1 号线和 4 号线平均 1 min 30 s 一班；非高峰期 4 min 一班；深夜 8 min 一班。逢重大节日，如新年夜、音乐节时，1 号线、2 号线、4 号线、6 号线、9 号线和 14 号线改为 24 h 开放的通宵运营，但只停靠个别车站。

2.10 马德里

2.10.1 概述

马德里城市轨道交通（如图 2.41 所示）网络包括 12 条主线及 1 条支线的地下铁路和 3 条轻轨，共设 326 个车站，其中 27 个两线转乘站，12 个三线转乘站，1 个四线转乘站，由马德里地铁股份有限公司（Metro de Madrid S.A.）负责运营。总长度 321 km，将马德里市中心及附近多个城镇连接。值得一提的是，马德里市区人口只有 300 万，城市轨道交通日客运量却超过 250 万人次。

图 2.41　马德里城市轨道交通标志

马德里城市轨道交通包括长 296 km、设 281 个车站的地下铁路系统和长 27.78 km、设 38 个车站的 3 条电车线（轻轨，Metro Ligero），分为 6 个区域：市区城市轨道交通（Metro Madrid）是马德里城市轨道交通的核心网络，占全网络长度 2/3，包括轻轨 1 号线；城市轨道交通南支线（Metro Sur），包括 12 号线全段、10 号线最后两战，经过马德里南部多个主要城镇；城市轨道交通东支线（Metro Este）；城市轨道交通北支线；轻轨西支线（Metro Ligero Oeste）和城市轨道交通 TFM 支线（Transportes Ferroviarios de Madrid）。网络图及网络运营情况如图 2.42 和表 2.14 所示。

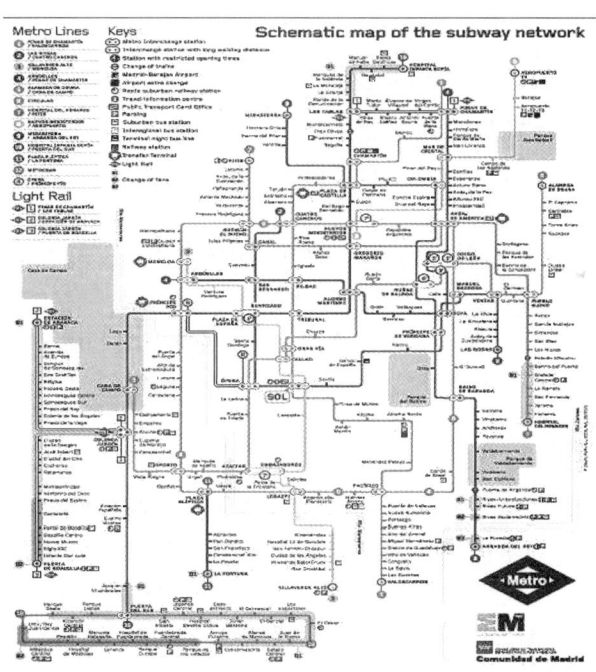

图 2.42　马德里城市轨道交通网络图

表 2.14　马德里轨道交通网络运营概况

线路名称	线路长度/km	车站数/座	起点站	终点站
1 号线	23.9	33	Pinar de Chamartín	Valdecarros
2 号线	14.0	20	Las Rosas	Cuatro Caminos
3 号线	16.4	18	Villaverde Alto	Moncloa

续表

线路名称	线路长度/km	车站数/座	起点站	终点站
4号线	16.0	23	Argüelles	Pinar de Chamartín
5号线	23.2	32	Alameda de Osuna	Casa de Campo
6号线	23.5	28	环线	
7号线	32.9	30	Hospital del Henares	Pitis
8号线	16.5	8	Nuevos Ministerios	Aeropuerto T4
9号线	39.5	28	Mirasierra	Arganda del Rey
10号线	36.5	31	Hospital InfantaSofía	Puerta del Sur
11号线	8.5	7	Plaza Elíptica	La Fortuna
12号线	41.0	28	环线	
R4线	1.1	2	ópera	Príncipe Pío
轻轨1号线	5.4	9	Pinar de chamartín	Las Tablas
轻轨2号线	8.9	13	Colonia Jardín	Estación de Aravaca
轻轨3号线	13.7	16	Colonia Jardín	Puerta de Boadilla

2.10.2 历史

19世纪末,马德里市中心,尤其于太阳门(Puerta de Sol)周围,是以电车及马车作为交通工具,直至1892年,有人提议兴建地铁。工程师法里亚计划兴建五条地铁线,该五条线路可以同时作货运用途。这项计划得到批准,但并未立即执行。

直至1916年,马德里人口已达60万时,才开始兴建1~4号线4条城市轨道交通路线,总长度154 km。

1919年第一条城市轨道交通正式通车,来往太阳门(Puerta de Sol)及Cuatro Caminos站,长3.48 km,共设8站。两年后,线路长度已达14.8 km。

自从1975年西班牙恢复民主政制后,之后数年,网络长度已超过100 km。1995年至1999年数年间推出的发展计划,令多条新线路投入服务,使路线总长度超越170 km。

2.10.3 票制票价

马德里城市轨道交通票制分为单票制和10次票,票价根据乘坐线路、乘坐次数、乘坐范围等进行划分。单程票分为全区单程票、市区单程票、南支线单程票、轻铁单程票等,票价随车站数量递增,起价1.5欧,仅限5站以内,5站以上每多一站增加0.1欧,2欧封顶;10次票分为市区城市轨道交通巴士连票、TFM支线票、轻铁支线票等,每种票的价格是固定的,分别为18欧和12欧,如图2.43所示。

2.10.4 运营特点

(1)马德里城市轨道交通大部分网络服务时间为早上6:00至凌晨1:00,繁忙时段各路线列车班次为2~4 min一班,非繁忙时段则为4~7 min一班。TFM支线(9号线)及Pitis线(7号线)服务时间则是早上6:00至晚上11:30分,繁忙时段,各线路列车班次为3.5~5.5 min一班,非繁忙时段则为5.5~7.5 min一班。

图 2.43 马德里轨道交通票种情况

（2）马德里城市轨道交通控制中心（Central Post，Metro de Madrid）承担着马德里城市轨道交通 12 条线路的运营管理、能耗管理、安全管理等方面的工作。另外两条轻轨虽然属于城市轨道交通系统，但是不在此控制中心监控范围之内。

① 运营管理：每个马德里城市轨道交通车站有两名工作人员，一个负责乘客服务，如购票、问询、联系线路 OCC 等工作，另外一名主要负责车站的安全工作。

马德里城市轨道交通每两条线有 1 个调度控制中心（OCC），仅负责所辖线路的日常监视，将运营监视情况向控制中心报告。控制中心负责线路列车的实际行车调度指挥工作，行车调度岗每班 3 个人对所有城市轨道交通线路进行统一调度指挥。马德里城市轨道交通运行计划以单线为编制单位，列车满载率标准为 3.5 人/m^2。

② 能耗管理：马德里城市轨道交通对城市轨道交通系统的牵引供电和车站供电进行统一管理，每班 3 个人。

③ 安全管理：马德里城市轨道交通控制中心有一套独特的具有自主知识产权的安全管理体系，该体系由车站员——线路 OCC——控制中心调度员——值班警察——控制中心值班主任——控制中心主任构成，有一套安全管理系统支持各个级别管理人员进行现场处置、信息报送、资源调配和应急决策等工作。

3 城市轨道交通系统分类及技术经济特性

3.1 城市轨道交通的概念

3.1.1 基本概念

城市中使用车辆在固定导轨上运行并主要用于城市客运的交通系统被称为城市轨道交通。在我国国家标准《城市公共交通常用名词术语》中，将城市轨道交通定义为"通常以电能为动力，采用轮轨运输方式的快速大运量公共交通的总称"。

城市轨道交通是指具有固定线路、铺设固定轨道、配备运输车辆及服务设施等的公共交通设施。城市轨道交通是一个包含范围较大的概念，在国际上没有统一的定义。一般而言，广义的城市轨道交通是指以轨道运输方式为主要特征，在城市公共客运交通系统中具有中等以上运量的轨道交通系统（有别于道路运输），主要为城市内（有别于城际铁路，但可涵盖郊区及城市圈范围）公共客运服务，是一种在城市公共客运交通中起骨干作用的现代化立体交通系统。城市客运系统分类如图 3.1 所示。

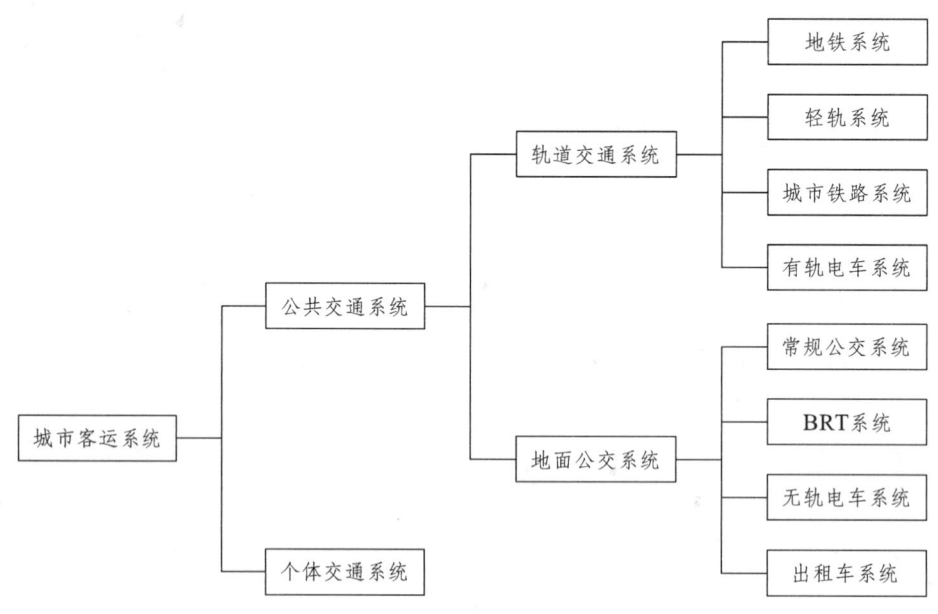

图 3.1 城市客运系统分类

城市轨道交通系统是服务于城市客运交通，通常以电力为动力，在固定的导轨上以轮轨运行方式为特征的车辆或列车，以及轨道等各种相关设施的总和。

城市轨道交通系统是一种具有专用或半专用路权，限定行驶轨迹，可以成列运行的运输系统。

3.1.2 城市轨道交通在城市公共交通中的作用与地位

由前述可知,城市轨道交通是城市公共交通系统的重要组成部分,主要承担中等以上运量的客运服务,在城市公共交通中具有重要的作用和地位,主要表现如下:

(1)城市轨道交通是城市公共交通的主干线,客流运送的大动脉,是城市的生命线工程。建成运营后,将直接关系到城市居民的出行、工作、购物和生活。

(2)城市轨道交通通常以电力为动力源,是世界公认的低能耗、少污染的绿色交通系统,是解决城市交通拥堵、空气污染、噪声和震动污染等通病的一把"金钥匙"。

(3)城市轨道交通是城市建设史上最大的公益性基础设施,对城市的全局和发展模式将产生深远的影响。为了建设生态城市,应把目前"摊大饼"式的城市发展模式逐步改变为伸开的"手掌形"模式,城市轨道交通就是"手掌形"城市发展的骨架。城市轨道交通的建设可以带动沿线经济的发展,促进城市繁荣,形成郊区卫星城和多个副中心,从而缓解城市中心人口密集、住房紧张、绿化面积小、空气污染严重等城市通病。

(4)城市轨道交通的建设与发展有利于提高市民出行的效率、节省时间、改善生活质量。由于国际著名的大都市以城市轨道交通为代表的公共交通系统十分发达方便,人们出行很少使用私人车辆,主要依靠地铁、轻轨等轨道交通或其他公共交通方式,故城市交通秩序井然,市民出行方便省时。

3.2 城市轨道交通系统的分类

城市轨道交通系统经过多年的发展,形成了多种类型,主要包括有轨电车、轻轨、单轨系统、自动导向系统、地铁、市郊铁路、橡胶轮胎铁路、磁悬浮系统。

城市轨道交通系统有不同的分类标准,包括高峰小时单向运力、路权及列车控制方式、基本技术特征、线路铺设位置、轮轨材质、轮轨导向方式、轨道形态、粘着牵引方式、动力类型及其布置。以下将重点介绍前三种分类方式。

1. 按高峰小时单向运输能力分类

根据高峰小时单向运输能力的大小,轨道交通系统可分为高运量、中运量和低运量三种类型:

(1)高运量轨道交通系统

该类型系统的高峰小时单向运输能力达到 30 000 人次/h 以上,该种类型的轨道交通系统主要有重型地铁和轻型地铁等。

(2)中运量轨道交通系统

该类型系统的高峰小时单向运输能力达到 15 000~30 000 人次/h 以上,该种类型的轨道交通系统主要有微型地铁、独轨和高技术标准的轻轨。

(3)低运量轨道交通系统

该类型系统的高峰小时单向运输能力达到 5 000~15 000 人次/h 以上,该种类型的轨道交通系统主要有低技术标准的轻轨、自动导向交通系统和有轨电车。

2. 按路权及列车运行控制方式分类

根据路权及列车运行控制方式的不同,城市轨道交通系统可分为路权专用、按信号指挥运行,路权专用、按视线可见距离运行和路权混用、按视线可见距离运行等类型。

(1)路权专用、按信号指挥运行类型。

该类型系统的线路完全封闭,在路权的使用方面具有排他性,与其他城市交通方式没有平面交叉。由于路权专用及按信号指挥运行,行车速度高且行车安全性好。该种类型的轨道交通系统包括市郊铁路、地铁、高技术标准的轻轨和自动导向交通系统等。

(2)路权专用、按视线可见距离运行类型。

该类型系统在路权使用方面与上一种类型一致,行车条件较好;但信号控制自动化程度较低,行车条件较好。由于无信号、按可视距离间隔运行,行车速度稍低。该种类型的轨道交通系统主要包括中等技术标准的轻轨和高技术标准的有轨电车。

(3)路权混用、按视线可见距离运行类型。

该类型系统的特点是其他交通工具共用线路,运行线路存在平面交叉。除在交叉口设置信号控制外,其余线路段按可视距离间隔运行,行车速度与行车安全较差,该种类型的轨道交通系统主要包括低技术标准的轻轨和有轨电车。

3. 按基本技术特征分类

基本技术特征是一种综合性的分类标准,是对高峰小时单向运力、路权及控制方式、运行区域等参数的综合评价,是较为常用的城市轨道交通分类方式,可分为有轨电车、轻轨、单轨系统、自动导向系统、地铁、市郊铁路、橡胶轮胎铁路、磁悬浮系统等类型。这些不同类型城市轨道交通系统的技术经济特性将在后文中进行详细的介绍。

3.3 各类城市轨道交通的技术经济特性

3.3.1 有轨电车

有轨电车是一种公共交通工具,亦称路面电车,简称电车,由电气牵引、轮轨导向,单车或两辆编组的形式运行在城市路面线路上,采用电力驱动并在轨道上行驶的轻型轨道交通车辆,属于低运量轨道交通系统,如图 3.2 所示。

图 3.2 有轨电车

有轨电车通常在街道上行走，列车编组通常为单节，至多 5 节。另外，某些在市区的轨道上运行的缆车亦可算作路面电车的一种。

现代有轨电车由于采用整体道床，轨面和路面保持同一水平，因此机动车辆和行人可以进入，实现混合交通。车辆运行速度较低，行车安全和准时性较差，运量较小，单向高峰小时运量通常在 1 万人次左右。南京现代有轨电车如图 3.3 所示。

图 3.3　现代有轨电车（南京）

现代有轨电车已成为中小城市公交的骨干模式。欧洲的城市根据自己不同的经济实力以及有轨电车的发展历史，采取了不同方式来更新、建设有轨电车线路。其主要方式有以下几种：

改造原有有轨电车线或废弃铁路。

新建有轨电车线路。

有轨电车与干线铁路共享轨道。

现代有轨电车与旧式有轨电车的一个重要区别就是大量采用独立路权。一般新建线路的独立路权区段占 50%以上，从而保证了现代有轨电车的旅行速度处于一个较高的水平。独立路权的形式又有很多种：（1）原有市郊铁路或工业铁路改造的线路，保留有碴轨道，因此线路与其他交通方式完全隔离。（2）采用草坪绿化带作为隔离物的专用路权。（3）轨道两侧铺设路缘石，高度适宜，平时起到提供独立路权的作用；当发生机动车严重堵塞或其他意外事故时，机动车又能够驶过路缘石，运行在有轨电车的线路上。

现代有轨电车的另一个特点是对行人非常"友好"。主要表现在与其他机动车相比，有固定的轨道，对于行人来说更加安全；且尾气排放少，噪声低，行人的步行环境更佳。因此商业街区常采用机动车禁行，而只允许"行人+有轨电车"的模式。此外，还有一些城市将有轨电车与公交车的路权共享，这种方式是一种新的尝试。尽管其维护费用比单纯运行有轨电车时高，但较好地保障了同一通道上公交车的优先权，使得原本是有轨电车专用的道路空间利用率大大提高。

总而言之，有轨电车的优缺点如下。

1. 优点

（1）对于中小型城市来说，有轨电车是廉宜实用的选择。1 km 有轨电车线路所需的投资仅占 1 km 地下铁路的 1/3 到 1/12；以长春为例，每公里造价（包含车辆采购、轨道铺设、线网架设、整流站修建等全部费用在内）2 000 余万元人民币，堪称"多、快、好、省"建设有轨电车系统的典范。

（2）无须在地下挖掘隧道。

（3）相较其他路面交通工具，有轨电车更有效地减少了发生交通意外的概率。

（4）有轨电车因为以电力驱动的关系，车辆不会排放废气，是一种无污染的环保交通工具。

2. 缺点

（1）效率比地下铁路低。

（2）有轨电车的速度一般较地铁慢，除非路面电车行驶的大部分路段是专用的（主要行驶专用路段的路面电车一般称为轻便铁路）。

（3）有轨电车的载客量约为7 000人/h，但地下铁路载客量可达12 000人/h。

（4）有轨电车系统的路轨占用路面，路面交通要为有轨电车改道，并让出行车线；通常采用下凹式槽型轨，汽车和有轨电车可以共用车道行驶。

（5）需要设置架空电缆。随着超级电容供电和地下轨供电等新技术的发展，有轨电车可以甩掉长辫子（架空电缆受电弓）自由运行。广州市黄埔区的新型有轨电车就是通过超级电容供电，如图3.4所示。

图3.4　广州黄埔新型有轨电车

3.3.2　轻轨

轻轨车辆轴重较轻，施加在轨道上的荷载相对于城市铁路和地铁的荷载比较轻，故称为轻轨，是一种介于有轨电车和地铁之间的中运量的客运系统，平均运营速度为30～45 km/h，最小发车间隔控制在1.5～3 min，最大爬坡度为30‰，单向运输能力为1.5～3万人次/小时，常建于拥有10万～100万人口的城市，武汉轻轨如图3.5所示。

图3.5　武汉轻轨

轻轨从旧式有轨电车发展而来，其与旧式有轨电车的区别如下：①旧式轻轨车辆宽度为2.2～2.4 m，新式轻轨车辆为适应客运量增加的需求，有向更长、更宽发展的趋势，宽度为2.5～2.6 m。车辆设计具有容量大、轻型化、铰接式、低地板和宽敞舒适等特点。②车辆座席有纵向和横向两种布置方式。横向又分两边双人座、两边单人座、一边双人座和一边单人座等布置形式。③近年来各国制造的新型轻轨车辆有4轴车、6轴单铰接车和8轴双铰接车3种车型，车辆定员为 130~270 人，而旧式轻轨车辆定员一般在 100 人左右。轻轨车辆的最高速度可达 60~80 km/h。④ 轻轨一般要求有至少 40%的股道与道路隔离。

轻轨线路的设计方案较多，没有固定的模式。线路修建往往是因地制宜，设计比较灵活，既可修建在市区街道上，也可修建在地下隧道或高架桥上。地面轻轨线路可分为：无平面交叉的专用行车线路、有平面交叉的专用行车线路和与其他机动车辆共用行车线路三种类型。轻轨线路大多是双线，但支线、短程区间或道路用地较为紧张的地段也有设计为单线的情况。

轻轨铁路车站按其运营功能划分有终点站、中间站和换乘站。终点站和位于中心商业区的中间站应具备集散较大客流的能力。车站的站台大多设计为低站台，有侧式、岛式和混合式等布置形式。侧式站台又有横列式、纵列式和单列式几种形式。

轻轨列车的运行控制有人工视觉控制、列车自动防护系统（ATP）控制和列车自动控制系统（ATC）控制三种类型。

根据日本的统计资料，一般轻轨的主要技术特征指标大致如下：

（1）最小运行时间间隔：2 min。

（2）每节车厢的乘客人数：225 人（按 0.14 m^2/人计算）。

（3）每列车编组车厢节数：2~4。

（4）每小时单向最大运输能力：6 000~13 000 人。

（5）时刻表速度：20~25 km/h。

（6）建设投资（包括车厢）：33 亿日元/km 及以下。

（7）运营费用：1.13 亿日元/（km·年）。

（8）最低经济运输量：2 100 人/（km·天）（假定平均票价为 150 日元/人）

轻轨铁路其他的技术经济特点还包括修建周期短，工程投资少，运营成本低，比较准时，运行噪声小，节能，污染小，能适应陡坡急弯，旅客乘坐舒适，经济效益高等；此外，轻轨系统容易融入城市现有格局，是一种填补地铁和公共汽车空白的交通工具，适用于人口较密集的新城区、交通集散地、商业中心和区域中心的交通运输，尤其适用于城市边远地区、居民密集区等。

3.3.3 单轨系统

单轨系统又称独轨系统，是由电气牵引、具有特殊导向和转折装置、车辆编组运行在专用轨道梁上的中运量轨道交通系统，通常分为跨座式和悬挂式两种，分别如图 3.6 和图 3.7 所示。

图 3.6 跨座式单轨系统

图 3.7 悬挂式单轨系统

国外已建成的城市交通独轨铁路长度通常为 10 km 左右，单、双线均有，但以单线为主。最大坡度可达 6%，最小曲线半径可达 60 m。

轨道由轨道梁、支柱与道岔三部分组成。轨道梁为预应力钢筋混凝土结构，起承载、运行、导向与稳定车辆的作用。跨座式独轨的轨道梁顶面是列车的运行轨道，两侧面的上、下部分分别是导向轮与稳定轮轨道。支柱的主要形式有"T"型、倒"L"型和"门"型等。道岔的基本原理是轨道梁的一部分为可活动部分，通过活动部分的移动使一条线路与其他线路连接，达到车辆过道岔的目的。

车站为高架设计，常见结构由上至下，一层为道路面，二层为集散厅，三层为站台，乘客由自动扶梯和电梯上下。站台为岛式，长约 100 m，站台两侧安装栅栏或屏蔽门，站台顶棚与边墙连在一起。

跨座式与悬挂式两种类型独轨的车辆形式是不同的，但两种形式的独轨车辆都是在走形轨道上采用胶轮行驶的电动客车。车体的宽度，跨座式独轨车辆较宽，约为 3 m 左右，悬挂式独轨车辆在 2.6 m 左右。受橡胶轮胎载重的限制，车辆采取轻型化设计。车辆定员，跨座式独轨车辆为 140~190 人，其中座席为 30~40 人，悬挂式独轨车辆为 100~160 人，其中座席为 40~50 人，有驾驶室车辆的定员为下限值。车内座席可以根据客流量情况设计成纵向、横向和混合排列等不同布置。车辆的最高速度可达 80 km/h，运营速度约为 30 km/h。列车运行、供电、车站设施、防灾报警装置、站台监视及对乘客广播均由控制中心的计算机系统集中控制。

单轨列车通常为 4 辆编组，由于受站台长度的限制，最多为 6 辆编组。单轨系统的道岔转换时间较长，从而延长了列车的折返时间。

在日本，一般单轨系统的主要技术特征指标如下：
（1）最小运行时间间隔：2 min。
（2）每节车厢的乘客人数：140 人（按 0.14 m^2/人计算）。
（3）每列车编组车厢节数：2~6。
（4）每小时单向最大运输能力：8 000~25 000 人。
（5）时刻表速度：30 km/h。
（6）建设投资（包括车厢）：65 亿~145 亿日元/km。
（7）运营费用：2.21 亿日元/（km·年）。
（8）最低经济运输量：4 000 人/（km·天）（假定平均票价为 150 日元/人）。

单轨系统的技术经济特点还包括线路工程造价低，运行噪声低、振动小、占地面积少，对城市的景观及日照等影响小、通过小半径曲线能力和爬坡能力强、旅客乘坐舒适，可观赏沿途景色等优点。但是，单轨车还有运能小、速度低、能耗大、粉尘污染等缺点。由于橡胶轮与混凝土柜面的滚动摩擦阻力比钢轨大，所以其能耗要比普通钢轮钢轨的轨道交通大了约 40%；橡胶轮与轨道间的摩擦会形成橡胶粉尘，对环境有轻度污染；列车运行在区间发生事故时，面积狭小的轨道梁难以安设救援设施，疏散和救援工作都比较困难。该系统适宜于在市区较窄的街道上建造高架线路，目前一般多用于运动会、体育场、机场和大型展览会等场所与市区的短途联系。

3.3.4 自动导向系统

自动导向系统又称新交通系统（Automatic Guideway Transit，AGT），是一种通过非驱动的专用轨道引导列车运行的轨道交通方式。轨道采用混凝土道床，具有特殊导向、操纵和转折方式，车辆采用橡胶轮胎，由一组导向轮引导车辆运行，列车运行自动控制，可实现无人驾驶。自动导向系统如图 3.8 所示。

图 3.8 自动导向系统

法国和日本将 AGT 技术进一步发展并应用于城市地区的中、小运量城市交通中，1983 年，法国里昂也首次建成 AGT 系统，法国人称之为 Vehicule Automatique Leger，简称 VAL，如图 3.9 所示。日本则以"新交通系统"统称 AGT 技术类型的中、小运量轨道交通系统。目前，日本已有 10 余条线路在运行。

图 3.9 法国 VAL 系统

自动导向交通系统线路长度通常为 5~15 km，以双线为主，但也有环形单线和网状线路。最大坡度可达 7%~10%，最小曲线半径可达 10~30 m。轨道多为混凝土高架结构，车辆在导轨上行驶，导向方式有中央凸型导向、中央内侧导向和两侧侧面导向三种。线路分岔以混凝土轨道侧面分岔道岔的沉浮方式进行。

自动导向交通系统的车站分为终点站、中间站和管理站，站间距较短。有的中间站也铺设侧线。管理站有停留备用车、空车以及紧急待避等设施。

自动导向交通系统车辆为轻小型，车体宽度在 2 m 左右，长度多为 4~8 m。电力驱动，动力从两侧面供给，交、直流均可以。车轮采用橡胶轮胎。车辆定员为 20~80 人。最高速度在 60 km/h 左右。

自动导向交通系统列车运行采用自动控制，ATC 系统按列车运行图集中调度，自动控制列车上的限速装置和驾驶装置，同时兼管车站作业。列车通常采用短编组，大多为 2 辆编组，但也可以单车运行或 6 辆编组运行，以适应运输需求。此外，列车在按列车运行图运行的同时，也可以按乘客要求的方式运行。

一般条件下，AGT 系统的技术特征指标如下：

（1）最小运行时间间隔：2 min。
（2）每节车厢的乘客人数：70 人（按 0.14 m^2/人计算）。
（3）每列车编组车厢节数：4~12。
（4）每小时单向最大运输能力：8 000~25 000 人。
（5）时刻表速度：30 km/h。

（6）建设投资（包括车厢）：65 亿～145 亿日元/km。

（7）运营费用：2.33 亿日元/（km·年）。

（8）最低经济运输量：4 300 人/（km·天）（假定平均票价为 150 日元/人）

自动导向交通系统其他的技术经济特点还有：工程造价低，运行噪声小，占地面积少，旅客乘坐舒适，能适应陡坡急弯等。

3.3.5 地铁

地铁是指车辆的轴重相对较重，单向输送能力在 3 万人次/h 以上的城市轨道交通系统。北京地铁 1 号线如图 3.10 所示。

图 3.10　北京地铁 1 号线

一般线路全封闭，专属路权。在市中心区全部或大部分位于地下隧道内，可实现信号控制的自动化，具有容量大、速度快、安全、准时、舒适、运输成本低、不占城市用地等优点，但缺点是建设成本高、建设周期长，故适用于出行距离较长、客运量需求大的城市中心区域。

地铁通常采用专用线路，没有平面交叉。线路除修建在地下隧道外，部分修建在地面或高架桥上。一般采用双线，个别城市也有四线地铁的情况。正线最大坡度一般为 3%，最小曲线半径一般为 300～400 m。轨道较多地采用焊接长钢轨，混凝土整体道床。

地铁车站按运营性质可分为终点站、一般中间站、中间折返站、尽端折返站和换乘站等。由出入口、站厅、通道、楼梯、自动扶梯、站台、售票房、行车作业用房和机电设备用房等组成。车站设备的通过能力根据远期高峰客流量留有余地地进行确定。车站的站台设计为高站台，有侧式、岛式和混合式等形式。早期地铁多为侧式站台，现在较多选择的是岛式站台，但高架中间站的站台宜采用侧式站台。站台长度应满足远期列车编组长度的需要。在市中心区其站间距宜为 0.5～1.0 km，城市郊区在 2 km 左右。

地铁车辆宽度为 2.8～3 m。车辆设计除具有大容量的特点外，在牵引控制、调速制动及故障诊断等方面广泛采用了各种先进技术，具有自动化程度较高的特点。车辆座席有纵向和横向两种布置方式。车辆定员为 200～320 人。车辆的最高速度可达 80～100 km/h，运营速度约为 35～40 km/h。单向小时最大运输能力为 30 000～60 000 人。

地铁列车在信号系统控制下运行。控制方式主要有采用色等信号、自动闭塞设备、调度集中控制和采用列车自动控制系统、计算机集中控制两种类型。列车自动控制系统（ATC）由列车自动防护（ATP）、列车自动驾驶（ATO）和列车自动监督（ATS）3 个子系统组成。列车编组辆数通常为 4~8 辆,但也有 10~12 辆编组的情况。列车运行的最小间隔时间可达到 75 s。

地铁根据其运量的大小可分为重型地铁、轻型地铁和微型地铁。

微型地铁又称线性地铁、小断面地铁,由线性电机牵引,轮轨导向,车辆编组运行在小断面隧道、地面和高架专用线路上的中运量轨道交通系统。小断面地铁是利用线性电机在磁场相互作用下,直接产生牵引力,属于非黏着驱动,车轮只起到支承和导向作用。从运输能力上分析,因采用小型车辆,属于中运量系统,在地铁中称之为小断面地铁,也可以用在高架线路上。线性电机车辆轮径小,可以明显降低车辆台面高度和缩小车辆尺寸而不减小内部空间。

与传统电动车辆相比,线性电机驱动方式具有车辆自重轻、爬坡能力强(60%~80%)、线路曲线半径小(最小尺寸为 50 m)等优点,两者的比较如图 3.11 所示。这种地铁的特点是断面较一般地铁断面小,从而降低了建设成本;它还采用了较小的曲线半径和较大的坡道,可以高架,维护容易。线性地铁其他的技术经济特点有:安全准点、节约土地、节省能源、环境污染小、对城市景观影响小,以及综合造价高、修建周期长等。

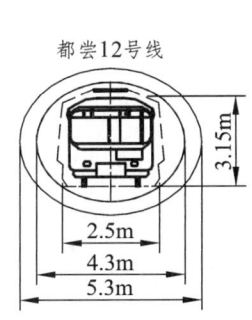 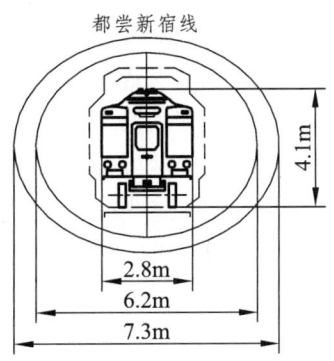

	都尝 12 号线	都尝新宿线
内　　径（m）	4.3（69%）	6.2（100%）
外　　径（m）	5.3（73%）	7.3（100%）
内空断面积（m²）	14.5（48%）	30.2（100%）
掘削断面积（m²）	23.3（53%）	43.6（100%）

图 3.11　线性地铁列车与常规地铁列车的比较

各国地铁系统的建设标准并不完全一致。根据日本的统计资料,地铁系统的技术经济参数主要如下:

（1）最小运行时间间隔:2 min。

（2）每节车厢的乘客人数:280 人（按 0.14 m²/人计算）。

（3）每列车编组车厢节数:6~10。

（4）每小时单向最大运输能力:50 000~80 000 人。

（5）时刻表速度:30~60 km/h。

（6）建设投资（包括车厢）:250 亿~300 亿日元/km。

（7）运营费用:6.66 亿日元/(km·年)。

（8）最低经济运输量:12 200 人/(km·天)（假定平均票价为 150 日元/人）

3.3.6 市郊铁路

市郊铁路是连通城市远郊区及卫星城镇的重要交通手段，是由电气或内燃机车牵引，轮轨导向，车辆编组运行在城市中心与市郊、市郊与市郊、市郊与新建城镇间，以地面专用线路为主的大运量快速轨道交通系统，主要为出行距离较长的城市通勤者提供出行服务，故也称其为通勤铁路（Commute Rail）。

市郊铁路主要服务于人口密度相对较低的郊区，站间距比较大，使列车的旅行速度比其他城市轨道交通系统高。一般地，市郊铁路线路的最高速度可达 100 km/h 以上，个别城市可达到 250 km/h 以上。在东京、伦敦、巴黎等世界著名城市都建有较大规模的市郊铁路运输网络。

市郊铁路的线路和轨道形式与常规的铁路形式相同。线路长度一般为 40~80 km，虽然市郊铁路的终点站可引入市中心区，但大多数车站仍在郊区。市郊运输的特点是装备重型化，其最高运行速度比干线铁路低，一般在 120 km/h 左右，但起、制动加速度高于干线列车，略低于地下铁道列车，站间距约为 1 000~4 000 m。平均运行速度可达 40 km/h 以上。市郊列车通常由机车集中牵引，也可以采用动车组（内燃或电力驱动）。有些列车还采用双层客车来增加座位数量，这是唯一能与高速公路比速度的短途出行方式，因此，在国外许多乘客选择将汽车留在家里或车站而转乘市郊铁路。

市郊铁路分两种类型：一种是市中心连接城市边缘和 20 km 左右的居民区（近郊区），站间距离小（1 000~1 500 m）；另一种是连接市中心与卫星城市，距离可达 40~50 km，甚至更长，其站间距离较长（3 000~4 000 m）。单向小时最大运输能力为 40 000~80 000 人。

市郊铁路系统的技术经济参数如下：

（1）最小运行时间间隔：5 min。

（2）每节车厢的乘客人数：80~118 人座席。

（3）每列车编组车厢节数：8~10 节。

（4）每小时单向最大运输能力：30 000 人以上。

（5）最高速度：120 km/h。

市郊铁路的其他技术经济特点还包括投资省、见效快，工程费只相当于高架的 1/2、地铁的 1/5，环境污染少，能耗低等。研究市郊铁路服务于城市的终点在于建立一体化的快速旅客运输系统，保证乘客能够迅速到达目的地。在过去只能跑货运列车的既有线路开展新的服务已经成为发展的需要。市郊铁路由于速度快、线路长，每客公里成本相当低，将通勤旅客重新拉回到铁路的可行性就更大。

我国的市郊铁路 20 世纪 80 年代后期进入萎缩时期，市郊运输量越来越少，目前大多数大城市仅有少量客车从事市郊旅客运输服务。但随着城市化进程的加快，市郊铁路又迎来了新一轮的发展机遇。

3.3.7 橡胶轮胎铁路系统

橡胶轮胎铁路系统是采用轮胎车辆，线路采用钢轨或混凝土路面，多节轮胎电车铰接在一起组成列车的铁路系统，如图 3.12 所示。前面介绍的单轨和自动导向系统都属于橡胶轮胎铁路系统，因其具有独特的特点，所以单独介绍。

橡胶轮胎铁路的优点是噪声较低，但同时存在下列缺点。

（1）轮胎承重不如钢轨，故它不适合运量太大的客运系统。

（2）高速运营时会导致轮胎过热，所以其实际速度不能太高，目前最大速度一般为 60~70 km/h。

（3）轮胎运行阻力大于钢轨系统，故其能耗较钢轨系统要大。

（4）股道干燥时，轮胎摩擦系数将 3 倍于钢轨，但潮湿时，与钢轨相差不多。

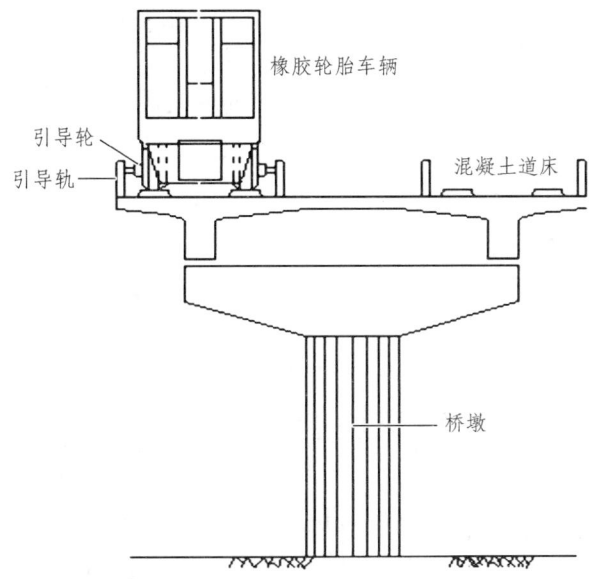

图 3.12　橡胶轮胎铁路系统

（5）由于轮胎车辆由股道引导，其技术较钢轨铁路更复杂。

（6）股道交叉与折返比钢轨系统更复杂，所需时间也更多。

（7）轮胎车辆由于需要 1 个导向轨，这使得车辆结构更为复杂。

轮胎铁路系统运输能力可以通过增加列车编组来提高。不过，由于其车辆承重有限，折返能力难以提高，其最终能力一般小于钢轨铁路系统。一般来说，橡胶轮胎铁路输送能力为钢轨铁路的 1/2~1/3，单向小时能力最大为 20 000~30 000 人。

3.3.8　磁悬浮铁路

磁悬浮铁路运输系统采用无接触的电磁悬浮、导向和驱动的磁悬浮列车系统。它是利用电磁系统产生的吸引或排斥力将车辆托起，使之悬浮于线路上，利用电磁力导向，使用直线电机将电能直接转换成推进力，推动列车前进。上海磁悬浮列车如图 3.13 所示。

图 3.13　上海磁悬浮列车

与传统的铁路相比，磁悬浮系统去除了轮轨接触，因而无刚体直接摩擦阻力，可获得比一般高速铁路更高的速度，目前试验速度已达500 km/h以上，是当今世界最快的地面客运交通方式；无机械振动与噪声；无环境污染；可获得高舒适度和平稳性；由于没有钢轨、车轮、机械传动和接触导电轨等摩擦部件，维修费用大为降低。有能耗低、运行噪声小、安全舒适、不燃油污染少等优点，由于采用高架的方式，占用的土地资源也较少。

由于磁悬浮列车运行中所需要的电功率主要用来克服空气动力学阻力，其人公里能耗为一般高速列车的21.4%~64.3%。另外，磁悬浮列车还有爬坡、越障能力强，更有利于实现全自动化控制等优点。所以，磁悬浮系统将成为未来客运交通中最具竞争力的一种交通工具。

以上海磁悬浮列车为例，其技术经济参数如下：

（1）最小运行时间间隔：5 min。
（2）列车定员数：959人（9节编组）。
（3）每小时单向最大运输能力：11 500人。
（4）最高速度：430 km/h。

3.4 各种不同类型轨道交通的比较

若将市郊铁路基础上发展起来的大容量快速客运系统称为区域快线铁路（area rapid transit 或 regional express railway），将自动导向系统（automated guide-way transit，AGT）、直线电机轨道交通（linear metro）等新型轨道交通制式统称为新交通系统（new transport system），则可以得出如表3.1所示的各种不同类型城市轨道交通的技术经济特性对比。

表3.1 各种不同类型城市轨道交通的技术经济特性对比

特性	有轨电车	轻轨	单轨	新交通系统	地铁	区域快线
系统运能（万人次/h）	0.2~1	1.5~3	0.5~2	2~4	3~6	4~7
封闭形式	开放式	全封闭/半封闭	全封闭	全封闭	全封闭	全封闭
敷设形式	地面	地面、高架、地下	高架	地面、高架、地下	地面、高架、地下	地面
站间距（km）	0.3~0.8	0.5~1	0.5~1	0.8~1.2	0.8~1.5	2.0~5.0
车辆可达性	步行	步行或站台	站台	站台	站台	站台
工程量	最小	轻	轻	轻	重	中等
运营组织	追踪	追踪	追踪	追踪	追踪	追踪、越行
最小间隔时间（min）	2	2.5	2.5	2.5	1.5	2
最高速度（km/h）	50~70	60~80	75~80	50~60	80	≥120
平均旅速（km/h）	10~20	25~35	30~45	20~30	30~40	45~60

由上表可见，城市轨道交通种类繁多，且在系统运能、敷设形式、工程量、运营组织等方面都存在很大的差异，因此，不同的城市应根据当地实际情况选择因地制宜的建设和发展模式。

4 城市轨道交通系统的构成

城市轨道交通是一个庞大复杂的技术系统，其专业涵盖了土建、机械、电气、电子信息、环境控制、运输组织等各个门类。城市轨道交通系统由一系列相关设施组成，这些设施包括车站、线路、车辆及车辆段、通信信号、环控系统以及给排水系统等，他们的协调工作是为用户提供满意服务的保证。这里主要介绍下列几个系统：车辆、车辆段、轨道、车站建筑、结构工程、供电系统、通信系统、信号系统、环控系统和给排水系统。

4.1 车辆及其主要技术参数

4.1.1 车辆特点

城市轨道交通车辆主要是指地铁车辆和轻轨车辆，它们是城市轨道交通工程最重要的设备，也是技术含量较高的机电设备。城市轨道交通车辆应具有先进性、可靠性和实用性，应满足容量大、安全、快速、舒适、美观和节能的要求。

地铁车辆有动车和拖车、带司机室和不带司机室等多种形式。

4.1.2 车辆基本构造

城市轨道交通车辆主要由以下部分组成。

1. 车体

车体是容纳乘客和乘务员驾驶的地方，又是安装与连接其他设备的基础。车体分为有司机室车体和无司机室车体两种。现在城市轨道交通车辆车体均采用整体承载的钢结构和轻金属结构，一次挤压成型，也达到在最轻的自重下满足强度的要求。车体一般分为底架、端墙和车顶等几部分。车体结构如图 4.1 所示。

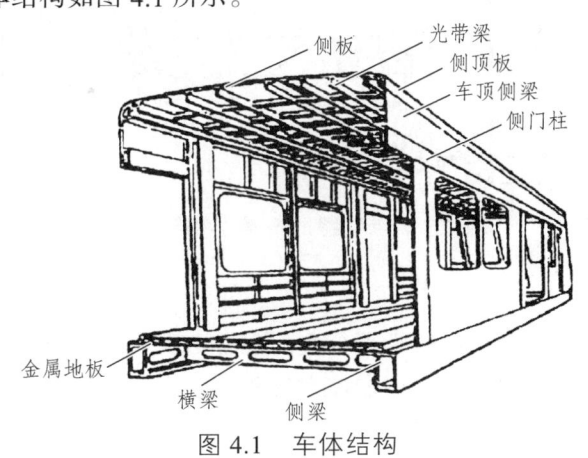

图 4.1 车体结构

2. 转向架

转向架一般分为动车转向架和拖车转向架两种，置于车体与轨道之间，用来牵引和引导车辆沿轨道方向行驶和承受与传递来自车距体及线路的各种载荷，并缓和其动力作用，是保证车辆运行平稳的关键部件。转向架一般由构架、弹簧悬挂装置、轮对轴箱和制动装置组成。动车转向架还设有牵引电动机及传动装置。转向架示意图如图4.2所示。

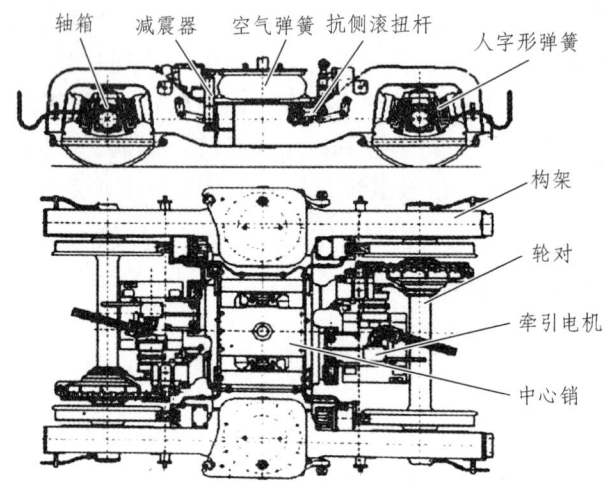

图 4.2 转向架示意图

3. 牵引缓冲连接装置

车辆编组成列运行必须借助机械连接装置，即车钩。为了改善车辆纵向平稳性，一般在车钩的后部装置设缓冲装置，以缓和列车冲动和撞击。另外城市轨道交通车辆车钩上还设有电路及气路自动连接设备。牵引缓冲连接装置如图4.3所示。

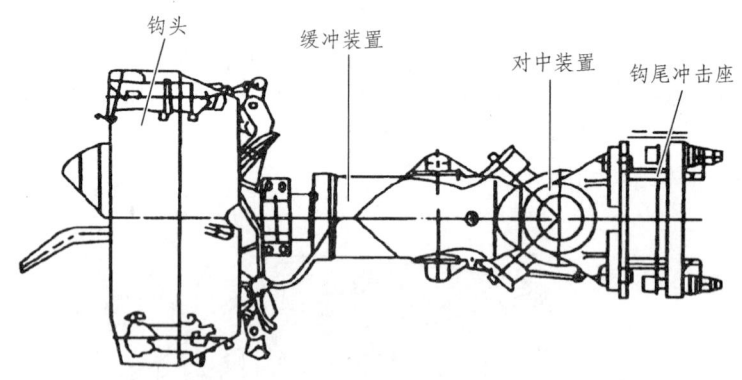

图 4.3 牵引缓冲连接装置示意图

4. 制动系统

制动系统是保证列车安全行驶所必不可少的装置，安装在每辆车上，确保列车能在规定的距离内停车。城市轨道交通车辆采用电控空气制动设备，另外依靠牵引电动机可逆原理能实施再生制动和电阻制动。

5. 受流装置

受流装置的作用是通过接触网或导电轨将电流引入动车,通常称受流器。受流装置按其受流方式不同主要分为以下四种形式:

(1)杆型受流器:外形为两根平行杆,上部有两个受电轨(导线),广泛用于城市无轨电车。

(2)弓型受流器:形状为梯形结构,属上部受流,弓可以升降,接触一根导线,下面有导轨构成电路,用于城市有轨电车。

(3)侧面受流器:在车顶侧面受流,又称为"旁弓",多用于矿山电力机车。

(4)轨道式受流器:从底部导电轨受流,又称第三轨受流,空间可以充分利用,多用于速度较高的隧道列车运行中。

6. 车辆内部设备

车辆内部设备包括服务于乘客的固定附属装置和服务于车辆运行的设备装置。属于前者的有:座椅、扶手、照明、空调、通风、取暖等。服务于车辆运行的设备大多安装在车辆底部,包括蓄电池、继电器箱、主控制器箱、电动空压机单元、牵引箱、电阻箱及各类电器开关等。

7. 车辆电气系统

车辆电气系统包括车辆上的各种电气设备及控制电路,按其功能可分为:

主电路:指的是供车辆牵引动力的电路,主要由受电器、牵引箱、牵引电机、电阻、电抗器及电气开关等设备组成。

控制与信息监控电路:用于对列车实施牵引、制动等操作,以及对设备状况进行监控、记录、预报的电路。

辅助电路:通常由逆变器或发电机输出中级电压供电车辆除牵引外其他动力设备使用,应急情况下由蓄电池维持供电。

门控电路:对车门进行开、关控制的电路。

4.2 车辆段及其任务

车辆段是城市轨道交通系统中对车辆进行运营管理、停放及维修保养的场所。通常一条线路可设一个车辆段;线路长度超过 20 km 时,可以考虑设一个车辆段、一个停车场。如上海新龙华至新火车站线路,在新龙华地区设一个车辆段,并计划在北端延伸线设一个停车场。车辆段的设施主要有:

(1)出入段(场)线:车辆段或停车场与正线的结合部,是段(场)与正线的过渡线路,供列车出厂使用。其有效长度应至少保证一列车的停放。

(2)停车库线:停车库线要满足线路所有运用车辆的停放需要,线路长度根据车辆编组的需求进行设计,一般为列车长加 8 m,可设计为一线一列位或一线二列位,线路间隔通常为 3.8 m,通常设检修坑道。

(3)试车线:用作列车调试、项目试验的线路,有效长度应保证列车最高时速和全制动的需求，试车线一般为平直线路。

（4）交接线或联络线：是一条运营线路与另一条运营线路或运营线路与国铁连接的专用铁路，主要用于车辆与生产物资的周转、调送。

（5）洗车库：一般安装自动洗车机，用于车辆自动清洗，列车以低于 5 km/h 的速度通过洗车设备，完成车体清洗作业。目前较高级的洗车设备有喷淋、去污、上蜡、吹干等功能，减少了人工作业。

（6）维修线：是指用于车辆各种不同修程的专用线路，包括架大修线、定修线、临修线、静调线等。这些线路设有 1.4～1.6 m 深的检修坑道，中间设维修平台，根据需求配有架车机、悬挂式起重机、转向架、转向盘等设备。

（7）办公及生活设施：由办公室、值班室、会议室、食堂、浴室及司机公寓等组成，一般设在作业区附近。

车辆段主要承担的任务有列车的运用及定期检修作业。车辆修程可根据车辆的质量及管理水平确定，目前国内各城市的地铁采用的修程基本上分四种：厂修、架修、定修、月修，但各城市所采用的检修周期不同。如北京地铁车辆运行达到 90 万千米进行厂修，而上海地铁车辆需达到 100 万千米才进行厂修。

车辆段的线路要根据车辆段作业要求，结合用地特点来布置。一般，车辆段设计原则包括以下三方面：

（1）收发车顺畅：车辆段列车运营的起始与终止场所，其设计要根据线路特点保证列车出入的流畅，满足能力要求。

（2）停车检修分区合理：在部分线路较长的场合，车辆段与停车场的确定需要考虑位置分布，以保证运营组织与管理的方便性。

（3）用地布置紧凑：城市轨道交通系统一般在市区，土地资源稀缺，且价格昂贵，车辆段与停车场的设计要紧凑，以降低建设费用。

车辆段一般可布置成贯通式或尽端式。贯通式车辆段两端均可以收发列车，能力较大。停车列检库一股道可以停 3 列车。图 4.4 是一个贯通式车辆段布置图。

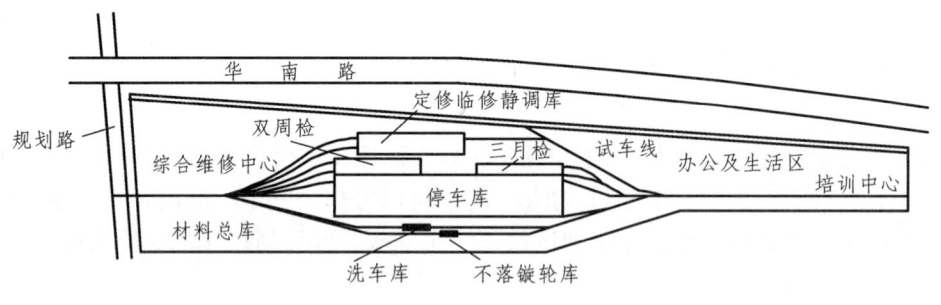

图 4.4　贯通式车辆段布置图

尽端式车辆段能力稍低，停车列检库每股道一般可以停两列车，其布置方式如图 4.5 所示。

车辆段根据其布局还可以分为多层式与平面式两种。多层式用地节省，但技术复杂，工程费用比较大。欧洲不少城市有采用这种方式的车辆段。北京的古城、太平湖及八王坟和上海的新龙华均采用平面式。

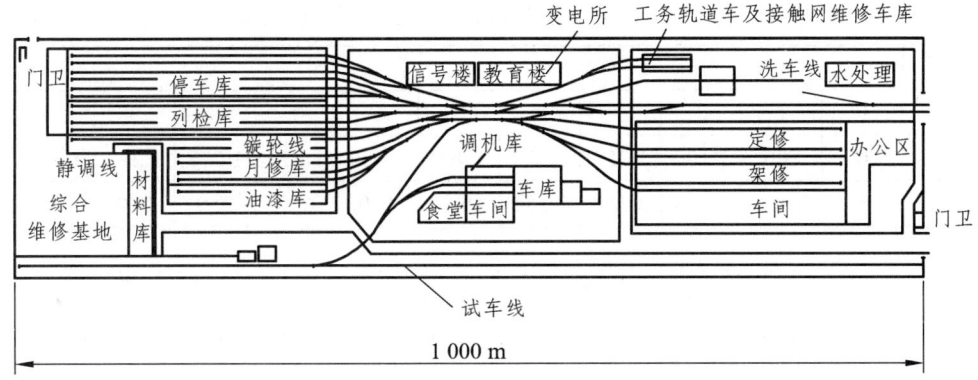

图 4.5 尽端式车辆段布置图

4.3 限界

限界是指列车沿固定的轨道安全运行时所需要的空间尺寸。为保证列车运行安全,各种建筑物及设备均不得侵入限界范围。城市轨道交通工程地下隧道的断面尺寸及高架桥梁的宽度都是根据限界确定的。限界越大,安全度越高,但工程量及工程投资也随之增加。因此,合理限界的确定既要考虑对列车运行安全的保证,又要考虑系统建设成本。

限界一般是按平直线路的条件进行制定。对曲线和道岔区的限界,一般应在直线地段限界的基础上根据车辆的有关尺寸以及曲线半径、超高、道岔类型,再分别考虑适当的加宽和加高量。

4.3.1 限界的种类

根据城市轨道交通系统的构成和设备运营要求,限界可以分为车辆限界、设备限界、建筑限界和接触轨或接触网限界。它们是根据车辆运行外轮廓尺寸及技术参数、轨道特性、各种误差及变形,并考虑列车在运行中的状态等因素,经过科学的分析计算后确定的。

1. 车辆限界

(1) 限界的坐标系。

限界坐标系是二维直角坐标,车辆横断面的垂直中心线与平直轨道横断面的垂直中心线相重合为纵坐标轴 Y,平直轨道轨顶连线为横坐标 X,两轴相垂直的交点作为坐标的原点 O_{XY}。

(2) 车辆轮廓界限。

应根据车辆横断面车体下部设备外轮廓出现的各点,经研究分析确定各点的 X、Y 值。现以北京地铁车型为例说明各种限界。表 4.1 给出了北京地铁车辆轮廓界限的各点坐标。

(3) 车辆限界的确定。

车辆限界应根据车辆的轮廓尺寸和技术参数,并考虑其静态和动态情况下所能达到的横向和竖向偏移量,按可能产生的最不利情况进行组合计算确定。

表 4.1 北京地铁车辆轮廓界限的各点坐标

坐标	点号											
	0	1	2	3	4	5	6	7	8	9	10	11
X	0	800	1 100	1 255	1 325	1 400	1 400	1 277	1 277	1 277	1 473	1 473
Y	3 515	3 515	3 435	3 350	3 250	1 860	600	600	350	210	185	105

坐标	点号										
	12	13	14	15	16	17	18	19	20	21	22
X	1 220	1 160	1 140	1 000	1 000	818	818	717.5	717.5	676.5	676.5
Y	105	105	150	150	100	100	0	0	-25	-25	-100

2. 设备限界

设备限界是为保证城市轨道交通系统的列车等移动设备在运营过程中的安全所需要的限界。一般来说，设备限界要在车辆限界的基础上，考虑轨道出现状态不良而引起的车辆偏移和倾斜；此外，还要考虑适当的安全预留量。设备限界是一条轮廓线，所有固定设备以及土木工程的任何部分都不得侵入此轮廓线内。

3. 建筑限界

建筑限界是指在行车隧道和高架桥等结构物的最小横断面所形成的有效内轮廓线基础上，再考虑其施工误差、测量误差、结构变形等因素，为满足固定设备和管线安装的需要而必需的限界。换言之，建筑限界以内、设备限界以外的空间主要是各类误差、设备变形和其他管线安装所需要的空间。

北京地铁系统所采用的车辆限界、设备限界和建筑限界如图 4.6 所示。

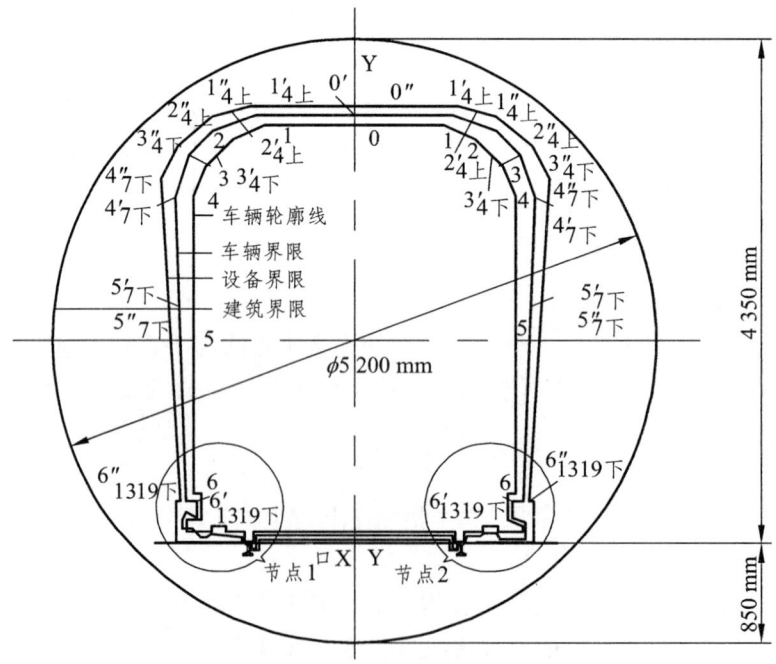

图 4.6 北京地铁车辆限界、设备限界和建筑限界示意图

4.3.2 区间直线地段的限界

1. 隧道限界

隧道限界是在既定的车辆类型、受电方式、施工方法及结构形式等基础上确定的隧道的限界,可以分为矩形隧道限界、圆形隧道限界、马蹄形隧道限界三种类型。

(1)矩形隧道限界。一般地下铁道明挖施工方法下形成矩形隧道,其单洞单线隧道建筑限界宽度为4 000 mm,高度为4 300 mm,如图4.7所示。

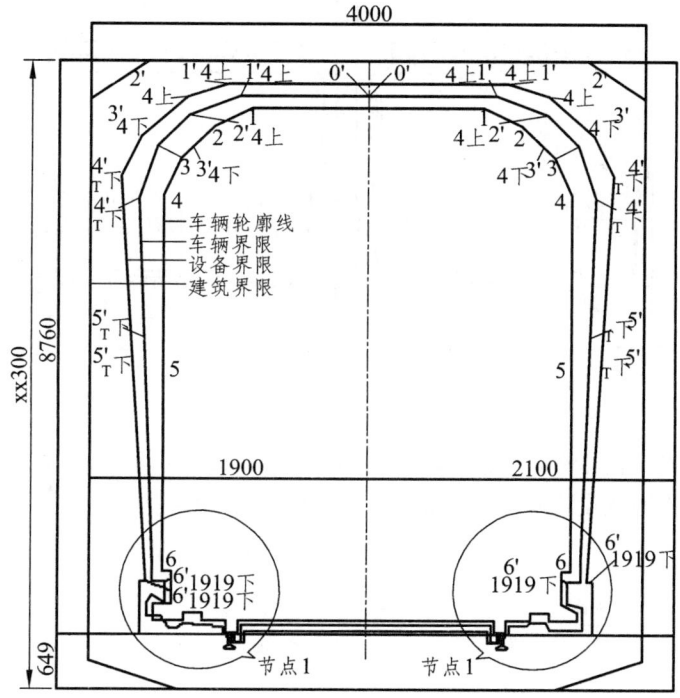

图 4.7 矩形隧道限界(尺寸单位:mm)

(2)圆形隧道限界。盾构施工的圆形隧道,不论在直线还是曲线地段,只能采用同一直径的盾构,所以只有按最小曲线半径选用盾构进行施工,才能满足圆形隧道的建筑限界要求。如线路最小平面曲线半径为 R=300 m,则圆形隧道建筑限界的直径宜为 ϕ =5 200 mm。

(3)马蹄形隧道限界。矿山法施工的浅埋暗挖隧道,多采用马蹄形断面,其建筑限界最大宽度为5 000 mm,最大高度为4 800 mm。

2. 高架桥建筑限界

在城市地区,有时会在城市轨道交通线路上设计高架的人行通道。为保证安全,这种高架的人行桥需要给城市轨道交通列车及设备留有适当的空间,这就是高架桥建筑限界。我国采用的一种高架桥建筑限界如图4.8所示。

4.3.3 曲线地段及道岔区建筑限界

车辆在曲线上运行时,由于车辆纵向中心线是直线,而轨道中心线是曲线,故车辆产生平面偏移。此外,在曲线地段,轨道一般都需要设计一定的超高,它也将引起车辆的竖向中心线发生偏移。因此,对曲线或道岔地段而言,运行中的车辆在平面和立面上都产生一定的偏移量,故其建筑限界应进行加宽和加高。曲线加宽应分为内侧加宽和外侧加宽,加宽量可根据科学计算来确定。

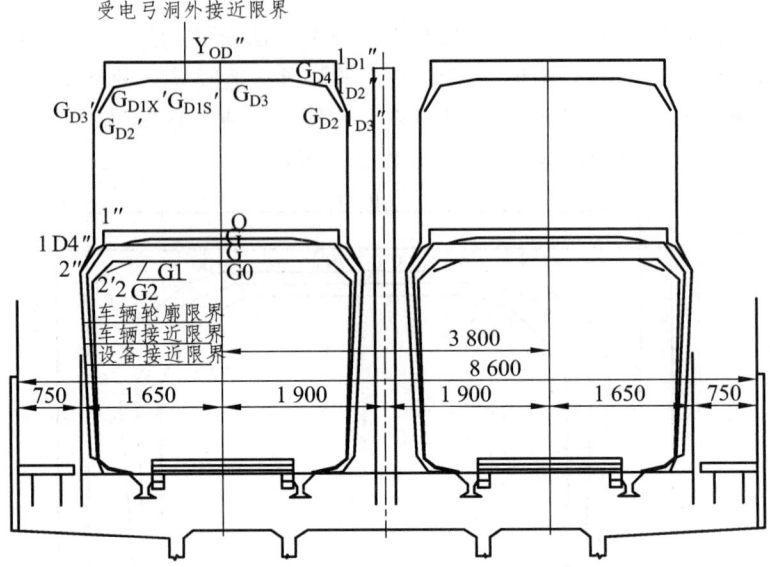

图 4.8 高架桥建筑限界(尺寸单位:mm)

在道岔区范围内,由于列车须通过道岔侧面的导曲线,所以建筑限界应进行平面加宽。道岔导曲线范围内的加宽量应按模型(4.1)和(4.2)来确定。

1. 内侧加宽

$$e_{内} = \frac{l_1^2 + a^2}{8R_0} \tag{4.1}$$

2. 外侧加宽

$$e_{外} = \frac{L_0^2 - (l_1^2 + a^2)}{8R_0} \tag{4.2}$$

式中:R_0——道岔导曲线半径,mm;

l_1——车辆定距,mm;

a——车辆固定轴距,mm;

L_0——车体长度,mm。

在曲线地段,矩形和马蹄形隧道建筑限界应按直线地段的建筑限界加宽和加高,其计算模型如(4.3)~(4.6)所示。

3. 曲线内侧加宽

$$E_{内} = \frac{l_1^2 + a^2}{8R} + X_4 \cos\alpha + Y_4 \sin\alpha - X_4 \tag{4.3}$$

4. 曲线外侧加宽

$$E_{外} = \frac{L_0^2 - (l_1^2 + a^2)}{8R} + X_8 \cos\alpha - Y_8 \sin\alpha - X_8 \tag{4.4}$$

5. 顶部加高

$$\alpha = \sin^{-1}(h/s) \quad (4.5)$$
$$E_{高} = Y_1 \cos\alpha + X_1 \sin\alpha - Y_1 \quad (4.6)$$

式中：R——圆曲线半径，mm；

h——超高值，mm；

s——内外轨中心距离，mm；

(X_1, Y_1)、(X_4, Y_4) 与 (X_8, Y_8)——计算加宽和加高的控制点坐标。

4.3.4 车站限界

在车站站台有效范围内，靠近站台一侧，站台边缘至线路中心线的距离，应根据车厢宽度来确定。在我国，一般站台边缘与车厢外侧之间的空隙宜为 100 mm，站台面的高度宜低于车厢地板面 50~100 mm。这些数值与车辆质量及运营水平有关，也许线路和车站工程的施工质量有关。一些发达国家的标准小于以上数值。

4.4 轨道

轨道是列车运行的基础，直接承受列车荷载，并引导列车运行。轨道结构是城市轨道交通系统的重要组成部分，一般由钢轨、扣件、轨枕、道床、道岔及其他附属设备组成。为保证列车运行的安全，轨道结构应具有足够的强度和稳定性、耐久性、绝缘性及适量弹性，且养护维修量小，以确保列车安全运行和乘客的舒适体验。

考虑到城市轨道交通可能采取地面、地下、高架等不同的轨下基础，轨道结构将采用不同的形式，现分述如下。

4.4.1 土质路基上的轨道结构

城市轨道交通在土质路基上一般宜采用混凝土枕碎石道床，并尽可能敷设无缝线路。以下简要论述土质路基上的轨道部件及路基。

1. 钢轨

钢轨是轨道结构的主要组成部分，直接承受列车荷载并传递到扣件、轨枕、道床至结构底板，依靠钢轨头部内侧与车辆轮缘的相互作用，引导列车前进。在列车动荷载的作用下，钢轨产生弹性挠曲和横向弹性变形，因此钢轨应有足够的承受能力、抗弯强度、断裂韧性及稳定性、耐磨性、耐腐蚀性。

目前在国内尚无城市轨道交通的钢轨选型标准。一般，现行城市轨道交通系统的设计可参考国家铁路钢轨选型标准，即"年通过总重在 15~30 Mt 时，采用 50 kg/m 钢轨；在 30~60 Mt 时，采用 60 kg/m 钢轨"。

国内外城市轨道交通有选用重型钢轨的趋势。从技术性能上分析，60 kg/m 钢轨重量只增加了 17.7%，而允许通过的总重量可增加 50%。重型钢轨不仅能增加轨道的稳定性，减少养护维修工作量，而且还能增加回流断面，减少杂散电流。

表 4.2 是根据有关资料整理的 60 kg/m 钢轨与 50 kg/m 钢轨的性能比较。

表 4.2　60 kg/m 钢轨的性能

性能指标	比 50 kg/m 钢轨
钢轨抗弯强度	+34%
弯曲应力	−28%
使用年限	+50%～200%
疲劳破坏造成的更换率	−83.3%
列车冲击振动	−10%

综上所述，城市轨道交通在经济条件允许时，无论地面线、地下线或高架线，运营正线宜选用重型钢轨。对车场线来说，由于主要是供空车运行，速度又低，考虑到经济性，选用 50 kg/m 或 43 kg/m 钢轨均是可行的。

不同类型钢轨的衔接，宜采用异型钢轨，也可采用异型鱼尾板连接。

2. 扣件及轨枕

碎石道床的轨枕在一般情况下应尽可能采用常规铁路所使用的预应力混凝土枕。对采用三轨供电方式的系统，在安装三轨托架的地方还需要使用特殊加长的混凝土枕。

有砟轨道的钢轨扣件可采用弹条Ⅰ形扣件，如图 4.9 所示。弹条Ⅰ形扣件可增加轨道弹性，并减少扣件维修的工作量。

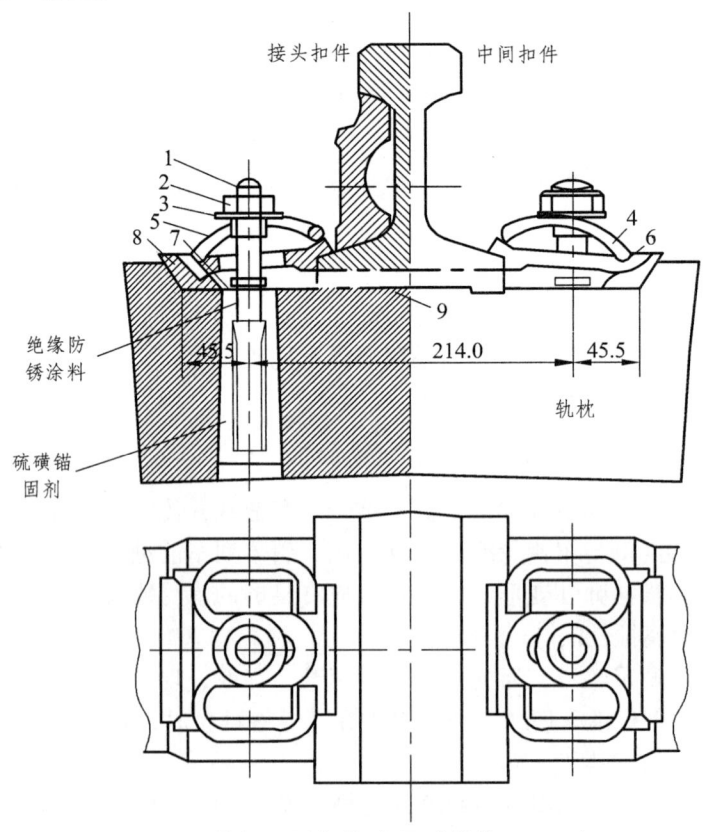

图 4.9　弹条Ⅰ形扣件（尺寸单位：mm）

1—螺纹道钉；2—螺母；3—平垫圈；4，5—弹条；6，7—轨距挡板；8—挡板座；9—弹性橡胶垫板

3. 道床

土质路基上一般采用碎石道床。碎石道床结构简单，容易施工，减振、降噪性能较好，造价低；不足之处是轨道建筑高度较高，轨道维修量大，所以从目前国内外城市快速轨道交通建设发展的趋势看，一般只在地面线上使用有砟轨道。

4.4.2 隧道内的轨道结构

隧道内的轨道结构可分为有砟（碎石道床）和无砟（整体道床）两种。有砟轨道结构的构成如前所述。不过，有砟轨道结构所需轨道建筑高度较大，在隧道内使用将增加隧道的开挖断面，因此，轨道维修工作量也较大，故一般新建城市轨道交通系统采用的不多。无砟轨道结构较多，采用最普遍的结构为混凝土整体道床。这种无砟轨道通过钢轨扣件把钢轨直接与混凝土基础联结起来。下面重点介绍整体道床的扣件及道床。

1. 扣件的技术性能

构件的作用是固定钢轨，防止钢轨的纵向和横向位移，防止钢轨倾覆，还能提供适量的弹性，并将钢轨受力传递给轨枕或道床承轨台。整体道床扣件技术性能如下。

（1）调整量：由于整体道床拨道比较困难，需通过扣件来调整轨距及轨道高度，所以整体道床上的轨道扣件应保证轨距的调整量为加 8 mm、减 12 mm，高低调整量为加 10 mm。

（2）抗横向力：根据北京铁路轨道动测资料，曲线半径 200 m、车速 50 km/h 时，扣件所受的最大横向力为 37 kN，所以抗横向力应为不小于 40 kN。

（3）扣压力：根据北京地铁现场防滑试验和多年运营经验，一组扣件的扣压力大于 12 kN，就能制止钢轨爬行。

（4）绝缘性能：扣件的绝缘部件工作电阻应大于 108 Ω。

（5）垂向、横向静刚度：一般扣件垂向静刚度应为 200～290 kN/cm，横向静刚度为 220～600 kN/cm。较高减振地段扣件垂向直净刚度还需适量减少。

（6）强度：城市轨道交通所使用的扣件应进行强度试验，在扣件垂向受力 55 kN，横向受力 40 kN 的条件下，经 200～300 万次疲劳试验，其零部件应无损坏及磨耗。

2. 扣件形式

整体道床上宜采用全弹性分开式扣件，垂向和横向均具有良好弹性，以适应刚性道床，并有适量的轨距水平调整量。

下面介绍几种国内常用的扣件型式。

（1）DT I 扣件。这种扣件为全弹性分开式，如图 4.9 所示。扣件性能较好，扣压件为弹性扣板，扣压力较强，用轨距块调整轨距。铁垫板下设一层 8 mm 厚塑料垫板，主要起绝缘作用，扣件弹性一般。扣件与轨枕联结方式，采用在轨枕内预埋玻璃钢套管，螺旋道钉可拧进取出，使用方便。

北京地铁一二期工程采用 DT I 扣件，经 20 多年试铺使用和地铁运营实践，扣件状态均良好。

（2）DT III、DT IV 型扣件。这两种扣件均为全弹性分开式，二阶减振，结构形式相同。DT III、DT IV 型分别用于 60 kg/m、50 kg/m 的钢轨，适应于整体道床的一般减振地段。

扣压件：采用地面铁路定型的 ω 弹条。

轨距枕：材料为增强聚酰胺六，不仅可用于调整轨距，还能起到绝缘隔振作用，多一道隔迷流防线。

DT Ⅲ、DT Ⅳ型扣件静刚度较小，为 210 kN/cm 左右，弹性较好，由减振对比试验可知，较 DT Ⅰ 型扣件加速度传递函数值减少 5 ~ 10 dB。北京地铁复八线复兴门至西单段铺设 DT Ⅳ 型扣件，上海地铁 1 号线一般减振地段，铺设了 DT Ⅲ 型扣件，运营使用情况良好。

（3）DT Ⅵ 型扣件。这种扣件也是全弹性分开式。它是为青岛、沈阳和上海地铁 2 号线而研究设计的，类似于英国潘德罗尔扣件，取消弹条上螺栓。

扣压件为新研究的 D Ⅰ 弹条，扣压力较强。

（4）DT Ⅶ 型扣件。这种扣件为半弹性分开式。它最初是为伊朗德黑兰地铁研究设计的，适用于 54 kg/m 钢轨枕式整体道床一般减振地段。

3. 道床

整体道床整体性能好，坚固稳定、耐久；轨道建筑高度小，减少隧道净空，节省投资；轨道维修量小，适宜于城市轨道交通运营时间长、维修时间短的特点。

整体道床的类型较多，下面介绍几种常用的道床形式。

（1）无轨式整体道床，亦称整体灌注式。无枕式轨道建筑高度较小，主要采用就地连续灌注混凝土或纵向承轨台。一些国家修建铁路隧道时常采用这种形式，香港地铁和新建的轻轨交通也采用了这种形式，简称 PACT 型轨道。这种形式结构简单，减振性能也较好，但施工时需采用刚度较大的模架，施工较为复杂。

（2）轨枕式整体道床。这种形式的道床可分为短枕式和长枕式两种。

短枕式整体道床：这种道床轨道建筑高度一般为 550 mm 左右，轨枕下道床厚度一般不小于 160 mm，一般设中心排水沟，如图 4.10 所示。

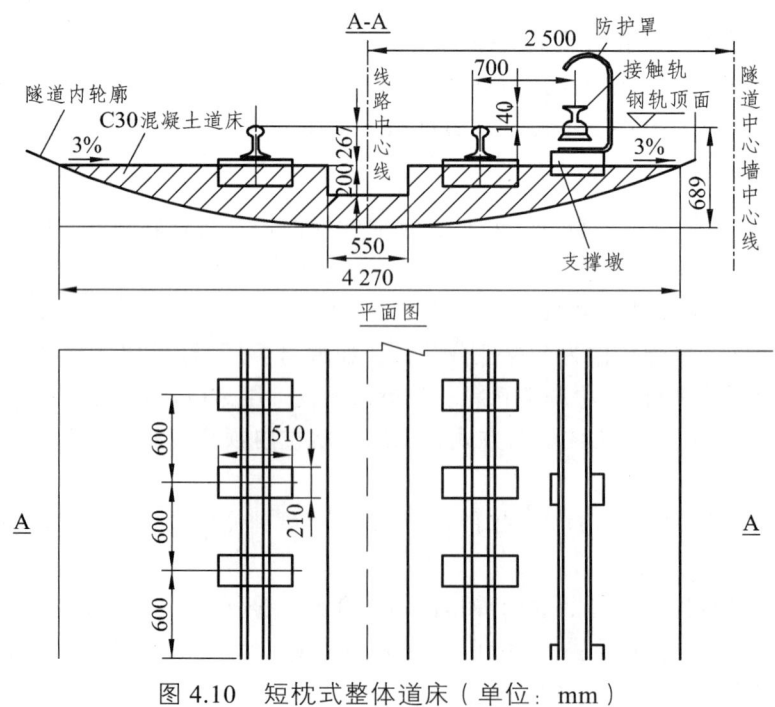

图 4.10 短枕式整体道床（单位：mm）

这种道床稳定、耐久，结构比较简单，施工方法简便，进步较快。北京地铁一、二期工程大多铺设这种道床，经 20 年运营，使用状态良好。天津地铁亦铺设了这种道床。

（3）长枕式整体道床：这种道床设侧向水沟，如图 4.11 所示。一般长轨枕预留圆孔，让道床纵筋穿过，加强了与道床的联结。它适用于软土地基隧道，可采用排轨法施工，速度快。上海和新加坡地铁铺设了这种轨道，使用状况良好。

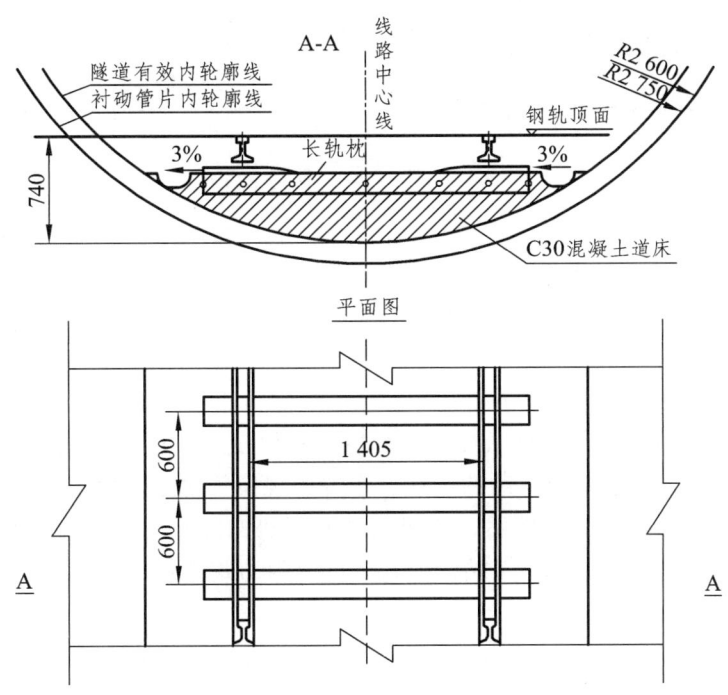

图 4.11　长枕式整体道床（单位：mm）

4.4.3　高架桥上的轨道结构

高架桥上的轨道结构同样可分为有砟轨道和无砟轨道两种，有砟轨道和土质路基轨道结构相同。无砟轨道与有砟轨道相比，可减少桥梁恒载，降低梁的刚度和造价，同时可大大减少轨道维修工作量。但由于整体道床轨道调整量有限，所以对桥梁徐变及桥墩的不均匀沉降提出了更高的要求。

高架线路上参考国家铁路预应力梁上整体道床的扣件调整量，轨距调整量为加 14 mm、减 22 mm，高低调整量为加 30 mm。

高架桥上通常采用承轨台式轨道结构，分有砟和无砟两种型式。无砟式承轨台是一种整体灌注式的钢筋混凝土结构；有砟式承轨台是一种沿纵向铺设在钢轨下面的条形钢筋混凝土结构，系二次灌注混凝土结构。图 4.12 是我国设计的轻轨交通用高架混凝土无砟承轨台式轨道结构。

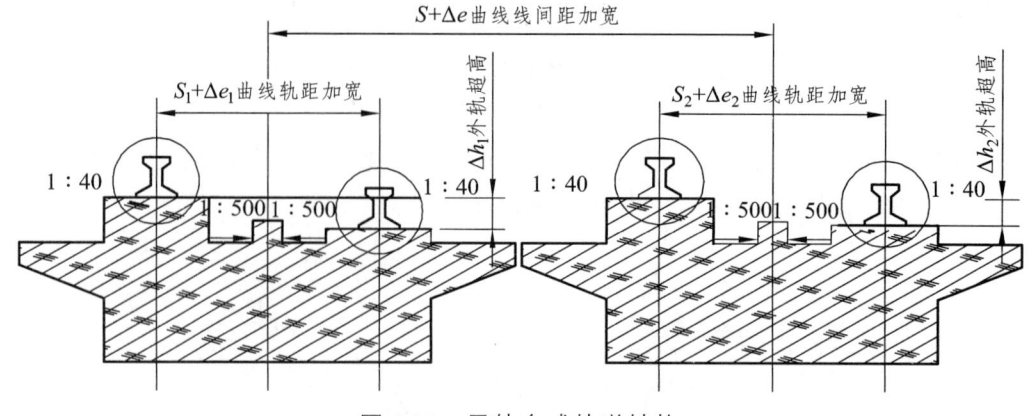

图 4.12 承轨台式轨道结构

4.5 车站建筑

4.5.1 一般概念

城市轨道交通系统中，车站是系统运行的主要附属设施，也是系统运营过程中不可缺少的组成部分。城市轨道交通系统车站的选址、布置、规模等对运营效果具有决定性的意义。

按结构形式，车站可分为地面站、高架站和地下站；根据运营性质，可分为中间站、换乘站、中间折返站和尽端折返站；按站台形式，可分为岛式站台、侧式站台和岛侧混合站台，如图 4.13 所示。

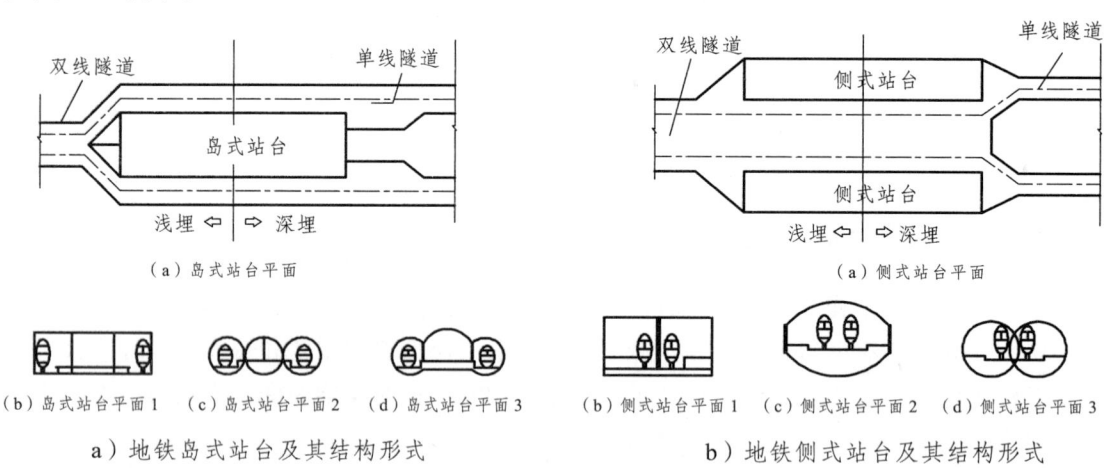

a）地铁岛式站台及其结构形式　　　　b）地铁侧式站台及其结构形式

图 4.13 不同结构形式的站台

城市中心区的城市轨道交通车站一般采用地下形式，车站相应地建设于地下；在城市中心区以外的地点，城市轨道交通车站可以考虑采用地面或高架形式。

车站的主要功能是供乘客上下车，并能满足高峰客流、换乘客流的要求。同时，地下车站和高架车站还应考虑为保证列车正常运行和为乘客服务的各种专业设备及人员工作所需要的安装及工作空间。城市轨道交通网络的换乘、枢纽站还必须设置乘客付费区内的换乘通道设施，必要时先行施工站还应该对安装设计进行工程预留。

4.5.2　车站建筑的设计原则

城市轨道交通系统车站的总体设计，应妥善处理与城市规划、城市交通、地面建筑、地下管线、地下建筑物之间的关系。车站设计要保证乘客使用安全、方便，并具有良好的内部和外部环境条件。车站建筑设计应简洁、明快、大方，易于识别，并体现现代交通建筑的特点。城市轨道交通根据功能要求一般每 700～2 000 m 设一座车站，城市中心区站距可取 700～1 500 m，郊区或有具体条件（如遇河流、铁路等）限制时可远至 2 000 m 左右。一些专门在市域内组团间建设、中间客流很小的线路可以每隔 5 000 m 左右设站。总之车站的设置应视线路的具体条件和主要功能来决定。

车站的规模、站台的形式、站厅平面及层间通道均按"功能、安全、环境"三要素优化设计，并应满足灾害时 6 min 内疏散一列车乘客和候车、工作人员的要求。

车站的规模确定要考虑近期客流量与远期预测需求的规模。对于枢纽地区，要考虑高架车站、地面车站与地下车站之间客流换乘的方便性，并满足各种安全防护要求。根据欧洲一些国家的经验，车站设计要考虑"高峰中的高峰"。例如，设计中一般要考虑 15 min 最大流量，按照高峰小时流量的30%计算（正常为25%）。类似地，5 min 最大流量按 15 min 的40%计算。目前，国内地铁设计规范中规定，超高峰系数为 1.2～1.4。关于车站设计的细节将在后面进行介绍。

4.6　结构工程

4.6.1　地下结构类型及施工方法

城市轨道交通地下工程的结构类型及施工方法应根据区间隧道及车站的规模、工程地质及水文地质条件和周围环境条件进行技术经济比较确定。一般常用的结构类型和施工方法有明挖法和暗挖法两种，特殊情况下还可以采用一些其他方法。

1. 明挖法

采用敞开口开挖或以工字钢桩、钢板桩、地下连续墙、钻孔桩等护壁施工的明挖隧道或车站，一般为现浇整体式矩形钢筋混凝土框架结构。根据运营需要可做成单跨、双跨、和多跨结构，单层、双层或多层结构。为减少明挖施工对城市的干扰，必要时可采用桩、梁、板等构件，将施工基槽部分或全部覆盖；或者对连续墙护壁的明挖隧道，采用逆作法尽快完成结构顶板。

图 4.14、图 4.15 分别是明挖法放坡分配和地下连续墙施工步骤。

第一步：开导向沟，筑导向墙；
第二步：注入泥浆，开挖边墙沟；
第三步：放置钢筋，浇筑混凝土；
第四步：明挖土，筑顶板；
第五步：回填土，铺路面，地下开挖隧道。

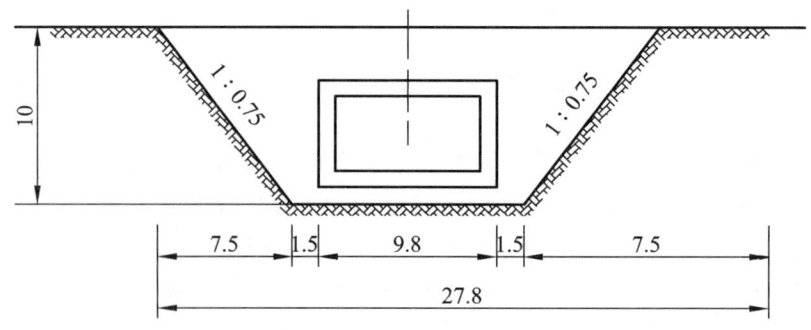

图 4.14 明挖法放坡分配（尺寸单位：m）

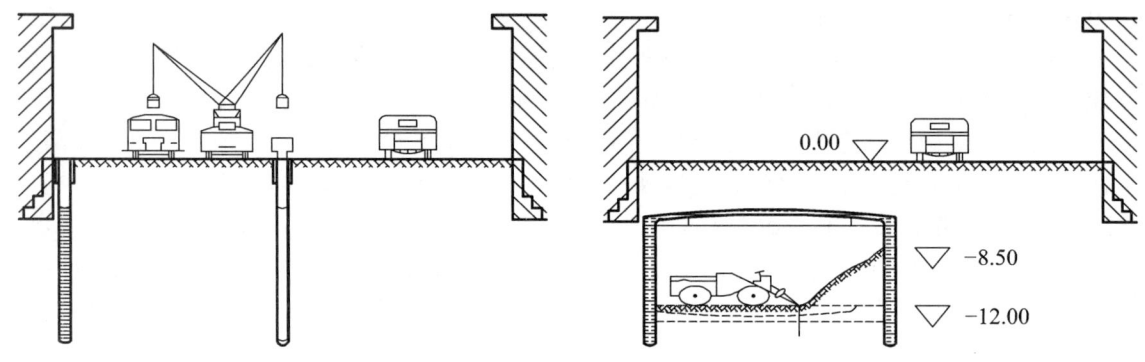

图 4.15 地下连续墙施工

2. 暗挖法

暗挖法可分为盾构法和矿山法。

（1）盾构法。

盾构法施工的隧道，一般采用预制管片拼装的圆形衬砌，也可采用挤压混凝土圆形衬砌，必要时可再浇筑一层内衬砌，形成防水功能好的圆形双层衬砌。

盾构法具有施工速度快、振动小、噪声低等优点。在松软含水层中及城市地下管线密布、施工条件困难地段采用盾构法施工，其优点尤为明显。近年来，新开发的泥水加压盾构和土压式盾构，对克服盾构施工造成地表隆起和沉降量大，致使周围建筑物、地下管线、道路路面变形和裂缝的缺点，有明显的成效，提高了盾构法的生命力。

盾构法的缺点是对断面尺寸多变的区段适应能力差。此外，新型盾构购置费昂贵，对施工区段短的工程来说不太经济。

盾构法的施工工序如图 4.16 所示。

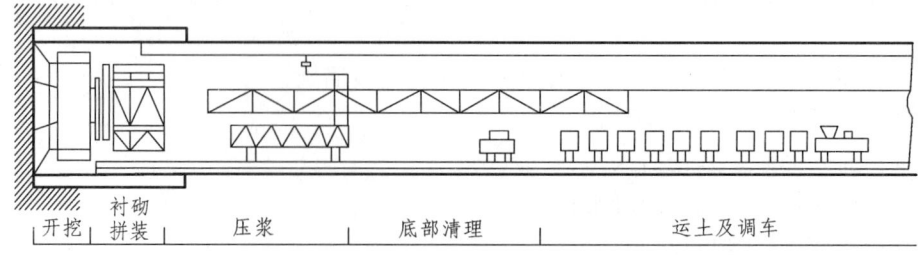

图 4.16 盾构法施工工序

（2）矿山法。

矿山法分传统矿山法和新矿山法两种。传统矿山法施工工艺落后，安全性较差，近年来有逐步被新矿山法取代的趋势。新矿山法又可称为新奥法或浅埋暗挖法。

矿山法施工的隧道一般采用拱形结构，其基本断面形式为单拱、双拱和多跨连拱。隧道衬砌的作用是加固围岩并与围岩一起组成一个具有足够安全度的隧道结构体系，共同承受可能出现的各种荷载，防止地表下沉。衬砌的基本结构类型为复合式衬砌，由初期支护、防水隔离层和二次衬砌所组成。外层为初期支护，其作用为加固围岩，控制围岩变形，是衬砌结构中主要的承载单元，一般应在开挖后立即施作，并应与围岩密贴，所以最适宜采用喷锚支护；内层为二次衬砌，通常在初期支护变形稳定后施作，主要为安全储备，承受初期支护腐蚀后所引起的后续荷载。在初期支护和二次衬砌之间应敷设防水隔离层。

（3）其他方法。

除上述施工方法外，特殊地段可因地制宜地采用特殊的施工方法和结构类型。如穿越江、河阶段时，可采用沉埋法施工；穿越地面铁路、地下管线时可采用顶进法施工。

4.6.2 高架结构

城市轨道交通高架桥梁主要由梁、墩台、基础三部分组成。

1. 梁

目前在城市轨道交通高架桥上应用较多的梁的形式有以下几种。

预应力混凝土槽形梁。它是一种下承式桥梁，由车道板、主梁和端横梁三部分组成，如图 4.17 所示。

预应力混凝土板梁，包括空心板梁和低高度板梁。板梁结构建筑高度小，缺点是刚度较小，不利于抵抗列车偏载。

预应力混凝土 T 梁。T 梁设计、施工经验成熟，多采用预制，缺点是桥型不美观，施工时需大型吊装机具。

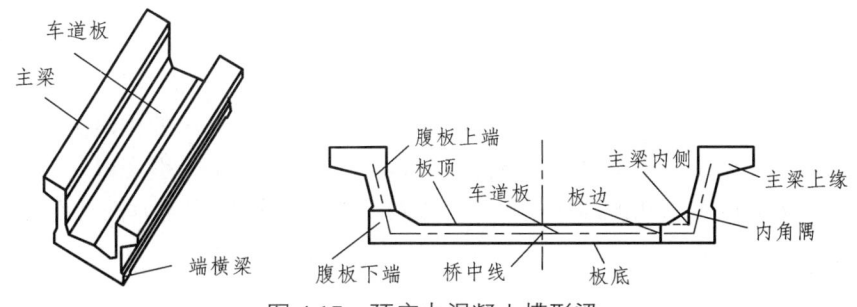

图 4.17 预应力混凝土槽形梁

2. 墩台与基础

适用于城市高架桥的桥墩形式有 T 形墩、双柱墩、V 形墩和 Y 形墩。T 形墩美观；双柱墩承载能力和稳定性较强；V 形墩和 Y 形墩重量轻，占地面积小，但构造复杂。不同类型的桥墩结构形式如图 4.18 所示。

桥梁基础形式有扩大基础和桩基础。扩大基础适用于岩石及持力层较浅的地基，桩基础适用于砂质及软土地基。

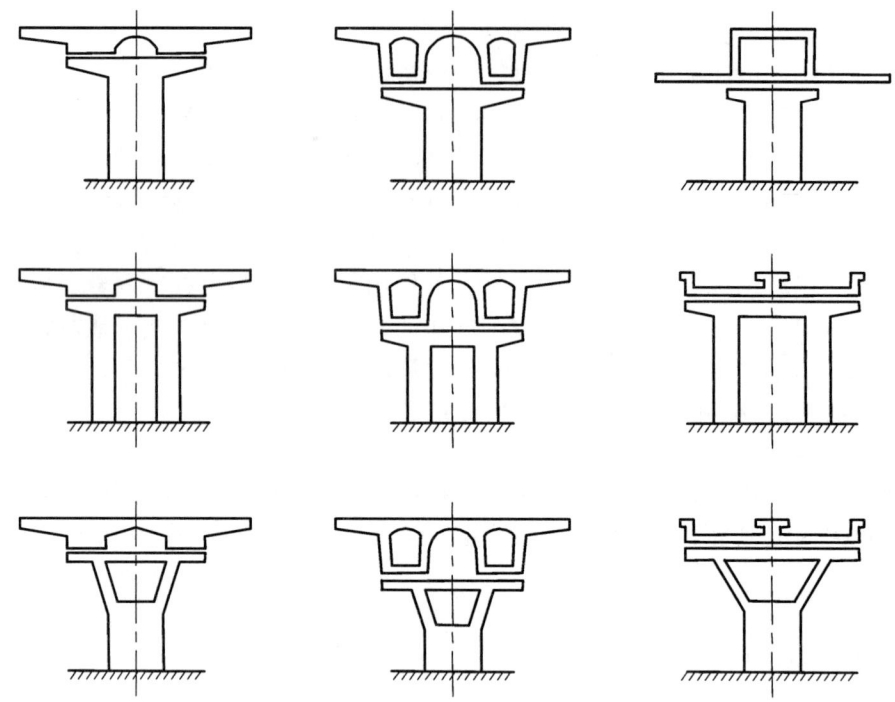

图 4.18 不同类型的桥墩（从上至下依次是 T 形墩、双柱墩、Y 形墩）

4.7 供电系统

电力是保证城市轨道交通列车正常运行及各种设备系统不间断工作的能源，一般取自城市电网，且大部分为一级负载。要求比较高，通常引入双路独立电源，保证不间断供电。

4.7.1 供电系统的组成

城市轨道交通的供电系统负责提供车辆及设备运行的动力能源，一般包括高压供电源系统、牵引供电系统和动力照明供电系统。

高压供电源系统是城市电网对城市轨道交通系统内部的变电所的供电方式，一般视各城市的具体情况而定；牵引供电系统供给电动车辆运行的电能，由牵引变电所和牵引网组成；动力照明供电系统提供车站和区间各类照明、扶梯、风机、水泵等动力机械设备电源和通信、信号、自动化等设备电源，由降压变电所和动力照明配电线路组成。

4.7.2 高压供电源方式

一般高压供电源方式有三种：集中式供电、分散式供电和混合式供电。

1. 集中式供电

沿城市轨道交通线路，根据用电容量和线路的长短，设置专用的主变电所。主变电所一般为 110 kV，由主变电所变压为内部供电系统所需的电压极，一般为 10 kV 或 35 kV。由主变电所所构成的供电方案为集中式供电。

2. 分散式供电

城市轨道交通线路沿线直接由城市电网引入多路电源,电源电压等级一般为 10 kV,供给各牵引变电所,这种方式为分散式供电。分散式供电应保证每座牵引变电所和降压变电所皆能获得双路电源。

3. 混合式供电

混合式供电即前两种供电方式的结合,以集中式供电为主,个别地段引入城市电网电源作为集中式供电的补充,使供电系统更加完善和可靠。北京地铁 1 号线和 2 号线即采用此种供电方式。

4.7.3 牵引供电系统

1. 电压等级

目前世界上城市轨道交通系统的牵引网均采用直流牵引,牵引电压等级较多,有 600 V、750 V、825 V、1 000 V、1 200 V 和 1 500 V 等。其发展趋势——国际 IEC 电压标准为 600 V、750 V、1 500 V,而我国国标电压标准为 750 V 和 1 500 V 两种。所以,目前国内各城市的地铁和轻轨采用的电压制均在 750 V 和 1 500 V 之间进行选择。

这两种电压等级各有优势。1500 V 的供电距离较长,可减少供牵引变电所的数量,但提高了牵引变电所及车辆电机、电气设备的电压绝缘水平。目前国内正在运行的轨道交通系统中,广州、上海采用了 1 500 V 电压制,其 1 500 V 系列的直流电器设备及 1500 V 电动车车辆均为国内进口,造价较高。今后,随着我们国家城市轨道交通工程项目的不断建设,1 500 V 系列的直流电器设备及 1 500 V 的电动车辆将逐步实现设备的国产化。

如采用 750 V 电压制,变电所数量将增加,但国内有比较成熟的 750 V 直流电器设备及电动车辆,造价较低。北京地铁即采用的 750 V 电压制。

2. 牵引网

城市轨道交通系统的牵引网为沿线线路敷设的专用电动车辆供给电源的装置,它由两部分组成,正极接触网供电,负极走行轨回流。牵引网可分为接触轨和架空接触网两种方式。

接触轨的主要优点是:使用寿命长,维修量小,在地面对城市景观没有影响,适应于电压较低的制式。北京地铁即采用了 750 V 接触轨供电的方式。

接触网的主要优点是:安全性较好,适应于电压较高的制式。上海、广州地铁均采用了 1 500 V 接触网供电的方式。

接触轨和接触网两种供电方式,目前在世界上许多国家同时并存。究竟采用何种方式,各城市应根据自己的特点,进行车辆和供电系统的综合比较。

3. 牵引变电所设置

牵引变电所的位置和容量,应根据运行高峰小时的车流密度、车辆编组及车辆类型通过牵引供电计算,经多方案比较确定。原则上,牵引变电所应尽可能地设在地面上。地面变电所投资小,运行费用低,运行管理方便。

牵引变电所可沿线路均匀布置;也可结合车站,与降压变电所合建于车站站端。均匀布置可减少变电所数量，馈电质量较好，但管理不方便；设在车站，可与降压变电所合建，同时管理比较方便。

牵引变电所的设置应保证高峰时最大运营负荷的需要，同时应保证系统中任何相隔的两座牵引变电所发生故障解列时，靠其相邻变电所的过负荷能力仍能保证列车正常运行。同时，牵引变电所内应留有大型设备的进出口和运输通道，应考虑通风、散热、防火、防雷电的要求。

4.7.4 动力照明供电系统

动力照明供电系统由降压变电所及动力照明组成。

每个车站应设降压变电所，地下车站负荷较大，一般设于站台两端，其中一端可以和牵引变电所合建为混合变电所。地面车站负荷较小，可设一个降压变电所。

车站动力照明采用380/220 V三相五线制系统配电，其车站设备负荷可分为以下三大类。

一类负荷：事故风机、消防泵、主排水站、售检票机、防灾报警、通信信号、事故照明。
二类负荷：自动扶梯、普通风机、排污泵、工作照明。
三类负荷：空调、冷冻机、广告照明、维修电源。

对于一、二类负荷，一般由两路电源供电，当一台变压器发生故障解列时，另一台变压器可承担全部一、二类负荷。三类负荷由一路电源供电，当一台变压器发生故障解列时，可根据运营需要自动切除。

4.7.5 高架结构

电力监控系统（SCADA）的作用是保证在控制中心对供电系统的主变电所、牵引变电所、降压变电所的供电设备的运行状态进行监视、控制及数据采集。它由三部分组成，即设在控制中心的主机、设在各变电所的远程控制终端以及连接终端与中心的通信网络。

4.8 通信系统

城市轨道交通的通信系统是指挥列车运行、组织运输生产及进行公务联络的重要手段。城市轨道交通的特点是客流密集、运输繁忙，为了保证行车安全和可以实现快速、高效、准时的优质服务，必须设置功能完善、可靠的内部专用通信系统。通信系统是城市轨道交通正常运营的神经，主要任务是及时传递城市轨道交通运营各系统、各部门和指挥中心间及其相互间的信息，以便及时采取行动以确保整个系统的正常运营。

在工程中应用优先考虑数字通信，为逐步建成能传输语言、文字、数据、图像等信息的综合数字通信网络创造条件。

城市轨道交通的通信系统一般由下列分系统组成：调度指挥通信、无线通信、公务通信、广播、电视监视和传输网络。

4.8.1 调度指挥通信系统

调度指挥通信系统包括有线调度电话、站间行车电话、区间电话。

1. 有线调度电话

根据城市轨道交通列车运行组织和业务管理的要求，一般设置三种调度电话系统：列车调度电话、电力调度电话、防灾环控调度电话。系统由中心设备、车站设备和传输通道三部分构成。中心设备设于调度中心；车站设备设于各车站、变电所、防灾和车场值班员处；传输通道是介于中心设备和车站设备之间的传输媒介，由光缆数字复用传输系统提供。

2. 站间行车电话

站间行车电话又称闭塞电话，是相邻车站值班员间行车业务用的直通电话。

系统由专用电话总机、分机及传输通道三部分组成。总机设于车站值班员处，分机设于站长室、公安值班室、变电所值班室、环控（防灾）值班室、站台两侧的室外电话箱内等处。站间传输通道由光缆数字复用传输系统提供，或采用电缆实回线（站内采用电缆实回线）。

为提高通话效率，防止出现差错，在其回路上禁止接入其他业务性质的电话。

3. 区间电话

区间电话是供区间列车司机和维修人员与相邻行车值班员及相关部门紧急联系或通话使用的专用通信设备。系统由电话机箱、便携式电话机和传输线路组成。在信号机、道岔、接触轨（网）开关柜、通风机房、隔断门等附近应设置电话机箱。一般区段每隔150～200 m设一台电话机，1～3台电话机并联使用一个用户号码。

4.8.2 无线通信系统

无线通信系统一般供在移动状态下的工作人员（司机、检修人员及公安人员等）在工作中和调度及指挥机关取得联系时通话使用，必要时可以使用无线通信发布调度口头命令。

城市轨道交通无线通信系统按其工作区域不同分为运行线路上的调度无线通信系统和车辆段内的无线通信系统。

1. 运行线上的调度无线通信系统

系统由位于调度中心的控制设备（包括控制台、PC计算机、录音设备等）和基地台，列车上设置的列车台、维修人员使用的携带台，加上有线传输网络和自动电话或专用电话组成。如有隧道，还需设置隧道基地台或隧道中继器，以及沿隧道敷设的泄漏同轴电缆。

2. 车辆段无线通信系统

为满足车辆段值班员、列车台司机、携带台流动人员三者之间的通话需求，系统由位于车辆段值班室的控制设备和基地台，列车设置的列车台、流动人员使用的携带台三部分组成。

4.8.3 其他通信系统

1. 公务通信

列车运营组织中，公务通信是必不可少的，供城市轨道交通系统内部工作人员间和对外部的公务联络用，并为逐渐建成能传输语言、文字、数据、图像等各种信息的综合数字通信网创造条件。一般应采用数字式程控用户交换机，组成独立的用户电话交换，包括自动电话和会议电话两部分。

2. 广播

广播系统是大众化的运营管理工具，其用途和服务范围应包括：向旅客预报列车信息；对上下车旅客进行安全提示和向导；对车站工作人员播发通知或公开广播会议；发生故障、灾害等紧急情况时，发出警报、指挥救援和疏导乘客。

广播系统由中心广播控制台、车站广播设备以及传输通道三部分组成。

车站播音台配有区域选择键盘，车站有关区域及隧道均装有两个带扩大器的扬声器。正常情况下车站广播可采用自动广播，必要时改为人工通报有关信息。

3. 电视监视系统

电视监视系统是运营管理自动化的配套设备，主要用于车站值班员及控制中心调度员监视站厅站台情况，辅助列车调度员指挥行车以及协助列车司机安全发车，在发生灾害时，可随时监视灾害及乘客疏散情况。监视区域包括上下行站台、售检票厅和主要出入口；另外，公安系统需要对车站进行选择性监控。系统由车站设备、中心设备及传输通道三部分组成。每个车站的视频信号均需传至控制中心。

4. 传输通道

为了传输各子系统所需话音、数据、图像等信息，需建立一个多功能、高可靠和集中维护管理的综合传输网。

4.9 信号系统

信号系统的作用是确保行车安全，提高运输效率，改善行车有关人员的劳动条件。

信号系统与行车密度有着密切联系，不同的行车密度应选择不同的信号系统，以保证工程设计技术经济合理，满足运营要求。目前国内轨道交通系统的信号设备可分为两大类：传统信号系统和现代信号系统。

4.9.1 传统信号系统

传统信号系统由信号、联锁、闭塞、机车信号与自动停放、调度集中等设备组成。

1. 信号装置

信号机有进出站信号机、道岔防护信号机、通过信号机、进出段信号机、调车信号机等。在采用了列车自动防护系统 ATP 的区段，可不设通过信号机；在采用列车自动控制系统 ATC 的情况下，车站可不设进出站信号机。

信号机应设在列车运行方向的右侧，特殊困难情况下可设于左侧。

城市轨道交通采用色灯信号机，红色表示停车，绿色表示按规定速度运行，月白色表示允许调车，红灯月白灯闪光表示引导信号。

2. 联锁

联锁设备是对道岔、信号进行集中控制，提高行车作业能力，确保行车安全的车站信号控制设备。目前联锁设备有继电联锁和微机联锁两种。联锁设备的功能是排列进路、开放信号，保证道岔、信号和轨道区段间的联锁，监视列车运行和信号设备状态。城市轨道交通系统中的有道岔车站和车辆段应装设联锁设备。

联锁设备应符合下列规定：

（1）确保进路上道岔、信号机和区段的联锁，联锁条件不相符时，信号机不得开放。敌对进路必须相互照查，不得同时开通。

（2）能受列车自动监控系统或行车指挥控制系统控制或车站控制。

（3）装设引导信号的信号机因故不能开放时，可使用引导信号。开放引导信号应检查进路中道岔位置是否正确及其闭锁状态。

（4）进入解锁宜采用分段解锁方式。锁闭的进路应能随列车正常运行自动解锁或人工办理取消进路和限时解锁。限时解锁应确保行车安全。

（5）锁闭的进路应该能防止轨道电路分路不良造成的错误解锁。

（6）联锁道岔应能单独操作和进行进路选择。影响行车效率的联动道岔宜采用同时启动的方式。

（7）控制台应监督线路及道岔区段占用、进路开通及锁闭、信号开放和挤岔等。

3. 轨道电路

轨道电路是 20 世纪 30 年代出现的，是监测轨道空闲及占用状况的装置，如图 4.19 所示。由于轨道电路直接影响行车的安全与效率，其可靠性非常重要，对轨道空闲的错误信息将导致恶性事故的发生。因此，轨道电路设备在发生故障时必须按失效安全原则给出"占用"显示，以保证行车安全。

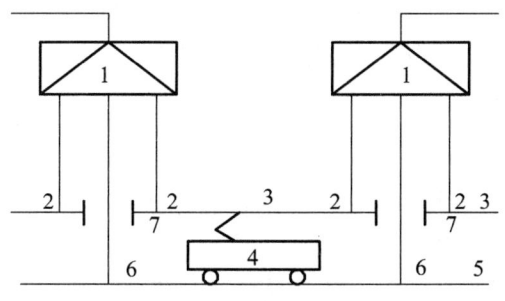

图 4.19 轨道电路

轨道电路技术的选择与发展主要有以下三个目标。

（1）信号频率的选择要能够避免牵引电流的干扰。

（2）为实现列车的平稳行驶，减少维修工作量和事故发生率，要尽量消除分隔轨道电路的绝缘节。目前可采用音频选频方式以实现无绝缘节轨道电路。

（3）要尽量增加轨道上的信号电流的信息含量。传统轨道电路只能给出轨道"占用"或"空闲"的信息，20 世纪 80 年代以后出现的数字编码式音频轨道电路可以携带更多的信息。如广州地铁 1 号线采用的是德国西门子公司提供的 FTGS 型数字编码式轨道电路。

由于城市轨道交通的大多数车站均有上、下旅客的功能，所以在大多数车站上不设置道岔，甚至也不设置地面信号机（依靠机车信号及速度监控设备驾驶列车），仅在少数联锁站及车辆段设置道岔和地面信号机。如上海地铁 1 号线仅在 4 个联锁站及 1 个车辆段上设置道岔及地面信号机。因而，联锁设备的监控对象远远少于一般的大铁路的客货站，通常一个电气集中控制中心即可实现全线的联锁功能。

4. 闭塞

闭塞是指城市轨道交通系统保证列车按空间间隔安全运行的一种技术方法。传统的闭塞方式主要有三种：电气路签闭塞、半自动闭塞和自动闭塞。城市轨道交通系统大多采用自动闭塞以保证行车安全，满足高密度行车的需要。

自动闭塞是将线路用轨道电路或其他的列车占用检测装置划分为若干闭塞分区，保证列车按照空间间隔控制运行的一种技术方法。自动闭塞的基本功能是检测区间占用和关闭状态，实现列车间隔控制，提供机车信号信息。自动闭塞可分为固定自动闭塞和移动自动闭塞，也可分为双向自动闭塞和单向自动闭塞。

固定自动闭塞是指基于轨道电路的自动闭塞方式，闭塞分区一旦划定将固定不变。列车在自动闭塞分区内，该分区被视为占用。由于闭塞分区长度的差异，可造成前后列车间的空间距离过大，影响线路的通过能力。

移动闭塞不依靠轨道电路向列控车载设备传递信息，而采用移动通信、地面交叉感应电缆、应答器等媒介向列控车载设备传递信息，实现自动闭塞。两列车间的空间距离是根据线路条件、列车运行速度、控制性能等因素决定的，能缩短列车间的运行间隔，更有利于发挥线路的通过能力。

在双线区段宜采用单向自动闭塞，单线双向运行区段可采用双向自动闭塞。

5. 机车信号与自动停车装置

机车信号应连续显示与地面信息相符的信号，指示列车运行。当机车信号显示限速或停车信号、发出音响报警后，若司机在规定时间内无确认操作响应，自动停车设备应自动实施紧急制动实施停车控制。

6. 调度集中装置

调度集中装置是供列车调度员指挥列车的控制设备，应具有控制、监视、记录、运行图管理以及为旅客向导提供信息等功能。

调度集中装置由遥控总机、遥控分机和传输线路组成。

4.9.2 现代信号系统

传统的信号系统以地面信号显示为依据，司机按行车规则操纵列车运行。目前，世界各国的城市轨道交通信号系统大都采用列车自动控制 ATC 系统。香港的地下铁道，设计要求载客能力为 6 万人/（h·方向），列车的定员为 2000 人/列车，则必须每 2 min 发出一列车，即列车间隔为 2 min。如果信号设备相对落后，采用移频自动闭塞，那么最小列车间隔为 4 min，这就意味着在同一线路上，使用同样的车辆，但载客能力只能达到 3 万人/（h·方向）。显然，在城市轨道交通中采用先进的信号设备（如列车速度自动控制系统——ATC 系统）是一项事半功倍的措施。上海地铁 1 号线引进的是基于模拟技术的 ATC，广州地铁 1 号线、上海地铁 2 号线均引进了基于数字技术的 ATC 系统，北京地铁 1 号线则在 20 世纪 70 年代的自动闭塞的基础上进行了 ATC 信号系统的改造。ATC 可以使行车间隔缩短到 2 min，香港地铁已经做到了 105 s。

列车控制系统（ATC），或更确切准确地说列车自动控制系统，进一步增加了基本的信号控制的内涵。实际上，列车自动控制系统是一个不太明确的术语，包括列车自动防护（ATP）、列车自动操纵（ATO）和列车自动监控（ATS）三个子系统。

1. 列车自动防护（ATP，Automatic Train Protection）

ATP 主要用于对列车驾驶进行防护，对与安全有关的设备或系统实行监控，实现列车间隔保护、超速防护等功能。ATP 的工作原理是：将信息（包括来自连锁设备和操作层面上的信息、地形信息、前方目标点信息和容许速度信息等）不断从地面传至车上，从而得到列车当前允许的安全速度，依次对列车实现速度监督及管理。

ATP 子系统功能如下：自动检测列车的位置和实现列车间隔控制，以满足规定的通过能力；连续监视列车的速度，实现超速防护（当列车实际速度大于允许速度时，施加常规制动；当列车速度大于最大安全速度时，施加紧急制动，保证列车不冒进前方列车占用的区段）。

2. 列车自动操纵（ATO，Automatic Train Operation）

ATO 主要用于实现"地对车控制"，即用地面信息实现对列车驱动、制动的控制。由于使用 ATO，列车可以经常处于最佳的运行状态，避免了不必要的、过于剧烈的加速和减速，因此可显著提高旅客舒适度，提高列车准点率及减少轮轨磨损。通过与列车再生制动配合，还可以节约列车能耗。这里，列车自动操纵（ATO）有时是为了避免与列车自动控制（ATC）混淆。

ATO 的优点是可缩短列车间隔，提高了线路的利用率和行车的安全可靠性。ATO 子系统的功能包括：控制列车在允许速度下运行，并自动调整列车的速度。列车在区间或站外停车后，一旦信号开放，即可自动启动；系统控制列车到达站台的最佳制动，使列车停于预定目标点；停车结束后，保证车门关闭后，列车能自动启动；当列车到达折返站时，自动准备折返。

3. 列车自动监视（ATS，Automatic Train Supervision）

ATS 主要是实现对列车运行的监督，辅助行车调度人员对全线列车运行进行管理。它可以显示全线列车的运行状态，监督和记录运行图的执行情况，为行车调度人员的调度指挥和运行调整提供依据，如对列车偏离运行图及时做出反应等。通过 ATO 接口，ATS 还可以向旅客提供信息通报，包括列车到达、出发时间，列车运行方向，中途停靠点信息等。

ATS 子系统功能包括：自动显示列车车次、运行位置和信号设备工作状态，自动或人工办理进路；编制和管理列车运行图，自动调整运行计划，自动描绘或复制列车运行实迹，列车运行模拟仿真；车辆维修周期管理；给旅客向导系统提供信息，对运行数据进行自动统计和制表等。

4.10　环控系统

城市轨道交通的地下车站和小区间隧道除车站出入口和通风道口等极少部分与外界相连

通外，可以认为基本上与外界隔绝。由于列车运行、乘客交换等会散发大量热量，空气湿度大，且有有害气体产生，若不及时排出，乘客将无法忍受，所以只有用人工气候环境才能给乘客创造一个舒适的环境。

通风、空调的任务是采用人工的方法，创造和维持满足一定要求的空气环境，包括空气的温度、湿度、空气流动速度和空气质量。

当列车因非火灾事故阻塞在区间隧道时，因为没有活塞效应，停留在车厢里的乘客及向安全地点疏散的乘客，会因为没有足够的新鲜空气而难以忍受，需要通风系统为出事地点送风、排放，维持乘客短时间能接受的环境条件。当发生火灾事故时，必须能提供有效的排烟手段，给乘客和消防人员输送足够的新鲜空气，形成一定的风速，引导乘客迅速撤离现场。

4.10.1 通风与空调系统

地下车站及区间的通风空调系统一般分为开式系统、闭式系统和屏蔽门式系统。根据使用场所不同、标准不同，又分为车站通风空调系统、区间隧道通风系统和车站设备管理用房通风空调系统。

1. 开式系统

开式系统是应用机械或"活塞效应"的方法使地下城市轨道交通内部与外界交换空气，利用外界空气冷却车站和隧道。这种系统多用于当地最热月的平均温度低于 25 °C 且运量较小的城市轨道交通系统中。

（1）活塞通风。

当列车的正面与隧道断面面积之比（称为阻塞比）大于 0.4 时，由于列车在隧道中高速行驶，如同活塞作用，使列车正面的空气受压，形成正压，列车后面的空气稀薄，形成负压，由此产生空气流动。利用这种原理通风，被称为活塞效应通风。

活塞通风的大小与列车在隧道内的阻塞比、列车行驶速度、列车行驶空气阻力系数、空气流经隧道的阻力等因素有关。对于全部利用活塞风来冷却隧道的系统，为了与外界进行有效的空气交换，需要计算风井的间距及风井的断面尺寸，以满足有效换气量的设计要求。全"活塞通风系统"只有在早期的城市轨道交通系统有所应用，现在建设的地下城市轨道交通系统设置的都是活塞通风与机械通风的联合系统。

（2）机械通风。

当活塞通风不能满足排除余热与余湿的要求时，要设置机械通风系统，可采用活塞通风与机械通风的联合系统。一般情况下，车站与区间隧道分别设置独立的通风系统。车站通风采用横向的送排风系统，区间隧道采用纵向的送排风系统，这种系统应同时具备排烟功能。区间隧道较长时，宜在区间隧道中部设置中间风井。若当地气温不高，用量不大，可以设置车站与区间连成一起的纵向通风系统，一般在区间隧道中部设置风井。

2. 闭式系统

闭式系统是使城市轨道交通内部基本上与大气隔断，仅供给满足乘客所需的新鲜空气量。车站一般采用空调系统，而区间隧道的冷却是借助列车运行的"活塞效应"携带一部分车站空调冷风来实现的。上海地铁 1 号线、2 号线都属于这种环控系统。

这种系统多用于当地最热月的月平均气温高于 25 °C，且运量较大、高峰时间内每小时的列车运行对数和每列车车辆数的乘积大于 180 的城市轨道交通系统中。

3. 屏蔽门系统

在车站的站台与行车隧道间可安装屏蔽门,将其分隔开,车站安装空调系统,隧道用通风系统(机械通风或活塞通风,或两者兼用)。若通风系统不能将区间隧道的温度控制在允许值以内时,应采用空调或其他有效的降温方法。福州地铁一号线东街口站屏蔽门系统如图 4.20 所示。

安装屏蔽门后,由于车站与行车隧道隔开,所以不受区间隧道行车时活塞风的影响。车站空调冷负荷只需计算车站本身设备、乘客、广告等照明发热体的散热及区间隧道与车站间通过屏蔽门开启时的对流换热。此时屏蔽门系统的车站空调冷负荷仅为闭式系统的 22% ~ 28%。由于车站与行车隧道隔开,减少了运行噪声对车站的干扰,不仅使车站环境安静、舒适,而且使旅客更安全。从某种意义上讲,屏蔽门的安全功能远比节能重要得多。屏蔽门的安装使用已成为城市轨道交通系统"以人为本"的重要标志。

通风空调系统的设计,可以按上述系统之一设置。由于季节是周期变化的,也可根据不同季节采用开式或闭式等不同的运行方式。

图 4.20 福州地铁一号线东街口站屏蔽门系统

4.10.2 防排烟与环境监控系统

1. 防排烟系统

地下城市轨道交通系统发生火灾时,人员的伤亡绝大多数是因被烟气熏倒、中毒、窒息所致。因此,防排烟系统是环控系统的重要组成部分。

城市轨道交通系统地下车站及区间对外连通的口部相对来说比较少,一旦发生火灾,浓烟很难自然排出,必须设置机械排烟系统。防排烟系统按车站站台和站厅区间隧道以及设备用房和管理用房三大区域分别进行设置。

(1)站台和站厅的培养系统,一般是正常通风的排风系统兼用。该系统应满足正常排风和火灾时排烟的要求。

(2)区间隧道的排烟系统,宜采用纵向一送一排的推拉式系统。排烟设施最好与平时的隧道通风兼顾。

(3)设备用房和管理用房的排烟系统,一般与平时通风系统兼用。

2. 环境监控系统

环境监控系统（BAS）的作用是对车站、区间的通风、空调、给排水、照明、自动扶梯等设备进行自动化管理。它一般包括中央控制室、车站控制室和就地控制室装置三部分。一旦发生事故，由控制中心统一指挥，及时采取救护控制措施，及时疏散乘客，排除事故，尽快恢复列车运行。

4.11 给水与排水系统

4.11.1 给水系统

按照我国《地下铁道设计规范》（GB 50157—2013）的规定，城市轨道交通宜采用生产、生活和消防共用的给水系统。这样不仅可以节省给水管道，降低工程造价，而且使用管理也比较方便，如北京地铁、天津地铁、青岛地铁和南京地铁。根据技术经济比较，也可采用生产、生活和消防用水分开的给水系统，如上海地铁1号线的地铁消火栓给水系统就是单独设置的。给水水源应优先选用城市自来水。

目前我国修建的城市轨道给水系统，大致分为以下几类：生产、生活和消防共用的给水系统；生产、生活给水系统；消火栓给水系统；自动喷水灭火给水系统；空调冷却循环给水系统。

1. 生产、生活和消防共用的给水系统

该系统在地下车站及区间隧道设两条给水干管，并在车站及区间将两条给水干管连通，构成环状管网供水系统。

如车站由城市自来水引入两根供水管，则在消防时，宜由一个车站和车站前后各半个区间构成独立的给水系统；如车站由城市自来水引入一根供水管，则在消防时，宜由两个车站和两站之间的区间构成独立的给水系统。

该系统的生产用水，主要是空调冷却循环给水和冲洗用水等。

2. 生产及生活给水系统

该系统设在车站，是独立的内部供水系统，可以由地面城市自来水管单独引入一根给水管，敷设在车站站厅层及站台层，不必构成环状，主要提供空调冷却循环给水、车站冲洗用水，卫生间、盥洗间、茶水间、洗脸室及拖布池等的给水。

3. 消火栓给水系统

该系统设在车站及区间隧道，设两根给水干管，并在车站两端及区间隧道连通，构成环状管网给水系统。每个车站最好引入两根给水管，有困难的情况下也可以只引入一根。其消防时的供水方式和共用供水系统相同。较长的通风道及人行道也设置消火栓。

这种系统的优点是便于控制管理，而且在消防供水量增大和供水压力增高的情况下，不会影响生产及生活供水设备的使用。其主要缺点是，给水管网的水长期不用容易变质，而且与共用给水系统相比增加了生产及生活给水系统的造价。

4. 冷却循环给水系统

冷却循环水系统主要由冷却塔、循环水泵、补充水和管道及配件组成。从生产及生活给水管上引出一根支管作为冷却循环补充用水，接至冷却塔。

4.11.2 排水系统

城市轨道交通系统的排水主要是处理系统的结构渗漏水、消防及冲洗废水、粪便及生活污水、车站露天出入口及隧道洞口的雨水等。它一般包括主排水泵站、辅助排水泵站、污水泵房、局部排水泵房和临时排水泵房。排水方式应优先考虑利用城市排水系统。

排水系统采用分流制，分为污水、废水、雨水系统。原则上采用分类集中经泵提升压力窨井后，除污水需要经化粪池处理外，均就近排入市政下水道。

第二篇
规划与设计篇

5 城市轨道交通规划与设计基础

5.1 规划与设计的主要内容与基本理论

5.1.1 规划与设计的意义

城市轨道交通规划与设计是一项涉及城市规划、交通工程、建筑工程及社会经济等多种学科理论的系统工程。城市轨道交通项目工期长、投资大，在城市规划中，轨道交通网络的规划与设计非常重要，直接影响城市的基本布局和功能定位，对城市发展有极强的引导作用，对促进城市结构调整、城市布局整合，对整个城市土地开发、交通结构及城市和交通运输系统的可持续发展都有巨大影响。

对于发展中国家来说，城市轨道交通系统规划工作具有特殊意义，主要体现在以下几个方面。

1. 科学制定城市经济发展计划的需要

城市轨道交通系统耗资巨大，一条线路的建设投入少则数十亿，多则上百亿，往往成为最大规模的基础设施建设项目。此外，城市轨道交通线网建设一般都是持续数十年甚至上百年的浩大工程，因此无论在强度还是时间方面都会对城市经济发展产生巨大的影响，没有一个稳定、合理的线网规划和修建计划，城市就无法科学地制定经济发展计划，合理安排财政支出。

2. 制定城市各项设施建设计划的需要

城市轨道交通系统规划与设计将解决在城市哪些地方修建轨道交通的问题，从而为城市各项设施，尤其是城市基础设施的建设奠定基础。凡是在城市轨道交通沿线兴建的城市建筑、道路立交桥及大型地下管线，只要与城市轨道交通工程在规划设计上进行协调配合，做到统一规划、综合设计、分步建设，均可起到事半功倍的作用，例如：

（1）某城市大型体育馆东北侧的溜冰训练馆在地铁规划控制走廊一侧，经设计配合后，采取了必要的措施，在建立溜冰馆的同时保留了地铁走廊。

（2）某城市建设主干道时，在道路中央预留了 12~16 m 的城市轨道交通线规划用地走廊，为后续城市轨道交通的建设提供了用地保证。

（3）某城市大型体育馆附近的两座特大型立交桥都建在地铁车站隧道上，经同步设计、同步施工后地铁与立交桥同时建成。

（4）某城市建设长江公路桥时，结合轻轨线规划，在大桥设计时预留出轻轨走廊，为未来的轻轨交通工程建设创造了条件。

（5）许多城市拟将轨道交通工程的车站土建工程交给房地产开发商进行开发，将来根据使用年限和投资回收情况,采用不同的方式收回。

总之,有了城市轨道交通线网规划,城市与城市轨道交通的建设就可以互相协调、有机配合、各得其利。

3. 控制轨道交通建设用地、降低工程造价的需要

城市轨道交通是系统的、大型的城市基础设施工程,对其用地范围有着严格的技术要求。在项目实施过程中,最大的问题是因工程用地困难而导致的大量拆迁工程。在工程总投资中,拆迁工程费用一般占 10%~15%,其数额十分庞大。

拆迁工程中,属于拓宽道路、城市改造规划中必拆的危旧房屋,尚属合理。但因未做好用地规划和控制,而把房子、桥梁、大型管道等其他建筑物建在城市轨道交通用地范围内,若对其进行搬迁和改移,不但增加费用,而且会造成不良影响;若采取各种措施来保留既有建筑物不拆除,则会增加工程造价,有时付出的代价比重建还大。某城市曾遇到过类似的情况,因为对用地范围的严格要求,造成地铁隧道必须从几栋高层住宅楼下通过,施工中采取了高楼基础托换技术保住了高楼,可工程费用却增加约 1 千万元。如果早期能控制用地或对楼房基础位置进行必要的改移和配合,就可能减少现在的施工难度并节约工程费用。由此可见,做好线网及其用地控制规划是一项十分重要的基础工作,其带来的经济效益是无法估量的。

有了线网规划,才能知道需要对哪些路段及地块进行用地控制,因此城市轨道交通规划与设计的另一个作用就是为城市规划部门控制工程建设用地提供依据。

4. 城市轨道交通工程立项建设的依据

一条城市轨道交通线路的合理性和必要性,要从其在整个线网中的作用及地位来描述。各线之间关系如何,换乘站分布、联络线分布、车辆段共用关系、线路走向是否合理,线路大概是何种规模等级,应该修建哪一条、哪一段,都必须以线网规划为依据。

城市轨道交通工程的立项报告,应当阐明立项的目的和依据,其中线网规划就是最重要的依据,因此线网规划就是为轨道交通提出分期建设顺序,为工程立项做好必要的前期准备,也是为各阶段设计研究工作提供最基础的依据。

以上分析说明,城市轨道交通系统规划与设计是促进城市总体规划整体实施和城市环境改善的重要保证,它与城市总体规划是相辅相成的。因此,城市轨道交通系统规划是城市总体规划中不可缺少的组成部分,对城市总体规划的实施具有重要的影响。

5.1.2 规划与设计的主要内容

切合实际的科学的规划与设计,是未来城市轨道交通运营良好的基础。一般来说,城市轨道交通系统规划与设计的主要内容包括以下几个方面。

(1)特定城市社会与经济环境下轨道交通系统的功能定位。主要包括城市经济地理特征分析、城市规划总体目标与城市交通结构的协调性分析、轨道交通的功能评估等。

(2)城市轨道交通线网规划。主要包括线网合理规模确定、线网构架方案选择和方案评估等,线网规划是城市轨道交通线路设计和建设的基础。

(3)城市轨道交通工程可实施规划。主要包括车站、车辆段、换乘点的选址与规模,线路敷设方式规划,线网建设顺序运营,以及轨道交通与地面交通的衔接设计等内容。

（4）城市轨道交通系统的线路和车站设计。包括线路的走向、线路平纵断面设计、车站的数量及分布、车站的站型设计及换乘站的设计等。

（5）城市轨道交通枢纽设计与规划。主要包括城市轨道交通枢纽点规划、枢纽客流分析、枢纽换乘设计、枢纽用地分析、枢纽不同方式间的协调等。

（6）城市轨道交通系统与其他交通方式的衔接设计。主要研究城市轨道交通系统与其他交通方式（如常规公交、私家车、自行车及铁路、航空、水运等）的衔接，具体包括车站周边其他交通方式站点布局及设计等。

5.1.3 规划与设计的基本理论

1. 影响因素分析

在城市轨道交通发展过程中，应选择适合我国国情和城市实际情况的轨道交通系统及其技术装备，避免出现较大的盲目性、随意性，为此应充分分析城市轨道交通系统选型的影响因素。

（1）城市特性方面。

城市轨道交通与城市社会经济有着极其密切的关系。在分析城市轨道交通时，不能分散地、独立地、静止地研究问题的症结和寻找解决问题的对策，必须对城市轨道交通系统的影响因素进行综合分析。

① 自然地理条件。

城市自然地理条件包括地形、地势、水文地质、温湿度等，城市轨道交通的设计、施工都会受其影响。不同的自然地理条件也影响着城市轨道交通的造价。因此，在城市轨道交通系统规划与设计时要充分考虑这些条件。

② 规模、性质。

不同的城市规模、性质使城市形成不同特色，影响城市轨道交通系统选型、规划与设计。

③ 人口。

客流量是城市交通路网规划和交通方式选择时的主要依据，城市人口及其结构、就业情况等是决定客流量的主要因素，因此也影响着城市轨道交通系统的规划与设计。

④ 发展潜力和发展趋势。

城市发展潜力和发展趋势会影响城市格局，这将进一步影响城市轨道交通系统的选型、规划与设计。

⑤ 经济。

城市经济的发展，丰富了人们的社会生活，改变了人们的价值观念，扩大了人们的交往。同时经济的发展又促使经济活动日益频繁，活动空间日益扩大。常规公交已无法满足人们对交通数量与质量的要求，只有发展城市轨道交通系统才能解决日益紧张的城市交通问题。另一方面，城市轨道交通造价相当昂贵，要根据城市经济实力和财政承受能力来选择规划和设计适宜的城市轨道交通系统。

⑥ 土地利用规模。

城市土地开发利用与交通是一个互相影响、互相制约的过程。越是大城市，土地利用效益越高，土地价值也越高，其原因是交通的可达性增加了地区的吸引力，带动城市土地资源开发利用，促进了经济的发展。因而合理地利用土地，不但可以产生巨大的经济效益，还可以使城市结构趋于合理化。

⑦ 交通状况。

城市轨道交通系统规划与设计是要把城市交通作为一个整体考虑，统筹规划，协调配合，以便发挥各种交通工具的优势，组成一个具有较高运营效率的综合交通体系。因此要充分考虑城市交通的现状，包括城市道路、各种交通工具等。

（2）城市轨道交通系统特性。

城市轨道交通有多种形式，每种形式都有其特性，这将影响系统的选型、规划与设计。

① 系统的形式。

不同的城市轨道交通系统有着不同的特点，甚至有很大差异，适应范围不同，技术要求不同，所需的建设费用不同，所产生的效益也不同。

② 运行方式。

城市轨道交通系统运行方式有地下、高架和地面 3 种。地下运行不占用地面道路，运行线路选择比较容易，对环境的影响也较小，尤其是地下运行可以节省土地资源，提高土地使用价值，带动土地的开发和利用。高架运行，可以有效利用地上空间，与地面的交通形成立体交叉，可以提高土地利用价值，而且容易成为城市的一个新景观。

③ 技术水平。

不同的城市轨道交通系统，其技术水平也不同，应因地制宜地选择适应城市交通发展需要的系统。

总之，城市轨道交通系统的规划与设计要受到城市自然地理条件、规模和性质、发展潜力和趋势、人口规模、经济规模、土地利用规模、基础设施规模以及城市布局、结构、交通状况等多种因素的制约。另一方面，城市轨道交通自身的有效性、经济性、速达性、安全性、便利性和舒适性、技术水平、运行方式等也影响着城市轨道交通系统的规划与设计。在城市轨道交通系统规划与设计时，应充分分析这些影响因素，运用科学的方法，选择适宜的城市轨道交通系统形式，做到经济、有效、实用。

2. 规划范围

经济的发展，人口的增加，使城市化速度加快，当城市中心区得到高密度的开发、人口集中到一定程度后，城市就会向郊区疏解，促使城市范围扩大，这时常规公交已经不能适应城市发展，反倒会限制其发展。城市轨道交通因其速度快、容量大、安全、准时等优点，必然在城市地域结构变化中发挥巨大作用，特别是在一些特大城市交通圈半径扩大到 50~60 km 范围的过程中。

随着城市轨道交通线网覆盖范围的扩大，中心城市对周围的辐射作用得到强化，在维持中心区的活力的同时也促进单中心城市向多中心城市发展。因此我国在进行城市轨道交通线网规划时，特别是一些大城市，城市轨道交通线网的规划范围应该是全市域，甚至应覆盖整个城市群。城市轨道交通覆盖范围的扩大必然需要相应的市域内或者城市群内的长距离快速轨道交通线路。例如：在法国巴黎都市圈，大容量放射状的区域快线（ERE）把城市中心区域距离 50~60 km 的远郊卫星城镇紧密联系起来。同样，日本东京都市圈半径也已经达到 65 km。

3. 城市轨道交通系统的区域性

城市轨道交通包括地铁、轻轨、市郊铁路、有轨电车等多种形式，根据运输能力又划分为大运量、中运量、低运量等 3 种形式。城市轨道交通发展历史表明，城市发展的不同阶段对应着不同的轨道交通类型，不同类型的轨道交通适合不同城市不同区域的发展。例如，有轨电车往往服务于城市中心区，对促进中心区的形成、强化中心区、扩大中心区的影响起着重要作用。在市区范围内，由于中运量轨道交通的造价相对较低，容易形成网络，覆盖范围广，可实现居民方便、安全、快捷的出行，促进城市范围的进一步扩大。地铁等快速轨道交通的主要作用是联系外围郊区和市中心，这种联系强弱与城市的规模有很大关系。市郊铁路为周边卫星城镇的发展提供直达城市中心区的交通联系，促进都市圈的形成。有些情况下，地铁等快速轨道交通也可以达到市郊铁路服务的距离，服务于通勤交通。

因此，在城市轨道交通线网规划中，要以城市发展的具体阶段和发展需求作为依据，合理选择适合城市要求的轨道交通系统，根据城市不同的发展区域，如中心区、建成区、郊区等，结合范围对象的多样化需求，确定轨道交通的服务区域范围，并据此选择相应的轨道交通类型。

4. 规划研究方法

（1）城市交通发展前景判断。

首先，把握城市总体规划的基本思想，确定远景城市人口用地布局。

以上海为例，城市总体规划的主要目标是：充分利用上海的土地资源；调整和改造中心城区；更好地发展浦东新区；完善和发展上海新城和郊区；在郊区积极创建中心城镇；建立四级城市；形成现代化的国际大都市与城乡一体化发展格局。在这样的背景下，未来上海人口将逐步向外疏散，浦西人口密度将有所降低，内外环之间人口密度增加，特别是浦东新区的人口有较大幅度的增加，而郊区新城，也将受到重视并得到发展。

其次，把握城市交通发展战略，预计远期年公交出行比重与总量。

例如：上海是一个机动化程度较低的城市，千人机动车拥有量只有 61 辆，自行车和步行出行方式占全部出行的 70%，人均机动方式出行仅 1.03 次，远低于东京的 1.95 次和香港的 2.95 次。这样的交通发展状况显然滞后于社会经济发展的速度，随着公交服务水平的提高以及小汽车的发展，人们的出行行为必然将发生深刻的变化。非机动方式向机动化方式转移的动力是不可阻挡的，但是其转移的主要方向则是可以通过交通政策与交通规划加以引导的。据此通过交通战略的分析，确定上海远景年人均出行次数将达到 2.57 次，全市人均出行总量达到 4 562 万人次，公交比重和出行总量分别为 46% 和 2 112 万人次。

（2）客运主流向分析。

公交规划模型是以客流分配为主体的兼含出行生成和分布、出行方式划分、公交运营系统评价等多元素的综合性计算机软件包。

例如，为了能够准确地寻找出城市客流的主流向，上海市采用了蜘蛛网分配技术。所谓蜘蛛网是指各形心点相连的虚拟空间网络，将公交出行矩阵分配至该网络上之后，就可清楚地看到客流的主要流向。而且这样的方法，完全摆脱了现有设施的约束，这对于城市轨道交通规划来说是完全适合的。

（3）确定评价指标。

利用交通预测模型，从系统功能、网络结构、分期建设和社会贡献 4 个方面对各轨道交通网络方案进行评价和分析，并以此确定4类评价指标，如表5.1所示。

表 5.1 城市轨道交通系统网络方案评价指标体系

系统功能	城市轨道交通系统运营状况	分地带客运周转量统计
		分地带的客运量统计
		平均乘距
	城市轨道交通在全市交通中的地位	客运周转量占全公交的比重
		客运量占全公交的比重
	城市轨道交通系统服务水平	乘车直达性
		平均乘车时耗
网络结构	城市轨道交通系统网络规模	分功能的线路条数统计
		分地带的线路长度统计
		分地带的车站统计
	城市轨道交通系统网络水平	分规模和功能的换乘枢纽统计
		分地带的线网密度统计
分期建设	城市轨道交通系统运营状况	分地带的客运周转量统计
		分地带的客运量统计
	城市轨道交通系统建设情况	线路建设长度
	城市轨道交通系统网络客运强度	（人·km）/km
		人次/km
	投资效果	元/（人·km）
社会贡献	减轻道路交通压力	地面公交承担客运周转量下降（分地带统计）
	城市地价增值	取决于车站密度（分规模分地带统计）

5. 设计方法

设计阶段不但涉及城市轨道交通的使用功能、服务水平，而且是影响投资和运营费用的关键环节。应该根据实际情况和客流预测，结合当时的技术水平，提出既切实可行又实事求是的措施与方法。

（1）做好客流预测。

客流预测是确定城市轨道交通规模、交通运输方式、线路运输能力、车站规模等的重要数据，因此这个数据的可靠性、准确性就变得非常关键。如果客流预测过高，将使建设规模过于庞大，投资额过高；如果客流预测过小，又不能满足城市发展的需要。建成后的城市轨道交通，尤其是地铁，再改造是很困难的，同时浪费的追加投资也是巨大的。因此，必须采用科学的预测方法来做好这项基础工作。

（2）做好沿线周边环境调查。

城市轨道交通线路沿线多为繁华街区。由于历史悠久，旧城区沿线的地上及地下设置的多种管线，河流、建筑物基础及其他障碍物情况非常复杂，而且涉及很多部门及单位，勘测设计的调查很困难，甚至是无法实施的。然而这些基础资料的收集对设计文件甚至技术方案的成立与否及其可实施性均起着至关重要的作用。因为障碍物调查不清，实施过程中改变线路走向的可能性非常大。因此，一个优秀的设计方案是建立在扎实的周边环境调查资料基础上的。目前城市轨道交通设计中方案多变，给设计、施工造成困难，很重要的原因就是前期的调查不到位。

（3）确定合理的车站形式和埋深。

有了准确的客流数据和详细的周边调查后，就可以根据车站功能的要求，结合站位的地质条件，确定合理的车站形式和车站的埋深。要做好这一步工作，需要进一步加强以下几个方面的协调工作。

① 与各管线业主单位的配合和协调。配合是为了搞清楚其管线的数量、埋设深度和位置，协调是为了合理地对其进行处理。

② 建设与运营密切结合起来。因为建设单位要千方百计地缩小规模，降低建设投入，而运营部门则希望较为宽松的环境和舒适的条件。这显然是矛盾的，应该合理解决以达到一种平衡。在这个问题上除了先期结合运营确定好各种系统模式外，应力求提高技术水平，研究并采用新产品、新设备、新工艺，以此来减小各种设备用房的使用面积，从而降低车站规模。另外，根据实际情况对设于地下的办公房间进行优化，能不放地下的就不放地下，能合并的就合并，能不设的就不设。总而言之，应该在满足运营要求的前提下，尽可能多地减少地下空间用房面积。

③ 充分研究施工方法。因为采用恰当的施工方法，不仅能够加快工程的进度，而且可以降低工程投资。研究施工方法有两个方面的含义：一个是基于现有的方法，结合工程现状选择较为成熟的施工方法，这也是目前常用的；另一个是针对工程实际提出创新，对施工提出更高的要求。不管是哪一种，都需要设计者和操作者通过综合分析来确定，而在确定车站的施工方法时，除考虑本站的周边环境及工程地质状况外，还应充分兼顾区间的施工方法及施工组织，对二者进行综合分析后做出决定。

5.2 规划与设计的系统分析方法

5.2.1 系统分析概念

系统分析是系统工程在处理大型复杂系统的规划、研制和运用问题时必须经过的逻辑步骤。城市轨道交通属于大型项目，其系统分析的目的在于：通过对系统的分析，认识各种替代方案的目的，比较各种替代方案的费用、效益、功能、可靠性及与环境之间的关系等，得出决策者进行决策所需要的资料和信息，为最优决策提供科学可靠的依据。

5.2.2 系统分析要素

系统分析的基本要素有目标、可行方案、费用、模型、效果、准则和结论。

1. 目标

系统的目标就是对系统的要求，它是系统分析的基础。如城市轨道交通系统的目标是要满足城市交通客流增长的需要等。系统分析人员最初的也最重要的任务就是要确定系统的目标，明确存在的问题。

2. 可行方案

可行方案是指能够实现系统目标的各种可能的途径、措施和办法，如线路路由选择、车型的选择、供电方式的选择等，并确定哪一种最合适，这正是系统分析所要解决的问题。

3. 费用

费用是每一方案用于实现系统目标所需消耗的全部资源。系统分析要研究费用的构成及计算系统的总费用，如修建轨道交通系统投资中城市财政支付能力、市民支付能力等，由于各种方案的费用构成可能很不一样，所以必须用同一种方法去估算它们，这样才能进行有实际意义的比较。

4. 模型

模型是对系统本质的描述，是方案的表达形式。凭借模型可以对不同方案进行分析、计算和模拟，以获取各种方案的性能、数据和其他信息。如运用层次分析法对城市轨道交通线网规划不同方案进行比较分析，选择较优方案。

5. 效果

系统达到目标所取得的成果就是效果，衡量效果的尺度是效益和有效性。效益可以用货币的形式来表示，有效性则是用货币尺度以外的指标来评价。对于不同方案的效果，必须使用同一种方法去估算，这样才能进行直接比较。如运用费用-效果分析法，对轨道交通线网规划方案进行评价。

6. 准则

准则是目标的具体化，是系统价值的度量，用于评价各种可行方案的优劣。准则必须定得恰当，而且要便于度量。如轨道交通结构和规模的合理性评价等。

7. 结论

结论就是系统分析的结果，具体形式有报告、建议或意见等。注意一定不要用难懂的术语和复杂的推导，而要让决策者容易理解和使用。结论的作用只是阐明问题并提出处理问题的意见和建议，而不是提出主张与进行决策。因此，结论只有经过决策者的决策以后，才能付诸行动，发挥社会效益和经济效益。

5.2.3 系统分析内容

系统分析不同于一般的技术经济分析，它必须从系统的整体出发，采用各种分析方法，对系统进行定性、定量分析，系统分析的内容包括对现有系统的分析和对新开发系统的分析。

1. 对现有系统的分析

为了使现有系统更好地适应国民经济发展的需要，在进行系统分析时，既要注意对系统的外部进行分析，又要注意对系统的内部进行分析，以实现最优运转。

对系统外部的分析主要包括：根据国内外政治经济形势，研究轨道交通系统在国民经济中的地位、当前国家对轨道交通系统的政策以及与经营活动有关的各方面的现状，如轨道交通客流情况、技术水平等。

对系统内部的分析主要包括：计划安排、运营组织、设备利用、劳动力状况、成本核算及财务收支等。

2. 对新开发系统的分析

分析的目的是使新开发设计的系统达到最优。分析的内容可以是新系统的投资方向、建设规模、线网的设计、可行方案的确定、设备配套以及运营组织等。

对新开发的系统进行分析时，特别要注意运用逻辑推理。系统分析人员要不断提出一系列的问题，直到问题得到满意的答复。系统分析提问表如表 5.2 所示。

表 5.2 系统分析提问表

分析内容	第一次提问	第二次提问（Why）	第三次提问
对象	做什么（What）	为什么做这个	对象是否已经清楚
目的	是什么（What）	为什么是此目的	目的是否已经明确
地点	在何处做（Where）	为什么在此处做	有无其他更合适的地点
时间	在何时做（When）	为什么在此时做	有无其他更合适的时间
人员	由谁做（Who）	为什么由此人做	有无其他更合适的人选
方法	怎样做（How）	为什么用此方法做	有无其他更合适的方法

对于这些提问，首先回答是什么，然后再回答为什么，还要进一步分析有无替代方案。只有圆满地回答了以上的提问，才能对系统的开发目的、开发地点、开发时间、开发人员、开发方法有一个完整、清晰、圆满的答案。

城市轨道交通系统是具有技术复杂、投资费用大、建设周期长的特点以及存在不确定的相互矛盾的因素的系统，系统分析是不可缺少的一环。只有做好了系统分析工作，才能获得良好的系统设计方案，使轨道交通系统建设不会出现技术上的返工和经济上的重大损失。

5.2.4 系统分析步骤

1. 明确问题与确定目标

当一个有待研究分析的问题确定以后，首先要就问题做出有系统的合乎逻辑的阐述，其目的在于确定目标，说明问题的重点与范围，以便进行分析研究。

2. 搜集资料，探索可行方案

在问题明确以后，就要拟定解决问题的大纲和决定分析方法，然后依据已搜集的有关资料找出其中的相互关系，寻求解决问题的各种可行方案。

3. 建立模型

为便于对各种可行方案进行分析，应建立各种模型，借助模型预测每一方案可能产生的结果，并根据其结果定性或定量地分析各方案的优劣与价值。

4. 综合评价

利用模型和其他资料所获得的结果，将各种方案进行定量与定性相结合的综合分析，显示出每一种方案的利弊得失和效益成本，同时考虑到各种有关的无形因素，如政治、经济、科技、环境等，以获得对所有可行方案的综合评价和结论。

5. 检验和核实

以试验、试运行等方式检验所得到的结论，提出应该采取的最佳方案。在系统的分析的过程中，可以利用不同的模型，在不同的假定下对各种可行方案进行比较，从中选优，获得结论，提出建议，但是否实施，则是决策者的责任。

5.2.5 系统分析原则与方法

1. 系统分析原则

系统分析所遵循的原则一般包括以下几方面。

① 外部条件与内部条件相结合的原则。
② 当前利益和长远利益相结合的原则。
③ 局部效益与整体效益相结合的原则。
④ 定量分析与定性分析相结合的原则。

2. 系统分析方法

一般说来，系统分析方法可分为定性和定量两大类。定量方法适用于系统结构清楚、收集到的信息准确、可建立数学模型等的情况。定量的系统分析方法有投入产出分析法、效益成本分析法等。如果要解决的问题涉及的系统结构不清楚、收集到的信息不太准确，或是由于评价者的偏好不一，对于所提方案评价不一致等，难以形成常规的数学模型时，可以采用定性的系统分析方法。

（1）目标手段分析方法。

目标手段分析方法，就是将轨道交通系统建设要实现的目标和所需要的手段按照系统展开，一级手段等于二级目标，二级手段等于三级目标，依此类推，便产生了层次分明、相互联系又逐渐具体化的分层目标系统。将总目标分解为若干个阶层的分目标，需要有很大的创造性和科学技术知识与实践经验。在分解过程中，分目标之间可能一致，也可能不一致，甚至是矛盾的，这就需要不断调整，使之在总体上保持协调。

（2）因果分析法。

因果分析法是利用因果分析图来分析影响轨道交通系统规划与建设的因素，并从中找出产生过某种结果的主要原因的一种定性分析方法。该方法是在图上用箭头表示原因与结果之间的关系，形象简单，一目了然，特别是在分析的问题越复杂时越能发挥其长处，因为它把人们头脑中所想问题的结果与其所产生的原因结构图形化、条理化。在许多人集体讨论一个问题时，这种方法便于把各种不同意见加以综合整理，从而使大家对问题的看法趋于一致。

5.3 规划与设计的过程与层次

5.3.1 线网方案设计的过程

城市轨道交通线网方案设计影响因素众多，又与其他交通方式一起承担城市交通任务，由于人的认识的局限性，光靠定性分析或少数几次的定量分析都难以获得满意的线网方案，必须切实有效地把定性分析与定量分析有机地结合起来，构成定性分析与定量分析的循环，在这种循环中逐渐推进规划者的认识深度。线网方案设计的基本步骤可归纳如下。

① 在选择了城市轨道交通发展模式后，拟定线网规模。
② 建立城市的初始研究对象交通路网，该路网的线路包含主要的道路及现有的城市轨道交通线网。
③ 交通路网客流特征分析。
④ 城市轨道交通初始线网方案设计。
⑤ 线网方案分析。
⑥ 线网方案评价比选和筛选。建立线网评价指标体系，对线网方案进行比较和筛选。
⑦ 线网方案更新优化。

5.3.2 系统选择的步骤

1. 确立线路走向

根据城市总体规划和城市交通规划做好轨道交通规划。轨道交通规划只能确定线路走向和各线路的车场用地。

2. 确定线路规模

通过对每条线路的客流预测，定量地确定各条线路单向高峰小时客流量，就可确定每条线路的规模。规模确定以后，就可以确定该线路属于高容量、大容量、中容量，还是小容量。

3. 线路的封闭程度

客流规模确定之后，就可以确定其线路是采用全封闭、半封闭、不封闭方式中的哪一种。一般单向客流高峰小时1.6万人次以上者，必须采用全封闭；1.6万人次以下者，还须确定封闭比例。对于1万人次以下的线路，可选用不封闭的有轨电车。

4. 确定线路设置方式

对于不封闭的区段，一般可采用地面线路。对于封闭线路，要根据周围地理条件确定地下、地面、高架的不同方式。

5. 确定特殊要求

根据线路的特殊条件（转弯半径、坡度等）确定系统选择。

5.3.3 规划的层次性

对于城市轨道交通规划而言，既要有结合城市发展构筑合理的中远期整体线网，又要有在满足近期需求的基础上，可以建设的轨道交通线路。

由于城市轨道交通的规划建设具有近远期结合的性质，因此需要区分轨道交通规划的合理层次。在我国轨道交通规划中，可把轨道交通规划分为轨道交通线网规划和轨道交通线网控制性规划两个层次，同时对规划线网的构成进行一个明确的层次划分，由近期建设的轨道线路、中期建设的轨道线路及需要研究的远期轨道线路来构成整个规划线网。

5.4 城市轨道交通规划设计原则

5.4.1 轨道交通系统规划与设计要求

（1）轨道交通规划应满足城市总体规划。轨道交通是城市总体规划的重要组成部分，而不是全部。因此轨道交通规划在考虑缓解城市交通压力的基础上要有足够的前瞻性，既要充分考虑既有城市布局和交通现状，又要充分考虑远期规划布局和交通发展趋势。考虑旧城区规划除了满足交通需求外，还应充分考虑线路经过地段的现状条件，包括既有道路、建筑、地下管线、工程地质等工程可实施条件。如果能结合旧城改造敷设线路，则应结合旧城改造统筹考虑，为后期实施创造有利条件。

（2）路网布设要均匀，线路密度要适量，乘客换乘要方便。从工程的实施来讲，近期建设项目与远期建设项目有换乘关系的，要从规划角度使之基本稳定，以便使先期建设的线路为后期建设项目预留好条件，如果这种相互关系处理得不好，要么造成近期投资浪费，要么造成近期为远期预留条件不够，导致远期规划实施困难，或花费昂贵的费用加固既有线，致使工程投资增加。

（3）轨道交通规划应结合城市特点，充分考虑城市轨道交通多元化的趋势，合理确定轨道交通的建设标准和形式，不同的轨道交通系统的建设投资、适应城市的规模、运行指标各不相同，因此在轨道交通线网的规划过程中，应充分分析不同城市的特点以及各线路的具体情况，不拘形式，合理确定轨道交通线网中各线路的建设标准和形式。

5.4.2 轨道交通系统规划一般原则

（1）轨道交通规划要体现稳定性、灵活性、持续性的统一。城市中心区的线网规划要稳定，中心区以外地区的线网规划要结合城市的总体规划与发展要求，留有余地，整个线网的规划应随城市总体规划的调整扩展而不断扩充发展，与总体规划配合、协同发展。

（2）轨道交通规划要有超前意识，要做好线网规划用地控制。城市轨道交通工程是一项大型的系统工程，技术复杂、专业多、投资大、周期长，需要较长的规划筹备过程和建设时间。同时城市轨道交通工程不是一条线工程，而是一个整体线网，是几代人的接力工程。所以对城市轨道交通的建设要具有超前意识，要有步骤、有计划地提前做好规划。

（3）轨道交通要支持城市建设与发展，提高项目生命力。国外的经验证明，在现代化城市发展过程中，轨道交通沿线是一个城市居住、商业、文化的聚集带。土地价值的上升，为城市发展带来了不可估量的社会、经济效益，并已成为实施人口转移、土地开发必要的支持系统，达到城市环境和交通的综合治理。

（4）轨道交通要兼具城市发展与运输的综合规划能力。轨道交通基础设施的规划，既要能满足目前的需求，也要能适应未来城市的成长，避免造成土地与运输两个市场价格的扭曲。轨道交通的评估，须考虑经济、环境与社会的得失，须以交通系统管理与限制交通需求的可能方案为基础。

（5）轨道交通应加强与其他公共交通的规划与整合。一个城市的公共交通，须配合城市的长期发展，与其土地使用与财政能力进行整合规划。各公共交通方式之间需要有方便换乘及合理费率的整合，建立一套完整的交通策略计划，以了解城市轨道交通与其他运输工具间的各种整合。

（6）轨道交通要以"绿色交通"为指导原则，这需要从三方面考虑。

① 合适的绿色交通技术，即与交通有关的燃料、车辆、工程建设等技术，必须事先予以说明是否合适。

② 以人为本的原则，即人的可达性在车辆的移动性之前考虑，其目的在于让人们不必花太多旅行时间即可满足其基本需要。

③ 公众参与。绿色交通的运输工具选择，是一个综合交通运输与生活品质的决定性问题，需要社区人们的共识，重新审视新的"人的价值"，进而选择绿色交通工具作为其生活方式之一。

（7）网络布局必须与城市用地布局相结合，与城市发展形态相一致。

（8）充分考虑轨道交通与土地利用的相互影响，处理好满足需求与引导发展的关系。

（9）线路走向应与城市主客流方向一致，应连接城市主要客流产生源与吸引源，吸引交通流量的最大化。

（10）轨道交通作为城市交通的骨干，应与现有的交通工具相配合，协调发展，以最大限度地提高其使用效率。

（11）组建大型换乘中心，使之成为城市发展的副中心或新区开发的先导和依托点。

（12）与城市建设计划和旧城改造计划相结合，以保证轨道交通建设计划实施的可行性和连续性，工程技术上的经济性和合理性。

（13）依据城市形态地理态势，与城市的地质、地貌和地形相联系，以降低轨道交通工程造价。有条件的地方应尽量采用高架或地面的形式。

（14）考虑运营上的配合。

5.4.3 车站设备配置原则

城市轨道交通车站的设备配置首先要满足面向乘客的服务要求，其次要强调设备配置的能力匹配与经济性，最后要体现出轨道交通服务方式在各类城市公共交通服务模式中的先进性，具体表现在以下5个方面。

（1）实用性。

车站的设备配置要符合车站服务的特点，即服务的短暂性和高频率。轨道交通车站主要解决乘客在该服务系统中的汇集与疏解，有很强的时效性，乘客的基本要求是在短暂的移动过程中充分享受到车站所提供的舒适服务。因此设备的实用性是车站首先考虑的问题，如车站的自动扶梯、先进的售检票系统、车站的空气调节系统等设备都是城市轨道交通车站完成其优质服务功能所不可缺少的。另外，作为现代文明城市的代表窗口，无障碍通行系统的设置也是必不可少的，为行动不便的乘客提供最大化的出行方便。

（2）功能匹配。

由于轨道交通系统投资巨大，城市轨道交通车站的设备配置既要满足乘客所需要的服务要求，同时也要防止出现设备能力闲置，降低设备的使用效率及系统运营的经济效益（不包括正常的设备能力储备），即车站设备服务能力与乘客所需服务容量的匹配。另一方面，车站设备配置的能力匹配，还包括各设备之间的容量与能力匹配，如列车运营密度对站厅候车能力、疏解能力、自动扶梯服务容量、售检票能力等都提出了相应的配套要求，这一要求的首要一点就是车站各配置设备之间的能力协调。

（3）先进性。

城市轨道交通系统作为先进的大容量、快捷交通运行工具，同时也是一个复杂的运营系统。高技术、高智能化是其基本特征，而要体现这一高技术、高智能化特征，构成这一系统的诸设备必须有相当的先进性。就目前而言，应以计算机技术、信息技术和控制技术为主要的应用对象，提高车站设备的技术和应用层次。

（4）经济性。

在满足乘客乘降需求的前提下，本着提高设备利用率的原则，车站内所配置的相关设备必须有一个符合经济性的问题，即从设备的等级、规模、先进程度等方面体现出"够用"的原则，从而使车站建设的投资恰到好处。

（5）安全性。

与其他各类交通工具一样，城市轨道交通系统也十分强调其运营的安全性，它是所有被考虑因素中被放到第一位的要素。而安全运营的实现，除了依靠严格而又科学的运营管理外，所属设备的运行可靠程度也是一个决定因素。对于车站设备的配置来说，要从所配置设备的安全可靠性上严格进行把关，同时还要配备必要的应急设备，以防万一，如车站的供电系统。

5.5 我国城市轨道交通系统规划

5.5.1 存在的问题

我国城市轨道交通系统规划中存在的问题主要表现在以下几个方面。

1. 与城市总体规划联系不够紧密

城市轨道交通规划对城市土地利用和交通发展有着强大的引导作用，并对城市发展战略和经济发展等有较大影响，主要体现在3个方面：① 引导新发展区域的开发；② 促进城市旧区的改造；③ 保持城市中心区的繁荣。而城市土地利用、交通发展、城市发展战略和经济发展等是总体规划中的重要组成部分，因此城市轨道交通规划对城市总体规划有着较大影响。相反的，总体规划也从这几个方面影响着城市轨道交通规划。

城市轨道交通规划是《城市总体规划》中的一条专项规划，因此城市轨道交通规划的研究范围应当与城市总体规划的研究范围一致，但早期我国多数城市的轨道交通规划仅在城区（建成区）范围内进行研究，与城市总体规划的市域范围不一致，与城市总体规划相脱离，使城市轨道交通只能在短时期内缓解城区（建成区）的交通压力，并不能使城市轨道交通充分发挥如下作用：① 缓解城市中心区人口和职能过分集中的现状；② 引导城市交通结构的合理发展；③ 提高城市公共交通功能。

2. 对客流预测中的不确定性考虑不够

我国批准城市轨道交通项目的前提条件之一是城市轨道交通线网应具有较高的客流量，这样无形中给城市轨道交通线网规划的客流预测结果设置了一个必要条件，很多城市为了提高建设项目获批的可能性，不得不将客流预测结果偏大化。

此外，没有完善的、适合国情的城市交通规划模型也是导致客流的预测结果显现不确定性的重要原因。客流预测不确定性的另一方面原因是在模型中难以建立土地利用程度与交通发展的动态联系。虽然城市轨道交通对土地开发的积极作用是众所周知的，但是始终难以衡量其对土地开发的影响，只能通过定性分析去研究土地利用和交通发展的关系。

3. 规划方案没有充分重视用地控制规划，使规划方案缺乏可操作性

早期的城市轨道交通线网规划只停留在线网组成和构架的基础上，往往忽视了其与土地利用和管理之间的关系，导致城市轨道交通线网与土地规划、管理脱节，使其缺乏实用性和可操作性。城市轨道交通线网控制规划就是在这种背景下孕育而生的，并越来越受到重视。

城市轨道交通线网控制规划与城市轨道交通线网规划一样，是一项复杂的工作，它不仅要根据专业要求绘制轨道交通线路的红线，而且还要根据轨道交通站点的功能和规模提出合理的用地范围。此外，还要提出联络线、车辆基地等的用地控制范围，然后根据实际的土地利用状况提出土地利用的调整建议或方案。

4. 网络规划缺乏层次性，难以体现发展重点

由于早期的城市轨道交通线网规划局限在主城区（建成区）范围内，所采用的轨道交通的形式单一，忽略了城市轨道交通多元化的发展趋势。线网功能层次不清楚，服务对象不明确，对城市发展、城市化进程和郊区城市化发展十分不利。

5. 车站交通功能定位模糊，对交通枢纽认识较浅

根据其服务功能、服务半径等不同，城市轨道交通车站可划分为城市节点型交通枢纽、交通换乘枢纽和一般车站等类型。根据其周边土地利用性质和土地开发强度不同，交通枢纽可分为城市节点型交通枢纽和一般交通换乘枢纽。当城市轨道交通枢纽既是地区或城市中心的交通枢纽，同时又是该地区的中心商业区时，则该城市轨道交通枢纽将具有城市节点的功能，被称为城市节点型交通枢纽。

目前国内部分城市轨道交通线网规划对城市轨道交通枢纽的认识不足，仅仅把其看作是城市轨道交通之间或城市轨道交通与公交之间的换乘枢纽，而忽视了城市节点型交通枢纽与一般交通换乘枢纽的差异。

交通换乘枢纽是城市交通一体化设计的核心，是提高线网效率的关键，是确定线网规模的重要因素。交通换乘枢纽可能发展成为城市未来发展的副中心或次级中心，将对促进单中心城市向多中心城市转变起到巨大作用。因此，在城市轨道交通线网规划中应合理区分交通枢纽的功能，注重交通换乘枢纽的合理布局和规划。

这些问题在城市轨道交通系统规划和建设过程中产生了一些不良的后果，主要表现在以下几个方面：① 缺乏交通需求和交通供给的动态平衡关系研究，表现在或者规模失控，或者促使城市土地畸形发展，或者部分线路客流效益得不到保证；② 缺乏投入和效益的宏观分析，

不能制定合理工程进度和投资强度制约下的修建计划，会造成政府决策出现盲目性，影响线网建设的可持续发展；③ 线路走向因缺乏论证而不稳定，影响线网整体的合理布局；④ 没有预留适度的工程条件，为后续工程建设增加了难度，轻则导致投资加大，重则导致工程无法实施，这种情况集中表现在相交线路的换乘站建设之中；⑤ 没有预留轨道交通工程用地条件，主要是正线区间和车站用地、车场用地以及联络线用地，导致功能合理的线路位置往往没有建设条件。

5.5.2 特点

城市轨道交通建设项目是大型的综合性系统工程，与一般的建设项目相比，它具有投资大、建设周期长、专业繁多、涉及面广的特点。具体来说，主要表现在以下几个方面。

1. 投资大

一项城市轨道交通建设项目投资动辄几十亿、几百亿元，京、沪、穗近年来修建地铁的综合平均造价已高达每公里 6 亿至 8 亿元人民币。投资额的巨大使得工程的资金风险很大。

2. 工期长

一个城市轨道交通建设项目从筹划运作开始到运营使用，一般需要 5 年左右的时间。如受政府审批和资金筹措等方面的因素影响，时间会更长。

3. 涉及面广

城市轨道交通项目是一个城市的生命线工程，它直接关系到居民的生产、生活，关系到城市的国民经济发展，它除了能解决沿线及周边地区的交通外，还能促进房地产市场、旅游市场的开发，带动整个地区乃至城市的繁荣和发展。在建设过程中，会涉及城市交通、建筑、市政、环保等方面，甚至带动相关产业的发展，它涉及方方面面及建设的意义，是一般建设项目远不能比拟的。

4. 系统、专业多，接口繁杂

城市轨道交通项目包括土建、机电、运营管理和投资经济四大系统，下有二十几个子系统三十多个专业，有多个单独的分项分部工程，各系统、专业接口复杂。

由于城市轨道交通的上述特点，必须对其项目进行科学的建设管理，以确保工程质量和投资效益。

5.5.3 建设程序

一个项目从提出项目设想、开发、建设、施工到开始生产活动这个过程，一般被称为项目建设周期，这个周期主要可以分为三个阶段：投资前阶段、投资阶段和生产阶段。一个轨道交通项目周期的各个阶段及其主要的活动如图 5.1 所示。

根据我国现行的投资建设程序，投资前期工作主要包括轨道交通线网规划、机会研究、预可行性研究及可行性研究，从而得到项目建议书、可行性报告，以此进行项目决策。

城市轨道交通项目是重大的基础设施项目，按我国目前基本的建设程序规定，需要国家进行审批，主要的审批程序有：轨道交通线网的审评，项目建议书（预可行性研究报告）的审批，可行性报告的审批，初步设计的审批。

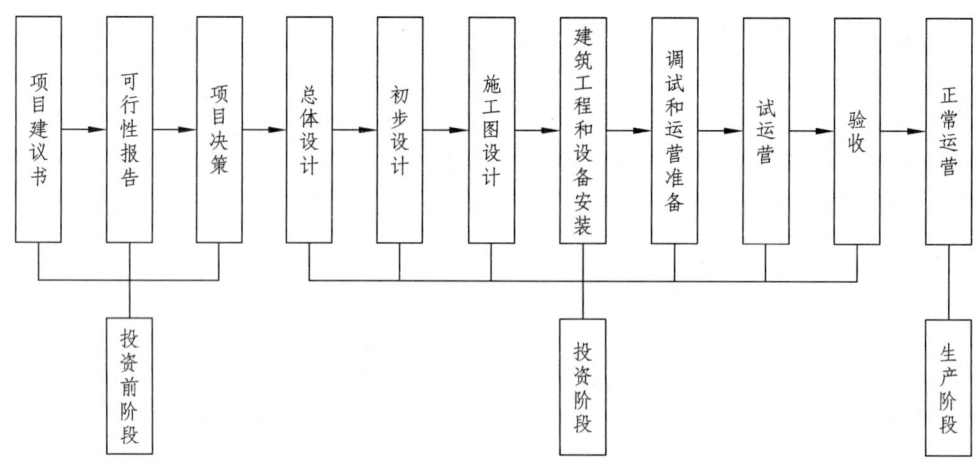

图 5.1 轨道交通项目周期的各个阶段及其主要的活动

总结近几年国内各个城市的轨道交通的建设及参考国外的建设模式，可以归纳为以下三种方式。

（1）第一种方式：政府作为投资的主体，委托项目法人充当政府控制的职能。这种模式在已建成的地铁线路中得到广泛采用，如北京地铁复八线、城市铁路；上海地铁1、2号线；广州地铁1号线。

（2）第二种方式：采用多元投资体制，促进城市轨道交通商业化运作。这在北京地铁5号线和上海正在建设的几条线路中得到采用。

（3）第三种方式：交钥匙工程，即由工程总承包商负责整个项目的融资、设计咨询、施工及运营。目前因国内公司资金实力方面的原因，暂时还未得到采用。

6 城市轨道交通线网规划

城市轨道交通线网规划是城市轨道交通线路建设的基本依据之一。本章重点介绍了城市轨道交通线网规划的目的、意义、主要内容、原则、方法及影响因素等。重点探讨了线网构架的研究以及如何评价线网规划方案。

6.1 城市轨道交通线网规划概述

6.1.1 线网规划的目的和意义

城市轨道交通系统工程项目一般都是庞大而复杂的系统工程,具有不可逆性,线路一经建成难以更改。因此,布局合理和规模适当的线网直接影响着城市交通结构的合理性、工程项目的经济效益及社会效益。此外,用地规划、规划导向均与线网直接相关,作为前期基础研究之一的线网规划一旦发生失误,后期便很难挽回,因为用地控制、规划导向均与线网直接相关。

城市轨道交通线网规划是城市交通规划中的专业规划,其目的和意义体现在以下几方面。

1. 支持城市总体规划的实施和发展

交通系统是城市发展方向的关键,它影响到城市结构和城市形态。快速轨道交通作为城市客运的骨干系统,其建设将影响城市土地发展的空间方向和功能水平,对城市土地的发展有强大的刺激作用。因此,城市总体规划中的发展目标需要快轨系统的规划支持,这些发展目标主要包括城市土地发展方向和格局、交通发展战略目标两方面。

2. 有利于城市科学地制定经济发展规划

城市快速轨道交通是城市有史以来最大规模的基础设施建设项目,耗资巨大,而且其线网建设一般都是持续数十年甚至上百年的浩大工程,无论在强度和时间方面都会对城市经济发展产生巨大的影响。所以,如果没有一个稳定、合理的线网规划和修建计划,将会影响城市经济发展计划的制定和财政支出的合理安排。

3. 利于城市各项设施的建设

凡在快速轨道交通沿线兴建的城市建筑、道路立交桥及大型地下管线,只要与快速轨道交通工程在规划设计上进行协调配合,做到统一规划、综合设计、分布建设,就可起到事半功倍的作用。有了线网规划,城市建设与轨道交通建设就可以相互协调、有机配合、协调发展。

4. 为控制快轨建设用地提供基础

线网规划为城市规划部门控制快速轨道交通工程建设用地提供了依据。快速轨道交通工程需要较长的规划筹备和建设周期，其对用地范围有严格的技术要求，如果不进行线网规划预留轨道交通走廊和用地，将面临将来的施工过程中交通疏解困难，施工难度增大，拆迁费用高涨等难题。

5. 为快速轨道工程立项建设提供依据

城市轨道交通线网规划具有重大的意义。线网规划的好坏将直接影响城市交通结构的合理性、工程项目的经济效益及社会效益。一个合理可行的线网规划不仅能为政府部门提供可靠的决策依据，而且还能促进城市有效利用地上、地下的空间，引导城市可持续发展。据一项对第三世界国家中城市地铁的调查研究表明，存在明显问题的地铁往往是由于规划失误造成的。以阿里格雷港市为例，由于过分强调建设投资的削减而大量利用已废弃铁路建设轨道交通，忽视了轨道网规划，结果网络无法吸引到充足的客流，利用率低下，运营效益很差，更加无法实现轨道网带来的综合效益。因此，有必要充分认识到轨道交通网络的内在规律和研究线网规划理论及重要技术方法。

城市轨道交通线网发展已经使轨道交通成为影响特大城市的结构与功能发展的重要因素，概括归纳如下：

（1）城市轨道交通线网的系统形成，已成为整个城市客运交通的基础和骨架。

（2）城市轨道交通线路的布局，已成为城市土地利用规划和交通规划的双重核心。

（3）城市轨道交通车站分布，将成为吸引大量居民的中心、社会活动的中心以及文化、商业聚集的中心，在城市规划结构中占有重要地位。

综上所述，城市轨道交通的建设和规划在城市规划和发展中占有重要的地位，城市建设的规划和发展紧紧依靠轨道交通的实施，轨道交通已经成为大城市规划和建设的立足点。

6.1.2 线网规划的主要内容

城市轨道交通的兴起是城市化加剧、城市迅速膨胀的客观必然。作为大城市重要的客运交通方式，是城市中建设周期最长、投资最大的交通基础设施，城市轨道交通线网系统直接影响到城市发展的总体布局形态，改变城市社会经济和人们的生活方式。

线网规划涉及专业面广、综合性强、技术含量高，从规划实践来看，其主要内容包括：城市背景的研究、线网构架的研究和实施规划的研究。在规划概念上突出宏观性和专业性的有机结合，在规划工作安排上的体现则是研究过程和研究结果并重。

1. 前提与基础研究

主要是对城市的人文背景和自然背景进行研究，从中总结出指导城市轨道交通线网规划的技术政策和规划原则。主要的研究依据是城市总体规划和综合交通规划等。具体的研究内容包含城市现状与发展规划、城市交通现状和规划、城市工程地质分析、既有铁路利用分析和建设的必要性论证等。

远景线网规模及其结构是线网规划的核心，它要回答城市到底需要一个什么样的网络的问题。通过多规模控制—方案构思—评价—优化的研究过程，规划较优的方案。

这部分工作的重点内容包括：线网合理规模、线网架构方案的构思、线网方案客流测试、线网方案分析与综合评价。

2. 分阶段实施规划

规划方案不是一蹴而就的，而是逐步实施的。分阶段实施规划是城市轨道交通规划可操作性的关键，集中体现了城市轨道交通的专业性。

分阶段实施规划的主要研究内容包括工程条件、建设顺序、附属设施规划。具体内容包括车辆段及其他基地的选址与规模研究、线路敷设方式及主要换乘点方案研究、修建顺序规划研究、城市轨道交通线网的运营规划、联络线分布研究、城市轨道交通线网与城市的协调发展及环境要求、城市轨道交通与地面交通的衔接等。

20 世纪 90 年代以来，我国不少大城市规划开展了轨道交通线网规划工作，取得了一定的经验和成果。定性、定量分析相结合的线网规划主体思路已经形成，但就某些关键环节来说，依旧众说纷纭，缺乏有效的分析工具及方法。例如，在线网架构过程中，初始线网方案集的生成主要还是以定性分析为主，掺杂了规划者与决策者较多的主观意图，缺乏定量分析的辅助工具。国外则偏重基于市场导向的规划设计。

6.1.3 线网规划的原则和方法

线网规划是一项专业规划，其编制应以城市总体规划为依据，充分考虑城市内诸多因素的约束与支持。规划编制的原则可以概括为以下几个方面：

（1）以所在城市的总体规划为指导。
（2）体现城市社会经济发展的目标和战略要求。
（3）符合城市综合交通规划的发展目标和总体思想。
（4）以城市社会、经济与地理特征为基础。

城市轨道交通线网布局和建设时序的确定，应与城市规划协调，适应城市总体规划；当城市总体规划发生变化时，还需要及时做出调整，即回归城市总体规划。

从方法上看，城市轨道交通规划一方面应注意定性与定量相结合，远期规划甚至要以定性为主，注意把握对定性战略的量化论证。另一方面，要近期与远期相结合，密切注意初、近期方案的编制与论证工作，选好近期建设规模。同时，要宏观与微观相结合，既要发挥宏观战略的指导作用，也要充分利用微观层面的支撑作用，支持总体规划的互动。

城市轨道交通线网规划工作一般可分三个阶段进行：

第一阶段是形成初始报告，这一阶段重点要解决"做什么？怎么做？"等与方法和目的相关的问题。具体来说，就是要确定线网规划范围，落实总体规划和基本参数，拟定原则、方法、政策和技术路线，提出规模和层次的基本目标。

第二阶段是中期论证阶段，主要任务是解决基本线网的总体布局问题，包括线网的规模与形态，初近期线网的规模控制等。重点研究线网的覆盖范围、总体结构形态、分布密度、总体规模、换乘节点、车辆基地选址及其联络线分布等。通过定性、定量的分析，客流预测和多方案的评比，确定远景线网规划总图。

第三阶段是形成最终的规划报告，主要包括论证线网规划的分阶段实施方案，论证近期启动项目，落实规划用地。重点研究线网的近期项目选择、建设规模、建设时序、运行组织、工程实施、换乘接驳以及建设用地控制；明确各个不同时期轨道交通在城市发展及整个综合交通系统中的功能定位，支持远景线网规划的可实施性。

6.1.4 线网规模的影响因素

合理规模的影响因素有：城市的规模、城市交通需求、城市财力因素、居民出行特征、城市未来交通发展战略与政策和国家政策等。其中，城市发展的规模又包含城市人口规模、城市土地利用规模、城市经济规模、城市基础设施规模四个方面。

1. 城市交通需求规模

城市交通需求是居民对交通基础设施的需要程度。交通需求的大小，尤其是城市居民公共交通需求的大小，是决定城市轨道交通线网规模最直接和最具决定意义的因素。表征城市交通需求的指标有：城市居民的出行强度，城市公共交通总出行量等。

2. 城市发展形态和土地使用格局

城市发展形态包括城市人口规模、城市用地规模、城市经济规模、城市基础设施规模四个方面。人口规模决定了城市交通出行的总量，城市用地规模（面积）影响了居民出行时间和距离，即城市规模决定了城市的交通需求，从而影响到城市轨道交通的规模。

一般来说，城市社会经济发展水平是实现城市轨道交通建设的经济基础，仅以城市人口和面积规模为拟合因子建立回归模型可能缺乏说服力。城市轨道交通建设资金需求量很大，因此，城市轨道交通单公里造价和城市市政府的财政承受能力是制约城市轨道建设交通规模的关键因素，对城市轨道交通系统的选择、建设速度等目标有重大的影响。建设轨道交通系统一定要和城市自身的经济实力相符合，不能盲目参照其他城市的经验与规模水平。

城市形态和土地布局也是会影响快速城市轨道交通规模的因素。城市有多种形态，分为带状、中心组团式、分散组团式等。不同的城市形态和用地布局决定了居民出行的空间分布，也决定了城市轨道交通的几何空间形态、长度以及规模。带状城市的城市主客流方向比较单一，主要沿着狭长带的方向，城市轨道交通也主要沿着城市狭长带的方向布设；分散组团式城市要求城市轨道交通将各个组团紧密连接起来，以缩短组团之间的出行时间，使其成为一个整体。中心组团式城市轨道交通多为放射状，如莫斯科就是典型的中心组团式城市，其城市轨道交通形式为环形加放射状。

3. 国家与地方政府的发展扶持政策

我国人多地少，能源短缺，大规模的基础设施建设项目都是由国家和当地政府共同出资兴建的，因此国家的政策导向对城市轨道交通规模有直接的影响。西方国家以小汽车为主的发展模式不适合我国国情。限制私人小汽车的使用，大力发展公共交通是我国的基本政策。

图 6.1 反映了轨道交通系统发展涉及的各要素的相互连接关系。

可以看出，线网规模受城市规模形态及布局、城市人口、城市面积、城市交通需求、城市国民生产总值、城市基础设施投资比例的直接影响，另一方面，这些影响因素之间又可能相互影响制约。如城市人口、面积、城市规模形态及布局对交通需求有决定性的作用；国家交通政策、城市交通发展战略及政策、城市国民生产总值又对城市基础设施投资比例造成影响；各城市交通发展战略及政策又受国家交通政策大环境的影响。这种相互影响和复杂的相互关联的关系构成了一个大系统。

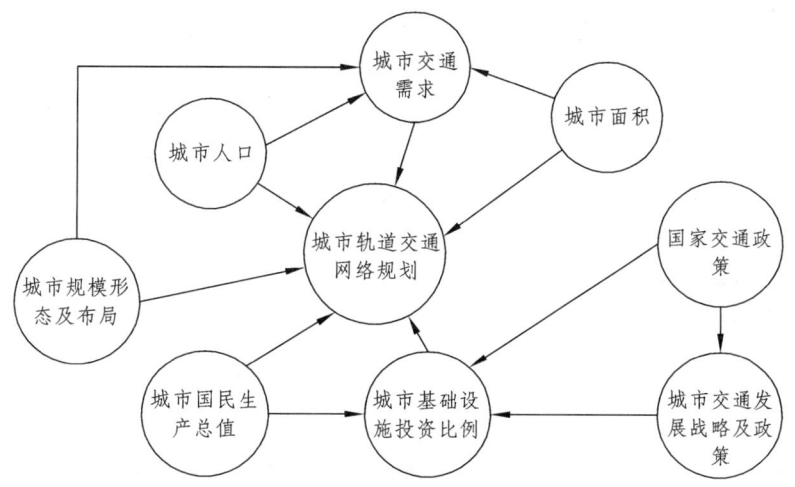

图 6.1 线网规模与其影响因素的有向连接图

6.2 线网构架研究

6.2.1 线网构架的类型

网络的形式主要由城市的地理形态（河流、山川等）、规划年城市用地布局及人口流向分布决定。当然，主观决策因素也发挥着重要作用。任何城市都具有其独特的自然地质条件、地理形态，在一定程度上决定了世界各国城市的轨道交通网络具有千差万别的结构形态。网络由初级到高级进行演化，由于规划的控制作用，多为组织性的生长方式。典型的结构形态是无环放射型、有环放射型及网格型三种。

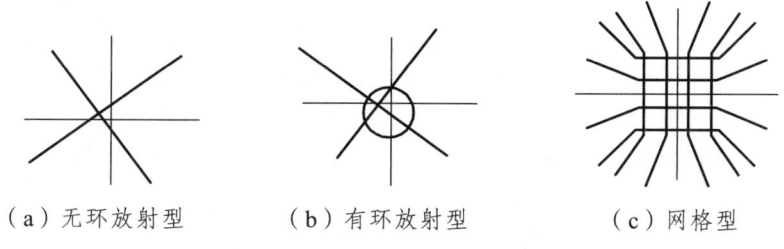

（a）无环放射型　　（b）有环放射型　　（c）网格型

图 6.2 城市轨道交通线网类型

1. 无环放射型线网

该类型的线网一般是以城市中心区为核心，呈全方位或扇形放射发展的。其基本骨架包括至少 3 条相互交叉的线路，逐步扩展、加密。规划这类线网时，要避免市中心区的线路过多，否则不仅会造成工程处理困难，而且容易出现换乘客流过于集中的现象。例如莫斯科地铁在市中心区较为集中，因此在线网的扩充规划中，考虑在城市外围增加弦线和大环形线，以缓解其矛盾。台北的放射线，中心交叉点分散处理，是值得借鉴的。

关于放射线在中心区衔接换乘的另一种处理方式，是两条线在交通走廊并行分解为两处以上换乘点进行换乘，这是因为车站在中心区出入站的客流已很大，如果再承受大量的换乘客流，容易引起客流紊乱。在巴黎、新加坡和香港轨道交通均有类似的经验。这种换乘方式在出行效果方面比单点换乘的效果好，缺点是工程代价太大。

关于放射线的线型选择，对于全方位的放射型线网而言，以采用直径线为宜，因为半径线需在市中心区进行大量的换乘，除非在工程特别困难或者对向客流量较小的情况下，才设置半径线。对于中心区邻海（江）发展起来的城市，轨道交通线网中呈扇形辐射的放射线，可以采用半径线，必要时为加强某一方向的辐射也可以设置"U"形线路。

无环放射型线网的突出优点如下。

（1）方向可达性较高。

（2）符合一般城市土地利用强度由中心区向边缘区递减的特点。

2. 有环放射型线网

环线因线路闭合，可避免和减少折返设备，能与已有城市交通网相配合。在城市轨道交通线网中布置环线，主要有以下两个作用：一为加强中心区边缘各客流集散点间的联系；二为截流外围区之间的客流，通过环线进行疏解，以减轻中心区的交通压力。伦敦轨道交通线网是世界著名的有环放射型构架形式。

在首尔轨道交通线网中设置的环线，偏向中心区一侧，环线的形状依据城市形态和布局呈椭圆形，线路较长，其目的是沟通汉江两侧的各主要客流集散点，加强市区的交通周转能力。台北线网中的半环线，位于中心区外围，采用中运量捷运系统（即轻轨），呈"U"型向东部开口，联系主要向西、向北、向南辐射的放射线。

值得一提的是，从大量实例中可以看出，轨道交通网络中的环线与城市道路网中的环线，其作用有明显的差异。

在城市道路网中，环线的作用在于分流过境交通，屏蔽中心区道路交通，虽然环线会造成车辆一定程度的绕行，但高速度却抵消了空间上的损失，因此环线对过境或跨区这样的交通出行有较大的吸引作用。

城市轨道交通是方向固定的交通系统，受技术条件的限制，线路间的交通转换不能像汽车那样灵活，而是要通过旅客换乘的办法实现，而换乘的时间损耗是明显的。因此城市轨道交通环线的作用受到限制，尤其是交通屏蔽作用不如道路环线明显。城市轨道交通环线的客流取决于沿线人口和就业数量，也就是环线自身串联的客流集散点的规模。比如著名的伦敦环线地铁，全线串联了13座铁路车站，每座车站又基本上是伦敦市区向伦敦大区辐射的放射型铁路的起点站，所以它始终具备较高的客流。例如在广州轨道交通线网规划时，曾经根据城市特点，提出过几个在不同位置设置不同规模的环线的比较方案，但这种环线方案在进行模型测试后，普遍存在客流不高，平均乘距明显低于其他线路的特征，因此环线最终被否定。

根据城市特点，在城市道路网中设置环线往往能取得很好的效果，但设置轨道交通环线前必须十分谨慎地进行充分研究，不能为了具备环线而设置环线。

3. 网格型线网

网格形式线网是对线网构架整体而言的，其特点是平行线路多、相互交叉次数少。采用这种线网形式的城市有北京和墨西哥城。

北京市地处平原，其特有的棋盘形道路格局决定其规划的轨道交通线网的核心是"三横、三竖、一环"的棋盘式线网，为了扩大线网的覆盖范围，在环外增加周边线路和支线。

墨西哥城的轨道交通线网，由4条南北向线路、4条东西向线路和1条斜向线路组成，其间有2条线路为了增加与平行线路之间的交叉机会而呈"L"型。

网格型线网适合于市区呈片状发展，而街道呈棋盘式布局的城市。

网格型线网具有如下优点：

（1）线网布线均匀，换乘节点能分散布置。

（2）线路顺直，工程易于实施。

网格型线网具有如下缺点：

（1）线路走向比较单一，对角线方向的出行需要绕行，市中心区与郊区之间的出行过程中常需要进行换乘。

（2）线网平行线路间的相互联系较差，平行线路间的换乘比较麻烦，一般要换乘2次以上，当路网密度较小，平行线之间间距较大时，平行线间的换乘是很费时的。其客流换乘需要通过第三线来完成。根据苏联当时的有关研究，网格型线网的运输效率较有环放射型线网低18%。

6.2.2 决定线网构架的原则

在城市轨道交通线网的合理规模确定后，需要确定线网的架构方案。合理的线网构思是城市轨道交通线网持续发展的前提，线网方案的形成是综合客流分析、与城市布局协调、遇见城市发展等因素的产物。

线网架构方案的形成需要经过反复的论证和比选。首先是确定初始线网集，即在城市总体规划和综合交通规划的指导下，针对规划目标，考虑若干因素后提出可能的线路方案。其次，以此为基础，对各线路方案进行分析和评价，论证线路的具体走向方案。最后，分析由各线路组合的网络方案，分析其客流效果与相关指标，最后得到推荐方案。

初始线网主要考虑如下要素：主要交通走廊、主要客流集散点和线网功能等级。

1. 主要交通走廊

主要交通走廊反映城市的主客流方向，有以下方法对其进行识别。

（1）经验判断法。

根据城市人口与岗位分布情况，设定影响范围，通过对线网覆盖率的判断来确定线路的走向。此法较为简单，只需将人口与岗位分摊到交通小区中并打印出相应的人口与岗位分布图，在此图上根据经验判断画出线路走向。这种方法目前使用较多，但仅考虑了人口密度的分布情况，忽视了人员出行行为的不同。因此在线网布设时可能与实际客流方向不完全吻合。

（2）出行期望径路图法。

规划年出行预测得到远期全人口、全方式OD矩阵；将远期OD矩阵按距离最短，路径分配到远期道路网上得到出行期望径路图；按出行期望径路图上的交通流量选线，产生初始线网。

（3）两步聚类识别法。

先通过动态聚类，将所有的交通流量对分类成20~30个聚类中心，之后通过模糊聚类法，以不同的λ矩阵选择合适的分类，并进行聚类计算，最后可获得交通的主流向及流量，并结合走廊布局原则及方法确定主要的交通走廊。

（4）期望线网法。

这是由法国 SYSTRA 公司与上海规划设计院合作进行上海轨道交通规划时采纳的方法。此方法借助于上海交通所开发的交通预测模型，也可称为蜘蛛网分配技术。这里的期望线有别于城市交通规划中通常使用的期望线，更多地考虑了小区之间的路径选择，期望线网可以清晰地表达交通分区较细情况下理想的交通分布状况。它是连接各交通小区的虚拟空间网络，在该网络上采用全有全无分配法将公交 OD 矩阵进行分配，从而识别客流主流向，确定交通走廊。

2. 主要客流集散点

主要客流集散点是确定轨道交通线路骨架以后确定轨道交通线路具体走向的主要依据。客流集散点按性质分为交通枢纽、商业服务行政中心、文体设施、体育设施、旅游景点和中小型工业区。

西南交通大学 1997 年完成的国家自然科学基金资助项目《城市轨道交通系统规划》提出了确定主要客流集散点的定量分析和定性分析结合的方法。定量分析主要是基于对全方式 OD 矩阵的分析，定性分析则主要是依照城市总体规划来分析主要客流集散点的分布特征，对定量分析结果进行补充。

3. 线网功能等级

不同运量等级的客运走廊对应不同运量等级的轨道交通系统，而且轨道交通在城市不同地区，在城市发展与支持社会经济活动中发挥的功能也不同，轨道网络功能层次划分正是根据这一特点确定的轨道线路的服务水平与等级。轨道线路功能层次可划分为市域快线、市区干线和市区辅助线。

（1）市域干线：在市区与卫星城镇之间，为长距离出行提供快速的交通联系。
（2）市区干线：在市区内部，为中距离出行提供快速便捷的交通联系。
（3）市区辅助线：作为市区干线的补充线，以保证整个轨道交通网络系统整体功能的发挥。

表 6.1 是北京市轨道交通线网的功能分级及其对应的技术参数。

表 6.1 北京市轨道交通线网的功能分级

城市分级	主要特点	运量	最高速度/（km/h）	运行速度/（km/h）	站间距/km
市域快线	长距离，站间距大	高、大	100~120	60~80	市区 1~2 近郊 2~3 远郊>3
市区干线	中距离，站间距大	大	80~100	40~70	1~1.5
市区辅助线	中小距离，站间距适中	大、中	60~80	25~40	0.6~1.5

6.2.3 线网构架方案的形成

线网构架受众多因素的影响，如何对它们进行归纳，并沿一定的思路将分析过程系统化，是保证线网构架科学合理的关键。关于线网构架方法，业内人士曾进行过大量的探索工作，在规划实践中，由于构架研究是一项综合性很强的工作，许多影响因素很难量化。因此，构架研究是坚持定性分析与定量分析相结合、以定性分析为主的研究方法。所谓定性分析主要是指对城市背景的深入分析，对方案工程问题的比较论证，对远景各种边界条件的合理判断等。所谓定量分析主要是指利用先进的预测模型，对远景交通需求分布进行预测。因此，这种规划方法也被形象地称为"规划师和模型师的有效结合"。这里的理论基础主要来自城市规划学和交通工程学中的相关理论。它既可避免主观臆断，又可避免过于依赖模型而失去对模糊边界条件的合理把握，比较符合我国的实际情况。

基本思路为：初始方案集生成—客流测试—方案评价—推荐线网方案的确定。

目前国内形成了两种较典型的线网构架的方法，一种是由北京城建设计研究院提出的"面、点、线要素层次分析法"；另一种是中国城市规划设计院提出的"以规划目标、原则、功能层次划分为前导，以枢纽为纲、线路为目进行编织"的方法。

1. 面、点、线要素层次分析法

大城市轨道交通线网往往是一个覆盖数百平方公里的庞大而复杂的系统工程，所以线网构架方案研究必须分类、分层地进行分析。"面""点""线"既是3个不同的类别，又是3个不同层次的研究要素：

（1）"面"的分析即整体形态控制，拟定城市轨道交通线网基本构架。

（2）"点"的分析即线网服务对象的甄选，城市大型客流集散点分析。

（3）"线"的分析即交通走廊分析，线网内各线路可能的路径分析。

某具体研究过程大致可以分为以下几个阶段：

（1）第一阶段：方案构思。

根据线网规划范围与要求，分析城市结构形态与客流特征，进行"点""线""面"层次分析，通过现场勘探，广泛搜集资料，从宏观入手对方案进行初始研究，构思线网方案。这些方案除了有各自的特点外，还有许多共性，成为线网构架方案研究的重要基础。

（2）第二阶段：归纳提炼。

对初始构思方案进行分类归纳后，又经内部筛选提炼，推出其中的部分方案，向各有关单位征求意见，并要求提出补充方案。经过以上"筛选—方案补充—再筛选"的提炼过程，形成基础方案。这次筛选中，保留各种有较强个性的方案，合并共性方案，尽量地全面听取各种思路和观点，形成代表不同政策倾向、不同线网构架特征和规模的方案。

（3）第三阶段：方案评选。

以基础方案为基础，以线网规划的技术政策和规划原则为指导，根据合理规模和基本构思要求，又进一步地选择出几个典型的、不同线路走向和不同构架类型的方案，成为初步预选方案。

（4）第四阶段：预选方案分析与交通测试。

前几阶段的方案深化主要以定性分析为主，从这一阶段开始，需要通过定量分析对方案做进一步的论证，用交通模型进行测试，进入定性与定量分析相结合的系统分析阶段。

（5）第五阶段：调整补充预选方案，并选出候选方案。

通过分析和测试，预选方案均各自存在优点和不足之处，需要对其进行优化完善。在此基础之上可以对方案进行补充。由于补充方案只是通过定性分析进行的优化，其线网整体性能是否真正得到优化还是未知的。因此接下来对补充方案进行同等条件下的交通测试，进一步以定量分析论证，确认补充方案是优化方案，并推荐为候选方案。

（6）第六阶段：推荐最终方案。

在以上定性与定量分析的基础上，又采用线网方案评价系统，对预选方案分组评价、排序，推选出优化方案。

可以看出，上述城市轨道交通网络设计的基本思路是：

（1）在城市规划方案基础上拟定多个可行路网方案；

（2）基于四阶段法进行客流预测（广州采用 START 和 TRIPS 两个交通模型）；

（3）对方案进行综合评价，确定近期与远期分阶段实施方案。

2. "以规划目标、原则、功能层次划分为前导，以枢纽为纲、线路为目进行编织"的方法

该方法也是采用定性分析与定量分析相结合的方式，由中国城市规划设计院在"北京市城市轨道交通线网优化调整"中加以应用，注重城市轨道交通对城市发展和土地开发的作用，以交通枢纽为节点，以现有和潜在的客运走廊为骨干，综合考虑城市轨道交通线网的功能层次划分，最终建立以枢纽为核心，功能层次分明的城市轨道交通网络。

这种方法突出了枢纽类客运集散点的地位和作用，采用以枢纽为核心的"两两换乘"的设计方法实现线路之间的一次换乘，提高城市轨道交通线网的整体运输效益，通过在线网规划中，采取换乘枢纽整体布局来实现城市轨道交通线网与城市和其他交通系统的有效衔接，并将线网构建层次划分为外围层次和市区层次，由市域快线、市区干线、市区辅助线共同构筑网络状的城市快速城市轨道交通系统结构。具体研究过程中所划分的阶段与"面、点、线要素层次分析法"一致，所不同的是方案构思的依据侧重点不同。

6.3 线网规划方案评价

6.3.1 评价方法概述

对规划获得的城市轨道交通路网规划方案集，决策者必须从中选择最优方案，做出决策。任何规划的决策最终都归结为方案评价，评价是对路网规划过程和结果的鉴定，评价的好坏直接影响着决策的正确性。

方案与项目评价是现代交通规划与管理中的重要组成部分。在交通评价中，各类交通举措（项目、投资、政策）的评价方法有多种，通常分为两大类：单一准则型（货币方法）和多准则型（非货币方法），前者将所有影响转化为单一的货币价值，后者则使用定性与定量的多个准则。过去几十年间，单准则评价是通过各种多准则评价方法进行补充的。人们逐渐认识到传统的成本效益分析法和多准则分析法是相互补充而非相互竞争的。

交通评价是从技术、社会经济、环境和政治上进行价值判断的冲突分析过程。在规划过程中，很难得到唯一直接而明确的解决方案。因此，这意味着涉及多因素的规划决策需要寻找可接受的折中方案，必须选用适当的评价方法进行方案选择。多准则评价方法则能够提供灵活的处理含定性因素的多属性决策问题的方式。通观有代表性的多准则评价方法，最适合的交通评价的方法有如下 5 种：来吉姆法（REGIME）、优劣系数法（ELECTRE）、层次分析法（AHP）、多属性效用法（MAUA）、理想解法（ADAM）。各方法的利弊如表 6.2 所示。

表 6.2　五类适合交通评价的方法

数学结构	决策方法分类			
	线性加权和法模型	级别高于关系方法	多属性效用理论模型	理想解方法
向量模型	来吉姆法			
优先图模型		优劣系数法		
加法模型	层次分析法		多属性效用法	理想解法

6.3.2　评价的基本原则和评价方法

国外城市，如巴黎、柏林等，在城市轨道交通建设初期主要从具体某条或几条线路的角度进行局部的效益评价，之后逐渐认识到路网系统对城市土地利用的动态作用和社会效益，开始重视路网方案的评价。基于许多评价指标不能以货币形式度量的考虑，美国城市大容量运输管理局 UMTA（the Urban Mass Transportation Administration）对城市轨道交通项目采用费用-效果分析法（Cost-effectiveness method，1984 年），它设立客流量和平均每客成本的界限值，考虑建设地的情况筛去不合要求的方案，再以交通需求管理方案为基准评价乘车率指标，之后评价平均每客费用，将项目按高、中、低进行分类排序。在 19 世纪 70~80 年代，美国制定的大城市轨道交通发展规划的评价指标为：重构节省能源的城镇体系，恢复中心区活力，促进旧城改建，改善环境，改善中心区的居民出行可达性，实现社会平等。可见其是以定性分析为主的，定量评价方面还不深入。城市轨道交通项目是城市有史以来最大的公益性基础设施投资，它不仅仅是一个技术分析过程，而且是一个政治决策过程，具有经济风险性，因此涉及因素广泛，城市轨道交通规划方案评价势必是从社会、经济、系统自身技术角度出发的多属性评价过程。

城市轨道交通线网评价是城市轨道交通线网规划的关键环节，它贯穿于线网方案构架设计及评优决策的始终。在方案构架过程中，评价可作为规划人员的一个辅助工具，一套科学的评价方法和评价指标体系有助于保证规划方案拟订的合理性，为规划人员提供可依据的尺度。在最终的评优决策中，评价则对方案进行全面而系统的定性定量分析，以确定轨道网在规划布局上与城市布局、城市发展的适应情况及在等级、容量上与交通量的适应情况，从而选择出技术先进、经济上合理、实施上可行的最优或最满意的方案。

总的来说，轨道交通网络评价应保障线网在功能上能满足需要，在技术上切实可行，在经济上投入合理，应遵从如下基本原则：

（1）服从完善城市交通系统结构。
（2）考虑轨道网本身建设和运营的特性。
（3）对城市土地利用的影响。
（4）将可实施性计入在内。
（5）体现必要性论证的功能。
（6）注意后期的运营和建设。
（7）做发展的适应性分析。

基于以上所介绍的各种交通系统评价方法，城市轨道交通线网评价应选择符合其特点的评价方法。城市轨道交通规划决策的基本要素在于构建一个合理的准则体系，有足够可靠的信息（数据），选择适用的决策方法，并具有简捷明了的特征。如前所述，城市轨道交通规划方案评价是多属性的评价过程，在实践过程中，多利用广泛使用的 AHP 法构建评价问题的递阶层次结构，通过专家咨询打分的方法确定权重，最后计算广义效用函数并进行综合评判。

6.3.3 预选方案的评价流程

图 6.3 是一种方案评价的研究过程。

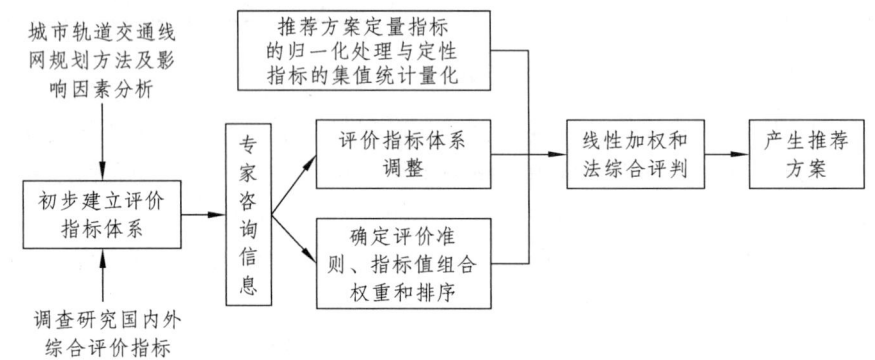

图 6.3 城市轨道交通线网方案综合评价思路图

1. 线网综合评价递阶层次结构构造

评价的关键是建立指标体系递阶层次结构。在我国上海、广州、南京等城市进行的城市轨道交通线网规划的工作中，根据自身城市的特点对此有过相应研究，积累了一定经验，但总的说来，存在着指标数量多、关联度大的问题，而且各城市所确立的指标体系的准则层不一，从而对决定城市轨道线网方案的主导因素的反映有所不同。

初步的指标体系是以城市轨道交通线网规划的方法及影响因素为依据，并在大量查阅城市轨道交通线网规划评价有关文献资料的基础上经论证分析建立起来的。

（1）准则层的建立。

建立适宜的准则层有助于指标层指标的明确分类。对国内有代表性的广州、上海、南京的城市轨道交通线网规划综合评价体系及线网的规划目标、原则进行分析，将评价准则层的建立与城市轨道交通线网规划方法、线网功能定位密切联系起来，同时也与线网方案构架过程的主导因素相对应，确立准则层。

（2）指标的筛选原则。

在确定了准则层后，对于指标的选取要遵从实用性、非重叠性、可行性的原则。实用性表现为指标的选取既要全面又要精炼化，指标数量既要能够反映评价方案，又能实现计算的简洁实用，因此在避免遗漏重要的敏感性指标的同时，还要注重不可过多地选取无关紧要的次要指标而使整个指标体系过于复杂、反应不灵敏；非重叠性是指指标体系要层次分明、结构清晰，指标之间要尽量独立，避免相互关联造成冗余，对不可避免的重叠可从关联影响矩阵入手对权重进行修正；可行性是指指标的确定要体现可比性，为此应力争使指标实现定量化。对定性指标要能够界定评分标准，对定量指标要能够确定指标值。

（3）专家咨询意见及指标体系的分析与调整。

（1）专家意见咨询。

在初步确立城市轨道线网规划方案评价指标体系的基础上，设计出专家调查材料（包括指标体系说明、评分表、意向调查及意见反馈），以信函的方式向专家咨询。对专家咨询结果进行统计分析，基本满足要求时，可以不进行下一轮咨询。

（2）指标体系的分析与调整。

在分析专家反馈意见的基础上，吸取专家有益的建议并考虑操作的可行性，调整相关指标。

2. 指标值归一化处理

（1）定量指标的归一化。

定量指标一般不外乎下列几种类型：成本型（越小越好型）、效益型（越大越好型）、适中型（既不能太大又不能太小为好型）、区间型（属性值在某一固定区间内为好型）。城市轨道交通规划方案评价的指标主要有成本型和效益型两类。

（2）定性指标的量化。

在城市轨道交通线网方案评价指标体系中，定性指标占一定的比例，这类指标具有一定的随机性和模糊性，而且涉及评判个体的心理因素。用基于普通概率统计的评判打分的结果已不能让人满意，集值统计原理提供了处理定性指标量化的合适方法。集值统计是经典统计和模糊统计的一种拓广。经典统计在每次实验中得到相空间中的一个点，而集值统计得到相空间的一个区间估计值。

3. 权重及综合评价选优

（1）权重的确定。

权重是指对于评价目标，评价系统或评价指标之间的相对重要程度。权重的确定对方案比较评价的意义重大，所以需要仔细分析、慎重进行。

（2）综合评价选优。

在计算出各评价指标分级指数和确定出系统及指标权重的基础上，以线性加权和法求出待评价各方案的综合效用值，选择具有重大效用值的方案为最优方案。

6.3.4 候选方案的综合评价

经过以上过程，可以从预选方案中推选出 2~3 个（不宜过多）候选方案，对其进行综合的比较和评价，这部分评价以定性分析为主。下面以广州城市轨道交通线网方案评价为例进行综合评述。

1. 线网结构

基本特征：该项主要比较线网特征与城市结构特点的符合程度。

线网的覆盖性和密度：线网在城市特定区域面积覆盖率应大于某一值。

对外延伸和借口条件：城市主要出入口应有轨道交通线路与其衔接。

2. 运营效果

（1）承担的客运量：对于轨道交通本身而言，其线路是否可行，实施后能否取得较高的运营效率和较好的经济效益，主要取决于线路未来交通客流量和线路负荷强度。

（2）客流的直达性和均衡性：轨道交通线网的客流直达性可通过线网客流的平均换乘系数反映，换乘系数越低，说明客流的直达性越高。线网客流的不均衡系数反映出线网各条线客流的均衡情况，不均衡系数越小，说明线路承担的客流越均衡，运营也就越容易组织，运营效率也就更容易发挥，线网线路的选线就越合理。反之，运营组织就不太有利。

（3）平均乘距和在乘时间：轨道交通线网的修建必然使城市交通的可达性较高，出行距离加长，从轨道交通本身而言，平均乘距和在乘时间的增长意味着轨道交通服务水平的提高和城市交通的改善。

3. 实施性

（1）近期线网的实施性。形成与城市近期发展规模相适应的基本线网的条件是衡量整个线网方案的重要指标。近期线网的优劣可以从以下几个角度分析。

① 与远期线网的实施是否存在矛盾。
② 各条线路是否具有独立运营和建成一段、运营一段的条件。
③ 各线之间是否具备良好的换乘关系。
④ 是否与城市建设发展的近期要求相适应。

（2）工程难易度。

4. 社会效益

主要体现在提高旅客出行质量、对城市道路交通压力的缓解、对交通安全、交通环境保护的贡献等方面。

5. 战略发展

重点涉及与土地利用的吻合程度、沿线土地开发价值以及发展适应性等方面。在城市的外围区，由于存在一些不可预见因素和城市建设过程的加快，土地利用的性质和规模都可能起变化，轨道交通线网在这些地区要保持一定的灵活性和适应性。

7 城市轨道交通线路规划与设计

线路是城市轨道交通工程的基本组成部分。城市轨道交通线路规划与设计必须要满足行车安全、平顺与养护维修工作方便等要求,保证乘客乘坐过程有一定的舒适度,符合有关设计规范的要求。

线路平纵断面设计的任务是在规划路网和预可行性研究的基础上,对拟建的线路的平面和属相位置,通过不同的设计阶段,逐步由浅入深,进行研究与设计,达到最佳的确定线路在城市三维空间的准确位置的目的。

7.1 线路设计概述

7.1.1 线路的分类

城市轨道交通系统线路分类方法如下:

(1)按其与地面的关系可分为:隧道(地下线路)、地面线路、高架线路(地上线路)。
(2)按其在运营中的作用可分为:正线、辅助线和车场线。

正线是指连接车站并贯穿或直股伸入车站的线路,是列车正常运营的线路,一般为双线。

辅助线包括车辆段出入线、停车场出入线、车站配线(存车线、渡线、折返线)及两线路之间的联络线。

车场线简称为场线,包括牵出线、车底(空车列)停留线、检修线及综合基地内各种作业线。

7.1.2 线路设计的内容

城市轨道交通线路设计内容分平面、纵断面、横断面三个部分,各自均要满足一定的标准,同时,这三者又是同一个整体不同侧面的反映,设计时必须有机地结合起来。

从平面上看,线路是由直线和曲线组成的。曲线包括圆曲线和缓和曲线。其平面设计的主要技术要素有最小曲线半径、夹直线最小长度、最小圆曲线长度、缓和曲线线型和长度。

从纵断面上看,线路包括坡段及坡段间的连接。纵断面设计的主要技术要素有最大坡度、坡度代数差、坡段长度、竖曲线线型和曲线半径。

横断面设计则要满足线路各个断面列车通过的限界要求。

线路设计一般分为四个阶段,即可行性研究阶段、总体设计阶段、初步设计阶段、施工图设计阶段。

可行性研究阶段主要是通过线路多方案比选,完善线路走向、路由、敷设方式,确定车站、辅助线等的分布,提出设计指导思想、主要技术标准、线路平纵断面及车站的大致位置等。

总体设计阶段是根据可行性研究报告及审批意见,通过方案比选,初步确定线路平面位置、车站位置、辅助线形式、不同敷设方式的过渡段位置,提出线路纵断面的初步标高位置等。

初步设计阶段是根据总体设计文件及审查意见,完成对线路设计原则、技术标准等的确定,确定线路平面位置、基本确定车站位置及站线纵断面设计。

施工图设计阶段是根据初步设计文件及审查意见,有关专业对线路平纵断面提出的要求,对部分车站位置及个别曲线半径等进行微调,对线路平面及纵断面进行精确计算和详细设计,提供施工图纸说明文件。

通过不同的设计阶段,逐步由浅入深,进行研究与设计,达到最佳的确定线路在城市三维空间的准确位置的目的。

7.1.3 线路设计所需资料

线路平面、纵断面设计需要掌握一些基础资料,包括以下几大类。

1. 城市规划类资料

城市规划类资料主要包括:城市总体规划、分区规划、城市轨道交通系统路网计划、客流预测、大型交通枢纽点规划、道路规划红线、规划管线、规划人防设施等。

2. 现状材料

现状材料包括:现状地形图、工程地质及水文地质资料、水文气象资料、文物保护及建筑物资料、主要构筑物及基础资料、市政及人防设施资料等。

3. 工程前期研究资料

工程前期研究资料包括(预)可行性报告及批件,各级政府对工程的会议纪要、批示,规划部门的规划意见等。

4. 其他相关资料

其他相关资料包括车辆配备及车辆技术参数资料、既有线运营技术经济指标及客流统计资料、既有线主要技术标准等。

上述资料对于不同设计阶段、不同工程项目来说,其广度和详细程度也不完全一样,实际工作中要结合工程的具体特点来收集。

7.1.4 线路设计的原则及技术标准

1. 主要设计原则

(1)线路的路由必须以城市轨道交通线网规划为依据,线路路由的调整需要有充分理由。

(2)新线应有一定长度,一般不宜小于 10 km,以保证运营的效益。

(3)线路敷设形式要根据城市环境、地形条件和总体规划要求,因地制宜地进行选择。在城市中心区,宜采用地下线;在城市中心区外围,且街道宽阔地段,宜首选地面和高架线;在地面和高架线地段,应注意环境保护和景观效果,并维护地面道路的交通功能。

(4)线路位于地下时,其平面位置和埋设深度应根据地面建筑物、地下管线和地下构筑物的现状与规划、工程地质与水文地质条件、采用的结构类型和施工方法以及运营要求等因素,经技术经济综合比较后确定。

(5)车站应布设在主要客流集散点和各种交通枢纽上,其位置应有利于乘客的集散,并应与其他交通换乘方便。

(6)线路经过铁路客运车站时,应设换乘站。有条件的地方,可预留联运条件(跨座式单轨系统、磁浮系统除外)。

（7）线路工程的设计年限初期按建成通车后第3年要求进行设计，近期按第10年要求设计，远期按第25年要求设计。

（8）地铁、轻轨正线应采用右侧行车的双线线路，并采用1 435 mm标准轨距。旅行速度应不低于最高行车速度的30%~45%。

（9）宜每隔3~5个站设置一处停车线或渡线，较均匀地分布于线路的各中间站。但由于停车线与渡线功能不同，为了严格控制列车晚点时间，将影响时间减少到最小，以提升轨道交通的运营服务水平，两座配有停车线车站的最大间距宜不大于6 km，即沿线每隔6 km左右应设置一座能双向进入停车线停放故障列车的车站。

（10）地铁、轻轨线路宜按独立运行进行设计。根据客流需要并通过论证，线路可按共线运行设计，但其出岔站汇入方向的线路应设平行进路。城市轨道交通线路以及轨道交通线路与道路之间的相交汇处，应采用立体交叉的方式。

（11）车辆段出入线应连通上下行正线。当出入线与正线发生交叉时，宜采用立体交叉的方式。车辆段和停车场设计双线或单线出入线，应根据远期线路的通过能力和运营要求计算确定。尽端式车辆段出入线宜采用双线，贯通式车辆段可在车辆段两端各设一条单线。停车场规模较小时，出入线可采用单线的形式。

2. 线路工程主要技术标准

国家住房与城乡建设部2008年颁布的《城市轨道交通工程项目建设标准》中，将城市轨道交通系统按线路工程标准分成了五种类型，主要技术参数如表7.1所示。

表7.1 线路工程主要技术标准

基本车型		A	B	C/D	L	单轨
		一般地段/困难地段				
最小曲线半径/m	正线	350/300	300/250	100/50	150	100
	联络线	250/200	200/150	80/25	100	50
	车场线	150	110/80	80/25	65	50
最大坡度/‰	正线	30/35	30/35	60	50	60
	联络线	40	40	60	70	60
	车场线	1.5	1.5	1.5	1.5	3
竖曲线半径/m	正线	5 000/3 000	5 000/2 500	1 000	5 000/3 000	2 000~3 000
	联络线	2 000	2 000	1 000	2 000	1 000
钢轨/(kg/m)	正线	60	60	60	60	轨道梁
	联络线	50	50	50	50	轨道梁
	车场线	50	50	50	50	轨道梁
道岔/(N_0/V_0)	正线	单开9/35	单开9/35	单开9/35	单开9/35	关节可绕型道岔/25
	车场	单开7/25	单开7/25 或 单开6/20	—	单开5/15	关节型道岔/15

注：1. 对特殊困难地段线路工程的技术标准，应按国家现行有关技术规范执行。
   2. 正线包括支线范围，联络线包括车辆段出入线。
   3. N_0系指道岔号，V_0系指道岔侧向通过速度（km/h）。

7.2 线路平面设计

7.2.1 线间距的设计

城市轨道交通线路无论是地下、高架或是地面线，左线和右线一般位于同一街道范围内。左右线可以并行布置，也可以重叠布置。当左右线并行布置，两线路中心线之间的水平距离被简称为线间距。线间距受所处位置、施工方法、限界、线路速度等多方面的影响，一般可以分为区间并行地段线间距、车站地段线间距、道岔地段线间距等。

1. 区间并行地段线间距

按照线路的敷设位置、施工方法等分为地下线盾构施工法线间距、地下线路明挖施工法线间距、地面高架线路线间距等。

（1）地下线盾构施工法线间距。

地下线盾构施工法线间距由隧道外轮廓直径确定，当因功能需要或其他原因不能满足上述要求时，应在设计施工中采取必要的措施。区间盾构圆形隧道建筑限界为直径 5 200 mm 的圆，按已有经验综合考虑隧道轴线施工误差 100 mm（包括线路拟合误差、测量误差在内），隧道后期不均匀沉降 ±50 mm，则隧道的内径定为 5 500 mm，采用单层装配式的钢筋混凝土 350 mm 厚衬砌环衬砌，则隧道的外径定为 6 200 mm。

在满足最小净距的前提下，车站两端线路间距宜采用车站（岛式）地段线间距，可避免因设反向曲线导致线路平面条件恶化。当车站地段线间距过大时，可利用站端曲线或加设两反向曲线来减小区间线路线间距。

（2）地下线路明挖施工法线间距。

明挖法施工的地铁区间隧道结构通常采用矩形断面，双线并行地段一般采用设中隔墙（或中柱）的双跨框构形式，其线间距等于左右线中心线分别至中间墙（柱）外缘按矩形隧道建筑限界要求的距离、中墙（柱）与施工误差富余量之和。

（3）地面、高架线路线间距。

区间并行地面、高架线路线间距离为两个车辆限界与两线相向不限速会车要求的安全距离之和，该安全间距铁路规定为 350 mm。在地铁设计规范中相邻区间线路，当两线间无墙、柱或设备时，两设备限界之间的安全间隙不应小于 100 mm。由此可见，按不限速会车安全间距要求的最小线间距略大于按设备限界确定的最小线间距。考虑留有适当余量，B 型车地面高架线最小线间距为 3.6 m，A 型车地面高架线最小线间距为 3.8 m。

2. 车站地段线间距离

（1）地下岛式车站。

地下岛式车站线间距主要受车站设计宽度、线路中心线至车站站台边缘距离的影响。地下岛式车站两正线之间的距离等于右线线路中心线至站台边缘的距离、站台设计宽度与左线线路中心至站台边缘的距离之和。线路中心线至站台边缘的距离根据车辆类型及站台边缘距车辆轮廓之间的距离之和确定。《地铁设计规范》规定，站台计算长度内的站台边缘距线路中心线的距离，应按车辆限界加 10 mm 安全间隙确定；站台边缘与车辆轮廓线之间的间隙，当采用整体道床时不应大于 100 mm，当采用碎石道床时不应大于 120 mm。曲线车站站台边缘与车辆轮廓线之间的间隙不应大于 180 mm。因此站台边缘距线路中心线的距离宜按设备限界另加不小于 50 mm 的安全间隙确定。

（2）地下侧式车站。

地下侧式车站通常采用明挖法施工。当邻接的区间线路亦采用明挖法施工时，车站两正线之间的距离同区间地面线路线间距。当站端区间线路采用单洞盾构或其他的暗挖施工方法时，一般应在站外改变线间距离，将站台地段两正线间设计为最小线间距。

（3）地面、高架车站线间距。

为节省工程投资和减少对地面交通的干扰，地面、高架站通常设计为侧式车站，并采用最小线间距，当采用 B 型车时，一般为 3.6 m，当采用 A 型车时，一般为 3.8 m。

3. 道岔地段线间距

地铁车站两端常因铺设单渡线、交叉渡线、停车线、折返线及部分区间设渡线需要，须铺设道岔，根据其布置形式，对线间距有相应要求。

（1）交叉渡线地段。

交叉渡线两两平行正线的线间距宜按下列规定确定：12 号道岔采用 5 m；9 号道岔采用 4.6 m 或 5 m；6、7 号道岔可采用 4.5 m 或 5 m。小于规定标准的应予特殊设计。

（2）单渡线地段。

单渡线两平行线的线间距根据道岔构造尺寸及两反向单开道岔之间要求的插入短轨长度计算确定。一般正线单渡线不小于 9 号道岔，线间距不小于 4.2 m。小于规定标准的应予特殊设计。

（3）停车线、折返线地段。

为便于使用和节省工程成本，车站停车线、折返线地段一般设置在岛式车站仅靠站台端部的左右正线之间，两正线线间距同站台段线间距。

4. 改变线间距方法

为满足某一地段要求的线间距离，通常利用曲线来实现。如在直线地段改变线间距，可采用反向曲线的方法。但是反向曲线会恶化线路平面技术条件，增大工程投资，此方法是在必须满足特殊要求的情况下才采用的。

7.2.2 线路里程及标示的设计

地铁线路里程以公里标表示，如 K8+700 m 表示 8 km+700 m 处。地铁里程以右线为基准，一般从起点开始，以公里标 K0+000 表示，依此推算各点里程。采用连续里程，双线并行地段左线采用右线的投影里程。双线不并行的地段左、右线分别采用各自里程，并在其两端并行地段衔接的右线整百米标处注明两线里程关系及左线断链。

线路里程表示精度在不同阶段有不同的要求，以普通铁路为例，可研阶段为米，初步设计为厘米，施设阶段可为厘米或毫米。地铁设计无明确规定，因现均已采用电算软件，一般标示精度至毫米。

1. 曲线控制点里程计算

如曲线起点 ZH 里程已定，设为 M，则曲线各控制点里程为：曲线终点 HZ：$M+L$；曲线中点 QZ：$M+L/2$；缓圆点 HY：$M+l$；圆缓点 YH：$M+L-l$。其中 L 为曲线长度；l 为设计缓和曲线长度。

2. 线路里程表示

线路里程通常按不同设计阶段区分标示，即在整公里 K 前加不同字头，如可研阶段为 AK，初测、初步设计阶段为 CK，定测及施工阶段为 DK。比较方案采用在两字头之间加罗马数字对方案编号的方法，如 AIK、CⅡK 分别表示可研比较方案Ⅰ里程、初步设计比较方案Ⅱ里程等。

比较方案的起终点一般应在基本方案整百米处，并按里程先后顺序衔接在平、纵断面图上标示一致。

3. 左线里程与断链

（1）左线里程计算。

城市轨道交通线路里程以右线为基准，区间并行地段，左线里程取右线里程的投影里程。以图 7.1 为例，其计算方法为

$$左线 ZH 点按右线投影的里程 = 右线 ZH 点里程 - b \tag{7.1}$$

$$左线 HZ 点按右线投影的里程 = 右线 HZ 点里程 + b \tag{7.2}$$

$$b = T_{左} + a - T_{右} = (T_{左} - T_{右}) + D\tan\frac{\alpha}{2} \tag{7.3}$$

式中：a、b——分别为左线交点及 ZH（HZ）点的错动量。

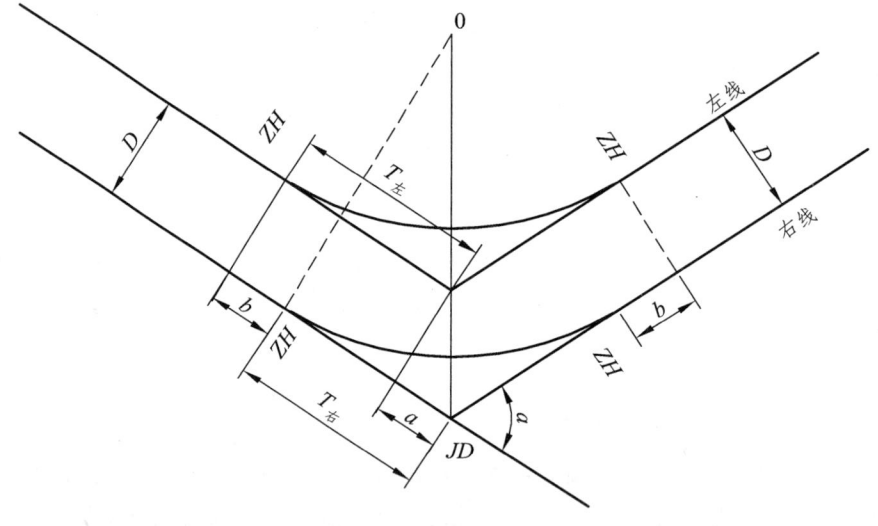

图 7.1　投影里程关系

当曲线为右偏角时，同理可计算出左线曲线起、终点里程，只是 b 值正负号相反。

（2）断链的计算。

断链按其产生的原因可以分为内业断链和外业断链。

内业断链是在设计阶段产生的。比如已经设计好了，因某种原因要修改（比如曲线半径修改），就要设置断链。如果不采用断链的方法，所有已经设计好的文件就要全部修改里程，这样工作量就太大了。施工时先按此施工，竣工时再统一排里程。

外业断链是由于线位设计变更或外业测量产生的断链。特别是在曲线多、夹直线地段及左右线隧道结构分开的非并行地段，左右线里程很难统一，经常出现外业断链。这时候一般

以其中右线为基准，其里程一直顺延，左线里程丈量时从分线开始直到再次并线时所量出的里程和基准线里程不是同一个值，有可能长有可能短，长了就设置长链，短了就设置短链。外业断链有时也称为实际断链。

断链长度 ΔL 等于左线曲线设计实际长度 LS 与投影长度 LT 的差值，即 $\Delta L=LS-LT$。$\Delta L>0$ 时为长链，$\Delta L<0$ 时为短链。

（3）断链的设置及标示。

左线断链通常在每一处左线长度不等的地段设置，外业断链在左右线隧道结构分开和合并时在直线段上设置，断链的设置要避开桥梁、隧道、曲线。

内业断链在平面图左线曲线资料的下面标示，并在长、短链数字 $100+\Delta L$ 外加细实线小框，如 101.456、98.345 分别表示左线长链 1.456 m，短链 1.655 m。在纵断面图"线路平面栏"曲线中部的相邻两个百米标间的上方，紧贴图式栏目最上边线平行画两个小方格，将长短链数 $100+\Delta L$ 标在上面小方格内，如：101.456 98.345 分别表示左线长链 1.456 m、短链 1.655 m。

外业断链在平面图上直线段上临近的整百米处上方标示里程衔接关系及断链实际长短数 ΔL，同时在纵断面上的该百米处与其相邻前一个整百米间标注 $100+\Delta L$，表示该百米间的实际长度，标在紧贴图式栏目最上边线，例如：101.250 97.678 分别表示长链 1.250 m、短链 2.322 m。同一断链在平、纵面图上必须同时标示并核对一致。

7.2.3 辅助线类型及其设计

根据线路使用功能的不同，辅助线大致可以分为以下三种类型。

1. 折返线和临时折返线

折返线是为列车正常运行中折返掉头时使用的，它的基本要求是满足列车折返运行能力的需要。地铁规范规定："线路的每个终点站和区段运行的折返站，应设置折返线或渡线，其折返能力应与该地区的通过能力相匹配。当两折返站相距过长时，宜在沿线每隔 3 至 5 个车站的站端加设渡线或车辆停放线"。

折返线一般应结合车站线路形式统一布置，它常见的布置形式一般有以下几种。

（1）站前折返线（见图 7.2）。

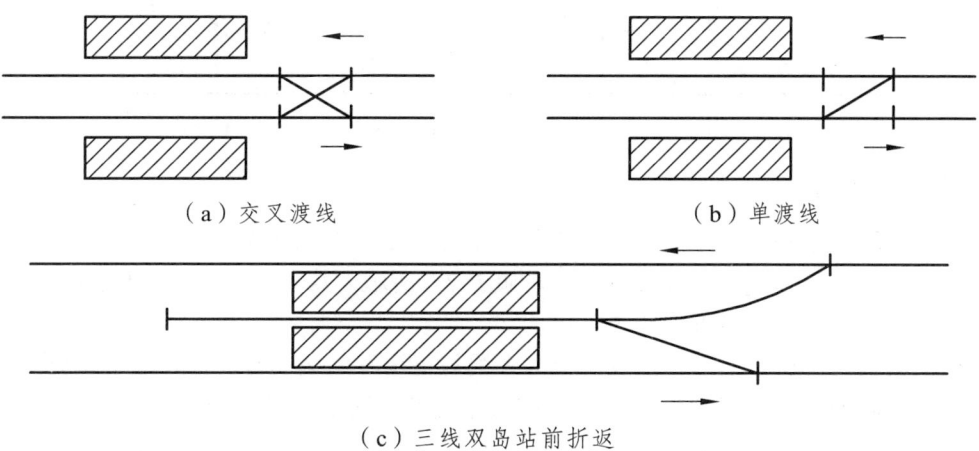

（a）交叉渡线　　　　　　　（b）单渡线

（c）三线双岛站前折返

图 7.2 站前折返线布局

（2）站后折返线（见图7.3）。

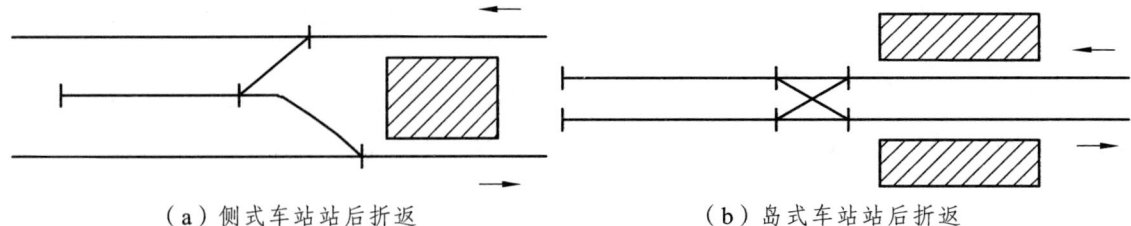

(a)侧式车站站后折返　　　　　(b)岛式车站站后折返

图7.3　站后折返线布局

在选用上述折返线布局形式时，一般要结合工程具体条件进行能力验算，以确保线路条件满足运营要求。

临时折返线一般用于故障车掉头或调整列车运行，由于它使用频率不高，能力上一般不做要求，通常条件下，可选用图7-2（a）、图7-2（b）等形式。

折返线的有效长度，宜为远期列车长度加40 m（不含车挡长）。

2. 存车线

轨道交通线路配线除考虑折返线和临时折返线外，在正线一般要考虑一处或几处存车线，以创造方便灵活的运营组织条件。典型的存车线形式一般有以下两种方案。

（1）与折返线结合设置，如图7.4所示。

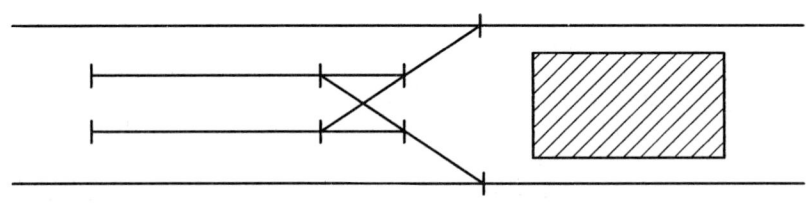

图7.4　与折返线结合方案

（2）单独布置，如图7.5所示，其中，两头通的形式可以为运营创造更好更方便的条件，越来越普遍地得到采用。

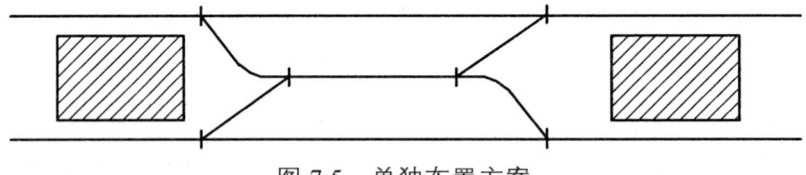

图7.5　单独布置方案

3. 车场出入线

车场出入线是为列车进出场而设置的线路，它一般应尽可能靠近车站出岔，以减少对正线运营的干扰。典型的车场出入线布置形式如图7.6所示。其中，图7.6（c）形式使用时比较灵活，对正线干扰小，应尽可能地被采用。

车辆段出入线应连通上下行正线。当出入线与正线发生交叉时，宜采用立体交叉的方式。车辆段和停车场设置双线或单线出入线，应根据远期线路的通过能力和运营要求通过计算确定。尽端式车辆段出入线宜采用双线，贯通式车辆段两端各设一条单线。停车场规模较小时，出入线可采用单线。

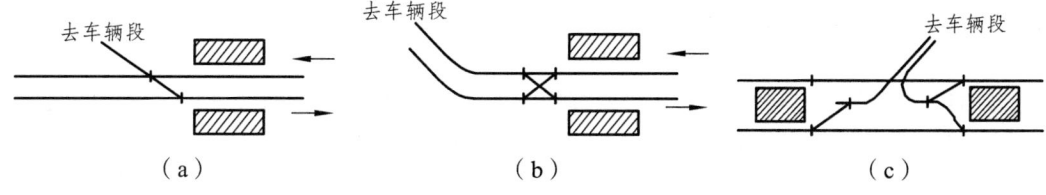

图 7.6 车场出入线

除以上三种基本配线形式外,在一些特殊的情况下,如岔线运营、两条线路之间设置联络线、与铁路接轨等,须结合功能要求,合理选择配线形式。

图 7.7 是某城市地铁线路辅助线设置示意图。

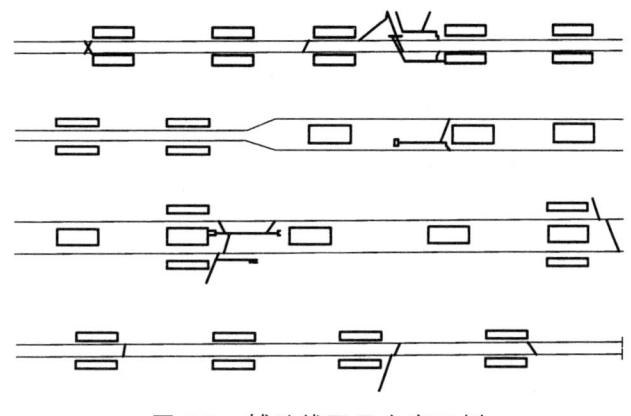

图 7.7 辅助线配置方案示例

7.2.4 线路平面设计的流程

在确定出线路平面方案的基础上,要进行线路平面的详细计算,线路平面设计一般按以下流程进行计算。

1. 第一步:建立平面坐标控制系统

为便于地铁的设计施工及城市相关工程的协调配合,线路平面(及高程)控制系统,宜与城市控制系统一致。按确定的平面坐标系统,根据定线所要求的线路与城市既有或规划道路或指定建筑物的关系,求取线路右线任意一点坐标及直线边方位角。计算精度:方位角一般取到 s,线路程度取整到 mm,坐标取值到 0.1 mm。

2. 第二步:右线交点坐标的计算

该步骤是从起点开始,先用已知直线相交公式及点间距离公式求出起始边长,然后用坐标公式计算交点坐标。用交点坐标及第二直线方位角作为新起始边直线,继续采用上述方法计算第二个交点坐标,这样交替计算边长和坐标,直至全线交点坐标计算完成。这样交替计算边长和坐标的方法,可以保持线路的计算位置和设计位置一致,误差在 0.5 mm 以内。

3. 第三步:地铁双线并行曲线地段设计

地铁双线并行曲线地段通常按同心圆设计,右线曲线半径一般采用标准半径整数,左线曲线半径应根据左线圆曲线半径、曲线两端直线地段最小线间距、曲线线间距加宽、缓和曲线内移量等综合确定。两线不平行地段、分开绕行地段，左右线曲线半径一般均采用标准半径整数。

缓和曲线长度在一般情况下，可按表直接查取。当左右线并行曲线地段按同心圆设计时，应按曲线线间距加宽要求，适当选配左、右线的缓和曲线长度。

4. 第四步：右线里程计算及标示

地铁线路里程以公里标标示，并应以右线为基准采用连续里程，在任何设计阶段，右线里程不宜产生断链。

5. 第五步：建筑物控制点与线路相互关系计算

建筑物控制点至线路的垂距及其里程，可用点线间垂距公式计算，也可用两直线交点计算公式计算。

6. 第六步：车站中心右线里程及坐标计算

根据定线要求的站位，首先计算右线中心里程。移动车站中心位置，取车站里程为整米，再计算站中心坐标，取值到 0.1 mm。

7. 第七步：左线里程及断链计算

因左线绕行或内外曲线的关系，左线与右线长度不等，但为了便于设计及施工，左右线平行直线段，同一断面上的里程宜一致，即左线采用右线的投影里程，并在每一处左、右线长度不等的地段设置左线断链。

8. 第八步：左线交点坐标计算

左右线平行地段，首先从右线控制点上，根据定线要求的线间距，计算左线各直线边上任意一点坐标，然后按右线交点坐标计算的方法，求出左线各交点坐标。左右线非平行地段，根据左右线平面相应的几何关系进行坐标计算。左线单独绕行地段与右线坐标计算方法相同。计算完成后，应自查左、右线平面相互关系与设计要求是否相符，线间距误差应在 0.5 mm 以内。

9. 第九步：线路详细坐标计算

左右线均需在关键点进行详细坐标计算，包括曲线头围、缓和曲线头尾、曲线中点、公里及百米标里程点，道岔中心、车挡、区间附属建筑物（通风道连接口、排水泵站、隔断门、区间连接通道等）中心（或接口中心）、车站端墙外缘（或竖井中心）等。

线路上详细点的坐标计算，以就近的交点或站中心为原始坐标点，分段计算，坐标取整到毫米，允许计算误差为 1 mm。

10. 第十步：左右线间距计算

当左右线处于同一隧道，线间距发生变化时，或左右线隧道分开，但有附属建筑物连接时，为隧道结构设计需要，一般每隔 10～20 m 计算一点线间距，计算方法可采用解析几何公式，其误差一般不大于 1 cm。

曲线地段的线间距离以右线法线方向为基准。当两线并行，根据左右线要素、曲线两端直线段线间距相同或不同，两线平行不平行等几何关系，计算出曲线地段各种步长或其中任一特征点的线间距。

现在的实际设计中,可选用成熟的 CAD 软件,一次性完成以上各步骤设计计算及线路平面设计图,从而极大地提高设计工作效率。

7.3 线路纵断面设计

线路的纵断面设计是在平面设计的基础上进行的,同时又可对平面设计进行检验和调整,它最终确定线路在城市三维空间的位置。

7.3.1 纵断面设计的影响因素

1. 地下线结构顶板覆土厚度

当地下线位于道路下方时,要考虑路面铺装和管线要求,一般在城市道路中,隧道结构顶板距地面为 2 ~ 3 m;当地下线位于城市公园或绿地时,要考虑植被的最小厚度,一般草坪为 0.2 ~ 0.5 m,灌木为 0.5 ~ 1.0 m,乔木为 1.5 ~ 2.5 m;当地下线位于水面下方时,要考虑隔水层厚度要求,一般 1 m 左右;当地下线作为人防工程时,应考虑防空工程的最小覆土要求;在寒冷地带应考虑保温层最小厚度要求。

2. 地下管线及构筑物

在明挖车站遇地下管线时,应尽可能考虑改移,以减少覆土厚度,方便乘客出入。

地下隧道结构以明挖法通过地下管线或地下构筑物时,隧道与管道(构筑物)可不留土层,甚至两者共用结构。地下隧道以暗挖法通过地下建筑物、楼房基础时,两结构之间应保持必要的土层厚度,最小厚度应根据结构要求而定。

3. 地质条件

当地下线路遇到不良地质条件时,主要是淤泥质黏土及流沙地层,应尽量考虑躲避,躲避有困难时,应采取工程措施。

4. 施工方法

地下线采用明挖法时,为减少土方开挖量,线路埋深应尽可能地浅;当采用暗挖法时,应选择较好地层,一般埋设得较深。

5. 排水站位置

地下线排水站主要是排出隧道结构渗水和冲洗水,一般设于线路纵断面的最低点。困难情况下,允许偏离不超过 10 m。区间排水站要选择出入口的位置,为检修方便往往与区间通风道结合设置;车站端部排水站由车站平面布置确定。

6. 桥下净高

线路为高架线时,桥下净高最小值受通行的车、船高度控制,以及对城市景观的影响。现行的做法有跨越主干道桥下净空控制在 5 m 以上,跨越铁路桥下净空控制在 6.8 m 以上,跨越电气化铁路桥下净空控制在 8 m 以上,城市轨道交通车站桥下净空 5 m 以上,区间桥下净空与桥面宽之比按 1：1 考虑。

7. 防洪水位

在受到洪水威胁的城市建设城市轨道交通线路时，纵断面设计要满足防洪要求。地面线路路基、地下线的各种出口位置，应按 100 年一遇的洪水位设计。

7.3.2 纵断面设计的原则

（1）纵断面设计要保证列车运行的安全、平稳及乘客舒适，此外，地面及高架线还要注意与城市景观的协调。

（2）线路纵断面要结合不同的地形、地质、水文条件，线路敷设方式与埋深或架高要求，隧道施工方法，地上、地下建筑物及基础情况，线路平面条件等，进行合理设计，力求方便乘客使用和降低工程造价。

（3）有条件时尽可能设计符合列车运行规律的节能坡型，即车站布置在纵断面的凸形部位上，并设计合理的进、出站坡度。区间一般宜用缓坡，避免列车交替使用制动和给电牵引。

（4）地下区间线路必须穿过地面构筑物与住宅区时，在条件允许的情况下、宜适当增加埋深，以利减震、减噪、减小对地面建筑物的干扰。

（5）正线的最大坡度宜采用 30‰，困难地段可采用 35‰。在山地城市的特殊地形地区，经技术经济比较，有充分依据时，最大坡度可采用 40‰。邻接坡段坡度代数差不受影响。坡段应尽可能地长，以保证列车安全平稳的运行，提高乘客的乘坐舒适度。

（6）坡道的设计应根据区间结构形式确定，当两线位于同一隧道内时，左右线坡度应一致，在曲线地段，左线坡度进行调整，使曲线范围内同一法线断面上的左右线标高相同；当左右线分设单线隧道内，应使车站范围内左右线坡度及标高一致。

（7）车站站台范围内的线路应设在一个坡道上，坡度宜采用 2‰。当与相邻建筑物合建时，可采用平坡；道岔宜设在不大于 5‰ 的坡道上。在困难地段应采用整体道床，尖轨为固定接头的道岔，可设在不大于 10‰ 的坡道上。车站站台和道岔范围内不应设置竖曲线，竖曲线也不应与平面缓和曲线重叠。

7.3.3 纵断面设计的流程

线路纵断面的设计可通过以下流程进行。

1. 绘制基础资料图

（1）地面线（道路顶面线）及线路跨越道路立交桥、河床底、航行水位、洪水位、铁路、高压线高程等资料。

（2）地下管道及主要房屋、人防工程基础等高程资料。

（3）道路、立交桥、铁路、河渠、地下管道等规划高程资料。

（4）地质剖面及地下水位高程资料。

（5）线路平面及附属结构物设计资料。

2. 确定敷设方式和过渡段

在纵断面设计中，主要是确定洞口以及过渡段的位置和形式。城市轨道交通线路由地下过渡到地上，一般有以下几种方式。

（1）在道路中间开口。

即在道路中间设置过渡段，可分为双线同时出洞和单线先后出洞两种形式，其纵断面如图 7.8 所示。

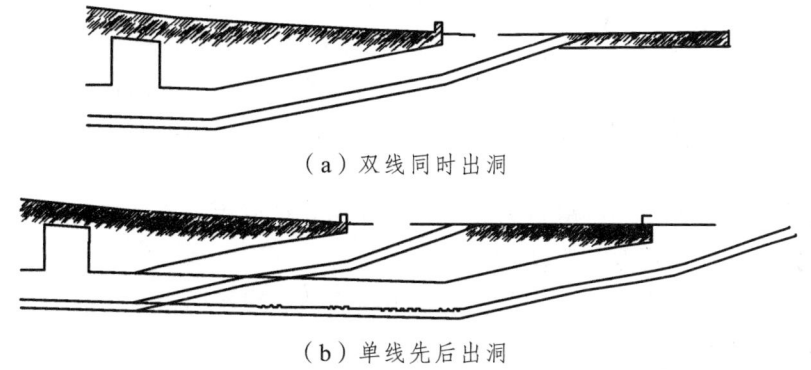

(a) 双线同时出洞

(b) 单线先后出洞

图 7.8 线路出洞方式

双线出洞形式占用道路宽度较大，但影响道路长度较短，适宜于路幅较宽的地段，是经常采用的一种出洞方式。

单线出洞是为了解决路幅较窄提出的一种过渡方式，但它占用道路纵向距离长，有时需要跨路口，工程也较为复杂，是在特殊情况下才采用的一种方法。

上述两种方式对道路交通均有一定影响，施工时一般需加宽路面，带来一定程度的拆迁。

（2）在道路红线以外开口。

这种方式一般是结合城市规划，与街区改造同步实施的，以避免大量的拆迁，但它建成运营后对周围环境影响较大，需采取减震降噪措施，一般在环境要求不高的地段采用。

（3）结合地形等环境条件开口。

在工程实践中，应优先考虑采用这种方式。与地形结合的办法是多种多样的，一般有利用山地高差出口、利用绿地带出口等。

3. 找出线路控制高程

在确定了各种敷设方式的分界点以后，根据设计原则、设计标准、隧道外轮廓尺寸、覆土厚度、桥下净高、距建筑物的最小距离、地下线排水站位置等找出纵断面设计的控制高程。

4. 设计右线断面图

地铁右线纵断面设计贯穿于各个设计阶段中。根据沿线各高程控制点设计变坡点、坡度及坡段长度。可行性研究及初步设计阶段，坡段长度宜为 50 m 的倍数，变坡点一般落在百米里程表及 50 m 里程处。施工设计阶段，坡段长度一般取 10 m 的倍数，变坡点落在整 10 m 的里程上，坡度一般用千分整数，以便于其他专业设计和方便施工。地铁线路纵断面设计高程为轨顶高程。

5. 设计右线曲线

竖曲线设计包括竖曲线半径选择、竖切线长度计算及竖曲线范围内轨顶高程改正值计算。

初步设计阶段只进行竖曲线半径设计，施工设计阶段才进行竖曲线高程改正值的计算，精度至毫米。

6. 左线坡度设计

左右线所处位置不同，左线坡度设计也不一样。

（1）左线与右线并行于同一隧道内。无论隧道结构体是单孔（跨）还是多孔（跨），无论其位于车站还是区间，左线坡度应与右线一致，同一断面的左右线高程应相等。曲线地段，左右线（内外曲线）长度不同，左线坡度应做调整，使曲线范围内同一法线断面上的左右线高程相同，允许高程差不大于 2 cm。

左线与右线上下重叠于同一隧道内，是一种立体并行形式，这种形式的左线坡度与右线坡度应完全相同，高程相差为一常数。

（2）左右线并行的高架及地面线路，左线纵断面与右线相同，左线曲线地段因长度不同需适当调整坡度，使曲线范围内同一法线断面上的两线等高。

（3）左线与右线分设于单线隧道内。车站范围内的左线坡度及高程宜与右线一致（左右线站台位于同一平面上）或高程相差模数值（即左右线站台不位于同一平面上）。这是考虑站台之间、站台与站厅之间都有通道相互联络，左右线坡度及高程一致（或相差模数值）的情况，有利于车站各部分的设计与施工。

区间地段左右线分设于单线隧道内的左线坡度，不要求与右线相同，坡度设计较为灵活。但左右线宜共用一个排水站，要求左线最低点位置处于右线最低点同一断面处，错动量不应大于 20 cm。最低点高程宜相等，可允许有 30 cm 以内的高差。左右线之间若有连接通道，左右线高程宜相同，允许有 50 cm 以内的高差。

7. 左线竖曲线设计

两相邻坡段的坡度代数差等于或大于 2‰时，应设圆曲线型的竖曲线连接，竖曲线的半径不应小于规定。竖曲线设计包括竖曲线半径选择、竖切线长度计算及竖曲线范围内轨顶高程改正值计算。初步设计阶段只进行竖曲线半径设计，施工设计阶段才进行竖曲线高程改正值计算，精度至毫米。

8. 左、右线轨顶高程计算

包括百米及公里标、控制加标、车站中心、道岔中心、附属结构物中心或接口中心、线路最低点，有时还应包括隧道结构变形缝等高程的计算。高程值计算至毫米。

7.4 案例分析

本节以某市地铁 3 号线一期工程为例，介绍城市轨道交通线路设计的一般过程，主要包括线路设计原则与技术标准、线路走向及线路平面方案、线路纵断面设计、辅助线设计等四部分内容。

7.4.1 设计原则与技术标准

1. 设计依据

（1）××市城市总体规划。
（2）××市城市交通规划。
（3）××市城市快速轨道交通线网规划调整。
（4）××市城市快速轨道交通近期建设规划。
（5）××市中心城区土地控制规划。
（6）××市××区综合交通规划。
（7）城市轨道交通工程项目建设标准（建标 104-2008）。
（8）地铁设计规范（GB 50517—2003）。
（9）××市地铁 3 号线工程规划方案。
（10）××市规划委员会关于《××地铁 3 号线工程规划方案的批复》。
（11）××地铁 3 号线客流预测报告。
（12）××地铁 3 号线一期工程（可行性研究阶段）岩土工程勘察报告。
（13）××地铁 3 号线地形测绘、管线调查资料。
（14）××地铁 3 号线工程场地《地震安全性评价报告》。
（15）××地铁 3 号线一期工程建设场地《地质灾害危险性评估报告》。
（16）××地铁 3 号线工程《环境影响报告书》。
（17）《××地铁 3 号线工程可行性研究报告》。

2. 主要设计原则

（1）线路平面选线应依据××市轨道交通线网规划，确定线路走向，拟定车站位置，注意与相邻线路平行间距和相交换乘关系，稳定线路起讫点、接轨点和换乘节点。周边待开发用地的车站应尽量考虑与对外交通场站结合，并预留相应的规划用地。

（2）线路正线为双线，从 A 站至 W 站方向的右侧线路（右线）为上行方向，左侧线路（左线）为下行方向。

（3）线路定线应符合 3 号线工程可行性研究报告及评审意见所确定的线路走向及路由选择，从服务乘客、方便使用与管理、降低工程造价及运营成本等方面对线位进行优化。

（4）线路平面位置应在满足功能要求的前提下力求顺直，尽量采用较大的曲线半径，应根据城市地形、道路、高压走廊、地下管线、重要建筑、环境景观、地质水文条件、施工方法与交通疏解等条件确定。尽可能在道路规划红线范围内布置，车站线路宜与规划红线平行。

（5）车站位置的选择应充分考虑工程施工场地，施工期间的交通组织；建成后在地面的客流集散用地；与其他交通方式衔接和换乘方便；使车站与城市交通建设一体化。

（6）地铁车站的布置应与区域综合交通环境相结合。地铁车站与旁边的公交首、末站场地应相对集中地布置，既便于公交之间的换乘，又便于地铁与公交之间的换乘。社会停车场应因地制宜，分散在地铁站周围进行布置。

（7）在线路设计时，根据线网规划，车辆基地和联络线的分布规划，应对换乘站的相关线路同步设计，并做好接轨点的设计预留。

（8）地下线路纵断面选线应综合考虑地质条件、地下水位、施工方法、结构形式、城市市政设施等构筑物的关系。根据当地水文地质条件，其结构应尽量避开不良地层。

（9）地下段特别是盾构法施工的区段，不强调必须形成车站的动力坡，以免增加区间排水泵站，排水泵站应尽量与车站结合。

（10）地下车站尽量采用明挖或盖挖法施工。

（11）应根据沿线地质情况，隧道尽量浅埋，以减少对地下水的影响。

（12）应根据运营组织、行车交路，结合线路条件优化辅助线，达到方便折返停车、灵活调度、有利运营、缩短折返时间及折返线长度的目的。

3. 主要技术标准

（1）正线采用双线右侧行车制，最高行车速度为 80 km/h。

（2）线路平面的最小曲线半径，正线 300 m（300 m 仅一处位于 A 站预留结构）；辅助线 150 m。

（3）本工程线路尽量不采用复曲线，在有困难地段，在具备充分技术依据时才可设计复曲线。当两圆曲线的曲率差大于 1/2 500 时，应设置中间缓和曲线，其长度应根据计算确定，但不应小于 20 m。

（4）线路平面圆曲线与直线间应根据曲线半径、超高设置及设计车速等因素设置缓和曲线，其长度可按《地铁设计规范》（GB 50157—2003）选用。

（5）直线地段区间线路的线间距。

两条单线隧道，采用盾构或矿山法施工时，其两线中心间距不宜小于 11 m，特殊地段，应予另行研究。

采用双线矩形隧道的线间距，无中隔墙时为 3.6 m；有中隔墙时不小于 4 m（中墙不大于 0.4 m）。

存车线与正线间距无中墙时不小于 4 m。

（6）一般地段的道岔渡线区宜采用如下线间距：单渡线的线间距不小于 4.2 m；交叉渡线的线间距宜为 5 m。在特殊地段，应予另行研究。

（7）区间正线线路的最大坡度为 30‰；联络线及车辆段出入段线最大坡度为 40‰；以上均不考虑平面曲线对坡度的折减值。

（8）区间隧道和路堑地段的正线最小坡度不宜小于 3‰；困难地段在确保排水的条件下可采用小于 3‰ 的坡度，但坡段不宜过长。地面正线最小坡度在采取了有效的排水措施后可不受限制。

（9）车站站台计算长度段的线路应设在一个坡段上，地下车站坡度宜为 2‰，在困难条件下，可设在不大于 3‰ 的坡度上；地面和高架桥上的车站站台计算长度段线路宜设在平坡道上，在困难条件下，可设在不大于 3‰ 的坡道上。纵断面最小坡段长为 200 m，并应满足相邻竖曲线间的夹直线长度不小于 50 m。

（10）地下车站埋深应尽量减小，其覆土厚度视地下管线情况而定。

7.4.2 线路走向及线路平面方案

1. 线路概况

3 号线线路起点位于某市火车站交通枢纽，以地下线的方式敷设沿 YFD 路向南至 GW 大街转向东；线路沿 LG 路（GW 街、GN 街、LMS 街、ZSK 路、GQN 大街、GQW 大街、GQ 路）一直向东至四环；线路穿过化工二厂东侧转向南，沿着规划道路横穿规划绿地到达 HG 路；线路穿过 HG 路后沿 FTX 路向南至 FTN 路再转向东，进入玻璃二厂、焦化厂用地范围后沿地块内规划路向东南至五环，并在 JHC 范围内设一处车辆段。

线路全长约 23.67 km，全为地下线，全线共设车站 23 座，平均站间距 1.038 km，原化工厂区设置车辆段一处，如图 7.9 所示。

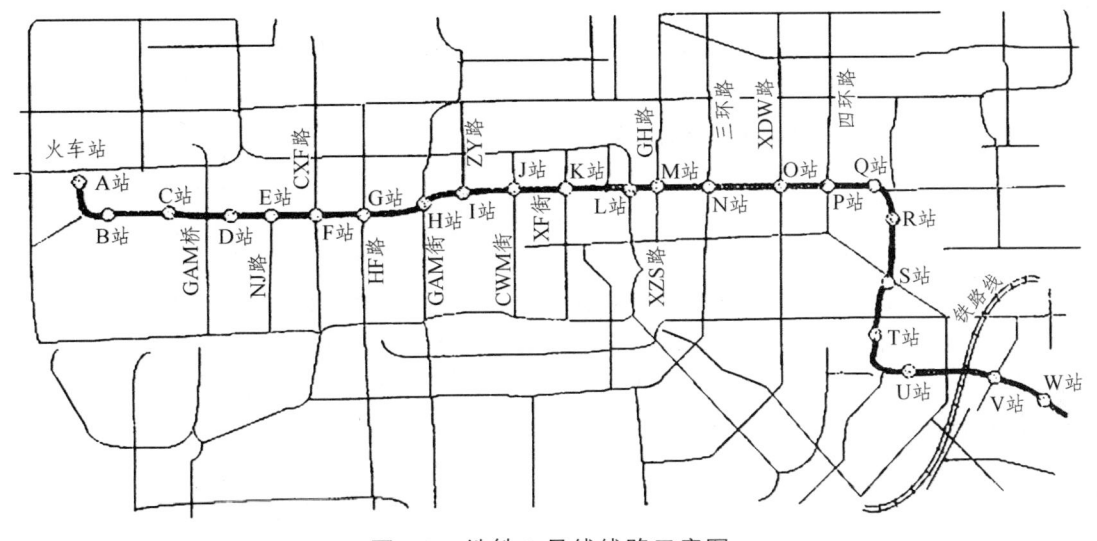

图 7.9　地铁 3 号线线路示意图

2. 线路平面方案及控制因素

A 站至四环段线路均位于现状道路下方，在 LHC 路与 GW 大街转角处，对商业地块有切割，该处为预留结构区间，土建结构已经完成。线路出四环后经过大量待改造地区，化工厂东侧路没有实现规划，在终点处考虑与工业用地的改造开发相结合，实现土地与轨道交通的一体化开发，规划方案阶段将终点线路引入原焦化厂、印刷厂、染料厂等待改造开发的范围内，并在规划部门大力协调下将该地区的路网调整为沿轨道交通方向。全线共设曲线 37 处，最小曲线半径 300 m（仅一处位于火车站预留工程段），最大曲线半径 5 000 m。

（1）A 站至 G 站。

线路起自 A 站，火车站在建站初期为 3 号线与 9 号线预留了双岛四线同站台平行换乘的条件，两侧为 9 号线线路，3 号线线路位于中间，采用站后交叉渡线折返并设有联络线。A 站附近进行道路修建时又预留了地铁线路的部分区间结构。

3 号线自 A 站下穿车站广场后转入 GW 大街，沿 GW 大街的北侧敷设，并在 MLW 路路口东侧设 B 站。GW 大街计划进行改造，推荐方案主路为三上三下六车道的桥梁结构，两侧辅路分别为三车道。B 站的设计方案将结合 GW 大街改造的桥桩一同考虑。线路过 LH 河后，转由 GW 大街路中地下敷设，到达 SPK 前设 C 站与 2020 年规划的 M16 相交换乘。线路沿 GW 大街继续向东到达 GAM 桥，GAM 桥为三层全互通立交，桥桩设置密集，线路选择左右线路分开绕行通过。

线路过 GAM 桥后在 NBXG 桥处设置 D 站，受桥桩影响，D 站设置为分离岛式车站。之后线路两线并入路中，继续以地下线的方式前行，到达 NJ 路后，跨路口设置 E 站，路口西南角为高层住宅，路北有医院，东南角有部分商业建筑及住宅。线路沿 GN 大街继续向东到达 CSK 路与四号线相交，设置换乘车站 F 站，4 号线车站在上，3 号线车站在下，4 号线 F 站修建时预留了通往 3 号线的楼扶梯接口。线路沿 CSK 路向东，在 HF 路设置 G 站，路口周边临街为商业建筑，而街区内平房较多。

控制因素主要有：A 站预留既有结构控制 B 站只能做侧式车站，SPK 及与 16 号线换乘关系控制 C 站位的选择，GAM 桥桥桩位置控制线路只能左右线分开通过，GAD 桥控制 D 站只能采用分离岛式车站，4 号线 F 站预留了与 3 号线换乘的节点工程，GW 大街多处过街天桥对线位造成影响。

3 号线在 SPK 西侧设 C 站与远期规划的 16 号线相交换乘，在 CSK 路与地铁 4 号线实现换乘。

（2）G 站至 M 站。

线路过 G 站后沿 ZSK 路前行，到达 DQM 大街处与规划的 8 号线相交，设置换乘车站 H 站，在 ZSK 路与 DQM 大街交叉口西南侧有一处文物建筑。DQM 大街规划红线宽度为 80 m （现状南侧宽度仅有 20 m），道路比较狭窄，交通拥堵严重，道路交叉口周边的建筑基本上属于平房和二层建筑，同时 ZSK 路北侧的 DQM 大街已经完成改造工程，3 号线的建设对该商圈的发展和建设将起到积极的推动作用。之后线路沿 ZSK 路向东，在与规划 ZY 路南延交叉路口东侧设置 I 站与规划 12 号线相交换乘，车站北侧为旧城文物保护区，南侧 500 m 外为大型公园。线路继续向东到达 CWM 大街与建成的 5 号线相交，设 J 站与其换乘，此站北侧是高端商业区，周边辅以大量住宅及部分医疗机构。线路进入 GQW 大街，GQW 大街两侧为高密度的住宅，在 XF 大街路口、居民小区北侧设 K 站，线路往东在 XZS 路口设 L 站，之后线路下穿铁路到达东二环。

该段线路主要控制因素主要有：与运营 8 号线换乘关系；L 站受过街热力管线及铁路桥立交控制；由于 GQM 三层立交桥桩影响线路左右线分开通过桥区；线路避让多处过街天桥减少对地面交通的影响。

在 DQM 路口与远期规划地铁 8 号线相交换乘，在 ZY 路南延路口东侧设 I 站与远期规划 12 号线相交换乘，在 CWM 大街路口与运营的地铁 5 号线相交换乘。

（3）M 站至 S 站。

线路绕过 GQM 桥桩后在 GH 街设 M 站，线路沿 GQW 大街继续向东，至三环设 N 站与在建的 10 号线相交换乘；线路沿 GQ 路继续向东在 XDW 路路口设 O 站与规划 12 号线相交换乘；线路在东四环 DJT 桥西侧设置 P 站服务与东四环的换乘客流，过 DJT 桥后在海洋城南侧设 Q 站，在化工二厂东侧转向南，并在核心区设 R 站；线路沿规划路向南下穿规划绿地后到达 FTX 路，在紫玉家园东侧设 S 站。

平面控制因素主要有与已经通车的运营 10 号线间的换乘关系，与 SJ 桥及 DJT 桥立交的关系，规划化工厂侧路与 3 号线的关系以及线路区间下穿木庄西侧绿地与地面既有房屋关系处理。

3 号线在东三环外侧与运营 10 号线相交换乘；在 XDW 路路口与同期建设的 14 号线相交换乘，在紫玉家园东侧设 S 站与远期规划 11 号线实现相交换乘。

（4）S 站至 W 站。

线路横穿规划绿地及 HG 路后，在紫玉家园东门处设 S 站，沿 FTX 路向南，穿过京沈高速后到达游乐场正门设置 T 站，之后线路转入 FTN 路，到达翠城小区，设置 U 站，线路从 U 站出来后，下穿 HG 路，并穿过铁路、高压走廊，进入焦化厂用地内，沿规划道路以地下线形式敷设，在规划路口设置 V 站，之后继续沿规划路前行，在下一个较宽的规划遗址公园北侧设终点站 W 站。

沿线主要控制点有：线路在 HF 桥西侧下穿高速公路；FTX 路与 FTN 路转角处 14 层住宅楼；FTN 楼东侧部分未实现规划区间下穿民房；线路下穿铁路；终点线位下穿原工业用地，区间车站结合用地路网调整设置应与工业用地改造时序相协调，这些用地部分停产，线路车站的设置将产生大量拆迁。

3. 车站站位选择

全线共设车站 23 座，全部为地下车站，共有换乘车站 9 座。平均站间距 1.038 km，最大站间距在 U 站至 V 站，为 1567.5 m，最小站间距在 K 站至 L 站，为 763 m。

（1）A 站。

A 站位于某市铁路枢纽火车站正下方，为火车站进出该市的乘客提供交通服务，并起到疏解火车站周边交通压力的作用。3 号线和 9 号线在此站换乘，两线采用同站台平行换乘的形式，为双岛四线车站，地铁车站的主体结构在火车站建设时已同步建成。

A 站周边商业建筑密集，主要有对外工程总公司、坤宝国际大厦、亚洲投元大厦、广汇大厦等。

（2）B 站。

B 站位于 MLW 路与 GW 大街交叉口的东侧，LH 河西侧。GW 大街即将实施改造，推荐方案为主路六车道桥梁结构，连跨 YFD 路及 MLD 路，辅路三车道。车站考虑 MLD 客流，尽量靠近 MLD 路口设置，为双层侧式车站，与 GW 改造立交桥桩协调设置，南北两侧各设置两个出入口，北侧有规划热力管沟，结构轮廓外为 6 m×5 m，即将实施，考虑热力管沟下穿 B 站的出入口；南侧有通往 LH 河的地下暗沟。

此外公交线路较多，东西向有 25 条公交线路在此处设站。

车站北侧有中医研究所及百万庄园，南侧有机械大厦，医院及现况高层住宅小区，百万庄园北侧及 LH 河东侧正在建设大面积的高层住宅，车站南侧有 379 公交总站。MLW 路为该市著名商业街，有众多的商铺，并且有大型超市。此处的设站要考虑为 MLW 商贸区及周边住宅小区的居民提供服务。

（3）C 站。

C 站位于 GW 大街与 SPK 大街交叉口的西侧，为 3 号线与规划 16 号线的换乘车站。车站东侧为 SPK 桥及铁路桥，车站北侧有西山逸景、华庭国际等大型居住区，车站南侧有国际华丰，CMEC、华联超市等客流集散点。车站南北两侧设置两个出入口，南侧出入口考虑与正在建设的国际商业建筑结合，与 16 号线车站的换乘要考虑多种方案，T 形换乘和 L 形换乘。

此处公交线路较多，东西向有 25 条公交线路在此处设站。此处设站考虑周边大面积的住宅小区，与规划 16 号线换乘，并要考虑公交车的换乘。

（4）D 站。

在 GAD 桥处设置 D 站，站位设置在 GAD 桥桥桩及高挡墙下方，车站为分离岛式车站，车站施工方面存在较大的困难，同时车站在后期运营及管理上均存在一定的问题。车站主要考虑在照顾 GN 大街东西向换乘客流的同时兼顾 XEH 的大量换乘客流。

车站周边以商业、办公为主，主要有京土大厦、信息大厦、物资总公司等，南侧有部分居住入口。

（5）E 站。

E 站位于 GN 大街与 CCS 街、NS 街的交叉路口。车站为普通岛式车站，车站南、北两侧各设两个出入口。

车站北侧有国立医院、百福寺等，车站南侧有居住区和商场。

共有 11 条公交线路在此处设站。

（6）F 站。

F 站位于 GN 大街与 XWM 大街、CSK 大街交叉口处，此站为 3 号线与 4 号线的换乘车站，采用岛-岛换乘。4 号线车站已经建成，为 3 号线预留了接入条件，3 号线在上，4 号线在下。车站南北两侧各设两个出入口。

站位周边以居住区、商业区为主，有枫景、道然亭等小区，XWM 大街及 CSK 大街将建成国际传媒大街。

共有 16 条公交线路在此处设站。

（7）G 站。

G 站位于 NXH 街、HF 路与 LMS 大街交叉口，车站为普通岛式车站，考虑行人过街及各方向的客流，路口每个方向限设一个出入口，并考虑与过街通道合建。

车站北侧为文物一条街、车站南侧有老饭店、明国会馆等文物保护单位。

共有 15 条公交线路在此处设站。

（8）H 站。

H 站位于 QM 大街与 ZSK 大街交叉口。该站为 3 号线与 8 号线间的换乘提供了条件，采用地下十字换乘，两个车站的出入口都通过通道相连，两处共设置 8 个出入口。

ZSK 路口西南角有一座受保护的三层教堂，在路口处形成三角地带。北侧 QM 大街已经修缮完成，修缮后的 QM 大街将实现商业功能与古都风貌相结合、历史遗存与历史符号相结合，将建成一条百年商业街。车站北侧为 QM 商业区，南侧为 TQ 商业区。车站出入口及风亭的布置考虑与旧城景观的协调。

共有 21 路公交车在此处设站，并且 QM 大街上有大容量公交。

（9）I 站。

I 站位于 ZY 路与 ZSK 大街的交叉口东侧，为 3 号线与 2050 年远期规划 12 号线的换乘车站，由于 ZSK 至 I 站距离较短，初步考虑 3 号线在上的"T"字形换乘方案。

车站周边及沿线为新建的 DSJ 商业区，北侧为旧城历史文化保护区，南侧 500 m 外即为祈福公园。

（10）J 站。

J 站位于 ZSD 大街、GQN 大街与 CMW 大街交叉口西侧，为 3 号线与 5 号线的换乘车站。5 号线为 3 号线预留了通道换乘的条件,两站呈 T 形或十字形换乘,并在东南象限设有联络线。

J 站北侧为著名的 QW 商圈，主要有新天地商场、第秀城等。

（11）K 站。

K 站位于 XF 大街、NHS 大街与 GQN 大街相交的路口东侧，为普通岛式车站。

线路过了 CQK 后，进入 GQN 大街住宅高强度开发区，主要考虑新景家园、西花市南里、枣苑、幸福家园、光明巷等小区客流。

（12）L 站。

L 站位于 GQN 大街与 XZS 街相交路口处，为普通岛式车站。南北侧各设两个出入口，并考虑行人过街，与过街通道合建。

道路两侧已建成高密度住宅区，北侧有本家润园、丽水湾畔、白桥北里、白桥南里以及崇文小学、汇文中学及崇文第二幼儿园等。XZS 街为南部地区夕照寺小区、光明里、城市复兴、板厂里等大型小区人流的主要出行道路。

（13）M 站。

M 站位于规划 GHD 街与 GQN 外大街的交叉口处，为普通岛式车站。共设置四个出入口，南北各两个，西南出口可以结合公交站场设置，北侧出入口考虑与待建构筑物统一考虑。

车站周边多为住宅小区，南侧有在建冠城名敦道、劲松九区、广和南里、劲松三区等，北侧有远洋德邑、双花园等，住宅密度较大，路边多为 15～16 层的新建高层建筑。

（14）N 层。

N 站位于 GQ 路与三环路的交叉口处，是 3 号线与 10 号线的换乘车站。10 号线 SJ 站为两端三层中间单层的岛式车站，在建站时没有考虑与 3 号线换乘的条件。

东站西南角有金世纪大酒店，东北角有高层乐成中心，西北角为怡馨园高层住宅小区。

（15）O 站

O 站位于 XDW 路与 GQ 路交叉口，是 3 号线与 14 号线的换乘车站。在此 3 号线考虑 14 号线，形成上下十字岛式换乘方式，并在东南象限设有联络线。

车站周边有外企大厦、五洲女子医院、珠江帝景及在建官邸住宅小区。

（16）P 站。

P 站位于 GQ 路与四环相交 DJT 桥西侧，主要考虑为四环换乘客流以及四环内居住及商业客流服务。

站点北侧有大量政府储备用地，南侧为大量平房及临建商区，规划则以商业及居住为主。

（17）Q 站。

Q 站位于四环 DJT 桥以东，化工二厂与金海国际花园之间，为地下岛式车站。GQ 路四环外段改造拓宽即将实施，结合改造工程车站及区间可以考虑明挖法施工。

车站北侧大量新建的高层住宅小区，有金海国际花园、金泰先锋、百子湾 1 号、沿海赛洛城等；南侧为已经停产的待改造开发的化工二厂。

（18）R 站。

R 站位于化工二厂地块东侧，车站东侧为化工二厂，西侧为某市仓储公司。由于环境保护等原因化工二厂已经停产，同时该工业用地正在重新调整规划，车站将与化工二厂用地的调整同步进行考虑，以促进土地改造开发利用。

（19）S 站。

S 站位于紫南家园小区东侧，化工路北侧。车站出入口设置除考虑紫南家园、东方家园等居住客流，同时也要兼顾化工路、堡头西路等主干路的公交换乘客流。

在此 7 号线考虑与规划中的 11 号线换乘。

（20）T 站。

T 站位于 FTX 路西侧，欢乐谷大门口，为地下岛式车站。

此处设站主要考虑欢乐谷客流及对面格林莱雅、华侨城等住宅区的客流。

（21）U 站。

U 站位于翠城馨园小区前，为地下岛式车站。

车站周边已经建成高密度的住宅，其中翠城馨园小区为该市较大的经济适用房小区，目前已经有一定规模的人口，北侧为堡头原来的旧小区，人口密度比较大。车站西北角有联合大学化工学院。

（22）V 站。

V 站位于原某市玻璃二厂、染料厂用地内，车辆基地选址位于焦化厂范围内，V 站考虑设置出入段线，为地下双岛四线车站。结合玻璃二厂、染料厂、焦化厂的改造工程，线路及车站均可以考虑明挖法施工。目前此处将进行综合开发，车站设置可以结合周边土地的开发进行。

（23）W 站。

W 站为线路终点站，位于东五环原某市焦化厂内，线路沿规划路敷设，车站为地下岛式车站，考虑后折返。W 站的设计将与周边土地的开发紧密结合。

7.4.3 线路纵断面设计

1. 沿线地质、管线、桥梁等分布情况

（1）沿线水文、地质。

某市地处华北平原，市中心和东南部地势广阔平坦，海拔在 40 m 左右，是由一系列洪积冲积扇及洪冲积平原联合而成。本工程主要位于平原凹陷处，沿线上部为第四纪松散沉积物，下伏基岩为新生代第三纪砾岩及页岩，与第四纪沉积呈不整合接触。

本工程沿线地形基本平坦。整体趋势为由北向南、由西向东降低，平均坡度 1‰～5‰，局部受人工填挖影响的部位，地形有起伏。线路横穿永定河冲洪积扇的中下部和潮白河冲积扇的下部，属于平原地貌。受古河道冲洪积影响，沿线附近曾分布有水塘、沼泽，经过多年的人工整治和城市建设，以前的沟、塘等已经被填埋，地表已被建筑物、道路、绿地等覆盖，无明显的地形特征。

本工程范围地下水埋深较浅，且存水为多层地下水，主要为潜水层，埋深起伏变化较大，主要由降雨补给，应充分考虑地下水对沿线管线的不利影响。

（2）地下管线。

3 号线全线采用地下线敷设，地下管线曲线路纵断面影响较大，本工程西端有水源四厂，东端有污水处理厂、热电厂，LG 路成为上述雨污水、热力、电力等大型管线的重要走廊。通过对勘察资料进行分析，发现在城区段 A 站至四环段线路一直位于既有道路下方，该范围内的地下敷设了大量管线，尤其在 LG 路南北两侧分别敷设了电力、热力管沟以及雨污水大型管线，对车站位置及埋深均是控制因素；同样不可忽视的还有这些大型管线在十字路口的过街支线对车站及区间的埋深影响。四环外线路主要经过规划道路及部分建成道路，这些道路下方既有管线较少，但规划管线比较多，地铁建设需要处理好与远期规划管线的路由关系。沿线管线详细情况的介绍如下。

① A站至四环段。

GW大街管线众多，其中平行于车站方向的有：ϕ500 mm中压燃气管线、115 mm×105 mm电信管线、ϕ400 mm污水管线、ϕ400 mm雨水管线、ϕ1 550 mm污水管线（埋深6.6 m）等；垂直于车站方向的有：ϕ1 050 mm污水管线（埋深6.7 m）、1 600 mm×2 200 mm的电力沟、120 mm×54 mm电信管线等。

LG路段，主要为南侧电力管线、热力沟，北侧雨水管线、污水管线、其中平行线路方向的主要有：106 mm×74 mm电信管线、ϕ600 mm上水管线、ϕ500 mm中压燃气管线、2 050 mm×2 350 mm电力沟（埋深8.6 m）、ϕ1 550～1 800 mm污水管线（埋深12.5 m）、ϕ1 000 mm污水管线、3 600 mm×2 000 mm热力沟（路口西南侧，埋深10.9m）、4 400 mm×2 100 mm热力沟（路口东南侧，埋深9.3 m）、2 000 mm×2 500 mm电力沟（路口东南侧，埋深12.1 m）；垂直于车站方向的管线有：ϕ1 000 mm污水管线、ϕ1 020 mm上水管线、2 600 mm×2 500 mm热力沟（埋深9.3 m）、2 000 mm×2 500 mm电力沟（埋深12.7）。

从二环至四环段，主要为GQ路下方重要管线，其中平行于车站方向的管线有120 mm×50 mm电力管线、3条ϕ600 mm上水管线、ϕ500 mm中压燃气管线、ϕ1 000 mm上水管线、ϕ1 000 mm污水管线（埋深5.7 m）、ϕ900 mm雨水管线、100 mm×45 mm电信管线、5 000 mm×3 000 mm热力沟（埋深11.0 m）、2 000 mm×2 400 mm电力隧道（埋深8.3 m）等；垂直于车站方向的管线有：106 mm×74 mm电信管线、ϕ500 mm中压燃气管线、ϕ1 300 mm污水管线（埋深6.1 m）、ϕ1 640 mm雨水管线（埋深3.3 m）、ϕ1 000 mm上水管线、1 560 mm×1 030 mm雨水沟等。

② 四环外至终点站W站。

四环外GQ路未实现规划红线，现状道路下管线较少，基本上均为平行于车站方向的管线：100 mm×50 mm电力管线、ϕ500 mm中压燃气管线、ϕ600 mm上水管线、5 900 mm×4 850 mm热力沟（埋深9.0 m）、2 100 mm×1 350 mm热力沟（埋深4.7 m）等。但结合GQ路改造工程实施，轨道交通与规划管线位置关系正在进一步配合中。规划化工二厂东侧现状路基本没有管线敷设。FTX路为新建道路下方管线也较少，主要有：ϕ700 mm雨水管线、ϕ1 200 mm雨水管线（埋深3.8 m）等。

FTN路为完全贯通，下方管线也较少，主要有：ϕ1 300 mm污水线、2 600 mm×2 900 mm（上）和2 600 mm×2000 mm（下）电力隧道，其中上下两层2 600 mm×4 900 mm日字形的电力隧道位于道路正下方，对线位及车站影响较大。

终点线位于待改造的玻璃二厂、染料厂、焦化厂范围内，没有既有道路，线位与车站主要是处理好与规划管线之间的关系。

（3）沿线桥梁。

3号线是贯穿南城地区东西向干线，线路与多处既有立交相交换乘，其中包括：SPK铁路立交、GXM桥、GQM铁路桥、SJ桥、DJT立交、某某高速HF桥等，同时沿线还有3处规划立交：GW大街立交改造、GQ路立交改造、SF铁路立交改造。沿线还与20座过街天桥及3处地下通道实现相交。

2. 线路纵断面设计及控制点的确定

（1）沿线纵断面控制要素。

线路纵断面的设计依据线路平面、线路敷设方式、沿线工程地质、水文地质情况、地下建筑物、构筑物情况、地下管线埋深、施工方法等具体条件进行。

因本线区间较短的特点，区间纵坡多半设计为单面坡，以减少区间泵站的数量。本线因受道路、桥桩、管线等地物的控制，正线纵坡一般都小于20‰，采用最大纵坡的地段有一处，坡度为28‰，坡长为260 m，位于J站至K站区间。由于J站东侧设有与5号线的联络线及单渡线，同时由于J站与5号线实现十字换乘并在5号线下方穿过，车站轨面埋深达32 m，K站为明挖车站，车站埋深较浅，导致区间采用28‰的坡度。

全线区间埋深最深点位于U站至V站区间，为下穿220 kV电力沟，轨面埋深达24 m。

（2）线路纵断面设计。

① A站至L站。

线路起点位于A站，该段为预留结构工程，3号线与9号线采取双岛四线平行换乘。线路出站后预留区间以3‰向东，过预留结构后以2‰进入B站。该段线位于SPK桥、GAM桥、二环路、HC河等控制因素，C站、D站埋层较深。F站3号线在四号线上方预留结构通过，两端分别采用12‰，15‰的坡度。

H站3号线与远期规划8号线实现换乘，8号线在上，3号线在下；I站3号线与远期规划12号线相交换乘，12号线在下，3号线在上。过I站后线路需要下穿已经运营的地铁5号线，造成3号线J站埋层较深，设置19‰下坡。线路出J站后由于联络线及单独线的控制，起坡点很远，采用28‰上坡也是全线正线最大坡度至K站。

线路在L站前区间均使用单面坡，泵房与车站合建，减少区间泵房数量，由于L站以及东二环南北向热力管沟埋层较深，L站—M站区间采用15‰和12‰组成的V字坡。

图7.10为地铁3号线A站至L站纵断面示意图。

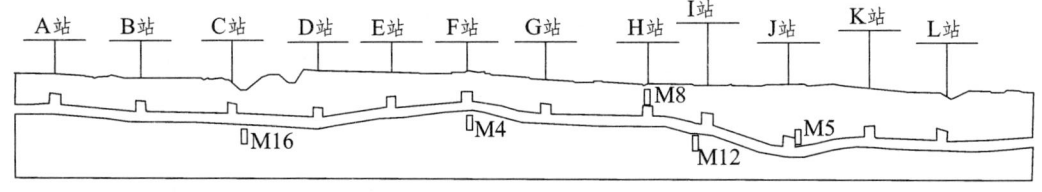

图7.10　地铁三号线A站至L站纵断面示意图

② L站至W站。

线路过M站后，站后设置420 m、2‰坡度的故障停车线；3号线采用上跨N站通过埋深较浅，P站由于东四环内侧5 600 mm×3 600 mm大型热力管沟控制，车站采用三层明挖法施工，车站埋深达22 m，车站两端分别设置18‰和10‰的坡度。从Q站至S站均位于规划道路或未实现红线宽度的道路下方，管线控制点较少，而且均采用明挖法施工，车站埋深相近，因此这两个区间考虑设置V字节能坡。

从Q站出来后，线路主要沿FTX路、FTN路及规划道路敷设，沿线地面控制点及高程控制点均很少，车站均采用明挖法施工，埋深均较浅。Q站与T站埋深相近区间采用V字节能坡；U站两端由于需要下穿较深的电力管沟，造成其两端区间采用V字节能坡；V站至W站区间由于正线需要与出入段线进行立交，区间也采用 V 字节能坡。

图 7.11 为地铁 3 号线 L 站至终点 W 站纵断面示意图。

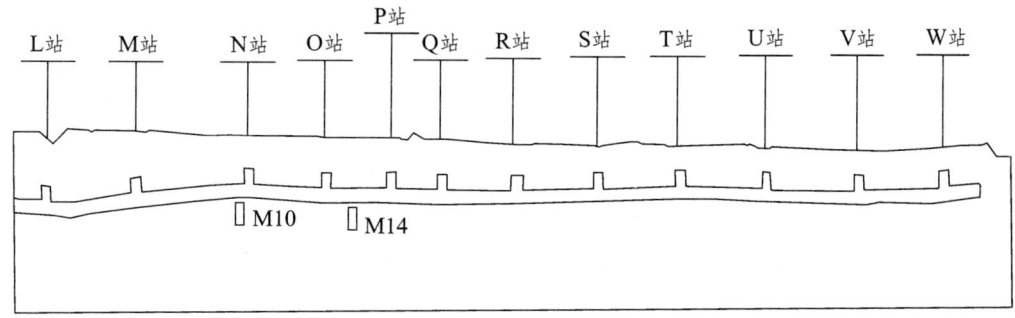

图 7.11 地铁 3 号线 L 站至终点 W 站纵断面示意图

3. 控制地段纵断面方案比较

纵断面布置方案主要结合 N 站的设置来考虑纵断面方案优化，见图 7.12。

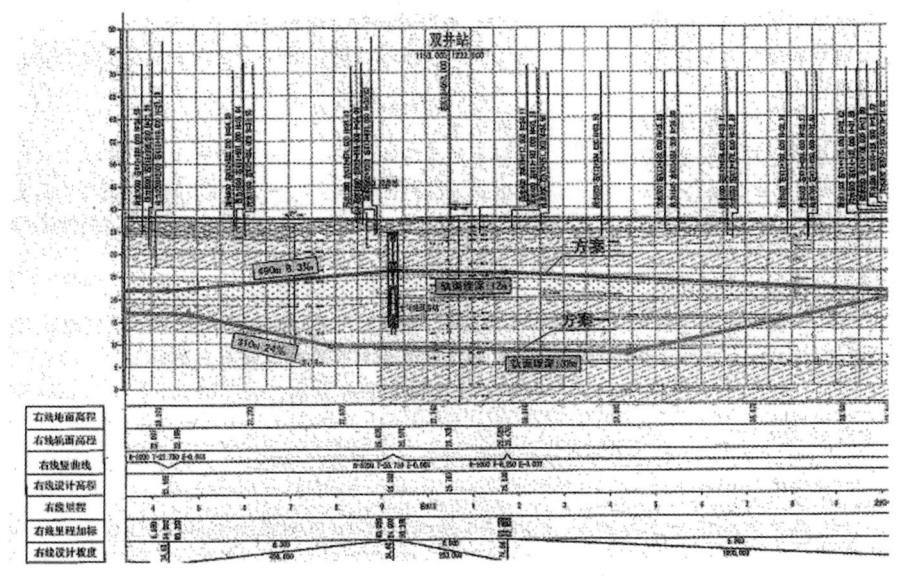

图 7.12 N 站纵断面比选

N 站是 3 号线与 10 号线的换乘车站，位于 GQ 路及东三环相交的路口，路口西南角有大酒店，东北角有高层乐成中心。西北角为怡馨园高层住宅小区。10 号线 N 站为两端三层明挖，中间单层暗挖车站，轨面埋深 21 m。车站范围内管线较多，基本均为平行于车站方向的管线：120 mm×50 mm 电力管线、3 条 ϕ600 mm 上水管线、ϕ500 mm 中压燃气管线、ϕ1 000 mm 上水管线、ϕ1 000 mm 污水管线（埋深 5.7 m）、ϕ900 mm 雨水管线、100 mm×45 mm 电信管线、5 000 mm×3 000 mm 热力沟（埋深 11.0 m）、2 000 mm×2 400 mm 电力隧道（埋深 8.3 m）等；垂直于车站方向的管线有：106 mm×74 mm 电信管线、ϕ500 mm 中压燃气管线、ϕ1 300 mm 污水管线（埋深 6.1 m）、ϕ1 640 mm 雨水管线（埋深 3.3 m）、ϕ1 000 mm 上水管线、1 560 mm×1 030 mm 雨水沟等。三环道路红线宽 80 m，交通流量很大，路口为 SJ 桥，基础为桩基；GQ 路道路红线宽 60 m。根据以上周边因素比选了以下两个方案：

（1）方案一：3号线下穿10号线既有车站。

考虑地铁10号线单层暗挖段上层覆土仅有11 m，同时上层管线较多，因此在工程可行性研究阶段及投标阶段均考虑3号线下穿10号线SJ站，3号线车站站位设置于路东，与建成的10号线车站呈T形换乘的方式。3号线车站为双层岛式暗挖车站，3号线车站在下，区间下穿10号线车站。改造10号线的出入口，使两站的出入口能连接起来。

方案优点：

① 车站为两层暗挖14 m岛式车站，站位与现状、规划相结合，位于道路交叉口处与既有10号线呈T形换乘，能够吸引各个方向的客流。

② 车站采用暗挖法施工，基本不用交通疏解和管线改迁。

方案缺点：

① 车站的轨面埋深将达到31.468 m，车站采用暗挖法施工，车站的结构主体施工进入两层承压水层作业，给施工带来很大的风险。

② 车站区间下穿既有10号线与SJ桥，施工时必然会对SJ桥产生安全隐患。

③ M站至N站区间较短，由于故障停车线控制，如果下穿N站则站前需要设置310 m，24‰的坡度。

（2）方案二：3号线上跨10号线既有车站。

3号线车站站位设置十字路口以东，车站采用明挖三层，岛式站台，站厅在地下一层（3.55 m），站台在地下二层，地下三层为换乘、设备层。车站换乘通过改造北侧原10号线SJ站1号出入口，接通换乘通道，南侧下穿热力、电力管沟通过地下三层与南侧10号线站厅连接达到换乘目的。

方案优点：

① 车站为三层明挖岛式车站，站位与现状、规划相结合，位于道路交叉口处与既有10号线T形换乘，能够吸引各个方向的客流，进出站客流与换乘客流互不干扰。

② 工程实施难度较小；区间采用两个单线隧道的方式穿越SJ桥，对桥体影响较小、车站埋深浅，工程风险小。

③ 车站站位设置躲避南侧控制性管线，避免了大型管沟迁改。

④ 换乘距离最短。

⑤ 线4路上跨10号线车站，M站与N站高差较小，区间仅需要设置490 m，8.3‰的坡度。

方案缺点：

① 由于东西向布置的管线顺车站方向，部分管线需永久改移，管线改迁量较大。

② 对地面交通疏解难度较大。

综上所述，方案二能够很好地与既有线N站实现换乘，3号线线路上跨10号线，施工风险小，车站埋深较浅，乘客乘降方便等优势，将作为本次的推荐方案。

4. 车站埋深

A站为预留结构车站，与9号线双岛四线换乘。B站由于A站预留区间的结构影响，车站埋深调整范围很小，3号线新建车站埋深主要受换乘车站以及大型管线影响较大。其中换乘车站：C站3号线在下，16号线在上；F站3号线在上，4号线下；H站3号线在下，8号线在上；I站3号线在上，12号线在下；J站3号线在下，5号线在上；N站3号线在上，10号线在下；D 站 3 号线在上，14 号线在下；S 站 3 号线在上，11 号线在下。

受桥桩、管线影响的车站：D 站受西二环桥桩、GAD 桥桥桩以及 HC 河的影响，车站埋层较深；L 站由于 XZS 大街过街热力沟的影响导致埋层较深。各站的埋深详见表 7.2 车站埋深一览表。

表 7.2　车站埋深一览表

序号	车站名称	站间距/m	线间距/m	车站轨面高程/m	备注
1	A 站		5（侧式）	32.095	与 9 号线换乘
		949			
2	B 站		5（侧式）	25.625	
		1 135			
3	C 站		17（岛式）	20.735	与 16 号线换乘
		1 127.5			
4	D 站		45（分离岛式）	20.26	
		822.5			
5	E 站		15（岛式）	25.895	
		894			
6	F 站		15（岛式）	33.633	与 4 号线换乘
		898			
7	G 站		15（岛式）	23.589	
		1 187			
8	H 站		17（岛式）	17.343	与 8 号线换乘
		782			
9	I 站		17（岛式）	23.627	与 12 号线换乘
		984			
10	J 站		17（岛式）	10.37	与 5 号线换乘
		763			
11	K 站		15（岛式）	18.656	
		807			
12	L 站		15（岛式）	21.388	
		1 113			
13	M 站		15（岛式）	23.028	
		1 169			
14	N 站		16（岛式）	25.35	与 10 号线换乘
		1 186			
15	O 站		17（岛式）	20.098	
		903.5			
16	P 站		15（岛式）	13.382	与 14 号线换乘
		868.5			

续表

序号	车站名称	站间距/m	线间距/m	车站轨面高程/m	备注
17	Q 站		15（岛式）	20.079	
		916			
18	R 站		15（岛式）	19.143	
		1 391			
19	S 站		17（岛式）	19.996	与 11 号线换乘
		925			
20	T 站		15（岛式）	19.741	
		1 363			
21	U 站		15（岛式）	19.487	
		1 567.5			
22	V 站		24.5（双岛）	18.005	
		1 092.5			
23	W 站		5（侧式）	15.89	

7.4.4 辅助线设置

线路车站配线如图 7.13 所示。

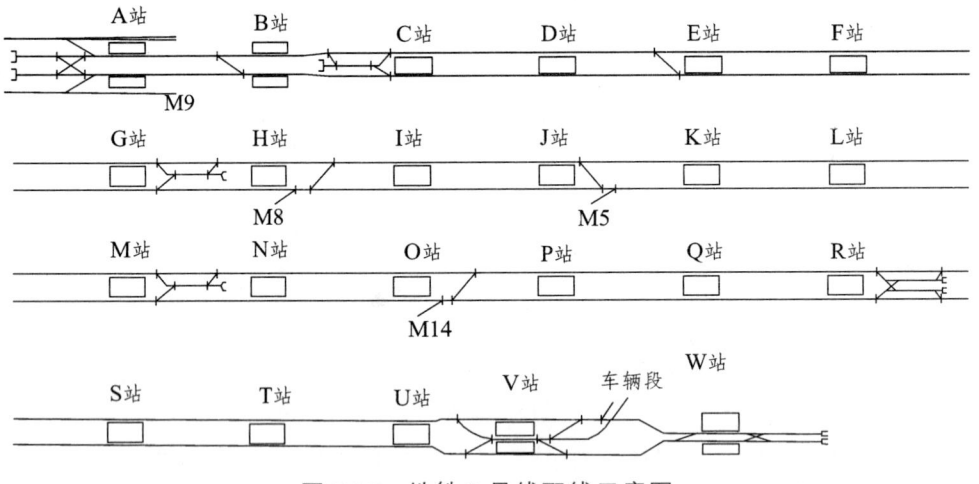

图 7.13 地铁 3 号线配线示意图

A 站是 3 号线的起始车站，3 号线在此需要满足折返功能，由于预留工程设置了与 9 号线的双联络线，此次规划仍然保留。站前无法增加交叉渡线，设置单渡线。

B 站是全线的第二站，距离 A 站很近。由于 A 站在节假日高峰瞬时客流比较大，而受到 A 站地铁站厅站台空间的限制，乘客很难及时疏散，存在比较大的安全隐患。设置渡线可以满足故障救援时列车到右线行驶回到车辆段的要求。在火车站客流量过大或者火车站阻塞时也可以组织列车在此折返，使得乘客步行进入火车站，减轻地下空间的压力，避免安全事故的发生。

C 站设置临时存车线。由于 3 号线西的起点没有车辆基地，而 A 站又是极易形成突发客流的车站，运营管理需要考虑本线的这一特点。在 C 站设置一处临时存车线，用来处理 A 站的突发客流。该功能受到 A 站预留结构的限制，无法在 A 站和 B 站实现。当然，在有故障车需要停放时，该存车线也可以作为故障车停车线使用。

G 站东设置故障车停车线，用于故障车的临时存放。

M 站东设置故障车停车线，用于故障车的临时存放。

R 站南设置故障车停车线，用于故障车的临时存放。

V 站设置出入段线，用于车辆进出车辆段。由于 3 号线预留远期延伸的条件，采用双岛三线可以满足车辆出入段的需要，车辆段内车辆可以向两个方向发车，回段车辆也可以从两个方向完成回段作业。

W 站设置站后折返线，用于车辆折返。W 站需要满足线路延伸条件，折返条件。

J 站设置了与 5 号线的联络线，H 站设置与 8 号线的联络线，O 站设置与 14 号线的联络线，在各个联络线处设置单渡线与其配合使用。

E 站设置单渡线为施工车辆的折返提供了方便的条件，也可以为日常车辆的调度提供便利的条件。

8 城市轨道交通车站规划与设计

城市轨道交通车站是旅客乘降的场所，是乘客出行的出发、换乘与终止点。车站的设计涉及城市轨道交通系统的众多方面，包括土地布局、空间利用、建筑与结构设计、设施选择、流线设计等。本章首先介绍了城市轨道交通车站的分类与组成、车站的设计原则、车站规模及风格、车站形式等基础知识，介绍了车站总平面布局设计的原则和流程，重点对车站站台、大厅及售检票设施、楼梯及通道尺寸设置、设备及管理用房、车站防灾设施的设计进行详细介绍，最后用案例进一步说明城市轨道交通车站规划与设计的基本原则与方法。

8.1 车站概述

车站是城市轨道交通系统最重要的现代建筑类型，它们除了提供旅客上下车的服务以外，还可以具有一系列功能：购物、聚会及作为城市景观。车站也是空间建筑物与工程结构的结合之处，反映着城市轨道交通系统的特色。

8.1.1 车站的分类与组成

1. 车站的分类

城市轨道交通系统车站根据不同划分方法可进行如下分类。

（1）按车站与地面相对位置可分为：地下车站（浅埋车站、深埋车站）、地面车站和高架车站。

（2）按车站的运营性质可分为：终点站、一般中间站、中间折返站和换乘站等。

（3）按结构横断面形式可分为矩形断面车站（单层、双层、多层，单跨、双跨、三跨等）、拱形断面车站（单跨、多跨连拱）。

（4）按车站的施工方法可分为：明挖站、暗挖站、明暗挖结合站。

（5）按车站站台形式可分为：岛式车站、侧式车站、一岛一侧、一岛两侧等车站形式。

（6）按车站适用功能可分为：一般车站、换乘车站、折返车站等。

（7）按车站服务的对象及功能可以分为：城市标志站（作为城市的象征或著名建筑物）、与干线或机场等交通连接的换乘枢纽站（完成与机场或其他交通方式的连续运输过程）、市郊地区车站、农村地区车站等。

2. 车站的组成

对城市轨道交通系统来说，车站一般由主体、出入口及通道、通风道及风亭（地下）和其他附属建筑物等组成。

车站主体是列车的停车点，它不仅要供乘客上下车、集散、候车，也是办理运营业务和运营设备设置的地方。车站主体根据功能的不同，可分为以下两大部分。

（1）乘客使用空间。

乘客使用空间又可分为非付费区和付费区。

非付费区是乘客购票并正式进入车站前的活动区域。它一般应有较宽敞的空间、售检票位置，根据需要还可设银行、公用电话、小卖部等设施。非付费区的最小面积可以参照每高峰小时 5 min 内聚集的客流量的水平来推算。

付费区包括站台、楼梯和自动扶梯、导向牌等，它是为乘客提供候车服务的设施。

对于一般的城市站来说，通常非付费区的面积应略大于付费区。

乘客使用空间是车站设计的重点，设计时要注意人流流线的合理性，以保证乘客方便、快捷地出入车站。

（2）车站用房。

车站用房包括运营管理用房、设备用房和辅助用房三部分。

运营管理用房是车站运营管理人员使用的办公用房，主要包括站长室、行车值班室、业务室、广播室、会议室和公共保卫室等。

设备用房是保证列车正常运行和车站内良好环境条件以及在灾害情况下保证乘客安全的车站用房。它主要包括通风与空调用房、变电所、综合控制室、防灾中心、通信机械室、信号机械室、自动售票室、冷冻站、配电室、公区用房等。

辅助用房是为保证车站内部工作人员正常工作生活所设置的用房，主要包括卫生间、更衣室、休息室、茶水间等。

车站用房应根据运营管理需要进行设置，在不同车站只配置必要房间，尽可能减少用房面积，以降低车站投资。

8.1.2 车站的设计原则

《地铁设计规范》（GB 50157—2013）中规定，地铁工程设计，必须符合政府主管部门批准的城市总体规划和城市轨道交通线网规划。

因此，城市轨道交通车站设计应满足以下原则。

（1）城市轨道交通系统车站的总体设计，应妥善处理与城市总体规划、城市交通、城市轨道交通线网规划、地面建筑、地下管线、地下建筑物之间的关系。

（2）车站总体设计应考虑对城市景观的影响，并注意与周围环境的协调，如与城市景观、地面建筑规划相协调。随着社会的进步和人民生活水平的提高，人们对建筑艺术的要求日益提高。地处城市区域的车站，人流十分集中，作为一种永久性建筑物，在经济许可的前提下改善车站的建筑设计，与城市景观和地面建筑规划进行很好的协调，对美化城市环境、改善人民生活质量是很有意义的。

（3）车站的规模及布局设计要满足路网远期规划的要求。车站是乘客候车、上下列车及列车停靠的场所，站台长度、宽度、容量必须满足远期的旅客乘降和疏散要求；车站客流集中，一般都与地面交通有大量的换乘，给乘客带来便利。城市轨道交通路网建设是个渐进的长期过程，随着轨道交通线路数目的增加，线路交叉点数目亦增多，处在交叉点处的中间站，便开始起着换乘站的作用。由于轨道交通车站，尤其是地下车站，建成通车后的改建十分困难，因此这类车站应该在轨道交通路网的远景规划中加以规定，建设初期做必要的预留措施，以便未来能够在不中断行车的情况下，较方便地扩建必要的换乘设备。

车站的规模要在考虑近期客流量与远期预测客流需求的情况下确定。对于枢纽地区，要考虑高架车站、地面车站与地下车站之间客流换乘的方便性，并满足各种安全防护要求。车站设计要考虑"高峰中的高峰"。例如，设计中一般要考虑 15 min 最大流量，它是按照高峰小时流量的 30%进行计算的（正常为 25%）。类似地，5 min 最大流量按 15 min 的 40%计算。目前，国内地铁设计规范中规定，超高峰系数为 1.2~1.4。

（4）车站的规模、站台的形式、站厅平面及层面通道均按"功能、安全、环境"三要素优化设计，并满足发生灾害时 6 min 内疏散一列车乘客、候车人员、工作人员的要求。

（5）车站的设计应尽可能地与物业开发相结合，使土地的使用达到最经济的目的。

（6）车站建筑的设计应简洁明快大方、易于识别，并应体现现代化交通建筑的特点，同时还应与周围的城市景观相协调。

（7）车站设计应能满足设计远期客流集散量和运营管理的需要，车站设计要保证乘客使用安全、方便，并具有良好的内部和外部环境条件，最大限度地吸引乘客。与其他交通方式换乘的车站，应充分考虑预留换乘接口条件，使换乘客流组织合理、快捷，尽量避免出现交叉的情况。

（8）车站应在满足使用功能的前提下，尽量缩小建筑空间，使其规模、投资达到最合理的目的。车站的管理用房及设备用房尽量布置在主体建筑之外，与周围建筑的开发相结合，以减小车站的规模。

（9）车站公共区应按客流需要设置足够宽度的、直达地面的人行通道，出入口的布置应积极配合城市道路、周围建筑、公交的规划等因素综合考虑，通道和出入口不应有影响乘客紧急疏散的障碍物。车站设计要尽量兼顾过街人行通道的要求。

（10）贯彻以人为本的思想，车站需解决好通风、照明、卫生等问题，以提供给乘客安全、快捷和舒适的乘降环境。在经济条件许可的条件下，也应尽量从"以人为本"的出发点来考虑设计标准，如自动扶梯数量的配置、环控设备的设置、车站内各种服务设施（如公用电话、自动售票机、残疾人通道、公厕、座椅、垃圾筒）等，尽管人们在车站内逗留的时间是短暂的，但还是要创造一个满足人的行为所需的场所，使人们在生理和心理上获得舒适感。

（11）车站应考虑防灾设计，确保车站的安全性。

（12）车站设计要考虑其经济性。城市轨道交通建设投资巨大，根据我国轨道交通建设经验，车站土建工程的造价约占轨道交通系统总投资的 13%左右。因此，在车站建筑设计时，在满足功能的前提下，应尽量压缩车站的长度及控制车站的埋深或车站架空高度，以降低造价、节约投资。

8.1.3 车站规模及风格

1. 车站规模

在进行车站总体布局以前，要确定车站的规模。城市轨道交通系统的规模主要是根据车站设计客流量（容量）确定的。一般可以参照日均乘降客流量和高峰小时客流乘降量来综合确定。表 8.1 是我国轻轨车站规模分级。

表 8.1 轻轨车站规模分级

车站规模	日均乘降量	高峰小时乘降量
小型站	5万人次/日以下	0.5万人次/h以下
中型站	5万~20万人次/日	0.5万~2.0万人次/h
大型站	20万~100万人次/日	2.0万~10.0万人次/h
特大型站	100万人次/日以上	10.0万人次/h以上

注：特大型站的日均乘降客流量为多条线路合计量。

地铁车站规模主要根据车站预测客流及所处位置确定，一般可分为三级。
A级：适用于客流量大、地处大型客流集散点以及地理位置十分重要的车站。
B级：适用于客流量较大、地处市中心或较大的居住区的车站。
C级：适用于客流量较小、地处郊区的各站。
车站规模直接决定着车站的外形尺寸及整个车站的建筑面积等。
表 8.2 为深圳市城市轨道交通二期 11 号线车站设计规模表。

表 8.2 深圳市城市轨道交通二期 11 号线车站设计规模表

车站名称	2035年高峰小时站点双向客流乘降量/(人/高峰小时)	车站规模	站型	形式	备注
深圳西站	28 790	大型站	地面站	岛式	换乘站
建工新村	6 122	小型站	地面站	侧式	预留站
内丽站	4 797	小型站	地面站	侧式	
龙珠站	8 792	小型站	地面站	侧式	
塘朗站	9 251	小型站	地面站	岛式	
龙华站	49 009	大型站	地面站	岛式	换乘站
坂田站	1 375	小型站	地面站	侧式	
雪岗站	14 831	中型站	高架站	侧式	
上李朗站	5 887	小型站	地面站	侧式	
平湖站	14 698	小型站	高架站	侧式	
北通道站			地面站	侧式	预留站
塘坑站	33 761	大型站	高架站	岛式	换乘站

注：地铁车站规模的分类标准：12 000人/高峰每小时以下为小型站；12 000~25 000人/高峰小时为中型站；25 000人/高峰小时以上为大型站。

我国地下铁道系统车站通过能力，应按该站远期超高峰客流量来确定，超高峰客流量一般取高峰小时流量的 1.2~1.4 倍。

2. 车站风格

车站是空间、光和结构三者协调的一门艺术。同其他建筑物一样，车站是由物质实体（如墙、门窗、柱、梁板和屋顶等）及其所包围的空间组成。现代建筑理论认为：空间是建筑的目的，实体是建筑的手段。空间和实体之间是一种对立统一的关系。不同实体采用的方案对空间的处理与感受有很大的影响。

一般地，车站就不同实体形式可以分为以下几种风格。

（1）古典风格。一般使用木材、石料、砖等传统建筑材料。其特点是内外墙面、柱及屋顶等各部分都有复杂的装饰、彩画、雕刻。古典风格可以创造一种富丽堂皇的宫廷建筑形式，适合在穿越具有历史保护价值的古建筑群内或附近建设的车站，显示车站建筑对历史的尊重。

（2）现代风格。与古典风格对应，它一般采用钢、玻璃、有机材料等建筑材料。其特点是墙面、柱、顶等部分的装饰简洁明快。现代风格忽视传统，追求技术运用的效果，如玻璃的透彻、钢的清秀，强调材料的质感、色彩、纹理，时代感强，适合现代快节奏社会中人们的审美情趣，且可采用现代技术施工，速度快，经济性好，是多数车站采用的风格。

（3）民族风格。由于每个民族都有不同的文化特点和审美情趣，建筑领域内民族风格特色往往体现在形象方面。例如：汉族的建筑色彩较为热烈，西洋建筑则较注重本色；中国民族建筑以木质居多，形象轻盈剔透，西洋建筑以石料为多，常显得比较厚重；中国建筑多来自神话与传说，西洋建筑更多体现在宗教等。

车站建筑要尊重使用者的民族审美特点，尽量做到既能为乘客乘车提供良好的文化环境，又能为车站建筑本身增添特色。当然，民族风格也处于发展变化中。

（4）地方风格。主要考虑地理因素的变化。我国内陆地区多为少雨干旱地区，北方地区还有较多的风沙，这些导致建筑风格出现变化。就我国而言，寒冷地区的建筑要厚重、封闭一些；热带地区的建筑要轻巧、通透一些；西北干旱地区可设计平顶建筑；而多雨地区则一般设计陡急的坡屋顶。

一般说来，地方风格是人们多年来适应当地自然条件的结果，这种结果在建筑方面的聚积成为建筑文化的一部分，即地方风格的建筑。

（5）个人风格。在建筑设计活动中，设计者或建筑师发挥着重要作用。实际上，建筑师本人就具有特定民族、地域、时代和文化背景，其作品不仅反映了这些民族、时代的特点，还要反映由其本人的特定经历所决定的个性，这种个性就是建筑师的个人风格。

无论什么风格的车站建筑，均需符合形式美的规律，这种形式美就是多样统一。这种多样统一包括以下内涵：

① 主从与重点。
② 均衡与稳定。
③ 对比与和谐。
④ 韵律与节奏。
⑤ 比例与尺度。

一条城市轨道交通线路上的车站，其风格可以一致，也可以有差异。整个线路的车站建筑群可以像一首乐曲一样，不同车站是其不同的乐章，有序曲、高潮和尾声；也可像一部史书，记下城市的过去、现在和未来。设计者在构思整个城市轨道交通系统车站建筑形式时所要确定的正是这种总体风格。

8.1.4 车站形式

根据车站的功能需要，车站用房不同的组合、施工方法的不同、地形环境的差异等使得车站形式千变万化，难有一定之规。这里对一些常见的典型车站形式加以介绍。

1. 地下车站形式

（1）下岛式（侧式）双层（局部双层）车站。

这是国内最常用的一种车站形式。一般采用明挖法施工，必要时也可以采用暗挖法施工，它埋置深度一般不超过 20 m。图 8.1 是一个此类车站的纵剖面示意图。图 8.2 则描述了岛式车站与侧式车站横剖面。

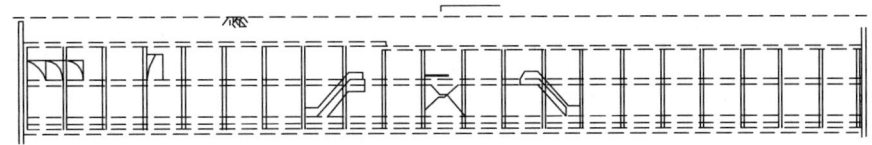

图 8.1　车站纵剖面示意图

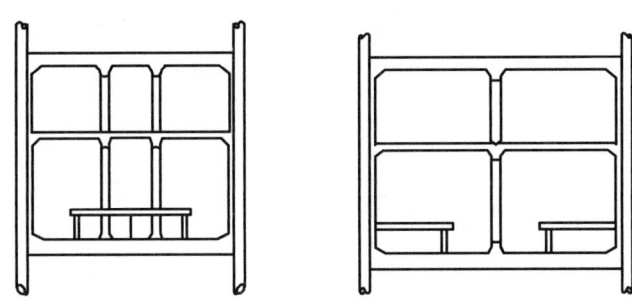

图 8.2　岛式车站和侧式车站横剖面示意图

岛式车站空间利用率高，可以有效利用站台面积调剂客流，方便乘客使用，站厅及出入口也可灵活安排，与建筑物结合或满足不同乘客的需要。缺点是车站规模一般较大，不易压缩。

一般说来，侧式车站不如岛式车站站台利用率高，对乘客换方向乘车也造成不便，但由于站台设置在线路两侧，售检票区可以灵活设置，车站两侧也可以结合空间开发统一利用，设置单层车站的条件也优于岛式车站。

（2）地下双洞（或三洞）岛式车站。

这种车站一般采用暗挖法施工，根据地质条件确定车站的埋深，站厅一般根据周围环境条件，采用明挖法或结合地面建筑设置。图 8.3 是一个双洞岛式车站示意图。

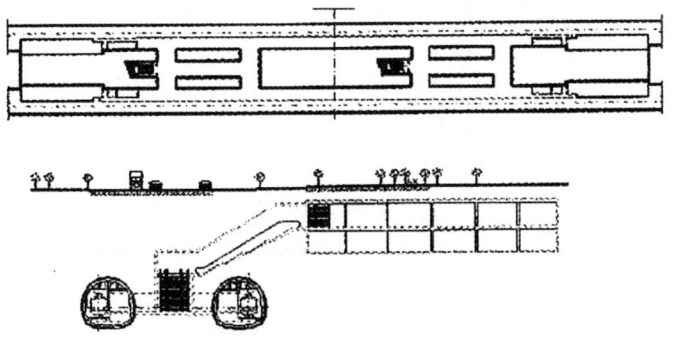

图 8.3　双洞岛式车站示意图

这种车站一般在地质条件较好、地面不具备敞口明挖条件的地段采用。其优点是施工时可减少对地面环境的干扰，乘客使用也比较方便；缺点是施工难度相对较大。

2. 高架车站形式

高架铁路是环绕或穿越市区的架空铁路，与道路网络平行设置，站间距相对较短。早期的高架铁路建设在城市街道上，是将城区地面铁路重建为高架铁路，但它并不能减少站间距离，它们只是道路交通的辅助部分，这类铁路有巴黎等地的高架铁路。大多数高架铁路都应尽可能建得低一些，以降低造价。

高架车站主要是根据所在位置和设置的站房来确定车站形式，它与采用的线路敷设方式有较大关系。高架车站也可分为岛式和侧式两种形式。岛式车站中，双方向客流可以同站台乘降，站台利用率较高，但线路结构复杂，站台宽度也较侧式站台的任一侧要求要宽，从而需要较多的、集中的空间，它可能造成地面土地利用的困难。

侧式站台双方向客流流线分开考虑，不易造成客流的混乱，站台在建筑空间上可以适当分散处理，如横列或纵列处理等；有时也容易与地面客流及换乘方向结合。因此，实际工作中，高架车站较多地采用侧式站台形式，尽可能减少车站宽度，降低车站造价。图8.4是侧式站台的布置图。

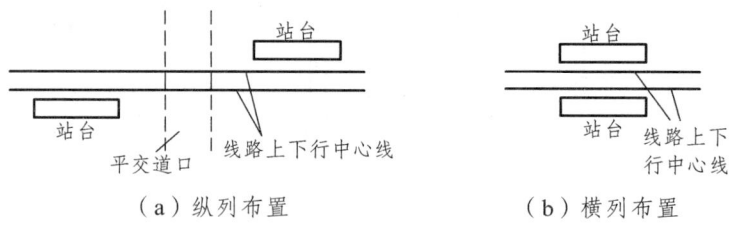

（a）纵列布置　　　　（b）横列布置

图8.4　侧式站台布置图

3. 地面车站形式

当轨道交通线路在市区边缘或郊区时，由于地面交通量不大，为降低成本，可以考虑将轨道交通车站设置在地面，尤其是轻轨系统。

地面形式的轨道交通主要是基于既有的街道，线路设计相对简单，重点是处理与道路交通的关系和先行权的问题。

地面轻轨车站设计的重点要考虑乘客及行人穿越道路时的干扰以及安全问题。这方面已经有很多成功的例子，如新泽西的湖逊-伯根（Hudson-Bergen）轻轨系统、曼彻斯特的瑞木林科（Tramlink）等。

地面车站一般分为单层、双层或结合周围环境进行开发的多层车站，它的形式主要是根据功能要求和环境特点确定，图8.5为某地面轻轨车站示意图。

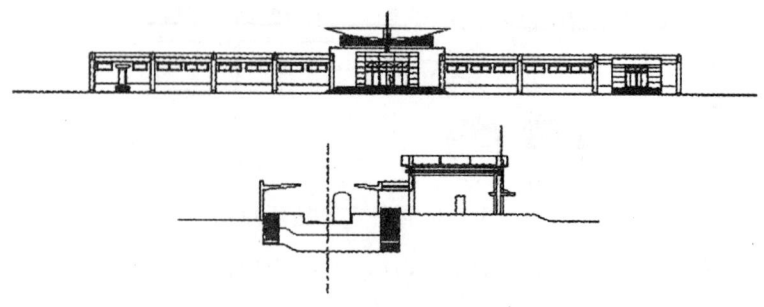

图8.5　某地面轻轨车站示意图

地面车站主要是解决好乘客进出车站的流线，在此基础上，应尽可能简洁，缩小站房面积，降低车站造价。

在车站站台有效范围内，靠近站台一侧，站台边缘至线路中心线的距离，应根据车厢宽度来确定。在我国，一般站台边缘与车厢外侧之间的空隙设置 100 mm 为宜，站台面的高度应低于车厢地板面 50~100 mm 较为合适。这个数值与车辆质量及运营水平有关，也与线路和车站工程的施工质量有关。

8.2 车站总平面布局设计

车站总平面布局包括车站中心的位置（站位）、车站的外轮廓的范围以及出入口风亭的确定等，它是车站设计的关键环节。它由于影响因素甚多，在设计中往往很难落实，一般需反复研究论证，才能获得好的设计方案。

8.2.1 车站总平面布局原则

（1）站厅层布置应分区明确，依据出入口的位置和数量、楼梯与扶梯的位置和数量、售检票系统的位置和数量以及换乘要求对客流进行合理的组织，避免和减少进出站客流的交叉，合理布置管理、设备用房，满足各系统的工程要求。

（2）站台层布置需以车站上下行远期超高峰小时设计客流量来计算站台宽度，根据线路走向及换乘要求确定站台形式，根据车站需要布置设备或管理用房区。

（3）车站出入口应设置于道路两边红线以外或城市广场周边，需具有标志性或可识别性，以利于吸引客流、方便乘客。有条件的出入口考虑地面人行过街的功能。出入口规模应满足远期预测客流量的通过能力，并考虑与其他交通的换乘和接驳大型公共建筑所吸引的客流量。

（4）车站主要服务设施应包括自动扶梯、电梯、售票机、检票机、空调通风设施等。

8.2.2 车站总平面布局设计的流程

为尽可能减少方案的重复，车站总平面布局的设计可按以下步骤进行。

1. 分析影响因素，确定边界条件

影响车站站位和总平面布局的因素主要有以下几个方面。

（1）周围环境。主要包括：现状道路及交通条件、公交及其他交通方式站点设置、周围建筑物功能性质及基础，规划落实情况以及文物古迹和可能的山地、河流等自然条件。

（2）建筑物拆迁和管线改移条件。主要包括：车站周围现状建筑物和地下管线的使用情况，拆迁改移条件以及规划建筑物和管线方案的实施时间。

（3）施工方法。不同的施工方法对车站站位和总平面布局影响甚大，要结合地质条件和周围自然状况，提出可能的施工方法，结合总平面方案一同考虑。

（4）客流来源及方向。车站的主要功能是最大限度地吸引客流，要根据主要客流的来源和方向考虑站位和出入口通道的设置。

（5）综合开发的条件。结合城市轨道交通车站建设进行综合开发越来越引起人们的重视，尤其在城市密集区，寸土寸金，应寻求一切可能的条件，使车站与其他建筑物相结合。

上述因素是确定城市车站总平面布局最主要的因素，哪些是作为边界条件确定下来的，哪些是应该在方案比较中进行取舍的，都要一一落实清楚，只有弄清这些，方案设计才有坚实的基础。

2. 根据功能要求构思总体方案

在构思总体方案时，首先要弄清车站整体的功能要求，弄清车站的特点与性质，才能有的放矢地进行总体方案设计。不同的车站，除提供旅客上下车场所这一相同的功能外，各有其特点，大致可分为以下几种具有某种典型功能的车站。

（1）以换乘为主要功能的车站。主要应考虑乘客的换乘条件，以尽可能减少换乘距离为主要因素进行设计，并留有足够的换乘能力。

（2）接驳大型客流集散点的车站。要考虑突发性客流特点，留有足够的乘客集散空间，并创造快捷的进出站条件。

（3）有列车折返运行需要的车站。以列车在车站的运营能力为主，考虑车站配线的设置以及由此带来的车站站位及平面布局的变化。

（4）有与建筑物开发结合要求的车站。应考虑结构的统一性，并分清各种客流的流向，要使进出站客流有独立的通道并尽量减少与其他客流的交叉干扰。

（5）有其他特殊功能需要的车站。包括远期需进一步延伸的起点站、与其他交通系统的联运站等。

当然，车站的功能需要远不止以上几种，一般是以上几种或其他功能需要合在一起的组合，在确定站位和布局时，对此都要加以细致的考虑。

3. 确定出入口与风亭数量及位置

在总体构思完成，站位大致确定后，最重要的工作就是确定车站出入口和风亭的数量及位置，车站的出入口和风亭位置的确定，往往对总平面布局有很大影响，有时甚至是决定性的影响，"有出入口才有车站"在某种意义上也反映了出入口的重要性。

车站的出入口数量可根据进出站客流的数量以及方向确定，首先要满足进出站客流的通过能力，其次，应尽可能照顾各个方向的客流，以方便乘客进出站。《地铁设计规范》规定："车站出入口的数量，应根据客运需要与疏散要求设置，浅埋车站不宜少于4个出入口。当分期修建时，初期不得少于2个。小站的出入口数量可酌减，但不得少于2个。"

风亭的数量和采取的通风与空调方式有关，一般由环控专业确定。

出入口和风亭位置的选择应注意以下几点：

（1）单独设置的车站入口的位置一般选在城市道路两侧、交叉口及有大量人流的广场附近，出入口宜分散均匀布置，以最大限度地吸引乘客。

（2）单独修建的地面出入口和地面通风亭，其位置应符合当地城市规划部门的规划要求，一般设在建筑红线以内。如有困难不能设在建筑红线以内时，应经过当地城市规划部门的同意，再选定其位置。地面出入口的位置不应妨碍行人通行。

（3）应考虑城市人流流向设置出入口，不宜设在城市人流的主要集散处，以免发生堵塞。

（4）车站出入口应设在较明显的位置，便于识别。

（5）车站出入口和地面通风亭不应设在易燃、易爆、有污染源并挥发有害物质的建筑物附近，与上述建筑物之间的防火安全距离应符合有关规范的规定。

（6）应尽可能创造条件使车站出入口、风亭与周围建筑物结合，尽可能减少用地和拆迁。

（7）车站出入口应尽可能与城市过街地道、天桥、下层广场结合，以方便乘客、节约投资。

4. 绘制车站总平面布置图

在以上工作的基础上，要根据设计的方案进行车站总平面布置图的绘制，根据设计阶段的不同，图纸内容深度也不同，一般在 1/500 地形图上进行，主要应包含以下内容：

（1）站中心的详细位置，包括线路里程、坐标等。
（2）车站主体的外轮廓尺寸，包括端点的线路里程、关键点的位置坐标等。
（3）出入口、风亭通道的位置、长度、宽度。
（4）出入口、风亭的详细位置、尺寸、坐标等。
（5）车站线路及区间的连接关系。
（6）车站周围地面建（构）筑物情况、地形条件等。
（7）其他与车站有关的设施情况等。

车站总平面的确定过程是一个各种因素交汇，反复循环的过程，它又是车站设计中保证总体目标的首要工作，对此应充分重视。

8.3 车站设施设计

8.3.1 站台的设计

站台长度 L 为远期列车编组长度加上允许的停车附加距离，单位：m。对轻轨列车，附加距离一般可取 4 m 左右。站台长度计算公式为：

$$L = l \cdot n + 4 \tag{8.1}$$

式中：l——轨道交通车辆长度（包括挂钩），m；

n——车辆联挂节数。

对于远期列车编组在 6～8 辆的轨道交通系统，站台长度一般为 130～180 m。

站台长度是根据车站远期预测高峰小时客流量、列车运行间隔时间、结构横断面形式、站台形式、楼梯及自动扶梯位置等因素计算确定。我国目前现行的规范和标准对站台宽度尚无统一计算方法，现介绍设计中常用的几种计算方法。

1. 方法 1

侧式站台宽度

$$B_1 = \frac{M \cdot W}{L} + 0.48 \tag{8.2}$$

式中：B_1——侧站台宽度，m；

M——超高峰小时每列车单向上下车人数；

W——人流密度，按 0.4 m²/人计算；

L——站台有效长度，m。

岛式站台宽度：
$$B_2 = 2B_1 + C + D \quad (8.3)$$

式中：B_2——岛式站台宽度，m；

B_1——侧式站台宽度，m；

C——柱宽，m；

D——楼梯、自动扶梯宽，m。

2. 方法2

先计算出站台总面积，再利用面积除以站台长度加相关调整量计算站台宽度，站台面积计算公式如式8.4所示。

$$A = N \times W \times a \times P_车 \times (P_上 + P_下) \times 1/100 \quad (8.4)$$

式中：A——站台总面积，m²；

N——列车车厢数；

W——人流密度，按 0.75 m²/人计算；

a——超高峰系数，一般取 1.2～1.4；

$P_车$——每车厢人数；

$P_上 + P_下$——上、下乘客百分数，一般取 20～50。

侧式站台宽度：
$$B_1 = \frac{A}{L} + 0.48 + B' \quad (8.5)$$

岛式站台宽度：
$$B_2 = 2B_1 + C + D \quad (8.6)$$

式中：A——站台总面积，m²；

B_1——侧式站台宽度，m；

C——柱宽，m；

D——楼梯、自动扶梯宽，m；

B'——乘客沿站台纵向流动宽度，一般取 2～3 m；

L——站台有效长度，m。

3. 方法3

侧式站台宽度：$B_1 = q \cdot \rho / L + b + b_1 \geqslant B_{1\min}$ （8.7）

式中：B_1——侧式站台宽度，m；

q——远期每列车超高峰小时上、下车设计客流量之和（人），为远期高峰小时的 1.2～1.4 倍；

ρ——站台上人流密度，约 0.33～0.75 m²/人，通常取 0.5 m²/人；

L——站台有效长度，m；

b——站台边缘安全带宽度，地铁规范为 0.45 m；

b_1——乘客沿站台纵向流动宽度，为 2~3 m；

$B_{1\min}$——无柱式侧式站台允许最小宽度，地铁规范为 3.5 m。

一般侧式车站的站台宽度为 4~6 m，无立柱时偏小，有立柱时偏大。

岛式站台宽度：

$$B_2 = 2q \times \rho / L + 2b + n \times C + D \geqslant B_{2\min} \quad (8.8)$$

式中：B_2——岛式站台宽度，m；

n——站台横断面方向的立柱数目；

$B_{2\min}$——岛式站台允许最小宽度，地铁规范为 8 m。

一般岛式站台宽度为 8~10 m，横向并列的立柱越多，站台宽度越大。

以上海地铁 1 号线为例，大型车站站台宽度为 14 m，中型车站站台宽度为 10~12 m，小型车站站台宽度为 8 m。

为保证车站安全运营和安全疏散基本需要，我国《地下铁道设计规范》(GB 50157—2013) 中规定了车站站台的最小宽度尺寸，如表 8.3 所示。

表 8.3 车站技术标准

车站站台形式		站台最小宽度/m
岛式站台		8.0
多跨岛式站台车站的侧站台		2.0
无柱侧式站台车站的侧站台		3.5
有柱侧式站台的侧站台	柱外站台	2.0
	柱内站台	3.0
通道或天桥		2.5
出入口		2.5
楼梯		2.0

在设计中，一般根据车站等级规定的站台宽度，基本上都能满足站台宽度的计算要求。表 8.4 给出了北京地铁一期工程的岛式车站尺寸。

表 8.4 北京地铁一期工程的岛式车站尺寸

项目	规模		
	大	中	小
站台总宽/m	12.5	11	9
站台中跨集散厅宽/m	6	5	4
站台面至顶板底高/m	4.95	4.55	4.35
侧站台宽/m	2.45	2.10	1.75
站台纵向柱中距/m	5	4.5	4
站台长度/m	118	118	118

除了上述主要参数外，车站还有其他一些设施，如通道、自动扶梯、检票口及人行道等，它们也需要满足一定的能力要求。在我国地铁设计规范中，规定了车站各部位的通行能力，

如表 8.5 所示。

表 8.5 地铁车站各部位通行能力要求

部位名称	小时通行能力
人工检票口（月票）	3 600
人工检票口（车票）	2 600
自动检票机	1 800
人工售票口	1 200
半自动售票机	900
自动售票机	600

8.3.2 车站大厅及检售票设置

1. 车站大厅设置

车站大厅（简称站厅）的作用是将进出车站的乘客迅速、安全、方便地引导到站台乘车或使下车乘客迅速离开车站，因而它是一种过渡空间。一般地，站厅内要设置售检票及问询等设施，在一定程度上会形成乘客聚集，因此站厅要起到分配和组织人流的作用。站厅应有足够的面积，除考虑正常情况下所需的购票、检票及通行面积外，尚需考虑乘客做短暂停留及特殊情况下紧急疏散的情况。

站厅的面积主要由远期车站预测的客流量大小和车站的重要程度决定，目前还没有固定的计算方法，一般根据经验和类比分析确定。

2. 售检票设置

售票可分为人工售票、半人工售票及自动售票三种。人工售票与半人工售票亭的尺度相同，半人工售票的方式为人工收费找零、机器出票，售票机将作为主要售票设备。人工售票亭、自动售票机数量 N_1 的计算公式如下：

$$N_1 = M_1 K / m_1 \tag{8.9}$$

式中：M_1——使用售票机的人数或上下行上车的客流总量（按高峰小时计算）

K——超高峰系数，选用 1.2~1.4；

m_1——人工售票每小时售票能力，取 1 200 人/h；自动售票机每小时售票能力取 600 人/（小时·台）。

上述公式是标准的高峰小时客流单人次买票所需的售票亭或自动售票机的数量，随着票务形式的改变和社会售票点的增多，如部分票面采用储值磁卡、公交 IC 卡等，售票点不局限于地铁车站内设置，可在地下商场或地面各便利店出售，这样站厅内的售票机（亭）数量可大大减少。

进出站检票口的数量必须根据高峰小时客流量来计算。检票口数量 N_2 计算公式如下：

$$N_2 = M_2 K / m_2 \tag{8.10}$$

式中：M_2——高峰小时进站客流量（上下行）或出站客流量总量；

K——超高峰小时系数，选用 1.2~1.4；

m_2——检票机每台每小时检票能力，取 1 200 人/h/台。

8.3.3 楼梯及通道尺寸设置

自动梯和楼梯台数及宽度的计算，以出站客流乘自动梯向上到达站厅层考虑。自动梯台数 N_3 的计算公式如下：

$$N_3 = NK / n_1 n \quad (8.11)$$

式中：N——预测客流量（上下行），人/h；

K——超高峰系数，取 1.2~1.4；

n_1——每小时输送能力，约 8 100 人/h（自动梯形能为梯宽 1 m，梯速为 0.5 m/s，倾角为 30°）；

n——楼梯的利用率，选用 0.8。

楼梯和通道的尺寸 B 一般要在满足防灾要求的基础上，根据客流量计算确定，它可采用如下公式进行计算：

$$B = Q / N + M \quad (8.12)$$

式中：B——楼梯或通道宽度，m；

Q——远期每小时通过人数；

N——楼梯和通道的通过能力，人/h，见表 8-6；

M——楼梯或通道附属物宽度。

也可以利用如下的公式进行计算。

$$B = NK / n_2 n \quad (8.13)$$

式中：N——预测上客量（上行），人/h；

K——超高峰系数，取 1.2~1.4；

n_2——楼梯双向混行通过能力，取 3 200 人/(h·m)；

n——利用率，选用 0.7。

上述公式根据目前的经济条件，以向上出站疏散客流乘自动扶梯，向下进站客流走步行楼梯的模式而设置，在实际使用中，步行梯也有向上的疏散客流，在有条件设置上、下都使用自动扶梯的情况下，步行梯的宽度计算将做适当调整，相当部分的进站客流将被自动扶梯分担，因此步行梯宽度将缩小，根据地铁规范，在公共区中的步行梯宽度不得小于 1.8 m。

楼梯和通道的最大通过能力如表 8.6 所示。

表 8.6 楼梯与通道最大通过能力

名称		每小时通过人数
1 m 宽通道	单向通行	5 000
	双向通行	4 000
1 m 宽楼梯	单向下楼	4 200
	单向上楼	3 700
	双向混行	3 200
1 m 宽自动扶梯		8 100
1 m 宽自动人行道		9 600

根据地铁规范规定，为保证一定的通过能力，通道或天桥的最小宽度不应小于 2.5 m，楼梯宽度不小于 2 m。

在计算车站设施时，还有一些相关参数需要确定。例如，计算进出口宽度时，乘客行走密度取 1.2 人/m²，行走速度一般取 1.0 m/s。单向行走时楼梯通过能力一般按每米 70 人/min（下行）、63 人/min（上行）及 53 人/min（混行）计算。通道通行能力则按每米 88 人/min（单向）、70 人/min（双向）计算。垂直楼梯踏步宽度一般取 300～320 mm，高度取 150～165 mm（最大不超过 170 mm）；阶梯每升高 3 m，应增设步宽为 1.2～1.8 m 的休息平台。地下车站升降高度超过 6 m 时，可考虑设计自动扶梯。

在日本，站台旅客流动速度取 78 人/min，台阶上的流动速度取每米 51 人/min，通道流动速度取每米 84 人/min。

8.3.4 无障碍设计

为了体现"以人为本"的设计理念，轨道交通车站内应实施无障碍设计。针对轨道交通车站设置的不同位置，采取两种不同的设计方法，一种是车站位于道路地面以下，出入口位于道路的两侧，残疾人乘坐的轮椅可挂在楼梯旁设置的轮椅升降台下至站厅层，然后再经设置于站厅的垂直升降梯下达到站台；也可以直接通过地面设置的垂直升降梯，经残疾人专用通道到达站厅，然后再经设置于站厅的垂直升降梯下达到站台；盲人设置有盲道，电梯门口铺设盲道通至车厢门口。另一种形式是车站建于地下，车站的垂直升降梯可直接升至地面，因此，在地面直接设有残疾人出入口，以方便残疾人的使用。

8.3.5 设备用房及管理用房

车站用房面积受组织管理体制、设备的技术水平等制约，变化较大。它一般根据工程的具体特点和要求，由各专业根据本专业的技术标准和设备选型情况，结合本站功能需要进行确定。

表 8.7 是根据我国目前轨道交通的建设水平和实际工程经验提出的车站各类用房的数量、面积及位置，供规划阶段参考。

表 8.7 车站设计相关参数

房间名称	参考面积/m²	位置
站长室	10～15	站厅层，靠近车站控制室
车站控制室	25～35	站厅层客流大的一端
站务室	10～15	站厅层
会计室	20～30	站厅层
会议室	20～30	站长室附近
行车主值班室	15～20	不设车站控制室时设在站厅层
行车副值班室	8～10	站台层
安全保卫室	10～20	站厅层客流量大的一端
工作人员休息室	10～20	无要求
工作人员更衣室	10～20	无要求
清扫员室	8～10	站厅层
清扫工具间	6（2个）	站厅、站台各一处

续表

房间名称	参考面积/m²	位置
盥洗室及开水间	10~15	站台层
厕所	10~20	站台层
售票处	每处5~8	站厅层
问讯及补票处	每处2~3	靠近售票处
乘务员休息室	10~20	无要求
工区	10~20	按需要设置
牵引变电所	320~460	按需设在站台层
降压变电所	130~210	一般在站台层
环控及通风机室	1 300~2 000	站厅层两端或站台层
通信机械室	30~35	靠近车站控制室
信号机械室	30~35	靠近车站控制室
防灾控制室	15~20	靠近车站控制室或与它合并
消防泵房	50	设在方便消防人员使用处
污水泵房	20	厕所下方或附近
废水泵房	20	站台端部

8.3.6 车站防灾设计

车站防灾包括车站紧急疏散、车站消防和车站防洪（防涝）。

（1）车站紧急疏散。车站内所有人行楼梯、自动扶梯和出入口宽度总和应分别满足远期高峰小时设计客流量在紧急情况下，6 min 内将一列车满载乘客和站台上候车乘客（上车设计客流）及工作人员疏散到安全地区。此时车站内所有自动扶梯、楼梯均作上行，其通过能力按正常情况下的 90%进行计算，垂直电梯不计入疏散能力内。车站设备用房区内的步行楼梯在紧急情况下也应作为乘客紧急疏散通道、并纳入紧急疏散能力的验算中。车站通道、出入口处及附近区域，不得设置和堆放任何有碍客流疏散的设备及物品，以保证疏散的畅通性。

（2）车站消防。车站内划分防火分区，中间公共区（售检票区或站台）为一个防火分区，设备用房区各为一个防火分区。有物业开发区的车站，物业开发区为独立的防火分区。每个防火分区内设两个独立的、可直达地面的疏散通道。所有的装修材料均按一级防火要求控制。

（3）车站防洪（涝）。车站防洪（涝）设计按有关设防要求执行。地面站应考虑防洪要求。

8.4 案例分析

8.4.1 项目背景

重庆轨道交通江津线，是重庆轨道交通五号线的延伸段，是一条规划中的位于重庆都市区西南部连接大渡口区和江津区的城市轨道交通线路。起于五号线一期终点跳蹬站，向西穿越中梁山隧道，沿着华福路—九江大道到达双福新区后继续沿着九江大道—津马路—南北大道走行，一期终点为滨江新城南站，全长约 26.671 km，其中地下线路长 9.228 km，高架线 15.062 km，地面线 2.381 km。设九龙园、双福东、双福西、滨江新城北、滨江新城南五个站点，其中设高架车站 3 座，半地下车站（地面站厅）1 座，地下车站（地面站厅）1 座，设双福车辆段和控制中心（合建），设牵引变电所 2 座。

本线采用 As 双流制列车，近期采用 4 辆编组，远期采用 6 辆车编组，最高运行速度为 100 km/h，平均旅行速度不小于 43 km/h，具备和重庆轨道交通 5 号线互联互通贯通运营的条件。

线路等级与规模：路线全长 26.671 km，铁路等级为 I 级，正线数目为双线，列车最高设计运行速度为 120 km/h，最小曲线半径区间正线一般地段为 1 200 m，车站有效长度为 120 m，全线采用无缝线路设计。

8.4.2 主要设计原则、技术标准

1. 主要设计原则

（1）车站建筑设计应满足国家现行有关规范和标准的要求。

（2）车站站位设置应满足重庆市城市规划、综合交通规划要求，结合站点周边环境及土地利用，因地制宜、合理布置，最大限度地吸引客流，方便与其他轨道交通各线之间的换乘和与其他公交系统的换乘，实现公交一体化；车站站位设置要妥善处理好与城市交通、地面建筑、地下管线、地下构筑物之间的关系，尽量减少房屋拆迁、管线迁改和施工时对地面建筑物、地面交通及市民的影响。

（3）车站规模根据远期高峰小时客流量乘以超高峰系数计算确定，并满足各设备系统的布置及乘客进、出站和紧急疏散的需要。超高峰系数根据车站周围环境及用地情况等决定的客流性质不同取 1.1～1.4。

（4）车站布置应以人为本，乘降安全方便，疏导迅速，环境舒适，布局紧凑，合理控制规模，便于管理和控制投资，充分体现现代交通建筑的特点。

（5）车站设计应与重庆市城市总体规划以及综合交通规划相适应，预留与规划的其他轨道交通线网的衔接和换乘条件。同时，车站设计应充分考虑与交通枢纽及公交站点的衔接，实现公交一体化。

换乘站应选择便捷的换乘形式，其换乘设施的通过能力应满足换乘客流量的要求。换乘站宜一次设计、分期实施，应预留合理、可行的接口条件。

（6）车站出入口、风亭、冷却塔位置应符合重庆市规划部门的要求，尽量与现有或规划建筑合建，减少对城市景观的影响，符合重庆市人防、消防部门的有关要求，尽可能兼顾过街要求；出入口位置应有利于吸引和疏散客流；风亭位置在满足车站功能要求的前提下，尚应满足规划、环保和城市景观的要求。

（7）车站规模、人行楼梯及自动扶梯的设计除满足远期客流集散和运营管理的需要外，还应满足紧急情况下乘客疏散的需要。

（8）车站设计应符合有关规范、规定，满足客流、行车组织与运营管理、设备的要求。

（9）车站平面设计应功能分区合理，布置紧凑，乘客进站、出站、换乘的流线清晰，并便于运营管理。车站内应具有良好的通风、照明、卫生、防灾等条件，积极采用新技术、新

工艺、新材料、方便施工，减少干扰，降低成本。

（10）贯彻"以人为本"的设计理念，车站应设无障碍设施、公共厕所。车站无障碍设计应满足国家现行标准《城市道路和建筑物无障碍设计规范》要求。

（11）高架车站在满足功能要求的前提下，车站的设备与管理用房尽量布置在规划的交通用地或绿化用地的范围内。地面、高架车站应同时满足地面建筑有关设计规范的要求。高架车站与邻近建筑的间距应满足消防要求，确保轨道交通和邻近建筑物的安全.

（12）高架车站应充分利用结构美，体现现代交通建筑的特点。有效控制高架车站的体量，简化设备与运营管理模式。根据重庆夏季气候炎热的特点，车站应具有良好的通透性。建筑造型力求简洁、新颖，易于识别，结构轻巧合理，色彩明快。车站建筑风格及景观设计要因地制宜，协调好与周边环境及景观的关系。高架车站应保证城市主干道桥下净空不小于 5.5 m，一般道路桥下净空不小于 5 m。

（13）地下车站应兼顾人民防空功能的需要，设计时应考虑平战结合，在适当部位预留连通口，待后期连通附近的人防工事。

（14）地下车站顶板上覆土的厚度，应按城市规划、市政道路、园林绿化及市政管线部门的要求进行具体协调，合理确定。

（15）设计应考虑节能和环保，建设可持续发展的绿色交通。地面和高架车站应综合考虑噪声及振动的防治措施，采用的声屏障应综合环保及城市景观的要求。

（16）车站建筑装修，应广泛采用新工艺、新材料，满足建筑节能、防火、防潮、防腐、耐擦洗的要求。

2. 主要设计标准

（1）站厅层。

① 有环控机房的设备区结构净高：一般情况下 ≥5 500 mm。

② 公共区地面面层厚度：150 mm。

③ 地下车站公共区有效净高：≥4 000 mm。

（2）站台层。

① 车站站台有效长度：120 m。

② 岛式站台最小宽度（有柱时）：12 000 mm。

③ 岛式站台侧站台最小宽度：2 500 mm。

④ 侧站台最小宽度（高架站）：3 000 mm。

⑤ 侧站台最小宽度（地下站）：2 750 mm。

⑥ 地下车站公共区有效站台长度内有效净高：3 600 mm。

⑦ 地面、高架车站站台公共区地板面至风雨棚：≥4 500 mm。

⑧ 公共区地面面层厚度：100 mm。

⑨ 公共区地平面至轨顶面净高：1 080 mm。

⑩ 轨道顶面至结构底板面高度：560 mm。

⑪ 有效站台区线路中心至站台边缘距离：1 600 mm。

⑫ 有效站台区线路中心至侧墙距离：2 250 mm。

（3）有效站台宽度的计算。

站台总宽度主要是根据车站远期预测高峰小时客流量大小、列车运行间隔时间、有效站台宽度、楼梯及自动扶梯设置等因素综合确定的。

（4）车站出入口。

每座车站（或每个售检票厅）两端至少应设 1 个直通地面的出入口，每个通道宽度应满足规范最小要求，并应满足远期超高峰小时客流进出站及紧急疏散的需要。地面出入口原则上应设于规划道路红线外，对于近期车站站址范围内规划道路暂不实施的，按"少拆迁，节省工程投资"的原则，车站近期可在规划道路红线内设地面临时出入口。

（5）车站各部位的通过能力及疏散能力。

车站各部位的通过能力应满足近期高峰小时客流的要求，根据远期超高峰小时客流预留。同时应满足事故发生时客流紧急疏散的要求。其通过能力详见表 8.8。

表 8.8　车站各部位通过能力表

部位名称		每小时通过人数
1 m 宽楼梯	下行	4 200
	上行	3 700
	双向混行	3 200
1 m 宽通道	单向	5 000
	双向混行	4 000
1 m 自动扶梯	0.65 m/s	8 190

车站内所有人行楼梯、自动扶梯（紧急情况全部为上行）、出入口宽度总和应分别能满足远期高峰小时设计客流量在紧急情况下 6 min 内将一列车的乘客、站台上候车乘客（上车设计客流）及工作人员疏散到安全地区（其中 1 min 为反应时间，不计入有效疏散时间内）。

对较特殊车站，还应分别按不同时期的设计客流量进行验算。同时，与其他建筑合建的出入口，不得设置有碍疏散的设施或堆放物品。

（6）楼梯。

① 车站应在付费区内至少设一部楼梯，解决部分不便乘坐自动扶梯乘客的需求以及满足乘客的疏散要求。

② 车站至少设一部供工作人员和消防人员使用的专用楼梯。

③ 公共区单向楼梯净宽≥1 800 mm。

④ 公共区双向楼梯净宽≥2 400 mm。

⑤ 每个梯段不得超过 18 步；中间休息平台长度采用 1 200～1 800 mm。

⑥ 楼梯踏面中线至天花板底面净高≥2 300 mm。

⑦ 若楼梯与自动扶梯平行布置在同一位置时，楼梯与自动扶梯的倾角宜保持一致或接近，楼梯上、下起步点与扶梯上、下工作点距离宜基本相同。

⑧ 消防专用楼梯宽度≥1 200 mm。

⑨ 站台至轨道区工作梯（兼疏散梯）宽度≥1 200 mm。

（7）自动扶梯。

采用交通重载型自动扶梯，自动扶梯倾角：30°；有效净宽：1000 mm；v = 0.65 m/s，设计通过能力按不大于 8 190 人/h 计。

① 站台与站厅之间宜设上、下行扶梯：

a. H≤6 m 时，应设上行扶梯。

b. 6 m<H≤12 m 时，应设上、下行扶梯。

c. H>12 m 时，设置标准应不低于设 2 台上行、1 台下行扶梯。

② 车站出入口：

a. 当提升高度 6 m<H≤12 m 时，应设上行扶梯。

b. 当 H>12 m 时，设置标准应不低于上、下行各一台扶梯。

（8）车站无障碍设计通过电梯、轮椅牵引机（或斜坡道）解决残疾人的乘降问题。

（9）车站防火分区采用防火墙或防火门分隔，其耐火等级满足相关防火规范的要求。

除公共区外，地下站设备管理用房区最大防火分区面积≤1 500 m²，物业开发区内防火分区面积≤500 m²，并在每个防火分区内设两个独立的、可直达地面的疏散通道。

设备区设有独立的通道，其长度不大于 20 m，当长度大于 30 m 时，设有两个通道，并在两个通道之间设有一个联络横通道。

车站防烟分区和楼扶梯口、车站通道口部均采用挡烟垂壁等措施，挡烟垂壁等设施下垂高度≥500 mm，耐火极限不应小于 1 h；地下车站公共区防烟分区面积≤2 000 m²，设备管理区防烟分区面积≤750 m²。高架车站的防火分区、防烟分区按标准《建筑设计防火规范》执行。

（10）风亭设计应满足环控专业的要求，同时，要考虑与周围环境相协调，并布置在场地开阔、空气流通的地方。

（11）车站结构柱网布置应结合屏蔽门或安全门开口的模数统筹考虑，使结构柱避开屏蔽门或安全门的有效开门范围。

8.4.3 车站型式与规模

1. 车站型式

（1）车站类型分类。

车站的型式应依据车站所处的线路条件、功能要求并结合周边环境情况、地质情况和施工工法来确定。按使用功能划分，可分为一般车站、换乘车站和越行站；按站台类型划分，可分为岛式站台、侧式站台和混合式站台车站；按线路敷设方式划分，可分为地下车站、半地下车站、地面车站和高架车站。

（2）车站类型。

本工程共设有 5 个车站，包含 1 个半地下站（地面站厅）、1 个地下站（地面站厅）、3 个高架站。

九龙园站为半地下（地面站厅）平行双岛车站。滨江新城北站为地下一层（地面站厅）岛式站。

双福东站、双福西站、滨江新城南为高架两层侧式站台车站。

全线有配线的车站有 3 个（九龙园站、滨江新城北站、滨江新城南站）；换乘站 2 个（九龙园站、双福西站），另外在本线起点，即五号线的终点，与跳蹬站实现换乘。

地下车站埋深浅，且地面场地具备明挖施工条件，采用明挖法较为经济合理。

高架车站设备管理用房应尽量与周边物业结合，或采用设备管理用房于路侧布置的线，以减少路中车站主体结构体量及对道路景观的影响。结构型式均采用桥、建结合的形式。

2. 标准站设计

根据远期高峰小时客流量以及结合重庆市其他已建成的轨道交通车站的特点，为有效控制车站的规模和造价，针对本线工程高架车站相对较多的情况，拟定将高架二层侧式站台车站作为本工程的标准车站，以下就这种典型站方案进行分析。

本工程共设 3 座高架车站，考虑到岛式车站两端需设置"喇叭口"，平均长约 160 m/双线，采用曲线半径较大（大于 900 m），而侧式站台车站线路与区间一致的特点，因此高架站均采用高架侧式站台。

由于高架车站所处的九江大道、津马路和南北大道规划道路宽约 50 m，现状道路宽 27～48 m，路中设 3.5～18 m 的中央分隔带，为双向 6 车道，沿道路两侧多为多层民房及厂房等，为减少房屋拆迁，同时兼顾道路两侧的客流，并考虑工程的可实施性，高架车站方案采用路中设站的方式。

结合车站所处周边实际情况及重庆地区抗震设防等要求，根据其落地条件（中央分隔带宽度），高架站采用高架两层独柱"干"字型和双柱"开"字型桥、建结合的形式。高架一层为站厅层，站厅层由公共区和设备用房区组成。设备用房区集中布置在车站的左端，右端布置为公共区，包括一个非付费区和两个付费区，非付费区居中，与两侧的出入口天桥相接，实现过街功能。两个付费区内各设有通往站台层的楼扶梯及无障碍电梯。

站台层位于高架二层，由乘车区及轨行区组成，侧站台宽度 7.3 m，楼扶梯洞口处侧站台最小宽度 3 m，每侧站台乘车区设有通往站厅层的两组楼扶梯及一部楼梯。站台层仅设置必要的遮雨设施及空调候车室，站台两端安全门外设置检修梯至轨行区。

高架两层侧式站台车站平、剖面图见图 8.6～8.11。

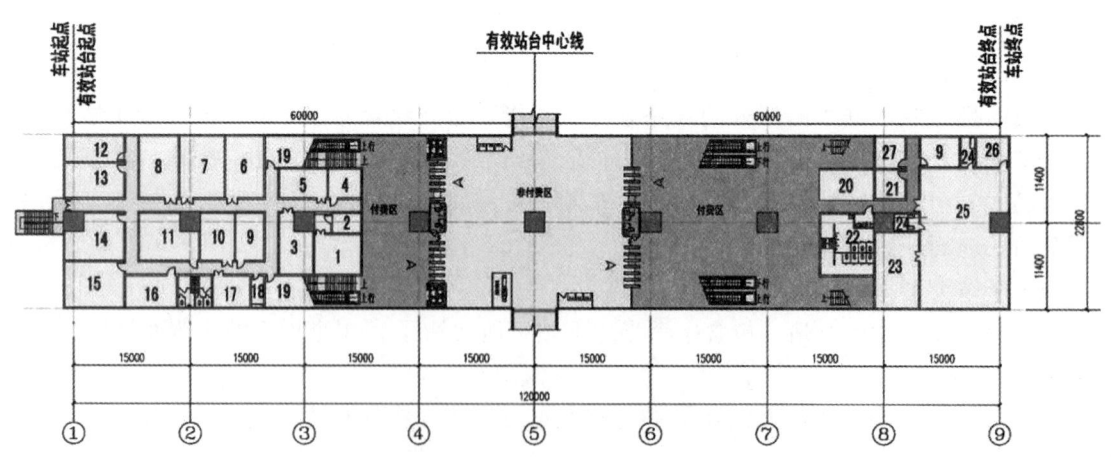

图 8.6 高架两层侧式站（独柱）站厅层平面图

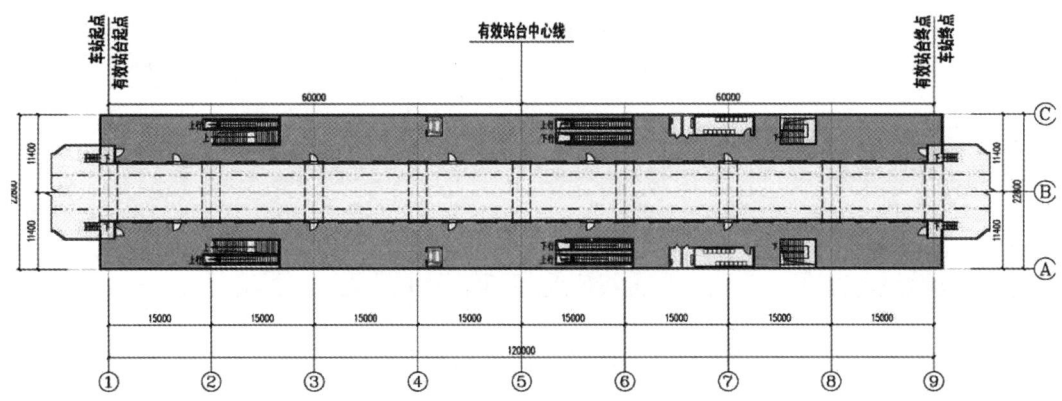

图 8.7　高架两层侧式站（独柱）站台层平面图

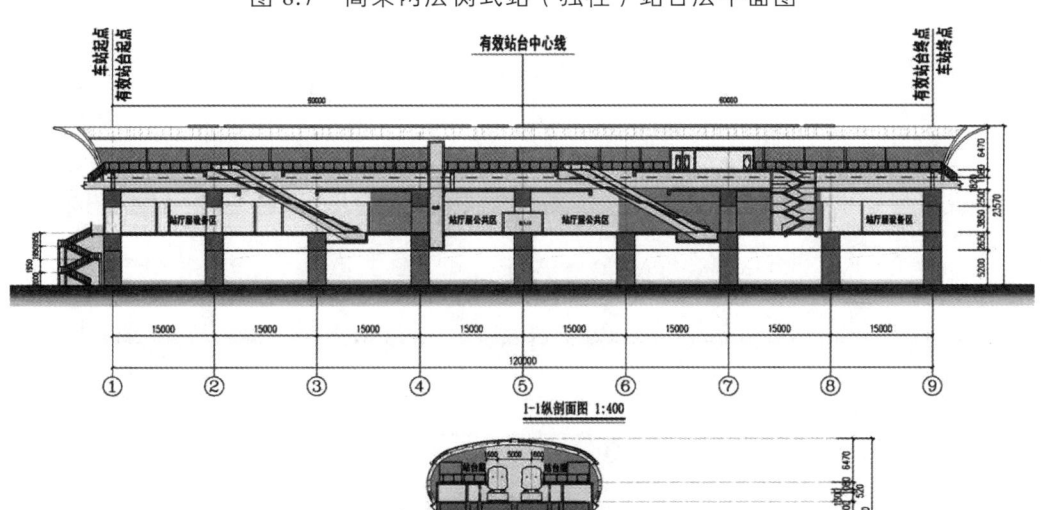

图 8.8　高架两层侧式站（独柱）剖面图

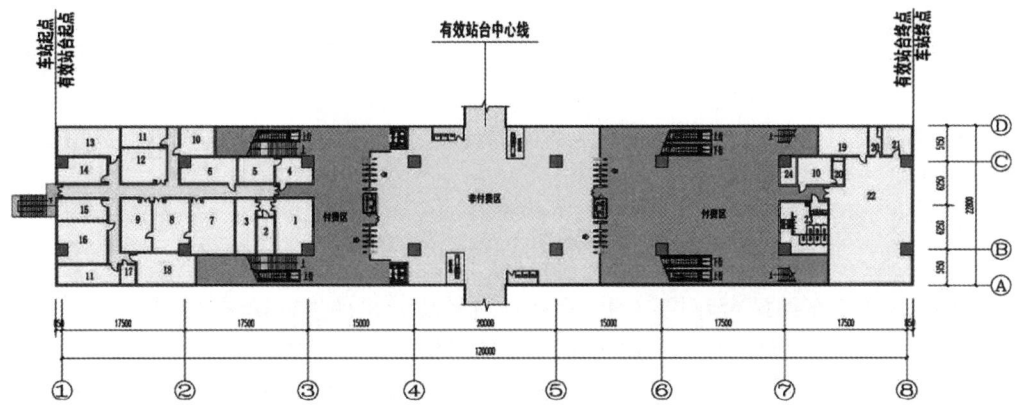

图 8.9　高架两层侧式站（双柱）站厅层平面图

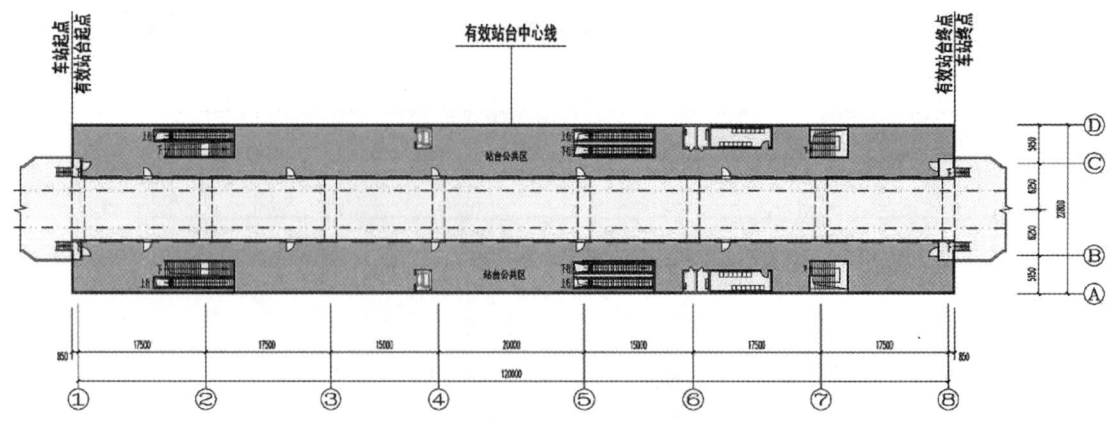

图 8.10 高架两层侧式站（双柱）站台层平面图

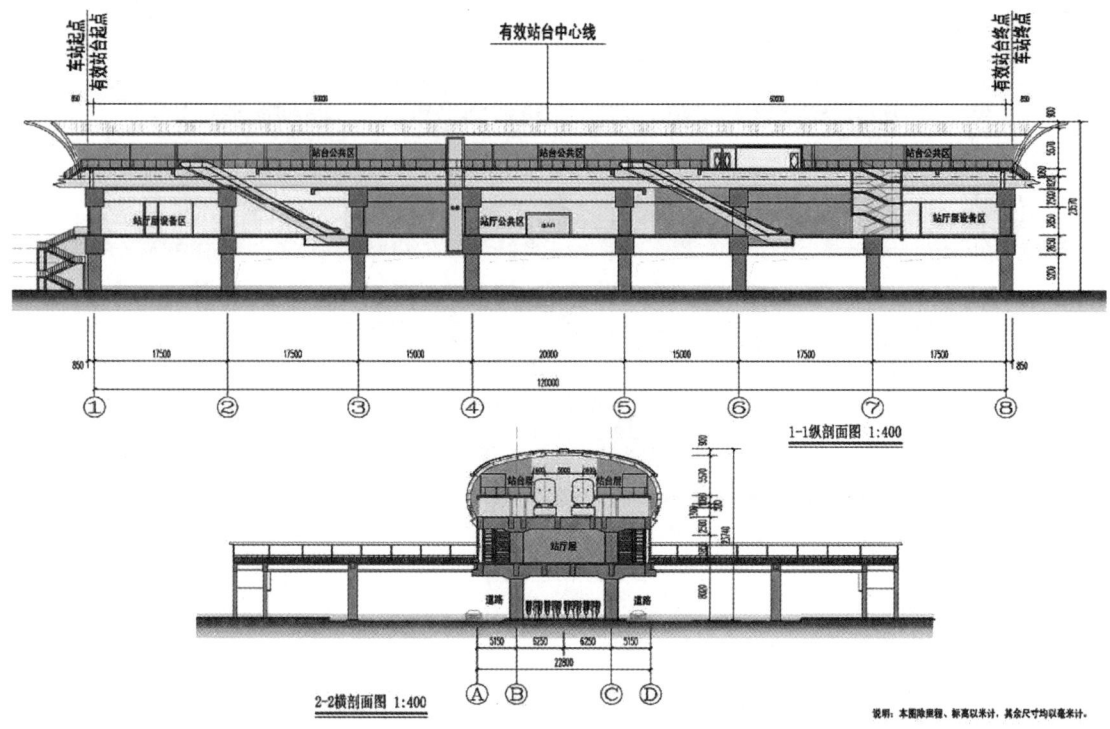

图 8.11 高架两层侧式站（双柱）剖面图

3. 换乘设计

车站间的换乘方式可以分为站台与站台之间换乘、站厅与站厅之间换乘、通道换乘、组合换乘四大类。

（1）站台换乘方式。

① 垂直换乘：即在两条线路交叉处，将两线车站重叠部分的结构做成整体的节点，并采用楼梯、扶梯将两座车站站台直接连通，乘客通过楼梯、扶梯进行换乘，换乘高差一般为 5~6 m，需组织好上、下竖向的客流，避免进出站客流与换乘客流的交叉干扰。

这种型式的换乘方式的换乘节点要求同步设计，同步施工，预留线路车站的站台宽度、限界净空及线路位置受到制约，在轨道交通线网规划中当两条线路相交汇时对预留线要有一定的研究设计深度。以避免预留工程的不合理性及投资浪费。

该换乘方式根据平面组合的形式可分为"+形""T形""L形"三类。

"+形"换乘方式：适用于两条线的车站位于"+形"路口，且路口有条件明挖、交通情况不受限制的车站；

"T形"换乘方式：适用于两条线车站位于"T形"路口，且路口有条件明挖或者"+形"路口中，其中的一条线位于的路面交通情况很难协调，出入口、风亭设置很困难的情况，以及其他不能形成"+形"换乘的情况；

"L形"换乘方式：适用于换乘量比较小，站位受环境限制较多的情况。

该换乘方式根据不同的站台形式可分为：岛-岛、岛-侧、侧-侧三种换乘方式。

岛-岛换乘方式适用于换乘客流量比较小的车站；

岛-侧换乘方式适用于换乘客流量比较大的车站；

侧-侧换乘方式适用于换乘客流量大的车站。

② 平行换乘。

a. 同层、同站台平行换乘：适用于两条线路平行交织的情况。

b. 不同站台层上、下垂直换乘：适用于两条线路上、下平行交织的情况。

（2）站厅换乘方式。

按不同平面位置的交叉形式分为"+""T""L"。两条线共用站厅，或站厅相互连通形成统一的换乘大厅。乘客下车后，无论出站还是换乘，都必须经过站厅，再根据导向标志出站或进入另一个站台继续乘车。

由于下车客流到站厅分流，减少了站台上的人流交织，乘客在站台的滞留时间减少，可避免站台因行车延误造成的拥挤，同时又可减少楼梯等升降设备的总数量，增加站台有效使用面积，有利于控制站台宽度规模。站厅换乘方式与前两种方式相比，乘客换乘线路必须先上（或下），再下（或上），换乘总高度落差大。条件许可时站台与站厅之间采用自动扶梯连接，以改善换乘条件。

（3）通道换乘方式。

适用于两线之间有一条线站位不明确、两线分期实施年限不定的情况；或者两线位于的"+"路口个别方向出入口、风亭设置困难等情况。

通道换乘是两条线路交叉处，车站结构完全脱开，用通道将两座车站连接起来，供乘客换乘的方式。通道换乘方式布置较为灵活，对线路及车站站位有较大的适应性，预留工程少、甚至可以不预留，车站初期规模投资省，容许预留线路位置将来有一定调整的余地。

通道宽度按换乘客流量计算确定。换乘条件的好坏主要取决于换乘通道的长度及设置位置，因此应有效控制好换乘通道的长度，一般不宜超过 100 m，这种换乘方式最有利于两条线工程分期实施，预留工程少，后期线路位置调整的灵活性较大，但换乘走行距离较长。

（4）组合式换乘方式。

在换乘方式的实际应用中，往往将两种或两种以上换乘方式组合，以达到完善换乘条件、方便乘客使用、降低工程造价的目的。例如：同站台换乘方式辅以站厅或通道换乘方式，使所有的换乘方向都能实现换乘（同站台换乘解决好主要换乘方向的乘客换乘，其余换乘方向的客流通过站厅进行换乘）；楼梯换乘方式在岛式站台中，辅以站厅换乘、通道换乘方式，可以减少预留工程量等等。上述组合式换乘方式，从使用功能上考虑，不但要有足够的换乘通过能力，还要具有一定的灵活性。

（5）换乘方式的选择。

综上所述，在进行换乘站设计的时候，必须依据城市线网规划慎重确定，并妥善考虑其续建工程的预留接口。同样，任何换乘方式都要受到周边环境条件的限制，在满足换乘客流功能需要的前提下，还要考虑其他一些相关因素，如换乘节点上两条（或两条以上）线路（地铁、轻轨、城市铁路）的建设周期时限；换乘节点上线路的交织形式和车站站位环境如交通状况、地下、地面构筑物分布状况、地质、地貌的情况，城市规划的地面和地下空间开发要求；换乘节点的换乘客流量和客流组织方式；换乘节点的车站结构和施工方法等；因此只有在充分考虑上述诸多影响换乘方式因素的基础上，结合各换乘节点的现状情况，然后进行综合技术和经济分析，才能选择出符合城市交通线网规划的换乘方式。

根据重庆市综合交通规划，本线工程将与轨道交通五号线以及远期规划的七号线、十七号线实现换乘，因此，全线共有 2 座车站与其他轨道交通有换乘要求，分别为：

九龙园站：与远期七号线车站平行双岛同台换乘。

双福西站：与远期规划的十七号线车站采取通道换乘。

另外在本线的起点，与五号线一期的终点站跳蹬站与五号线实现换乘。跳蹬站由五号线一期实施。

4. 车站规模

车站规模应以远期超高峰小时客流量为依据，并根据列车长度和限界要求，满足乘客乘降和集散安全以及车站运营要求，并综合考虑其所处的地理位置、地面交通情况、地下管线位置、车站性质以及远期发展规划等因素合理确定车站规模。车站超高峰系数根据车站规模、车站周围用地情况等所决定的客流性质不同分别取 1.1～1.4。

为了有效控制工程造价，将对本线各车站进行规模和功能分析。

（1）站台宽度：根据远期高峰小时客流量等综合因素计算确定。

岛式站台最小宽度：12 m（有柱）。

地下车站侧站台最小宽度：2.75 m。

高架车站侧站台最小宽度：3 m。

站台计算宽度：

$$B_d = 2B_c + n \cdot z + t \tag{8.14}$$

$$B_c = b + z + t \tag{8.15}$$

其中：B_d——岛式站台宽度，m；

B_c——侧式站台宽度，m。

其中 $b = Q_上 \cdot \rho / L + b_a$ 或 $b = (Q_上 + Q_下) \cdot \rho / L + M$，两个 b 中取大者为站台计算宽度。

式中：b——侧站台宽度，m；

n——横向柱数；

z——横向柱宽，m；

t——每组人行梯与自动扶梯宽度之和，m；

$Q_上$——远期每列车高峰小时单侧上车设计客流量（换乘车站应含换乘客流量）；

$Q_下$——远期每列车高峰小时单侧下车设计客流量（换乘车站应含换乘客流量）；

ρ——站台上人流密度 0.33～0.75 m²/人；

M——站台边缘至屏蔽门立柱内侧的距离，m；

B_a——站台安全防护宽度取 0.4 m，采用屏蔽门时以 M 替代 B_a 值；

L——屏蔽门长度，m。

（2）站台长度由列车编组确定，6 辆编组，As 型车辆，有效站台长度取 120 m。

（3）车站设计客流。

车站的设计客流量通过超高峰小时客流量 Q 乘以超高峰系数来进行计算，Q 计算取控制客流量。

5. 车站功能组成

车站是供乘客进、出站和换乘的公共交通建筑，是对外开放的重要窗口。一般情况下车站由站厅层售检票区、站台、人行通道、地面出入口、管理及设备用房、风道、地面风亭等组成。

（1）站厅层售检票区（公共区）是为乘客提供集散、售检票所必需的空间，而设备及管理区是进行运营管理和为乘客服务、改善站内环境设置的配套空间。

站厅层布置应分区明确，依据出入口的位置和数量、楼梯与扶梯的位置和数量、售检票、安监系统的位置和数量以及换乘要求对客流进行合理的组织，避免和减少进出站客流的交叉。管理、设备用房应合理布置，在满足各设备系统的工艺要求的情况下尽可能压缩车站规模。

（2）站台层是为乘客提供候车、下车和列车停靠的空间。根据线路条件和功能要求采用岛式或侧式站台，站台有效长度应根据远期列车编组要求来确定，本线有效站台长度为 120 m。

（3）通道、地面出入口是乘客进、出站所需的空间，也是车站的重要组成部分。

车站出入口位置位于道路两边红线以外或城市广场周边，出入口应尽可能靠近人行道边醒目位置，以利于吸引客流，方便乘客识别和进出，同时还需考虑足够的集散空间。

（4）车站风道、风亭是改善车站内环境条件必不可少的构筑物之一。

① 车站地面出入口的建筑形式，应根据所处的具体位置和周边建筑规划要求来确定。地面出入口可做成合建式或独立式，但应优先采用与地面建筑或风亭合建的方式。

② 风亭的设置应尽量与地面建筑相结合。在满足功能的前提下，根据地面建筑的现状或规划要求，也可单独设置。

（5）管理、设备用房。

管理设备用房作为车站工作人员办公、生活的空间，应满足消防紧急疏散的要求和设备运输等功能。

（6）车站冷却塔。

地下车站设在地面的冷却塔，设置位置应符合城市规划、景观及环保要求。

（7）车站建筑防灾。

车站的防灾设计主要考虑针对火灾、水淹、地震、电击、防风的防范措施。

① 防火分区及防烟分区。

防火分区：除公共区外，地下站每个防火分区面积均小于 1 500 m²，高架及地面站每个防火分区面积均小于 2 500 m²。每个防火分区之间（包括楼、电梯结构）采用防火墙分隔，防火墙耐火极限为 3 h。

② 防烟分区：每个防烟分区面积小于 750 m²，在设备管理用房区，采用隔墙到顶的形式分隔。在公共区，采用吊顶上方设挡烟板分隔（包括楼、扶梯洞口）的方式，挡烟板周围采用空透性吊顶。通道口设置挡烟垂壁。防烟分区不跨越防火分区。

（8）紧急疏散。

站台到站厅的楼扶梯的宽度，应保证在发生火灾的情况下，在 6 min 内把站台上的候车乘客、高峰断面时一列车的乘客以及车站工作人员疏散到站厅层（消防专用楼梯、电梯不计入疏散宽度）。

（9）防洪（涝）处理。

车站出入口平台标高应比附近规划路面和本站防洪设防标高高 300～450 mm，若提高后的平台标高仍低于防洪设防标高时应设置防淹措施。车站在河流区域附近设置防淹门。

8.4.4 车站装修

1. 设计原则

（1）车站装修宜"经济、适用、耐久、简洁"，同时还要充分体现安全、快捷、适用的交通建筑特点及重庆市的地方特色。

（2）所选择的装修材料应具有节能、不燃、无毒、放射性指标满足国家节能、环保要求、经济、耐久、便于设备管理和清洗的性能，地面材料应防滑、耐久、耐磨、耐腐蚀。

（3）按功能需要，在设备和管理用房及公共部位方面要考虑采用具有吸音、防潮功能的装饰材料（根据各专业提出的技术要求和工艺要求确定）。

（4）全线各车站建筑装修应服从统一格调的总体设计要求，装修材料应尽可能统一。

（5）车站站台层轨行区应加喷具有减噪功能的饰面材料。

（6）装修材料宜标准化、模块化，便于施工、维护。

2. 装修材料

车站装修材料应符合节能、防火、防潮、防腐、防锈、防滑、防静电吸尘、减噪、经济耐久，便于施工和维修、易于清洁、放射性指标符合国家有关规定，并且方便各种管线、灯具、设备系统的安装与维护。另外材料的选用应结合西南地区建材工业的发展，因地制宜地充分利用该地区的建材资源，合理、经济地取用材料。

3. 车站其他设施设计

（1）导向标识。

① 站台层、站厅层、地面出入口，以及与车站相连的物业开发区、地下步行街、商店、火车站等公共区域，必须设足够、明显而引人注目的导向标识，引导乘客以最捷径的路线流动。

② 导向标识必须按制定的统一标准和规格执行。

③ 导向标识必须大小适度，高度及宽度应符合乘客的视觉要求，造型应美观、新颖。

（2）广告牌（灯箱）。

车站内设置的广告箱（灯箱）应与车站装修设计和照明设计相协调。广告牌（灯箱）宜规格化、统一化，亮度适中。

8.4.5 无障碍设计

（1）车站应考虑无障碍设施，应结合本站的客流及客流组织、车站运营管理和各种服务设施的布置来充分考虑残疾人进出车站的条件。

（2）每个车站从站厅到站台应设置残疾人电梯，至少一个出入口设无障碍设施。

（3）在自动检票机附近应设一处能通过残疾人轮椅的专用检票口。

（4）出入口、通道、楼梯、站厅及站台宜设地面盲人导向带，盲人导向带要求除了在车站内完善设置外，还应与车站外城市道路的盲人导向系统连通，其具体要求应符合现行无障碍设计的有关规定和规范。

8.4.6 站址规划及车站建筑方案

本工程线路长 26.671 km，共设车站 5 座，其中高架站 3 座，半地下站（地面站厅）1 座，地下站（地面站厅）1 座。车站建筑方案分述如下。

（1）九龙园站。

① 站位及站址环境。

九龙园站是本工程的起点站，站址位于华福路龙溪隧道出口西北侧。车站周围为林地，有少量民居房屋拆迁，站址周边主要为新建的住宅小区及待开发的地块。

车站西南面为龙溪隧道，东南侧为华福路，北侧为待开发的地块，南侧华福路对面现为新建的住宅小区。

其站址环境详见图 8.12。

图 8.12　九龙园站站址环境

② 车站方案。

根据重庆大都市范围市郊铁路线网规划，本站位于华福路龙溪隧道出口西北侧的空地内，大致呈东—西走向，与远期规划的轨道交通七号线换乘，近期两车站一并实施，为半地下一层（地面站厅）平行双岛车站，两个岛式站台分别宽 12 m，长 120 m。该型式乘客流线清晰、交叉少，有 1/2 客流可实现同站台换乘，另 1/2 客流通过站厅换乘。车站地面站厅层中部为两车站共用的公共区，两端布置设备及管理用房，站台设置在半地下一层，设计为安全门系统。

车站共设 4 个出入口，4 个出入口分别布置在车站站厅公共区两侧，能直接到达车站南北两侧站前广场，有利于吸引各个方向的客流。同时，车站东西两侧设有跨轨的通道，并直接连接跨华福路的市政过街天桥（规划），方便华福路两侧的客流进出车站。

车站总长 120 m，标准段宽 42.8 m；车站总建筑面积 10 358 m²。

③ 车站设计重、难点。

车站范围现为坡地，车站实施时土石方开挖量较大。

（2）双福东站。

① 站位及站址环境。

本站位于润通工业园前九江大道道路正上方，大致呈东—西走向，站址范围内道路较平缓，中央分隔带较窄，但管线较少，且无控制性管线。车站北侧为润通工业园，南侧现为厂房，东西侧现为空地，远期规划以工业及居住用地为主。其站址环境详图见图 8.13。

图 8.13 双福东站站址环境

② 车站方案。

车站位于九江大道路中，为高架两层侧式站台车站，侧站台最小宽度 3 m。

为尽量减小对九江大道交通的影响，车站沿九江大道路中布置。车站总长 120 m，标准段宽 22.6 m，车站总建筑面积 6 064 m²，其中主体建筑面积 5 550 m²，附属建筑面积 514 m²。车站设计客流为 12 779 人/h，共设 4 个出入口，分别设置于九江大道南北两侧规划道路红线外，同时靠近交叉路口或者结合公交停车港设置，有利于吸引各个方向的客流。目前站址环境较好，暂无房屋拆迁。

③ 车站设计重、难点。

a. 车站离西侧的一个现有的十字路口较近，车站实施时地面交通疏解是本站设计的重点。

b. 车站周边有待开发的地块，规划多为工业及居住用地，因此车站出入口的设置需预留远期接入地块的条件。

（3）双福西站。

① 站位及站址环境。

车站位于津马路与九江大道相交处往南约 250 m 的道路上方，大致呈南—北走向，站址范围内的道路较平缓，中央分隔带较宽，管线较少，且无控制性管线。站址范围周边现为待开发的空地，规划用地以居住用地、商业金融及市政设施用地为主，车站西侧规划有公交车站等客流聚集场所。

② 车站方案。

本站位于津马路路中，为高架两层侧式站台车站，侧站台最小宽度 3 m。为尽量减小对津马路交通的影响，车站沿津马路路中绿化分隔带布置，与远期规划的位于车站西侧的轨道交通十七号线车站采用通道换乘。车站总长 120 m，标准段宽 22.6 m，车站总建筑面积 6 176 m²，其中主体建筑面积 5 550 m²，附属建筑面积 626 m²。车站设计客流为 7 438 人/h，共设 4 个出入口,分别设置于津马路东西两侧规划道路红线外,并结合公交停车港设置,有利于吸引各个方向的客流。目前站址环境较好,暂无房屋拆迁。

③ 车站设计重、难点。

a. 车站与远期轨道交通十七号线换乘,且十七号线线路走向暂不明确,因此本站近期预留远期换乘的条件是本站设计的重点。

b. 车站周边有待开发的地块,规划多为工业及居住用地,因此车站出入口的设置需预留远期接入地块的条件。

(4)滨江新城北站。

① 站位及站址环境。

本站位于南北大道与一规划道路相交处的东北侧路侧地块内,大致呈南—北走向。站址范围内现为坡地,地势起伏较大,有少量居民房屋拆迁。站址周边主要为待开发的地块。其站址环境详图见图8.14。

② 车站方案。

本站位于路侧地块内,轨面标高比南北大道道路标高低约7.6 m,因此车站被设计为地下一层(地面站厅)岛式车站,岛式站台宽12 m。本站设计客流为7 219人/h,共设4个出入口,2组共6个风亭,4个出入口分别布置在车站中部公共区的东西两侧。2组风亭结合车站设备区房屋布置,均为高风亭。车站总长145 m,标准段宽21.4 m,车站总建筑面积8 987 m^2。

③ 车站设计重、难点。

车站范围现为坡地,车站实施时土石方开挖量较大。

图8.14 滨江新城北站站址环境

(5)滨江新城南站。

① 站位及站址环境。

本站位于规划延长的南北大道主干道和另一规划道路相交的路口北侧的道路上方,大致呈南—北走向,站址范围内规划道路较平缓,中央分隔带较宽,管线较少,且无控制性管线。站址范围周边现为待开发的空地,规划用地以居住用地、商业金融及行政办公用地为主。

② 车站方案。

本站位于规划的延长的南北大道路中,为高架两层侧式站台车站,侧站台最小宽度3 m。

为尽量减小对南北大道交通的影响，车站沿南北大道路中绿化分隔带布置。车站总长 120 m，标准段宽 22.6 m，车站总建筑面积 6 176 m²，其中主体建筑面积 5 550 m²，附属建筑面积 626 m²。车站设计客流为 12 099 人/h，共设 4 个出入口，分别设置于南北大道东西两侧规划道路红线外，并结合公交停车港设置，有利于吸引各个方向的客流。目前站址环境较好，暂无房屋拆迁。

③ 车站设计重、难点。

a. 车站位于规划的道路上，车站实施前需先实施道路工程。

b. 车站周边有待开发的地块，规划多为工业及居住用地，因此车站出入口的设置需预留远期接入地块的条件。

9 城市轨道交通系统换乘站规划设计

换乘站作为城市轨道交通系统中的一类重要车站,是保证系统正常运营不可或缺的重要组成部分。换乘站的分布、换乘方式的选择、换乘站形式的设计等对运营效果具有决定性的意义。

本章重点介绍城市轨道系统换乘站在线网中的作用、换乘站分布原则、换乘站设计原则、换乘方式的类型、换乘站形式及其设计方法。

9.1 换乘站的作用及设计原则

9.1.1 换乘站在线网中的作用

换乘站是线网架构中各条线路的交叉点,是乘客转线乘车的重要场所。它关系到城市轨道交通的吸引力,也影响着轨道交通系统的服务水平。

换乘站规划在线网规划中具有极其重要的地位和作用。从运营的角度来看,换乘站的个数、位置不仅决定着线网的形态,而且影响着换乘站客流量的大小、乘客的换乘地点、出行时间及方便程度,从而影响整个线网的运输效率。换乘站的布局对轨道交通线网的整体功能和线网架构的稳定性有较大影响,直接影响着线网的换乘便捷性,是衡量和评价线网优劣的重要指标之一。从交通与城市发展的相互作用来看,由于换乘站一般客流较大,会导致换乘站附近土地的利用价值较普通车站的超常升值,并对换乘站周边的土地利用格局和规模产生深远的影响,最终可能导致整个城市布局结构产生变化和调整。

9.1.2 换乘站的布局分析

换乘站的布局主要有分散布局和集中布局,二者各有优缺点,具体如下。

1. 分散布局

分散布局的优点是两线换乘比较多,换乘站更容易同步设计和实施,也便于工程预留,可实现较好的换乘便捷性;此外,换乘客流均衡分布,各换乘站客流压力较小,站内客流流线清晰,客流组织相对简单;缺点是对区域客流的疏解能力有限,对功能中心形成的支撑力不足。

2. 集中布局

集中布局的优点是,往往形成多线集中的大型换乘枢纽,更有利于与城市空间布局和功能中心布局吻合,支撑副中心或次中心形成,提高区域可达性;缺点在于,多线集中一点形成的大型换乘站往往难以保证便捷的换乘条件,换乘距离通常较远或克服高差较大,且换乘客流交织冲突点较多，客流组织较复杂，运营风险较大。

表 9.1 为部分大城市地铁换乘站统计数据。从伦敦、巴黎、东京及北京换乘站点分布来看，北京地铁换乘站分布较分散，这与北京"方格+环线"状轨道网络形态有关，同时与中心区（四环以内）用地开发较为均衡有关。在此条件下，多线集中的换乘站很难形成，且难以均衡照顾到各客流吸引点的覆盖。其余单个城市分布较为集中，多数分布在城市中心区，少量城市边缘的换乘点也是一些并线的站点。此外，北京的换乘站大都为两线换乘站，而伦敦、巴黎和东京的三线及以上的换乘点较多，占到换乘站总数的 30%以上。换乘枢纽的建设有利于城市多中心的发展，增加一些区域的可达性。

表 9.1 部分大城市地铁换乘站统计

城 市	开通年份	线路条数	线路长度/km	车站总数	换乘站数量	环线上换乘站数量	三线以上换乘站数量
巴 黎	1900	14	213.5	297	62	19	19
东 京	1927	12	293.2	274	62	13	23
伦 敦	1863	12	415	302	92	22	21
墨西哥城	1969	11	201.7	175	27	——	3
北 京	1969	18	573.4	288	54	25	3

9.1.3 换乘站设计原则

换乘站设计原则主要有：
（1）尽量缩短换乘距离，做到路线明确、简捷、方便乘客。
（2）尽量减少换乘高差，避免高度损失。
（3）换乘客流宜与进、出站客流分开，避免相互交叉干扰。
（4）换乘设施的设置应满足乘客换乘客流量的需要，且需留有扩、改建余地。
（5）应周密考虑换乘方式和换乘形式，合理确定换乘通道及预留口位置。
（6）换乘通道长度不宜超过 100 m，超过 100 m 的换乘通道，宜设置自动步行道。
（7）应尽可能降低工程造价，节省投资。

9.2 换乘方式类型及选择

9.2.1 影响换乘方式选择的因素

换乘站换乘方式的选择，主要考虑以下因素。
（1）满足换乘客流功能需要。
（2）换乘点上相交线路的建设时序。
（3）换乘点上相交线路的交织形式和车站位置。
（4）换乘点的换乘客流量大小和客流组织形式。
（5）换乘点线路、车站的结构形式和施工方法。

(6)换乘点周边地形条件、地质条件及城市规划的地面和地下空间开发要求等。

由以上因素可知,换乘方式的选择首先需要选定换乘点;然后再定线路与车站位置(包括车站形式),同时选择车站换乘方式;最后在车站设计时,确定换乘结构形式。即三阶段——规划、工程可行性分析、设计的实施程序。所以,在城市轨道交通线网规划阶段,确定换乘点是主要的任务,对换乘点的分布和换乘方式的可行性进行分析论证。

9.2.2 换乘方式类型

换乘方式首先取决于两条线路的走向和相互交叉形式。按换乘方式划分,主要有站台直接换乘、站厅换乘、通道换乘、站外换乘等基本形式和组合换乘形式。

1. 站台直接换乘

站台直接换乘有两种方式。一种是指两条不同线路的站线分设在同一个站台的两侧,乘客可在同一站台由甲线换乘到乙线,即同站台换乘。这种换乘方式使乘客在同一站台即可实现转线换乘,乘客只要走到车站站台的另一边就可以换乘另一条线路的列车。

对乘客来说,这当然是最佳方案,尤其是在客流量很大的时候。但这种车站往往要花费较大的工程投资资金,由于这种换乘方式要求两条线具有足够长的重合段,近期需要把车站预留线及区间交叉预留处理好,工程量大,线路交叉复杂,施工难度大。因此,站台直接换乘方式应尽量选用在建设期接近或同步建设的两条线的换乘站上。这种换乘方式对乘客十分方便,是应该积极寻求的一种换乘方式。双岛式站台的结构形式可以在同一平面上布置,如图 9.1(a)所示,也可以双层布置,如图 9.1(b)所示。这两种形式的换乘站都只能实现 4 个换乘方向的同站台换乘,而另外 4 个方向换乘则要采用其他换乘方式。

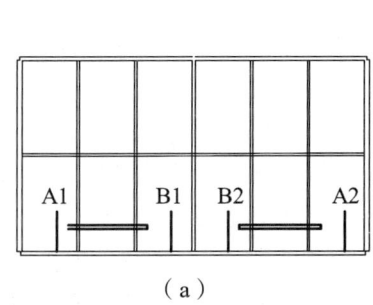
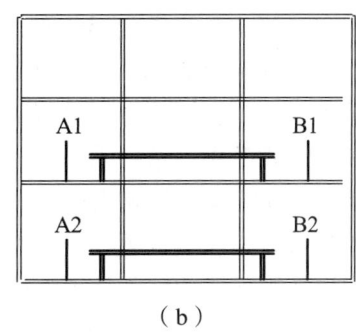

图 9.1 同站台换乘车站形式

另一种站台直接换乘是指乘客由一个车站的站台通过楼梯或自动扶梯直接换乘到另一个车站的站台,这种换乘方式要求换乘楼梯或自动扶梯应有足够的宽度,以免造成乘客堆积拥挤现象的出现,发生安全事故。站台直接换乘的换乘线路最短,没有换乘高度的损失,乘客换乘非常方便,如工程条件许可,应积极采用。

2. 站厅换乘

站厅换乘是指乘客由一个车站的站台通过楼梯或自动扶梯到达另一个车站的站厅或两站共用的站厅,再由这一站厅通到另一个车站的站台的换乘方式。在站厅换乘方式下,乘客下车后,无论是出站还是换乘,都必须经过站厅,再根据导向标志出站或进入另一站台继续乘车。由于下车客流只朝一个方向流动，减少了站台上的人流交织，乘客行进速度快，在站台上滞留时间，可避免站台拥挤，同时又可减少楼梯等升降设备的总数量，增加站台的有效使用面积，有利于控制站台宽度规模。

站厅换乘一般用于相交车站的换乘，它的换乘距离比站台直接换乘要长，在很多情况下，乘客在垂直方向上要往返走行，带来一定的高度损失。站厅换乘方式与站台直接换乘相比，乘客换乘路线通常要先上（或下）再下（或上），换乘总高度大。若是站台与站厅之间是通过自动扶梯连接的，可改善换乘条件。

站厅换乘方式的关键问题在于因楼梯宽度往往受岛式站台总宽度的限制，其通行能力不能满足换乘客流量的需要，使该方式的适用范围受到限制。此方式一般适用于侧式站台间的换乘，或与其他换乘方式组合应用，以达到较佳效果。

3. 通道换乘

两个车站之间设置单独的供乘客换乘使用的换乘通道被称为通道换乘。在两线交叉处的车站结构完全分开，车站站台相距有些距离或受地形条件的限制不能直接设计为通过站厅进行换乘时，可以考虑在两个车站之间设置单独的换乘通道来为乘客提供换乘途径。用通道和楼梯将两车站连接起来，供乘客换乘，换乘高差一般为 5~6 m。连接通道一般设于两站站厅之间，也可以在站台上直接设置。通道换乘设计要注意上下楼的客流组织，更应避免双向换乘客流的交叉紊乱。

通道换乘方式布置较为灵活，对两线交角及车站位置有较大的适应性，预留工程少，甚至可以不预留，将来做少许改动。通道宽度按换乘客流量的需要设计。换乘条件取决于通道长度，一般不宜超过 100 m。这种换乘方式有利于两条线工程分期实施，预留工程最少，后期线路位置调整的灵活性大。换乘通道一般应尽可能设置在车站的中部，并避免和出入站的乘客出现交叉。由于受各种因素影响，换乘通道一般都较长，这样使得乘客的换乘距离和时间都比前两种换乘方式要长，要注意应尽可能地减少通道长度。

下列两种情况下常采用通道换乘。

（1）当两条城市轨道交通线路在区间相交时，两线车站布置构成"L"形，两线上的城市轨道交通车站均应靠近交叉点设置，并用专用的人行通道相连接。

图 9.2 是通道换乘方式的地下换乘站。在位置较高的车站 A 的站台中心通过设双向阶梯或自动扶梯下降到人行隧道平面，该隧道在 A 站的站线下方穿过。供乘客双向走行的人行隧道，其宽度通常为 7~7.5 m，其长度不应超过 100 m。人行隧道内应有斜坡，且其朝向为乘客走行较多的方向。客流交叉的地点，人行隧道的断面应予以加宽。在人行隧道分支的地方应设置一间不太大的集散厅，以便在其中将不同方向的客流分隔开来。

（2）当一条线路的区间与另一条线路的车站"T"形交叉时，可按图 9.3 所示的换乘站形式组织换乘。车站 A 的集散厅可采用一个人行隧道与一个地下站厅相连接的方式，该地下站厅则经由自动扶梯隧道而与位置较低的车站 B 相连接。如果人行隧道长度不大，则 B 站乘客可经由 A 站的自动扶梯出站。如果人行隧道很长时，则可使地下站厅直接与地面相连接，以供 B 站乘客出站之用。

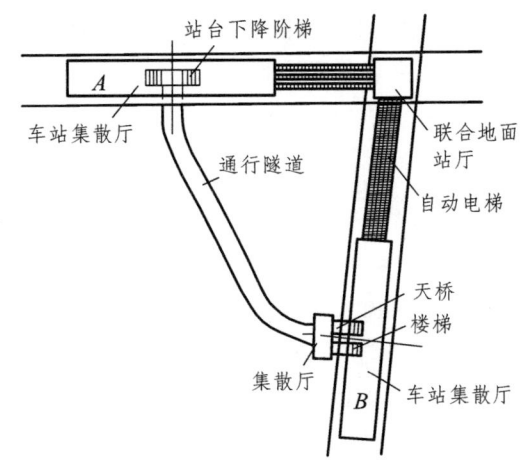

图 9.2 通道换乘方式的地下换乘站

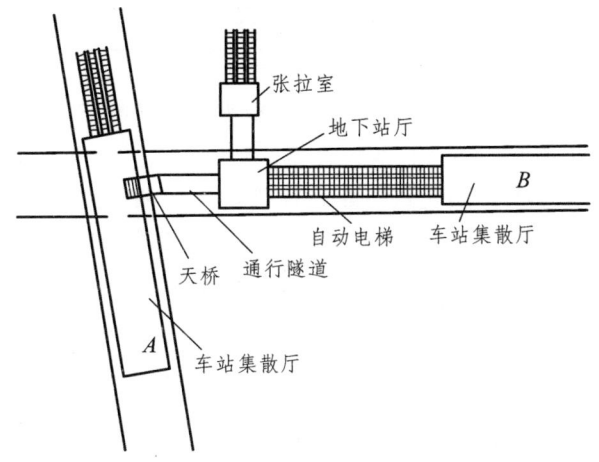

图 9.3 一条线路区间与另一条线路车站"T"形交叉时的换乘站

4. 站外换乘

站外换乘是乘客在车站付费区以外进行换乘,实际上是没有专用换乘设施的换乘方式。它在下列情况下可能会出现。

（1）高架线与地下线之间的换乘,因条件所迫,不能采用付费区内换乘的方式。

（2）两线交叉处无车站或两车站相距较远。

（3）规划不周,已建线未做换乘预留,增建换乘设施又十分困难。

采用站外换乘方式,往往是无路网规划而造成的后遗症。由于乘客增加一次进出站手续,步行距离长,再加上在站外与其他人流混合,因而显得很不方便。对城市轨道交通自身而言,这是一种系统性缺陷的反映。因此,在路网规划中应尽量避免出现站外换乘方式。

5. 组合换乘

在换乘方式的实际应用中,若单独采用某种换乘方式不能奏效时,则可采用两种或多种换乘方式组合的方式,以达到完善换乘条件、方便乘客使用、降低工程造价的目的。例如,同站台换乘方式辅以站厅或通道换乘方式,使所有的换乘方向都能换乘;结点换乘方式在岛式站台中,必须辅以站厅或通道换乘方式,才能满足换乘能力;站厅换乘方式辅以通道换乘方式，可以减少预留工程量等。这些组合的目的，是力求车站换乘功能更强，既保证具有足够的换乘能力，又使得工程实施及乘客使用方便。

9.2.3 结构形式设计

换乘车站设计与一般车站存在差异，主要体现在车站结构形式设计方面。

1. 换乘站形式

根据换乘车站的平面位置，可将换乘车站的形式分为以下几种。

（1）"一"字形换乘。两个车站上下重叠设置构成"一"字形组合的换乘车站，一般采取站台直接换乘或站厅换乘的方式。图 9.4 为这种换乘站的简要示意图。

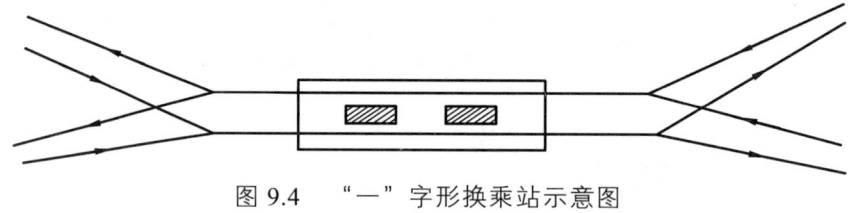

图 9.4　"一"字形换乘站示意图

下面是几个实例的介绍。

东京地铁表参道站：表参道站是日本东京地铁银座线和地铁半藏门线之间的换乘站，其站台和站线布置如图 9.5 所示。共设有两个岛式站台，将银座线布置在两个岛式站台之间，而将半藏门线布置在两个岛式站台的外侧。其换乘特点是同一方向的列车换乘在同一站台上便能完成。

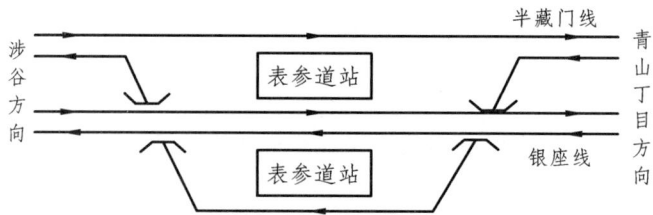

图 9.5　东京地铁表参道换乘站布置示意图

东京赤坂见附站：赤坂见附站是日本东京银座线和地铁丸之内线之间的换乘站。如图 9.6 所示，两条线路中相同方向的线路布置在同一层平面上，并使两个平面上下平行，以便组织方便地换乘方式。其换乘特点是：同一方向的列车换乘可以在同一站台上完成；而相反方向的列车换乘只要上下楼梯或者通过自动扶梯即可完成。

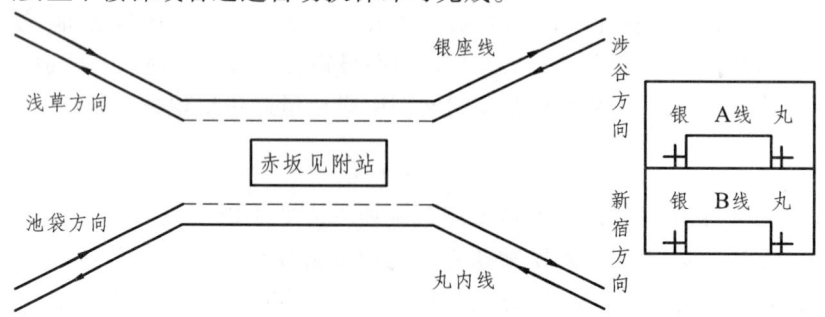

图 9.6　东京地铁赤坂见附换乘站布置示意图

香港太子、旺角、油麻地站：香港太子、旺角、油麻地站是地铁荃湾线和地铁观塘线之间的 3 个连续换乘站。在第一期工程建设时，就将这 3 个换乘站按两层结构进行设计和建造，通过两条线路在站间设置立体交叉从而使所有方向的换乘都能在同站台上实现，如图 9.7 所示。

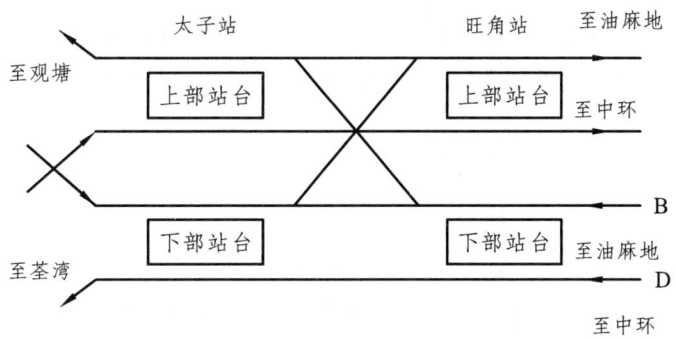

图 9.7　香港地铁太子、旺角换乘站布置示意图

每个方向换乘站台如下：

观塘⇨油麻地：直通无需换乘。

观塘⇨中环：旺角上部站台。

观塘⇨荃湾：太子站下部站台。

荃湾⇨油麻地：旺角上部站台。

荃湾⇨中环：直通无需换乘。

荃湾⇨观塘：太子站上部站台。

油麻地⇨观塘：直通无需换乘。

油麻地⇨荃湾：旺角下部站台。

油麻地⇨中环：太子站上部站台。

中环⇨观塘：旺角下部站台。

中环⇨荃湾：直通无需换乘。

中环⇨油麻地：太子站下部站台。

（2）"L"形换乘。两个车站平面位置在端部相连构成"L"形，高差要满足线路立交的需要。这种车站一般在相交处设站厅进行换乘，也可根据客流情况，设通道进行换乘。其简要示意图如图 9.8 所示。

（3）"T"形换乘。两个车站上下相交，其中一个车站的端部与另一个车站的中部相连，在平面上构成"T"形，一般可采用站台或站厅换乘。如图 9.9 所示。

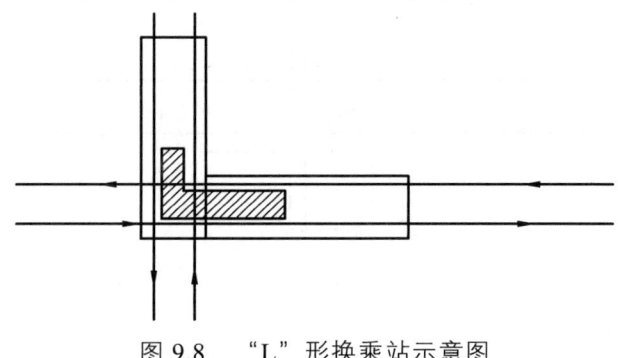

图 9.8　"L"形换乘站示意图

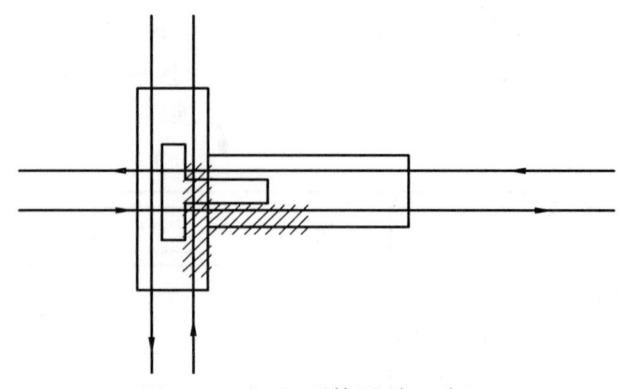

图 9.9 "T"形换乘站示意图

例如北京地铁复兴门站，图 9.10 是北京地铁环线与北京地铁 1 号线相交的复兴门站换乘示意图，两站设置在不同的高度上能组织立体换乘，且从环线下楼梯可直接进入 1 号线的站台，但由于两线车站叠合部分较少，从 1 号线到环线则要通过较长的一段地下通道后才能进行换乘。

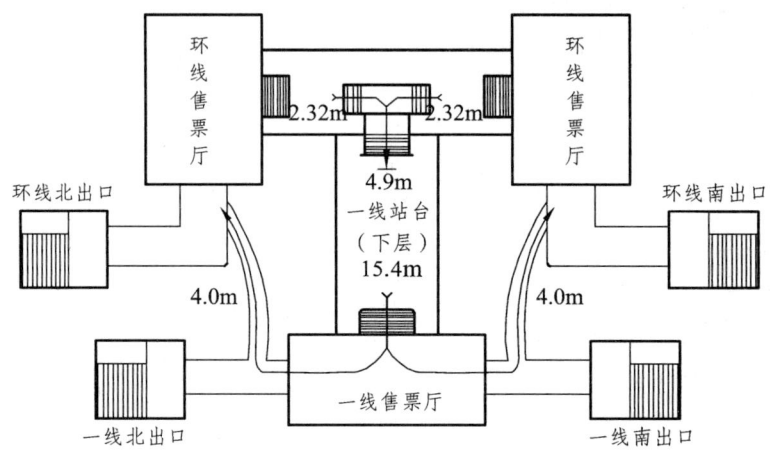

图 9.10 北京地铁 1 号线复兴门站换乘示意图

（4）"十"字形换乘。两个车站在中部相立交，在平面上构成"十"字形，这种车站一般采用站台直接换乘或站厅加通道换乘的方式，其简要示意图如图 5-11 所示。

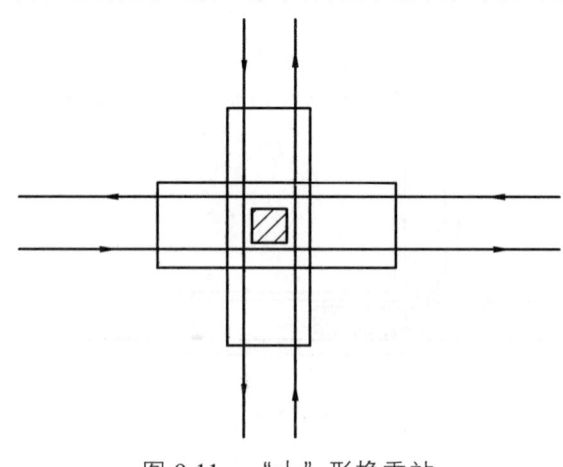

图 9.11 "十"形换乘站

188

例如成都地铁天府广场站。天府广场人流集中，车流密集，地铁 1 号线从广场北端横跨人民东路，经天府广场东侧后南跨东御街，车站设于天府广场东广场下。地铁 2 号线从广场西侧的人民西路进入天府广场后横跨广场东路向东，车站设于广场北偏东位置。地铁 1 号线、2 号线在天府广场内交汇形成"十"字形换乘。由于换乘客流较大，两条线之间采用一岛两侧站台——岛式站台直接换乘的方式：其中，1 号线在上，为一岛两侧站台车站，2 号线在下，为岛式站台车站；通过合理布置换乘楼梯，可使两条线之间形成单向循环换乘，减少客流交叉。具体如图 9.12 所示。

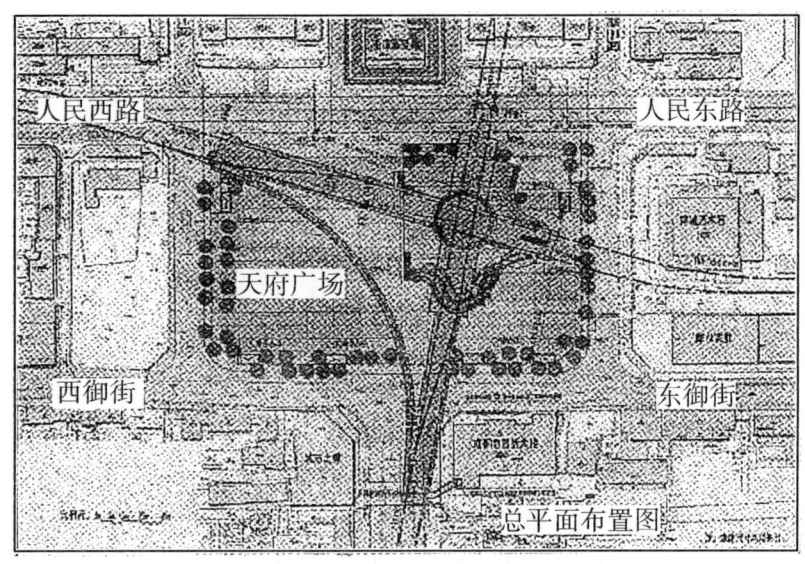

图 9.12　成都地铁天府广场站换乘规划图

（5）"工"字形换乘。两个车站在同一水平面设置，使换乘通道和车站构成"工"字形，这种车站一般采用站厅换乘或站台到站台的通道换乘。图 9.13 给出了"工"字形换乘站的简要示意图。

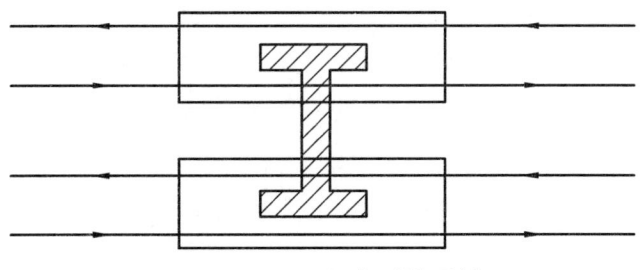

图 9.13　"工"字形换乘站

2. 换乘站设计

换乘站的设计要在通常车站设计的基础上，重点考虑以下几个问题。

（1）依据线路位置和客流方向，确定换乘关系。

两条线之间的换乘关系一般取决于两条线路的走向和站位条件，在两条交叉的线路上一般采用"十"字换乘、"T"形换乘或"L"形换乘。在两条平行的线路上，可选择"一"字形换乘或"工"字形换乘。

换乘站周围的客流来源和方向是在考虑换乘站关系时要重点考虑的因素，一般来说，"T"形、"L"形、"工"字形照顾的客流面比较大，可以使车站的客流吸引范围增大，但其客流换乘条件不如"十"字形和"一"字形；"十"字形和"一"字形换乘站可以提供很好的换乘条件，在以换乘客流为主的车站应尽可能地得到采用。

（2）根据车站形式，设计客流流线。

通常来讲，根据车站站台形式确定的换乘方式可分为："岛岛换乘""岛侧换乘"和"侧侧换乘"等几种换乘方式。

"岛岛换乘"是指两个岛式站台车站之间的换乘。由于这种方式两车站之间直接换乘的节点只有一个，换乘能力受到局限，所以一般需要辅以通道换乘来解决客流换乘问题。目前北京地铁复兴门车站就采取这种方式。

"岛侧换乘"是指两个岛式站台车站与侧式站台车站之间的换乘。

"侧侧换乘"是指两个侧式站台车站之间的换乘。其换乘节点可增加到4个，为换乘客流创造了很方便的条件，可以根据站位和环境情况自如的处理客流的换乘。

无论采取哪种换乘方式，换乘客流的流线应与进出站客流分开，并尽可能便捷顺畅。

（3）根据预测客流量，计算换乘楼梯（通道）宽度。

换乘楼梯（通道）宽度的计算除采用前述车站（通道）宽度的计算方法外，还应根据换乘客流的特点，加以具体的分析考虑。

换乘客流一般属于集中的间断型客流，它是随着两条线列车的到发而形成的，因此，在一段时间内其换乘客流量除取决于预测的小时客流量外，还与两条线列车的运营间隔有关，在计算换乘楼梯（通道）宽度上，要重点考虑这一因素，为换乘客流提供足够的条件。

如换乘客流不需要重新购票，一般不会形成集聚客流（即排队），但由于通道间的输送能力不同，例如楼梯与通道交接处，会形成客流集聚，应在此考虑一定的空间集散条件。

（4）结合车站结构和施工条件，考虑远期预留。

随着施工技术水平的进步，换乘车站的预留逐步从土建全部做成（如北京地铁环线地铁预留的换乘站），过渡到只预留将来可能施工的条件，即从土建预留到条件预留。这样可大幅度降低初期工程造价，避免投资的浪费。

要做到条件预留，必须对近远期的车站方案和工程实施方案进行周密的考虑，尤其要考虑在远期实施换乘车站时，不能影响已运营车站的使用，并确保运营安全。

3. 换乘站设计实例

以下以北京地铁复兴门换乘站和海淀黄庄换乘站为例，详述换乘站换乘形式。

（1）复兴门换乘站。

复兴门站是北京地铁1号线和2号线的一座换乘站，也是北京地铁的第一座换乘站。车站均为地下车站，2号线车站在上，1号线车站在下，两线车站呈"T"形，均为岛式站台设计。其中，2号线换乘1号线为站台直接换乘，两站台由楼梯直接相连；乘客从1号线换乘2号线为站厅、通道相结合的换乘方式。具体换乘流线如图9.14所示。

（2）海淀黄庄换乘站。

海淀黄庄站是北京地铁4号线和10号线的一座换乘站，两线车站站台主体大致呈"十"字形。该站由地下两层构成，地下1层为4号线分离式站厅和10号线侧式站台，两者通过缓坡弧形通道连接；地下 2 层为 10 号线分离式站厅和 4 号线岛式站台。

换乘形式主要采用的是"站厅+通道"的换乘形式，换乘组织采用的组织形式是"双向通行，过程隔开"的方式，即通道、站厅、楼梯都可以通过两个方向的客流，但是旅客在换乘行走的过程通过护栏等设施隔开，避免流线的冲突。具体换乘流线如图 9.15 所示。

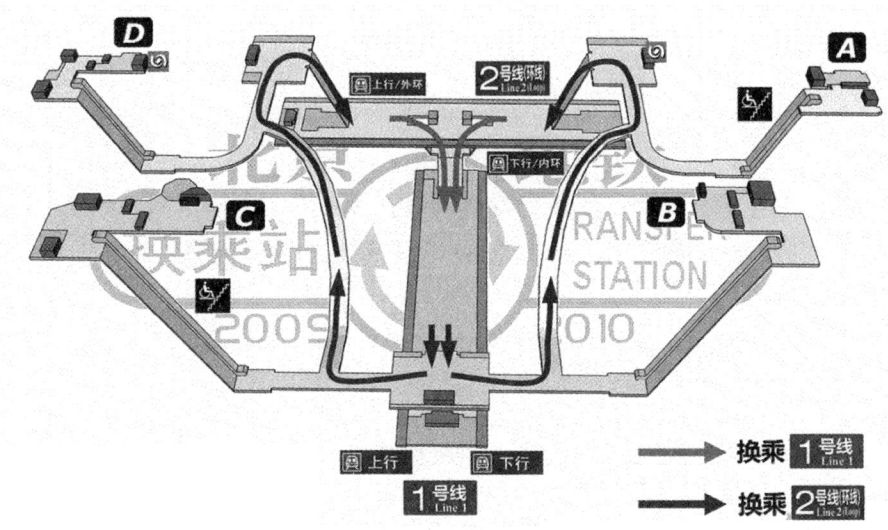

图 9.14　复兴门换乘站示意图

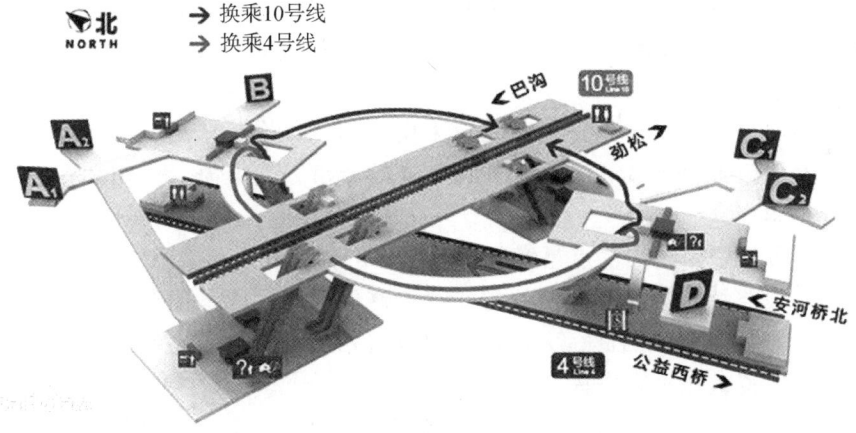

图 9.15　海淀黄庄换乘站示意图

10 城市轨道交通系统车辆段规划设计

车辆段是城市轨道交通系统中对车辆进行运用管理、停放及维修、保养的场所。车辆段的功能特点要求其具有合理的布局和一定的规模,其选址和设计对城市轨道交通运营效果有一定的影响。

本章主要介绍车辆检修制式、车辆段规划内容与要求、车场规划一般要求及基础条件、车场选址规划原则、用地规模确定、车辆段设施及设计原则、车辆段布置形式等内容。

10.1 车辆检修制式与修程

目前,各国城市轨道交通车辆检修采用两种制式,一种是厂修、段修分修制,另一种是厂修、段修合修制。

厂修、段修分修制就是修建专门的车辆大修厂(不限于1个),它承担全线网各线车辆的大修任务。车辆的架修、定修及其以下的修理工作,由各线的车辆段承担。厂修、段修合修制就是不设专门的车辆大修厂,车辆的大修也在车辆段内进行。前一种制式,适用于线网规模较大的城市,具有一定的经济性。对于线网规模不大的城市,采用厂修、段修合修制较为经济。

从国内外情况来看,只有莫斯科和北京采用厂修、段修分修制,其他城市均采用厂修、段修合修制。我国已经修建和正在修建轨道交通的城市,如上海、广州和香港等基本上采用厂修、段修合修制。

采用厂修、段修分修制的优点是实行专业化生产,形成规模效益,有利于提高修车质量。其缺点是工程建设起始阶段必须同时修建车辆大修厂和车辆段,而要形成一定规模的轨道交通线网须经过几十年时间。因此,大修厂在建成后相当长的时间内,因系统规模小,车辆大修厂任务不足,投资效益难以发挥。

采用厂修、段修合修制,即可避免上述缺点。此外,由于车辆进行大修所用的部分机械设备与车辆进行架修所用的机械设备基本相同。因此,将厂修和段修合并还可减少机械设备的重复投资,提高设备利用率。

城市轨道交通车辆的检修规程通常分为列检、月修、定修、架修和厂修(又称大修)。根据修程规定,各种修程包含的主要检查范围和内容如下。

1. 列检

对容易出现危及行车安全的各主要部件(如轮对、弹簧、转向架、受电弓、控制装置、空气制动装置、车钩及缓冲装置、蓄电池、车门风动开关装置、车体、车灯等)进行外观检查,对危及行车安全的故障及时进行重点修理。

2. 月检

对车辆外观和一般功能进行检查，即对车辆主要部件的技术状态进行外观检查和必要试验，对危及行车安全的故障进行全面修理。

3. 定修

主要是预防性的修理，需要架车。对各大部件的技术状态和作用做较仔细的检查，对检查发现的故障进行针对性修理，对上车的仪器和仪表进行校验，车辆组装后要经过静调和试车。

4. 架修

主要任务是检测和修理大型部件（如走行部、牵引电机、传动装置等）。同时，通过架车对车辆各部件进行解体和全面检查、修理、试验，对计量的仪器、仪表进行校验，车体要重新用油漆标记，组装后进行静调和试车。

5. 厂修

全面恢复性修理。要求对车辆全面解体、检查、整形、修理和试验，要求完全恢复其性能，组装后要更新油漆、标记、静调和试车。总之，厂修后的车辆基本上要达到新车出厂的水平。

表 10.1 为某型号车辆的检修周期及检测时间的参考标准。

表 10.1　某型号车辆日常维修和定期检修周期

类别	检修种类	检修周期		检修时间/d
		修程/万 km	时间/年	
定期修理	厂修	100～120	10～12	35/32
	架修	50～60	5～6	20/18
	定修	12.5～15	1.5	8/6
日常维修	月修		1 月	2/2
	列检		每天或双日	

10.2　车辆段规划

10.2.1　车辆段的功能

车辆段按其功能可分为检修车辆段（简称车辆段）和运用停车场（简称停车场）。车辆段的主要功能如下。

（1）车辆停放、调车编组、日常检查、一般故障处理和清洗、消毒。

（2）车辆修理：月修、定修、架修与临修。

（3）车辆技术改造或厂修。

此外，车辆段还应为乘务员的换班作业提供必要条件。在很多情况下，乘务计划的编制和乘务员的组织管理工作也在车辆段进行。根据城市轨道交通线路的情况，有时可以另外设置仅用于停车和日常检查维修作业的停车场和检修区，在管理上一般附属于车辆段。

10.2.2 规划内容与要求

车辆段规划内容与要求如下。

（1）车辆段及其他基地统称为车场。它是城市轨道交通系统中承担车辆检修、停放、运用以及各种运营设备保养、维修的重要基地，是线网规划中不可或缺的关键组成部分。车场规模一般较大，最小的都超过 0.1 km²，在城市建成区范围内寻找适合车场要求的用地一般很困难，有时甚至到城市边缘区寻找用地。因此，车场设置条件往往决定了整条线路的可行性。

（2）根据《地铁设计规范》（GB 50517—2013）中的相关规定，地铁车辆段设置应根据线网规划统一考虑。按具体情况，一条线路可以单独设一个车辆段，或几条线路合建一个车辆段。一般情况下，地铁均由多条线路组成网络，因此地铁车辆段应在线网规划中统筹安排，并明确各车辆段在全线网中的地位和分工。单独设置车辆段或多条线路合用车辆段时，应根据线路数量、技术经济条件和线网规划的安排等具体情况确定。

（3）车辆段通常设在线路一端靠市郊地区，线路很长时，车辆段至另一端发车的空驶距离会很大，也会增加运营费用。根据国内外经验，线路长度大于 20 km 时，可在适当位置增设停车场。

10.2.3 车辆段的选址

车辆段规划的重点是车场的选址，确定各段的合理分工和建设规模，达到控制建设用地的目的。车辆段的选址涉及运营后相关作业的顺畅程度和作业效率，与运营成本密切相关，并受征地、拆迁等一系列因素影响，在规划和设计中应予以充分重视。车辆段选址的技术要点如下。

（1）车辆段、停车场要选择地势平坦、地质良好、无大的水文地质影响的地域，用地相对集中，便于车辆段或停车场的布置。

（2）城市轨道交通线路一般都穿越市区，线路中部多为市中心地区，要征用车辆段那样大规模的用地很困难。因此，一般在郊区征用土地，将车辆段设置在线路端部。这种方式也与线路起终点在郊外，线路中部穿过市中心的情况相一致，即早上车辆由车辆段向市中心方向发车，晚上由郊外方向驶入车辆段，列车的空驶损失时间较少。

（3）车辆段、停车场及折返线三方面的总停车能力应大于本线远期的配属车辆（包括运用车、在修车和备用车）总数。为便于列车进出，一条停车线的存车数量不应超过 2 列。

（4）车辆段除列车停车库外，还有试车线、车辆检修设备、综合维修中心等，为充分利用这些设备，减少车辆段用地总量，应尽量将车辆段集中设置。若分散布置，则所需用地面积将会增大。在技术经济合理，城市用地规划许可时，可以两条线路共用一个车辆段。当一条线路的长度超过 20 km 时，为减少列车空驶距离，及时对车辆进行检查，可在线路的另一端设置一个停车场。

（5）车辆段和停车场应靠近正线，以利于缩短出入段线长度，降低工程造价。

（6）各车场线路应尽可能与地面铁路专用线相接，以方便车辆通行及物资运输，部分车场不具备上述条件时，可通过相邻线路过渡。

（7）各车场的任务和分工，必须全网统筹规划、合理布局、有序发展。试车线长度应根据场地条件和城市规划要求确定，在条件允许的情况下，应尽可能长。

（8）整个线网车辆的大修任务应集中统一安排，可选定在几个车辆段增设车辆大修任务，不单设大修厂，并设一处职工培训中心。

（9）车辆段和停车场的选址要考虑防治火灾、水害的要求。

（10）各综合检修基地及车辆段用地规模应按规划承担所确定的作业量，并考虑未来技术发展，适当留有余地。

（11）车场用地性质应符合城市总体规划，并注意环境保护。

10.2.4 车辆段规模

车辆段的用地规模与其所承担线路的长短、配属的车辆数、布置形式以及是否与其他设施综合布局有关相联系。车辆段的规模一般为 0.2~0.45 km²。例如，上海地铁 3 号线宝钢车辆段，设计停车规模 204 辆，占地 0.42 km²；该线的新龙华停车场，设计停车规模 120 辆，占地约 0.19 km²；广州地铁 2 号线车辆段的停车库设计停车规模为 144 辆，占地约 0.26 km²。在规划阶段可以按照停车辆数估算，在此基础上进行用地控制。

在进行车辆段设计时，应尽量减少占用城市土地资源。表 10.2 列举了中、日典型城市轨道交通车辆段的用地规模。由表中的数据可以看出，我国既有轨道交通车辆的用地规模比日本车辆段的用地规模大得多，甚至达到 2 倍以上。

表 10.2 中日典型城市轨道交通车辆段用地指标

城 市	车辆段名称	收容能力/辆	占地面积/m²	折合用地指标/(m²/辆)
东 京	绫 濑	410	141 810	346
	中 野	190	55 675	293
	深 川	287	82 260	287
	志 村	400	137 665	344
大 阪	森之宫	250	115 922	464
名古屋	日 进	320	141 000	441
札 幌	西车辆段	170	33 836	199
北 京	古 城	192	169 000	880
	太平湖	288	190 000	660
	四 惠	320	262 000	819
上 海	新龙华	304	284 000	934
	宝 钢	378	401 900	1063
	北翟路	344	338 000	983
广 州	芳 村	252	266 000	1055

10.3 车辆段设计

10.3.1 车辆段的设施

1. 出入段（场）线

车辆段或停车场与正线的结合部是段（场）与正线过渡线路，供列车出入段使用。其有效长度至少应保证一列车的停放。

2. 停车线

停车线要满足线路所有运用车辆的停放需要，线路长度根据车辆编组的需求进行设计，一般为列车长度加 8 m，可设计为一线一列位或一线二列位，线路间隔通常为 3.8 m，通常设检修坑道。

3. 试车线

试车线是用作列车调试、项目试验的线路，其有效长度应保证列车最高时速和安全制动的需求。试车线一般为平直线路。

4. 交接线或联络线

一条线路与另一条线路或运营线路与国铁连接的专用线路，主要用于车辆与生产物资的周转、调送。

5. 洗车库

一般安装自动洗车机，用于车辆自动清洗，列车以低于 5 km/h 的速度通过洗车设备，完成车体清洗作业。目前高级洗车设备有喷淋、去污、上蜡、吹干等功能。

6. 维修线

指用于车辆各种不同修程的专用线路，包括大修线、定修线、临修线、静调线等，这些线路设有 1.4～1.6 m 深的检修坑道，中间设维修平台。根据需求配有架车机、悬挂式超重机、转向架、转向盘等设备。

7. 办公及生活设施

由办公室、值班室、会议室、食堂、浴室及司机公寓等组成，一般设在作业区附近。

10.3.2 车辆段的设计原则

车辆段设计总体上主要分为三个部分：咽喉部分、线路部分和车库部分。

咽喉部分是车辆段的停车库、检修库与正线的连接地段，有出入段线和很多道岔，它直接影响整个城市轨道交通的正常运行。咽喉部分设计既要注意保证行车安全、满足输送能力的需要，又要保证必要的平行作业，还要努力缩短咽喉区长度，尽量节省用地。

线路部分有各种不同用途的停车线、洗车线、牵出线、试运行线以及材料线等。

车库部分有停车库、定修库、架修库。停车库除了停放车辆外，还是日常检修保养的场所，所以设有检修坑。检修库、定修库作定期修车用。各库之间应有便捷的联系。

车辆段的线路要根据车辆段作业要求，结合用地特点来布置。一般地，车辆段设计原则包括以下三方面。

1. 收发车顺畅

车辆段是列车运营的起始与终止场所，其设计要结合线路特点，保证列车出入流畅，满足能力要求。

2. 停车检修分区合理

在部分线路较长的场合，车辆段与停车场的确定需要考虑位置分布，以保证运营组织与管理的方便性。

3. 用地布置紧凑

城市轨道交通系统一般在市区，土地资源稀缺，且价格昂贵，车辆段与停车场的设计要紧凑，以降低建设费用。

10.3.3 车辆段的布置形式

车辆段布置形式一般分为贯通式和尽端式，贯通式车辆段两端均可收发列车，能力较大。尽端式车辆段能力稍低，停车列检库每股道一般可停放 2 列车。具体布置形式如图 10.1 和图 10.2 所示。贯通式车辆段和尽端式车辆段站场布置形式各有特点，二者比较如表 10.3 所示。

车辆段根据其布局还可分为平面式与立体式两种。我国北京古城、太平湖和上海的新龙华均采用平面式。立体式把各种功能线分层立体布设，如东京都营地铁 12 号线光丘车辆段采用地上一层、地下两层的三层结构，地下一层主要是车辆检修线，地下二层主要是停车线，地面层是转向架作业场所及办公设施。立体布置形式用地节省，但技术复杂，工程费用较大，此外还会恶化车辆维修职工的工作环境，采用时需充分考虑其影响。

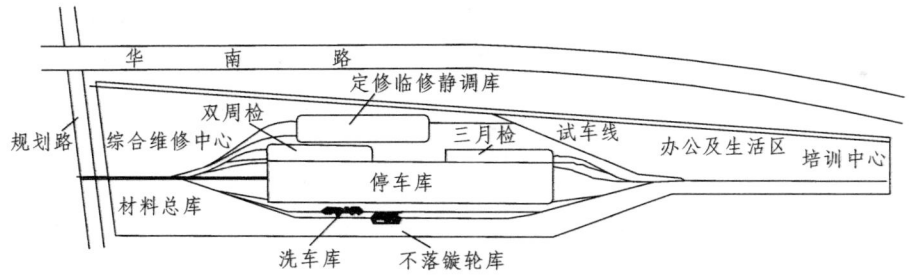

图 10.1 贯通式车辆段平面布置示意图

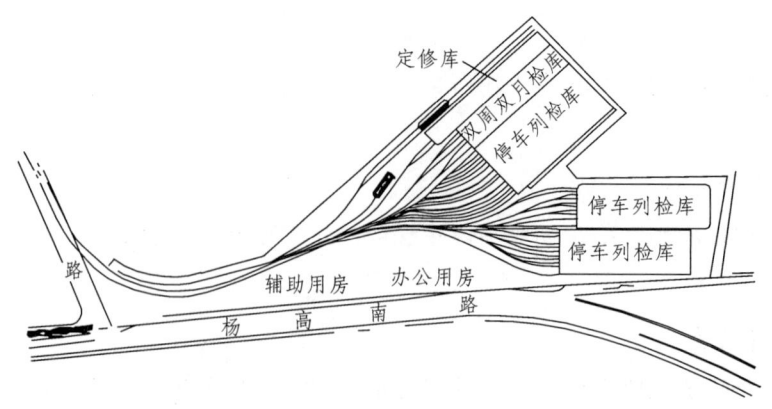

图 10.2 尽端式停车场平面布置示意图

表 10.3 贯通式车辆段和尽端式车辆段站场布置形式的特点比较

布置形式	优 点	缺 点
尽端式车辆段	1. 工艺要求相对简单 2. 只有一个咽喉区，在相同的停车条件下，占地面积小，线路短，铺轨工程量较小	1. 只有一个方向接发车 2. 列车出入段灵活性差 3. 列车折返走行较多，咽喉区交叉作业多
贯通式车辆段	1. 可向两个方向同时接发车 2. 两端列车出入灵活、方便、迅速 3. 列车折返走行较小，咽喉区交叉作业少	1. 工艺要求相对复杂 2. 两端均布置咽喉区，占地较大，线路较长，铺轨工程量较大

11 城市轨道交通枢纽规划与设计

枢纽规划与设计是城市轨道交通系统规划与设计的重要内容。在城市轨道交通系统规划中，要强调城市轨道交通系统与其他交通系统的衔接，重视城市轨道交通系统内各条线路之间的整合，使城市轨道交通系统内的客流衔接顺畅方便。通过交通一体化的规划设计，可以提高轨道交通系统内的客流衔接顺畅方便。通过交通一体化的规划设计，可以提高轨道交通集聚和疏解客流的能力，为乘客提供快捷、方便、舒适、安全的换乘环境，为城市枢纽地区提供良好的交通环境和开发环境，最终实现城市综合客运交通系统的最佳运输效益和效率。

本章重点介绍了城市轨道交通枢纽的界定、构成及分类，城市轨道交通枢纽规划与设计的原则、内容及方法。

11.1 概述

11.1.1 城市轨道交通枢纽的界定

枢纽站是具有这样一种功能的场所，即当运输对象（旅客、货物）使用某种运输工具，沿特定路线运行到达枢纽站换乘时，该枢纽站能满足改用其他运输工具或使用其他路线运行的需要。一般来说，两种以上的运输方式或多条公交线路交汇的场所都可被称为枢纽站。

城市交通枢纽是指城市客、货流集散、转运的地方，可以分为城市客运枢纽和城市货运枢纽。城市客运枢纽是乘客集散、装换交通方式和线路的场所，合理规划、设计城市客运枢纽，是改善公交系统、解决出行换乘、提高公交服务和运营效率的重要环节。

城市轨道交通枢纽作为城市客运枢纽的一种重要形式，是指集多条轨道交通线路、不同交通方式、具有必要服务功能和控制设备，为城市对内对外交通、私人交通与公共交通及公共交通内部转换提供场所的综合性市政设施。因此，城市轨道交通枢纽是在各种交通方式并存条件下为方便乘客、平衡客流而建立的一种交通设施，它能提高整个城市的客运交通服务水平。随着城市规模的不断扩大，居民从起点到终点的一次出行，往往需要使用多种交通工具，把多种交通方式有机地结合起来。城市轨道交通枢纽把私人交通、常规公交和轨道交通三个独立的系统组合成一个有机的客运运输整体，给乘客带来极其重要的效益。

城市轨道交通枢纽的客流和车流来自多方向、多路径、多目的、多交通方式，客流方面具有以下特点：到、发量大而集中，多向集散和换乘，各时段客流不均衡性等。因此必须做好客流组织和管理工作，将换乘客流和到发客流分开，将车流和人流分开，使之既能各行其道，又能相互贯通，相互转换，构筑一体化的城市客运交通集散中心。

城市轨道交通枢纽是单一交通功能建筑或集交通功能和商业开发功能于一身的建筑综合

体。它的交通功能主要体现为对客流的转移和疏散,它的商业开发功能则须根据具体的项目情况而定,在对城市轨道交通枢纽功能进行定位时,应首先确保交通功能的实现。随着城市轨道交通枢纽交通功能的发展和完善,势必给周边区域交通状况带来改善,便捷的交通与大量的客流使城市轨道交通枢纽及其周边区域具有巨大的商业价值。随着城市轨道交通枢纽的设置,在其周边区域必然形成高密度的商业区、办公区等,这也是城市发展的一个必然规律。

作为城市轨道交通枢纽功能的两个方面,其交通功能和商业开发功能同样也是相互制约的。一个城市轨道交通枢纽的规模和形式限定了它所能承受的交通量。商业开发力度的加大必然影响到交通功能的发挥。两种功能之间是一种动态平衡的关系,但一个城市轨道交通枢纽往往达不到理想的平衡状态。所以在设计城市轨道交通枢纽的时候,一定要将它同周边区域的城市规划、交通规划联系在一起,以一种发展的眼光去看待它。作为一个运转良好、功能完备的城市轨道交通枢纽,其自身必然具备强大的适应能力和协调能力,这也是衡量一个城市轨道交通枢纽成败得失的关键。一些交通发达城市的经验告诉我们:只有城市规划与交通规划相吻合,城市轨道交通枢纽才能让其交通功能、商业开发功能和社会功能发挥出最大的价值。

城市轨道交通枢纽的主要功能就是对枢纽点的到、发客流,按不同的目的和方向,实现"换乘、停车、集散、引导"四项基本功能,核心功能在于换乘。

(1)换乘——对于来自不同方向、路线、不同交通方式的乘客,需要转乘其他交通方式而发生的行为被称为换乘。因为这些乘客属于中转客流,需要经过换乘才能到达最终的目的地。

(2)停车——对于来自不同方向、路线的不同车辆,提供固定的停车位置和上下客位置,并按不同性质的车辆分区停放,配置合理的道路和场地。

(3)集散——对于到达或出发的乘客和车辆,实现聚集会合和疏散分流,提供客流和车流组织的相关措施,保证畅通、安全。

(4)引导——对外来客车引导、截流、集中管理,尽量不进市区;引导市内公交车辆与其接驳换乘,向多层次、一体化的方向发展,吸引个体交通向公共交通转移,并为其提供方便。在总体上改善市内车辆的运营环境,提高居民出行的质量。

11.1.2 城市轨道交通枢纽的构成

城市轨道交通枢纽一般由轨道交通、常规公交、换乘通道、站厅、停车场、服务设施共6个子系统组成,如图11.1所示。各子系统作为城市轨道交通枢纽的有机组成部分,相互区别、相互联系、相互作用,为实现出行者换乘舒适、安全和换乘时间最短这一总体目标服务。轨道交通和常规交通是城市公共交通体系中最主要的交通方式,枢纽内换乘通道如同一座桥梁将不同交通方式连接起来,出行者可以利用换乘通道,从一线转入另一线,或从一种交通方式转向另一种交通方式,完成出行过程。站厅的合理布设是减少换乘时间的关键之一。停车场是吸引出行者由私人交通方式向公共交通方式转移、实现公交优先战略的重要手段。服务设施可以提高枢纽的开发强度,实现土地的综合利用,同时又可以使出行者在候车时完成购物和商务等活动,从而减少单纯候车时间和出行次数。6个子系统相互制约、相互协调,充分发挥各自的功能和优势,促使系统达到整体功能的优化。

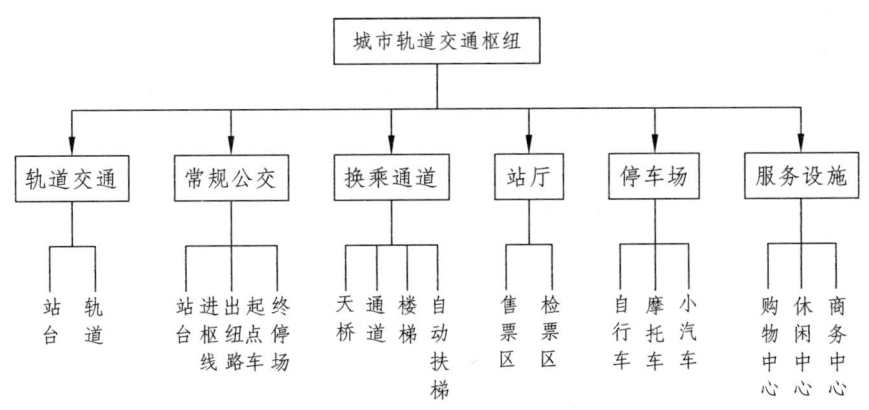

图 11.1 城市轨道交通枢纽系统构成

11.1.3 城市轨道交通枢纽的分类

不同类型的城市轨道交通枢纽在城市中的地位、所占用城市土地面积、在城市交通中所起的作用、对市民出行及公交线路的影响均不同，为了实现城市轨道交通枢纽的合理规划布局以及在功能配置和运营管理上一体化的规划设计，一般将城市轨道交通枢纽按以下方法进行分类。

1. 按交通功能分类

对外枢纽：一般设在城市出入口，连接着对外交通运输线路与城市轨道交通线路，其规模与城市发展形态、经济文化活动等相当。

市内枢纽：主要为城内区域间或区域中心与对外枢纽的客流交换服务，一般设在城市内主要客流集散点，多种交通方式、多条线路交汇点，对通畅、便捷的要求较高。

特定设施处枢纽：针对体育馆、剧院、会展中心等地点在某时间段内集散强度大，为满足人们文化、娱乐出行而设置的枢纽。

2. 按交通方式的组合分类

线路换乘枢纽：位于城市轨道交通线路交汇处，乘客可以在不同线路之间换乘的枢纽。换乘模式的合理选择、换乘设施的优化配置与换乘路线合理组织是这类枢纽规划设计的重点内容。根据相交线路条数，该类枢纽又可分为两线换乘枢纽和多线换乘枢纽。

方式换乘枢纽：城市轨道交通与其他客运交通方式衔接处，乘客可以在不同客运交通方式之间换乘的客运枢纽。根据轨道交通与之衔接的方式又可分为：城市轨道交通与铁路、航空、公路、水路客运之间的换乘枢纽，城市轨道交通与地面常规公交之间的换乘枢纽，城市轨道交通与小汽车、自行车、步行等私人交通方式之间的换乘枢纽。

复合型枢纽：由上述两种枢纽复合形成的换乘枢纽。

3. 按交通组织分类

首末站换乘枢纽：枢纽类设置了多条城市轨道交通线路的首末站，并设有停车、候车、调度以及有关指示标志等。

中途站换乘枢纽：位于通达性高、多条线路交汇的路网节点，站点设置、人流组织是此类枢纽设计的重点内容。

4. 按布置形式分类

立体式换乘枢纽：枢纽站为地上或地下多层结构形式，适用于交通方式复杂、用地受到限制的地点，同时也可与综合性服务设施如商业、娱乐活动场所协调地设置。

平面式换乘枢纽：枢纽站设施布置在地面，其规模视换乘需求而定。

5. 按服务区域分类

都市级换乘枢纽：位于火车站、航空港、空运港、公路主枢纽等对外交通出入口以及城市中心区和CBD地区，吸引全市范围和对外交通客流的轨道交通枢纽。

市—郊级换乘枢纽：连接卫星城、城市新开发区与市内轨道交通线路和常规公交线路，以及位于城区内交通重心处的城市轨道交通枢纽。

地区级换乘枢纽：设在地区性区域中心客流集散点的城市轨道交通枢纽。

11.1.4 城市轨道交通枢纽的分级

城市轨道交通枢纽可以按照每天集散、周转的客流量进行分级，如表11.1所示。

表11.1 城市轨道交通枢纽分级

分 级	分级标准
特大枢纽	日客流量＞100 000人
大型枢纽	100 000人＞日客流量＞30 000人
中型枢纽	30 000人＞日客流量＞5 000人
小型枢纽	日客流量＜5 000人

我国部分城市如北京、上海、广州、深圳等，对于城市轨道交通枢纽的分级标准也不尽相同，均没有采用客流量大小来分级的方式，而是按照衔接的交通方式、城市轨道交通线路数量或枢纽的土地开发类型不同而分级，如表11.2所示。

表11.2 我国部分城市轨道交通枢纽分级概况

城市	分级指标	分级标准和分级概况
上海	衔接的城市轨道交通线路数	1.大型换乘枢纽：3条市区级或2条市域级线路衔接的结点 2.换乘车站：2条市区级线路衔接的结点 3.一般车站：其他城市轨道交通车站
广州	1.衔接的交通方式种类 2.枢纽所在区域的土地开发类型	1.客运枢纽站：与大型对外交通枢纽衔接的轨道交通枢纽 2.公交枢纽站：位于大型常规公交枢纽、线路衔接处或CBD地区的轨道交通枢纽 3.公交换乘站：与一般常规公交枢纽衔接的轨道交通枢纽 4.一般换乘站：与常规公交站点衔接的轨道交通车站

续表

城市	分级指标	分级标准和分级概况
深圳	1.衔接的交通方式种类 2.枢纽所在区域的土地开发类型	1.综合换乘枢纽：位于大型常规公交及对外交通枢纽的衔接处或对外口岸、城市主次中心的轨道交通枢纽 2.大型换乘枢纽：位于常规公交枢纽衔接处或片区中心的轨道交通枢纽 3.一般换乘枢纽：与常规公交站点衔接的轨道交通车站
北京	1.衔接的交通方式种类 2.衔接的城市轨道交通线路数	1.一级枢纽：与大型对外交通枢纽衔接的轨道交通枢纽 2.二级枢纽：轨道交通线路之间的换乘枢纽以及轨道交通与多条常规地面公交线路衔接的换乘枢纽 3.三级枢纽：与常规公交站点衔接的轨道交通车站

11.2 枢纽规划与设计

11.2.1 枢纽规划与设计原则

在构筑城市轨道交通枢纽规划时，应以城市总体规划和城市轨道交通规划为依据，并注意选点的合理性和布局的总体性。同时强化管理概念，建立"动态+静态+管理"的综合规划思维，其中动态是指人流和车流，是运营组织的主体；静态是指地面道路、场站和建筑物，是运营配套的基础设施。只有通过科学的规划和先进的管理措施，以人为本，强化管理概念，才能发挥轨道交通枢纽的综合运营功能，控制合理规模，提高土地利用价值。

1. 网络化的原则

城市轨道交通枢纽的正常高效运转需要依靠周边城市交通网络的支持，在轨道交通枢纽设计之前，应对该区域的交通状况进行全面系统的认识，在此基础上对轨道交通枢纽进行合理的功能定位，因此建立系统的交通网络概念是轨道交通枢纽设计的前提和基础。

2. 城市化的原则

轨道交通枢纽是解决城市交通问题的交通设施，但同时也会对城市的整体结构和城市空间的完整性及连续性产生一定的负面影响。因此，应使轨道交通枢纽成为城市的一个有机的组成部分。要达到这样的目标，一个十分有效的办法是充分利用地下空间，这样一方面减少了对城市用地的侵占，另一方面也保证了城市空间的连续和完整。

3. 可持续的原则

轨道交通枢纽作为城市交通体系中的一部分，其建设和发展必须符合城市交通可持续发展的总目标，必须采用符合可持续发展理念的规划设计技术和措施，减少私人机动车辆的使用率，增加公共交通以及步行、自行车等绿色出行工具的使用率，改善枢纽区域内的居住和工作环境以及交通可达性。

4. 人性化的原则

人性化的设计原则是轨道交通枢纽设计的根本原则，交通设施要为大多数人的使用提供方便。因此，枢纽内轨道交通不同线路之间、不同公共交通方式之间的衔接换乘布局是枢纽规划设计的重点，换乘设施应占据枢纽内最有利的地理位置。此外，还应该强调枢纽内乘客和各种交通工具的有序流动，尽量减少车辆流线和乘客流线的冲突。枢纽的规划设计还应考虑残疾人、老人、小孩等出行弱者的出行方便，减少他们出行过程中的障碍。

11.2.2 枢纽规划与设计内容

一个大型城市轨道交通枢纽的规划与设计的一般步骤包括以下 6 部分。

1. 背景研究

这部分研究是决定规划成果科学性的前提。背景研究分为现状背景研究和规划背景研究两个方面，现状背景研究着眼于对现状问题的分析和寻找造成问题的根源；规划背景研究着眼于领会高层次规划的意图，保证本项规划与设计的延续性。

2. 方法研究

主要研究具体的枢纽规划与设计项目选用的方法及工作步骤等。

3. 交通需求预测

这是轨道交通规划与设计的基础。在城市轨道交通枢纽规划中进行交通需求预测，一定要考察在一定交通供给（以前期规划为基础）水平下的交通情况，如交通流量、流向、结构、转换关系、服务水平、交通敏感程度等。

4. 方案规划

在参考交通需求预测结果之后，要进行包括设施配置、交通组织和实施计划等在内的方案设计。这部分研究主要采用多方案比选的方法进行，而且应当详略有别，对影响大的规划要点，其方案深度接近设计，使之得到相对稳定；对于影响稍次的远期项目，则只为下阶段设计提供明确的指导和灵活变化的空间。方案规划的结果还要经过方案评估检验，因此方案规划和方案评估是一个循环过程。

5. 方案评估

方案评估实际上是一个定性分析和定量分析相结合的过程，由于方案规划阶段已经融汇大量的定性分析，因此在方案评估阶段主要进行定量分析。方案评估最主要的手段是交通评估，其次是环境影响和社会经济分析。其中，交通评估的基本手段是模型测试。

6. 规划与设计要点

规划与设计的最终目的，就是要对与此相关的下阶段规划设计工作提出明确的规划与设计指导性意见，即规划与设计要点。这部分实际就是规划与设计的汇总提炼过程。

上述过程可通过图 11.2 来描述。

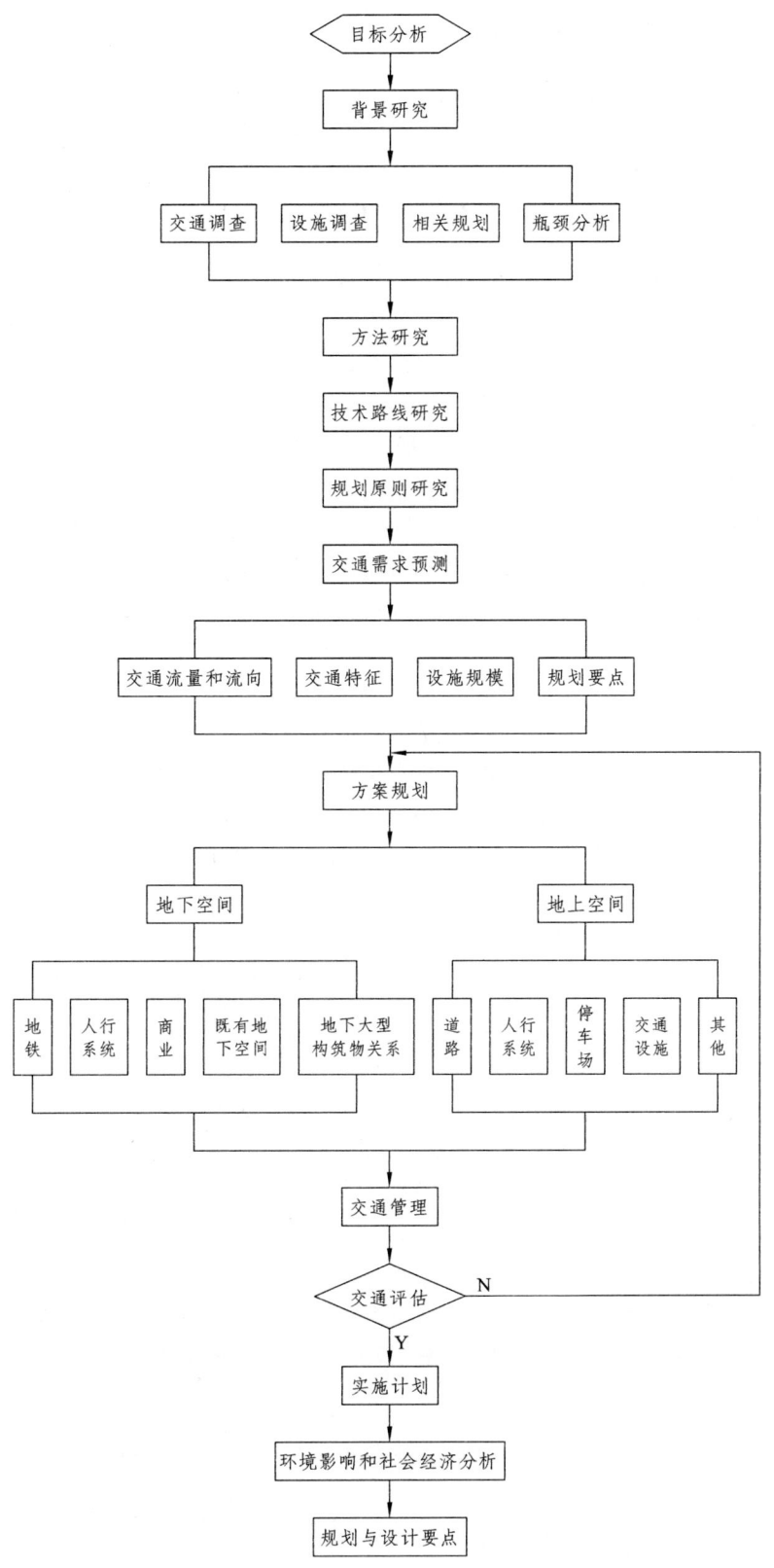

图 11.2 城市轨道交通规划枢纽与设计的过程

11.2.3 枢纽规划与设计方法

城市轨道交通枢纽建筑规划与设计方法涉及以下几方面的内容。

1. 建筑布局

以常规公交与轨道交通的衔接方式来划分建筑布局模式，可以分为以下三种。

（1）放射-集中布局模式

常规公交线网主要以轨道交通车站为中心呈树枝状向外辐射，两者线路重叠区间一般不超过轨道交通车站路段，并于车站邻接地区集中开发一块用地用作枢纽换乘站，作为各条线路终到、始发和客流集散的场所。这种模式具有以下特点：始发线路多、常规公交线网运输能力大、乘客换乘方便且步行距离较短、行人线路组织相对简单、对周围道路交通影响较小，缺点是换乘枢纽站场用地较大，因而适合于换乘客流大或辐射吸引范围大的轨道交通车站。

（2）途径-分散布局模式

常规公交线网由途经线路组成，换乘公交停靠站分散设置在轨道交通车站附近的道路上。该布局模式不需要设置用地规模较大的换乘枢纽站，但线网运输能力小，部分乘客换乘步行距离较长，行人线路组织相对复杂，换乘客流较大时对周围道路交通有一定的影响，适合于换乘客流较小的轨道交通车站。

（3）综合布局模式

综合布局模式是上述两种布局模式的复合形式。线网由始发线路和途经线路共同组成，且集中布置一个换乘枢纽站和分散布置一些换乘停靠站。

表 11.3 是上述 3 种布局模式的一些具体实施措施。衔接换乘布局应以轨道交通车站为核心来组织，应从交通方式一体化的角度进行全面规划、综合实施。

表 11.3 衔接换乘布局的主要措施

布局模式	系统选择	具体措施	
		硬件措施	软件措施
放射-集中布局模式	换乘枢纽站的区位选择 始发线路的优化设计 运能的合理配置	换乘衔接通道的设置 换乘枢纽站的合理规模 换乘设施的布局	营运管理的一体化 联运措施的建立 联运票价的制定与通票的发行 联运利益合理分配方案
途经-分散布局模式	换乘停靠站的合理布局 行人线路的交通组织 途经线路条数及走向优化	港湾式停靠站的设置 换乘线路指示牌的设置	
综合布局模式	始发战略与途经战略优化选择和布局 换乘枢纽站与停靠站合理布置和布局 常规公交营运的优化组织	换乘衔接通道的设置 港湾式停靠站的设置 换乘枢纽站的合理规模	

2. 换乘组织

换乘是交通枢纽的核心问题。任何一座交通枢纽都不是独立存在的，它的存在依托于整个城市的交通网络系统，只有与城市的交通网络系统建立起紧密的联系，充分利用交通网络的优势去分散和疏解客流，才能保证交通枢纽自身的正常运转，因此必须建立起一套便捷、有效的换乘体系，以便使交通枢纽内聚集的大量客流能够迅速地转移和疏散。在有多种交通工具、功能较为复杂的交通枢纽里，单靠某一种换乘形式是无法解决问题的，这就需要根据具体情况灵活地使用多种换乘形式来达成方便乘客换乘的目的。

换乘距离并不单纯是一个数字的概念，确定一座交通枢纽内不同交通工具之间的换乘距离需要对交通枢纽的各构成要素进行综合分析。从乘客的角度来讲，换乘距离越短越好，但是换乘距离的确定首先是受交通工具运行需求的制约。其次，换乘距离过短，会造成客流在某一点上的瞬时大量堆积，反而会影响交通枢纽功能的正常运作，适当地拉长换乘距离实际上是增加了客流疏散的空间。由于个体差异性使集中的客流通过换乘距离的拉长形成较为分散的客流，从而在一定程度上避免了人流拥堵现象的发生。但是过长的换乘距离会增加乘客的疲劳感，降低换乘的便捷程度，直接影响到该种交通方式对乘客的吸引力。由此可以看出，换乘距离的确定需要在矛盾双方之间寻求一个平衡点。

换乘距离同换乘形式、建筑的空间形式、室内装饰等条件密切相关。不同的换乘形式、空间形式和室内装饰对乘客换乘时所产生的心理感受是不同的。单调、呆板的建筑空间容易使乘客产生疲劳感；而层次丰富、充满自然光线的空间则会减轻乘客的疲劳感。当客观条件决定换乘距离过长时，可以通过建筑手段进行弥补。

3. 人流的引导方式

人流的引导是枢纽人流组织中一个非常重要的环节，合理、有效的人流引导可以合理分配人流，避免人流交叉干扰，提高枢纽空间使用率。

（1）标志引导。

标志引导是最为直接、有效的人流引导方式，也是目前最常用、最主要的人流引导方式。交通枢纽内的标志一般包括：识别标志、方向识别标志、信息标志、警示标志和广告等。这些标志同建筑紧密结合，不但强化了建筑空间的可识别性，而且还起到了点缀空间的作用，是交通枢纽建筑塑造空间的一个重要手段。

（2）通过建筑空间的限定对人流进行引导。

① 通过连接不同功能空间的通道引导人流。这是在许多交通建筑中常用的一种人流引导方式，它具有目的性强、人流交叉干扰小等优点。一些地铁车站、飞机场航站楼在进行人流组织时常采用通道来引导换乘客流。

② 通过楼梯、自动扶梯、电梯等垂直交通空间对人流进行引导。通道往往是对人流进行水平方向的引导，而楼梯、电梯、自动扶梯则是对人流进行垂直方向上的引导。这些垂直交通空间结合导向标志具有较强的指向性。

③ 通过共享空间来连接不同标高上的功能空间对客流进行引导。这是功能较为复杂的交通建筑常采用的人流引导方式。贯穿几层的共享空间可以使每一层的功能一目了然，空间具有较强的可识别性。

（3）通过标志物（如进出站闸机、检票厅等）限定空间对人流进行引导。

将这些标志物的功能同空间限定、标志引导功能结合起来是一种非常富有效率的人流引导方式。这也是一些地铁车站、机场航站楼中较为常用的人流引导方式。

（4）其他引导方式。

除了以上几种人流引导方式外，还可根据不同情况通过多种手段达到引导人流的目的。如：色彩、特定的空间造型、具有标志性的建筑物、灯饰、广告等。

这些引导人流的形式的最终目的是使建筑空间的可识别性增强，使空间内的人流具有明确的方向性，以便高效率地使用建筑空间，促成建筑物交通功能的实现。

4. 地下空间的利用

（1）制定地下空间开发方案。

现代化城市交通枢纽一般都采用立体的布局形式，尤其是地铁的引入和城市中心区土地价值飞涨，更加速了立体化进程。其中，地下空间的开发利用是主要发展方向。一般来讲，地下空间工程的建设难度很高，导致其以工程原则为前提进行方案设计，这样容易造成地下建设交通功能的欠缺。因此一个科学的地下空间开发建设方案应首先围绕以下内容进行。

① 针对站前地区特点，明确城市交通对地下空间开发建设的原则要求。

② 从交通需求研究成果入手，确定科学的地下空间开发规模。

③ 规划不同层次的地下设施简略方案，使交通设施条件相对稳定，同时明确空间使用功能，为下一步详细规划和工程设计提供具体的规划要点，并提供相对稳定的空间保证。

④ 对地下空间施工期间的交通组织进行有重点的研究。

⑤ 从交通需求角度合理规划地下空间的开发建设顺序。

（2）地下空间开发考虑的内容。

对下空间开发应从以下4个方面进行考虑。

① 体系。

a. 地下空间开发的功能应符合地区土地利用性质。

b. 地下空间开发的交通功能必须与地区的综合交通有机结合，是区域交通系统的有机组成部分，因此地下空间的交通定位要符合综合交通规划的要求。

c. 地下空间开发应避免单一功能，须向多功能方向发展，同时将功能放在十分重要的位置，使地下空间的交通既能自成体系，又能与地面交通有机结合。

d. 地下空间开发的规模决策必须优先考虑对城市交通产生的影响，即对交通需求产生的刺激和交通设施的供给能力的提高。

② 实施。

a. 既保证规划具有一定的超前性，又要研究效益和代价的平衡。

b. 地下空间开发对交通的考虑应注重可持续发展，科学处理远景和近期的关系，规划方案要有足够的适应能力，原则上土建处理注重远景要求，设备配置注重逐步更新。

c. 地下空间开发必须考虑实施和建设过程中的交通疏解措施，减少对城市的干扰。

d. 根据多方面因素考虑地下建筑的施工方法，科学选择明挖、盖挖和暗挖法。

③ 功能。

a. 将不同功能的地下空间相对集中地布置，尤其是注意避免其他功能对交通功能空间的干扰。

b. 地下空间的开发必须考虑配套停车空间，停车规模既要满足开发引起的停车位的增加，同时在经济技术充分论证的基础上，尽量弥补地上空间停车能力的缺口。

c. 地下空间开发应考虑残疾人通行需求，进行无障碍设计。

d. 地下空间开发的交通管理组织应放在十分重要的位置，用现代化的方法和设施对交通进行指挥和监控。

④ 安全与环境。

a. 地下空间开发必须考虑灾害状态下的交通疏散要求。

b. 地下空间开发的交通空间必须注意处理，做到安全、卫生、舒适。

c. 科学研究地下空间构筑物（如风亭、出入口）对城市地面环境的影响。

5. 城市轨道交通枢纽的商业规划

由于市场运作的需求，城市轨道交通枢纽往往是集众多功能于一身的综合性建筑，甚至于开发面积可能会远远多于其客运部分所需的面积。建筑的交通功能和开发功能相结合，不但能满足市场运作的需求，同时也方便了乘客的使用。

城市轨道交通枢纽可以同多种开发功能相结合，如大型的商业设施、办公楼、酒店、文化娱乐设施等。城市轨道交通枢纽众多的开发功能之中，商业设施的设置对枢纽的交通功能影响最大。城市轨道交通枢纽的商业价值来自便利的交通和大量的客流，它的交通功能和商业价值是相互制约的，商业面积的扩大和商业客流的增多在一定程度上会对枢纽交通功能的正常发挥产生一定的阻碍作用。因此城市轨道交通枢纽内的商业设施应该遵循其特定的设计原则。

（1）商业设施的设计原则。

① 商业设施的设置应以不对枢纽的交通功能产生负面影响为前提，商业设施的客流量和客流组织应满足于交通功能的需求。

② 枢纽的商业功能应同交通功能相结合，充分利用其不同的人流特点，使两方面的功能都得到充分的发挥。

③ 枢纽内的商业设施应同周边的城市商业设施相结合，使枢纽内的商业客流分散于周边的城市商业设施之中，以减轻对交通枢纽的压力。

④ 根据枢纽内商业设施的设置情况，扩大交通枢纽的功能范围，使其同周边的城市交通网络产生紧密的联系，将大量的商业客流疏散到相邻的城市空间中去。

（2）商业设施的设置方式。

城市轨道交通枢纽的商业设施有多种设置方式，从商业设施在枢纽内的相对关系来看，分为集中设置的商业设施和分散设置的商业设施两类。

① 集中设置。

集中设置的商业设施一般为大型超市、百货商店等，这些商业设施同枢纽的其他物业开发相结合，作为整体开发功能的组成部分，服务于整个枢纽及周边城市客流。在一般情况下，这种集中设置的商业设施规模较大，可以吸引大量枢纽周边的城市客流。因此在这种情况下枢纽的交通功能同商业功能往往是各自独立的，以交通为目的的客流同以商业为目的的客流通过各种建筑手段被区分开，避免其相互影响。

② 分散设置。

城市轨道交通枢纽的大量客流具有极大的潜在商业价值，一般来说，分散设置的商业设施主要是针对交通枢纽自身客流的商业需求而设置的。所以这部分商业设施往往结合枢纽的等候时间、换乘空间来设置。从国外诸多类似的交通建筑的发展变化来看，城市轨道交通枢纽必须具备灵活应变的能力，而分散设置的商业面积为今后枢纽功能的调整提供了可能性。同时，分散设置的商业设施也是丰富交通枢纽空间形式、调整乘客空间感受的重要手段。设置合理的商业设施，不但不会影响枢纽交通功能的发挥，反而会促进交通的发挥，同交通功能相辅相成，相得益彰。

12 城市轨道交通与其他方式的衔接

在城市轨道交通规划中，不能仅强调城市轨道交通系统的建设，而忽略城市轨道交通系统与其他系统的衔接，或仅重视城市轨道交通线路建设和工程设计层面上的研究，而忽视城市轨道交通系统内各条线路之间的整合。这些都将导致城市轨道交通系统内的客流衔接不顺、不便。通过交通一体化的规划设计提高城市轨道交通集聚和疏解客流的能力，为乘客提供快捷、方便、舒适、安全的换乘环境，为城市枢纽地区提供良好的交通环境和开发环境，最终实现城市综合客运交通系统的最佳运输效益和效率，是非常重要的。本章着重介绍有关城市交通一体化的内容、多方式衔接理论以及城市轨道交通与其他交通方式的衔接方法。

12.1 城市交通一体化

城市交通运输系统能否高效、快速的运行，不仅取决于交通线路、车辆、车站等基础设施，而且依赖于科学管理体系。城市交通一体化就是将各种硬件、软件的完美结合，使各种交通方式相互协调，以发挥更高的运行效率。将城市交通作为一个整体，通过资源合理的分配，统筹规划各种交通方式，通过科学布局、统一管理、衔接有序、协调发展、资源共享、信息智能化实现交通一体化。

12.1.1 城市交通一体化的概念

城市交通一体化的实质是通过技术、管理等手段对城市交通系统内的多种交通方式进行有机组合、资源共享、紧密衔接，实现交通系统整体合作化。具体包括对技术、管理、政策、信息及配套设施等方面资源的整合，将站场建设、经营结构、车辆运行、线网规划、管理体制等有机组合，实现乘客流动和市场运行有序化、市民生活便捷化、城市发展和谐化。

城市轨道交通与常规公交一体化是城市交通一体化的一种具体表现形式，使得城市公共交通系统中最为常见、重要的两种交通方式通过使用相应的技术管理手段有机协调、组合在一起，以实现整体效果水平最佳。从当前多数城市公共交通目前发展状况的前景来看，以城市轨道交通为骨干，以常规公交为网络，协调配合、及时疏散、高效营运，最终形成结构完善、运能和需求相匹配的一体化公共交通网络将是未来大部分城市的首选发展模式。

12.1.2 城市交通一体化的内容

为了保障城市交通一体化的运营速度、运营能力、服务水平与质量的可靠性以及运营的有效性，城市交通一体化应包括线网、设施、管理、技术、交通规划、经营主体、政策保障体系、评价体系、信息等要素，这些要素组合在一起，构成了完整的城市交通一体化。

1. 线网一体化

线网一体化就是结合不同交通方式的优势,通过城市交通线路的部分调整优化,使城市交通整体高效运行。例如:城市轨道交通与常规公交相比较来说,具有客流量大、速度快、舒适、效率高的优点,因而应以城市轨道交通为城市交通的主要运输走廊,由常规公交协调配合,弥补其可达性低的缺陷;取消或调整部分与轨道交通走廊平行或重合的线路,结合轨道交通站点,建立线网密度更高的短距离公交运输体系。两者之间的有机结合、科学布局、协调发展,通过交通方式的转换解决了城市轨道交通可达性低和远距离公交耗时长、乘车环境差等缺点,使乘客出行更加高效化。

2. 设施一体化

完善的交通基础设施条件可以使换乘更加省时、省力,提高效率。例如:城市轨道交通和常规公交采用同站厅换乘时,换乘诱导标志和换乘信息的设置,使乘客能快速地找到换乘车辆的方向和位置,避免不必要的折返、停留,迅速地获取适合自己换乘的信息,有利于客流的迅速疏散和高效换乘。

3. 管理一体化

各种交通方式属于不同部门的管理,往往只重视各自的交通发展和规划,各自为政,使城市各种交通方式之间相互脱节。各个部门之间缺少交流和配合,使城市各种交通方式发展极不协调,不注重城市交通方式的统一规划,呈现城市交通混乱、交通方式之间规划和布局不合理、衔接不到位的局面。同时也助长了私家车购买热潮的兴起,进一步恶化了城市的交通环境。

4. 技术一体化

技术一体化主要包含运能匹配和调度两个方面。如果两种交通方式之间的运能不匹配就会影响乘客换乘效率,运能匹配度不够主要表现在一种交通方式不能够及时快速的疏散另一种交通方式的换乘客流量,使部分客流不能及时换乘,造成客流滞留和换乘系统客流拥挤。运能匹配度过高则浪费资源,不经济。一体化交通应该是动态和静态控制相结合的交通体系,应根据客流的时间分布特征,在客流平峰时根据平均客流量的大小采用固定数量的车次和发车时间间隔;而在客流高峰时根据高峰小时客流量和当天客流量实际的变化幅度,适当地增加车次和减少发车时间间隔。

5. 规划一体化

城市交通在规划时要统筹兼顾,注意和其他交通方式的高效衔接。新建交通枢纽时,各部门要加强交流,相互配合,避免规划不协调的问题。

6. 政策保障体系一体化

对待城市各种交通方式,政府部门应该一碗水端平,不应对其中的某一种实行特殊优惠政策,不能搞政策特殊化,这样做容易造成各种交通方式之间的不公平竞争。只有做到了真正的公平竞争,各种交通方式才会为了吸引更多客流,不断提高自身服务水平和服务质量;而只有服务水平和服务质量不断提高,才能吸引更多的客流,这样就形成了一个良性循环,应确保以乘客需求为主导的交通方式发展模式的顺利实行。

7. 信息一体化

当今社会正处于高度发展的信息化时代，人们的日常生活越来越离不开信息的传递和接受。城市交通也是一样，一体化的交通应是信息化发达的交通。交通信息应该准确无误，一体化交通不仅应该给乘客提供自身相关的交通信息，而且还要提供与之衔接换乘的交通信息，各种交通方式信息资源共享，建立一体化信息服务平台，乘客不仅可以从电子屏获取信息，而且还可以通过手机相关软件获取交通信息，为乘客选择交通方式提供信息参考，让他们能选择最佳出行路线，方便他们的换乘。

12.1.3 城市交通一体化政策

2000年伦敦大学交通政策专家Banister在展望欧洲2020年交通与城市发展空间的关系时总结了欧洲面临的三个主要问题：空间短缺、人口密度高及保护空地。他将交通运输的政策实践分为以下五个阶段：

第一阶段：形成共识——交通数量的增长是不可持续的。

第二阶段：道路修建计划不能解决问题，即使大量投资，堵塞仍会存在；交通供给增长跟不上需求。

第三阶段：讨论轿车使用的限制策略——大幅度提高轿车出行费用，使供需匹配；对某些用户及某些运输方式实施优先发展策略。

第四阶段：公众的关注点集中于无限制交通移动所引起的环境后果；环境问题即使得到解决，潜在的交通拥挤问题依然存在。

第五阶段：普遍认识到改善环境与拥挤状况的唯一出路是少用私人轿车，进而减少旅行需求。

我国是发展中国家，人口众多，欧洲有许多交通一体化措施值得我国借鉴。

1. 加强政府对交通的引导作用

政府的交通政策对社会经济发展以及居民生活风格具有引导作用。对一个复杂的社会来说，政府有许多政策杠杆。在这些杠杆出台以前，确定社会发展长期目标是至关重要的，这也是交通一体化政策的技术关键。政府在整个社会的发展中，根据不同时期的具体形势对政策进行修正和微调，将地区或国家导向预设的目标状态。

交通政策的作用，要从"预测-提供"向"预测-预防"转换。

2. 建立一体化的公交网络，促进城市土地的合理利用

要建立一体化的城市与城际客运网络。对任何不能一次抵达目的地的运输来说，最大程度地减少中转换乘时间是提高公共交通吸引力的关键。一体化交通网络对城市发展有着重要影响，其关键体现在交通与土地利用的相互关系方面。在建立适当的卫星城镇以疏散市中心区人口、缓解中心区拥挤方面，建立居民小区间快速、大容量的交通通道起着关键作用。要实现这一目标，一是要在交通网络建设上统筹规划，建立可达性好、覆盖面广的物理网络，尤其是具有较好的环保性能的地区城市轨道交通网络；二是要从技术组织上建立起高效、快速的运输能力网络，大幅度提高公共交通的吸引力。

3. 大力发展公共交通

公共交通是一种大容量交通工具，发展公共交通的关键是要为公共交通营造市场。因此，在规划城市建设时，要重视小区规模的设计和对小区的集中开发，建立具有"公交价值"的交通通道，城市规划要为公交营造市场。

4. 建立以城市轨道交通为骨架的一体化城市快速交通网络

"速度"是交通出行所考虑的首要因素。要在大城市建立快速的城市与城市对外交通网络，提高整个城市网络的出行效率。经验表明：在大城市建立与道路运输体系具有较好隔离性的以城市轨道交通系统为骨架的交通体系是发展方向。

我国的经济处于一个高速发展的时期，交通运输业的发展也处在一个具有战略意义的十字路口。一体化方法的特点实际上就是在更广阔的范围内实施交通与经济发展的整体优化。在一体化政策的研究与实施过程中，政府部门交通规划与决策者起着不可替代的作用。目前，侧重长期效益与环境保护的可持续发展目标已经成为发达国家政策研究的重要内容。我国是一个人口大国，资源稀缺，因此，尽快研究、制定并实施一体化交通战略对于将我国未来的发展引向一种具有良好的可持续性的社会状态具有重要的战略意义。

5. 建立一体化的交通规划与管理机构

发达国家包括美国、欧盟，都在探讨建立一体化的运输规划与管理体系。一体化的主要任务是：确定统一的交通发展政策，规范运输市场行为，规划整个区域的交通发展。

这一点在我国也显得尤为重要。改革开放以来，运输业虽然有了较大发展，但行业秩序欠佳的状况仍很严重。存在市场管理手段落后、交通基础数据不全、规划方法不够科学、规划方案得不到重视以及无法实施的现象。建立一体化的交通管制机构是时代的需要。

交通一体化规划应以城市轨道交通为骨干，以常规公交为主体，辅之以其他交通方式，构成多层次立体的有机结合体，使其互为补充，并且尽量约束私人交通的过量发展。城市轨道交通应做好与其他交通形式如城际客车、公共汽车、小汽车等的衔接，实现交通一体化规划，在不同的交通模式中采用统一的票务管理机制，使用统一的车票等。

12.2 多方式衔接理论

在进行城市轨道交通规划时，当确定了城市轨道交通的方式、规模及路网布置形式后，还应该进一步考虑城市轨道交通逾期其他交通的衔接体系。各种交通方式的有效衔接是整个交通系统优化的关键，整体化是城市客运交通的发展趋势。城市轨道交通的衔接体系是以大运量的城市轨道交通与铁路、机场、港口、长途客运站、常规公交、小汽车、自行车等其他各种交通方式衔接的体系。衔接换乘系统规划设计的优劣是城市轨道交通能否发挥功能作用的关键因素。

大城市根据城市条件，已初步建立起以公交为主体，城市轨道交通为骨干，各种交通方式相结合的多层次、多功能、多类型的城市综合交通体系。

城市轨道交通给城市提供了可靠、快速、舒适的高密度运输服务，是实现城市总体规划的重要基础设施之一。城市轨道交通网络对解决城市大运量交通走廊、对外交通站场的接驳、地区中心的形成、交通集散点的疏散等，提供了高效的运输服务，将使城市客运交通的整体水平发生飞跃。对于网络上的节点（站点），根据其服务范围和性质，以及因为周围土地可能诱发出高强度的开发，将产生大量的人流和交通方式间的换乘客流，形成交通集聚效应，而其中常规公交与城市轨道交通间的接驳，是主要的交通换乘模式之一，但应兼顾私人交通的接驳。

私人交通包括小汽车、摩托车、自行车，具有使用灵活方便、直达性好的优势，但因其人均占用道路面积大，大量的私人交通必将造成交通拥挤堵塞，因此对私人交通工具必须抑制其过量发展。抑制私人交通过量发展的重要措施是大力发展公共交通，同时搞好公共交通与私人交通之间的接驳。

常规公交与城市轨道交通在城市客运系统中是不同层次、不同功能、不同服务水平的交通模式，是线与面之间的关系，两者有机结合、相互补充、共同发展，对提高公共交通在客运市场中的比例，确立以公共交通为城市交通主导的地位将起到重要的作用。鉴于城市轨道交通网络的实施具有投资大、周期长、对城市发展影响较大等特点，常规公交的发展具有投资少、周期短、灵活性强等特点，两者虽不可能同步发展，但有效的衔接方式应在规划中加以体现，尤其在站点周围土地利用规划对交通设施、站场用地应给予控制，以促进公共交通体系的逐步形成。

12.2.1 目标

（1）建立以城市轨道交通为骨干，地面公共汽车为主体，中小巴、出租车为补充，相互配合，共同发展的城市公共交通体系，以满足城市现代化的运输需求。

（2）指导城市轨道交通站点周围的土地规划，促进城市对外交通站场合理布局，支持城市空间发展和地区中心的形成，提供一个高效的公共交通运输网络。

（3）根据交通衔接点的交通量，规划为不同等级、不同规模的客运枢纽，发挥各种交通的集聚效应，加强系统之间的有效衔接，以扩大城市轨道交通系统服务范围，提高公交整体运输能力，使公共交通出行比例稳步增长，确立公共交通城市交通中的主导地位。

（4）提供良好的换乘空间和设施，通过对站点进行城市规划综合设计，合理组织换乘客流和集散人流的空间转移，达到系统衔接的整体优化，主动创造就近换乘条件。

（5）不断优化城市内部公共交通线路和站点布置。

12.2.2 一般要求

根据《地铁设计规范》（GB 50157—2013）中的有关规定：地铁各线路之间，以及地铁与其他轨道交通线路相交处的换乘，应采用便捷换乘方式；地铁与其他常规地面公共交通的换乘，宜作方便换乘的统一规划。因此城市轨道交通与其他交通方式衔接规划的一般要求如下。

（1）城市铁路、港口、机场、长途客运站，汇集了多种交通方式，具有客流集中、换乘量大、流动性强、辐射面广等特点，易形成综合交通枢纽。城市轨道交通与常规公交应成为客运枢纽的主要运输方式。在公交枢纽站，要提供足够的站场用地和先进的设施，合理组织人流和车流，以达到空间立体化的有效衔接。城市轨道交通与其他交通方式衔接的交通模式一般可分为三种等级和规模：综合枢纽站、大型接驳站和一般换乘站。

（2）长途客运站场应根据客流分布方向，原则上安排在城市发展区边缘出入口地带，结合公路干线网络和城市轨道交通线网，设置在城市轨道交通线首末站附近，并组织公交进行换乘，以实现区域与城市交通的二级接驳，发挥系统各自功能。换乘中心应提供公交总站场地和设施，视客流集结规模，确定公交场站用地和线网布局及组织形式。换乘中心的设计应做到功能分区合理，转换空间紧凑，行人系统安全，交通组织流畅。

（3）城市轨道交通主要服务于城市组团、对外交通站场和大的交通吸引源之间密集的交通走廊，为城市空间活动提供了基础保障；常规公交更多地考虑网络覆盖范围。两者是一个体系中的不同层次。公交线网设计应区分组团内部与对外联系客流服务对象，区内应提供一个较高服务水平的公交系统，而区外可提供两种运输模式——常规公交、城市轨道交通或快速公交，其中以常规公交与城市轨道交通的相互衔接为主导模式，公交线路设计应充分考虑旅客运送的空间转换需要。

12.2.3　基本原则

城市轨道交通与其他交通方式衔接的原则应体现城市交通系统发展的整体性、协调性、便捷性、政策性和合理性，使各种交通方式能有机地结合在一起，既有分工，又有协作，充分发挥交通网络的运输能力，为城市的发展服务。因此，衔接方式必须遵守以下原则。

（1）将线路连接成线网的纽带，这对旅客的出行有重要的影响。因此，衔接方式必须体现交通的便捷性和舒适性。

（2）应结合实际的工程地质条件、施工方法和各条线路的修建顺序，选择易于实施、经济可行的方案。

（3）应结合城市规划和城市环境，选择对城市干扰小的方案。

（4）应考虑城市轨道交通和其他交通方式运营管理体制上的差异，选择双赢方案。

（5）应满足远期路网客流量的要求，满足远期发展规划的要求。

12.3　城市轨道交通与其他交通衔接设计

12.3.1　与常规公交的衔接设计

常规公交的载客能力相对较小，人力成本高，准点率往往不高，但与城市轨道交通相比，具有很大的弹性，更改线路和站点比较容易，是为轨道交通提供接运最合适的方式。

公共汽车是我国城市目前最主要的常规公交方式。由于其载客量比私人交通工具大得多，对公共汽车与城市轨道交通之间的换乘，需要在公共汽车的进入路线、停站靠台、换乘站内的行车路线以及车辆的班次等方面予以充分重视。

城市轨道交通与常规公交及其他交通方式交汇衔接时，一定要有清晰的线路信息，使换乘客流流向明确，通道畅通，换乘便捷无误。由城市轨道交通车站换乘地面公共汽车的客流，应该通过行人天桥或地道直接进入街道外的公共汽车站台，使人流与车流分别在不同的层面上流动，互不干扰。所以，大型换乘枢纽站的建筑必须与其周围的道路、广场等进行综合设计。

1. 城市轨道交通与常规公交的换乘方式

城市轨道交通与常规公交之间的换乘常见的有以下几种方式。

（1）公共汽车在道路边直接停靠，利用地下通道与城市轨道交通车站相联系。

（2）公共汽车与城市轨道交通处于同一平面，公共汽车停靠站和城市轨道交通车站的站台合用，并用地下通道联系两个侧式站台，以确保有一个方向的换乘条件，不但方位好，而且步行距离短。

（3）城市轨道交通与公共汽车车站处于不同平面，通过某一路径，使公共汽车到达站和城市轨道交通的出发站同处一侧站台，而公共汽车的出发站与城市轨道交通的到达站同处另一侧站台，使城市轨道交通与公共汽车共用站台，两个方向都有很好的换乘条件。

（4）在繁忙的城市轨道交通车站，入站的公共汽车很多，采用沿线停靠法会因停靠站空间不足而造成拥挤。为了解决以上问题，可采用路外多个站台换乘枢纽的方式。为避免人流进出站对车流产生干扰，每个站台均通过地下通道与城市轨道交通车站相连。

（5）在城市轨道交通沿线取消重合段长的常规公交线路，而将其设在城市轨道交通线服务半径以外的地区。

（6）将城市轨道交通线路两端的地面常规公交线路的终点尽可能地汇集在城市轨道交通终点，组成换乘站。

（7）改变地面常规公交线路，尽量做到与城市轨道交通车站交汇，以方便换乘。

（8）在局部客流大的城市轨道交通线的某一段上，保留一部分常规公交线路，起分流作用，但重叠长度不宜超过 4 km。

（9）增设以城市轨道交通车站为起点的地面常规公交线路，以接运城市轨道交通乘客。

2. 城市及轨道交通车站与常规公交车站的衔接

城市轨道交通车站与常规公交线路车站的衔接可分为三种等级和规模。

（1）综合枢纽站。

综合枢纽站一般位于城市对外交通进出口处，是能吸引多种交通方式汇集的客运中心地段。在此，公交线路一般呈放射形布置，可以多达十几条，站场规模一般在 10 000 m² 以上。城市中的综合枢纽站一般不仅限于城市轨道交通和城市常规公交，有时还包括长途汽车、单位班车、铁路、甚至港口、机场等。其具有客流集中、换乘量大、辐射面广等特点。在这样的综合交通枢纽站，要进行综合的详细的规划布局，一般采用先进的设施和空间立体化衔接，合理组织人、车流分离，使人流换乘便捷，车流进出顺畅，便于管理。

（2）大型接驳站。

大型接驳站是指位于城市轨道交通首末站、地区中心及换乘量较大的车站的换乘点，在此布置的地面常规公交线路主要为某一个扇面方向的地区提供服务。公交车站可采用总站或规模较大的中途站两种形式，总站的规模一般为 3 000~5 000 m²，中途站需提供 3~4 个车位或线外有超车功能的港湾式停靠设施。

大型接驳站宜设于城市轨道交通车站 200 m 范围内，有条件时，可考虑与城市轨道交通车站建筑结合。在规划设计时，除考虑要尽可能地减少人流、车流交叉外，还要配备必需的运营服务设施和导向标志。

（3）一般换乘站。

一般换乘站为城市轨道交通的一般中间站与地面常规公交线路的中间站的换乘点，一般多位于土地紧张的市区。在规划设计时，要充分考虑到城市轨道交通换乘量大的特点，将公交车站设置成港湾式停靠站，并尽可能靠近城市轨道交通车站的出入口。

3. 枢纽站内常规公交换成设施的平面布置

在枢纽站内，常规公交的换乘设施，主要是通过设置的公交车站，提供较为集中的公交车与乘客之间的换乘场所。为公交车进出道路系统提供缓冲区域；实现交通功能的转换；完成乘客在不同交通方式与常规公交之间的换乘。枢纽常规公交换乘设施的主要组成要素为：公交乘降区，上客等待区，公交车回转区。城市轨道交通枢纽站的公交车站的布置强调轨道交通和公交之间的换乘方便，枢纽内公交车站的平面布置有以下3种模式，如图12.1所示：

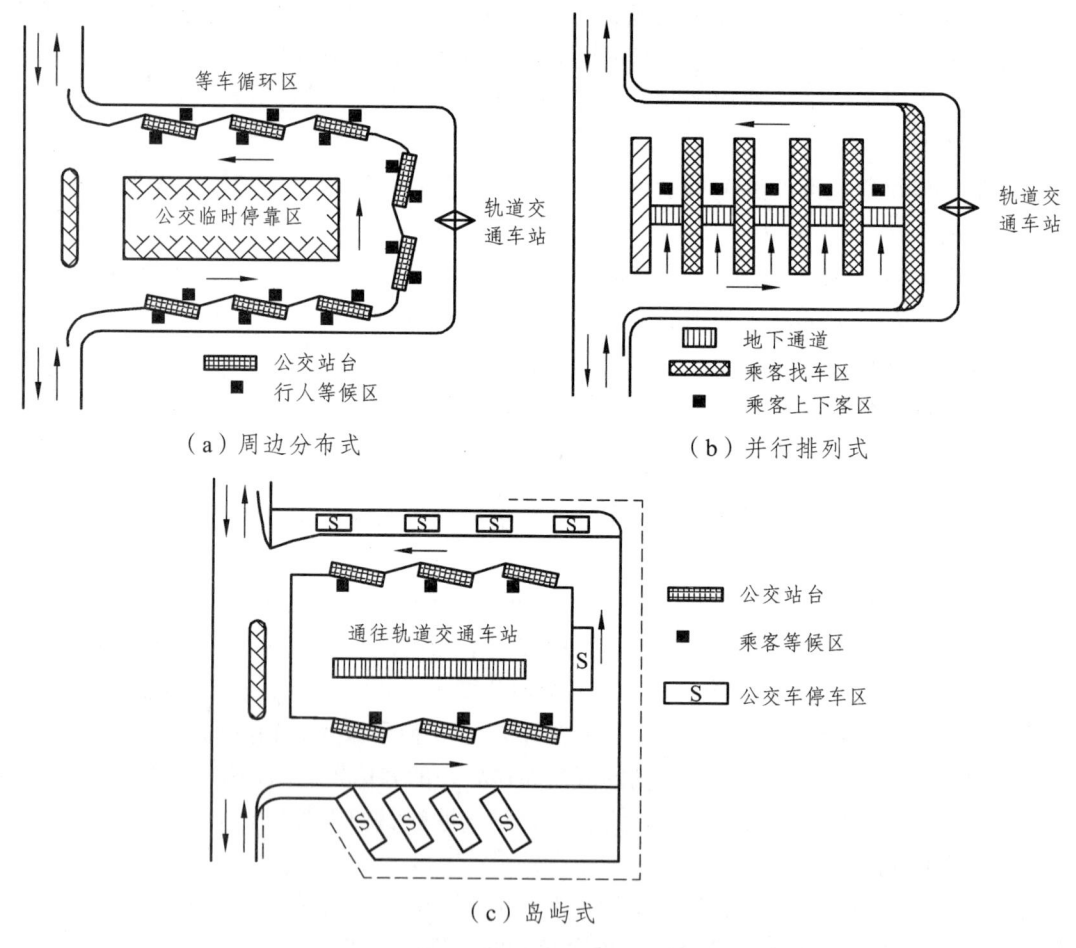

图 12.1 枢纽内公交车站的平面布置

（1）周边分布式：该模式最大特点是灵活性大，临时停车集中在中央停车区，泊位可以按需要调整。乘客的上下车和换乘在周边步行区进行，不存在人车冲突。乘客区域较为分散，线路之间的换乘略费周折；乘客候车区域较大。中间的空间如果设置为公交停车场地，车辆从停放区进入站位会不太方便。

（2）并行排列式：该模式基于公交穿越式泊位，各线路进出站台较为方便，但换乘客流对各个站台的选择，易导致换乘客流与公交车之间的冲突。灵活性差，如果某条线路停车空间不够，不允许其车辆驶入其他线路的站位，联系各个公交站台和轨道站台，需要配建多个楼梯和自动扶梯。

（3）岛屿式：轨道和公交的换乘可以通过地道连接"岛屿"，或者是二层行人走廊，其优点是人车之间的冲突较小，换乘客流的平均步行距离最小，将乘客集中到一个"岛屿"上，换乘更为便捷。需要保证乘客候车区的面积，在中央岛屿候车区可以提供各条线路统一的设施，便于提供高质量的候车环境。

12.3.2 与小汽车等私人交通的衔接设计

小汽车等私人交通在枢纽站的换乘布局中，主要考虑停车换乘（Park and Ride，即 P+R）和开车接送（Kiss and Ride，即 K+R）两种模式。

停车换乘（P+R）是私人交通与公共交通之间的一种换乘形式，即通过乘坐小汽车等私人交通至停车换乘点换乘快速公共交通进入中心区，是城市客运交通体系一体化的重要环节。城市轨道交通停车换乘方式的衔接布局规划，主要内容包括停车场的规划布局与周边道路的交通组织规划设计等，需要注意以下几点：

（1）采用停车换乘方式的城市轨道交通枢纽必须提供足够规模的停车设施，停车面积满足停车换乘的需求量。因此，停车换乘方式比较适合位于城市周边地区的城市轨道交通枢纽，而位于中心城区的城市轨道枢纽，由于用地紧张，难以设置规模适当的停车场，加之车辆进出停车场会对本已拥挤不堪的道路交通带来更大的影响，因此不建议采用。

（2）停车设施应靠近城市轨道交通枢纽，并与车站集散大厅之间设置规模适合的专用衔接换乘通道，避免停车换乘乘客穿越城市道路以及与其他人流混杂，给换乘带来不便，同时宜对周边道路的瓶颈路段和交叉口采取一些增容措施，减少乘客出行延误。

（3）力求减少停车场对周边用地和道路交通以及其他客运方式所造成的不良影响，必须进行车辆行驶线路的组织设计，并设置明确的行车线路指示标志。

（4）应建立适合的停车场收费政策和管理措施，以鼓励乘客转乘城市轨道交通，并保证乘客的安全使用。

开车接送（K+R）方式通常采用路外停车形式。为保证枢纽周边道路的通畅，通常应避免此类小汽车进入城市轨道交通枢纽内部，减少客流与车流的冲突。此种形式的换乘距离一般比较长。

12.3.3 与出租车的衔接设计

城市轨道交通枢纽的出租车换乘设施，主要功能在于满足乘客搭乘出租车的需求，为出租车进出道路系统提供缓冲的区域。对于换乘量较大的车站，宜在路外设置专用的换乘场所，换乘量较小的车站，可采用路边停靠的方式。

出租车换乘设施主要由下客区域、等车循环区、排队区和上客区域组成。出租车上下客区域可以在同一个位置也可以分散布置，出租车下客区的位置尽可能设在车站进口附近较方便的位置，上客区相对可以灵活布置，尽量考虑人行系统相配合的设计。

出租车进出以及上下客的流线和等车循环区、排队区应尽可能与公共汽车行车路线分离，减少出租车对公共汽车停靠和行驶的干扰。同时加强对出租车停靠的管理，有序流动，禁止随意停车。

出租车交通系统主要由乘客、出租车、城市道路、出租车站点组成。出租车交通的运营主要取决于行人和车辆的有效衔接，出租车需要道路附近具有大面积的上下客区域；行人需要能够随时随地地、方便地搭乘出租车。因此，要求出租车交通流和人行系统有必要的重叠交叉，既要满足出租车乘客的需求，又尽可能地减少出租车对道路交通的干扰，需要建立一定的路外出租车换乘系统。

枢纽内出租车换乘设施，在道路空间外，通过设置出租车站，提供集中出租车和乘客之间换乘关系的场所。枢纽内出租车换乘设施的主要组成要素为：上、下客区，上客等待区，出租车循环区。枢纽内出租车换乘系统结构如图12.2所示。

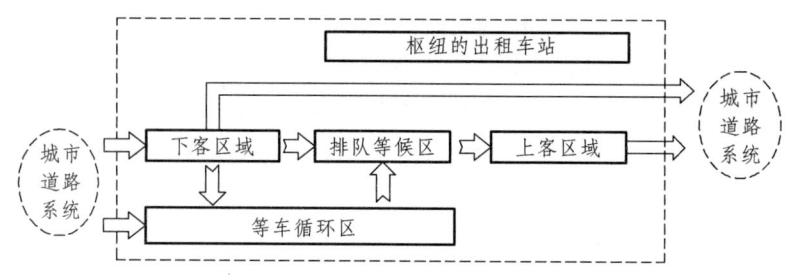

图 12.2　枢纽内出租车换乘系统结构

出租车的乘降区域可以集中布置也可以分散布置，尽可能设置在枢纽出入口附近区域。出租车进出以及上下客的流线和等车循环区、乘客等待区应与常规公交线路分离，减少出租车对常规公交停靠和行驶的干扰。同时要加强对小汽车的管理，有序流动。

12.3.4　与步行及自行车的衔接设计

步行交通是城市轨道交通最主要的接运方式，只有通过步行的接驳，城市轨道交通这种定时、定线、定站点的公共客运系统才能完成乘客"门到门"的服务。两者衔接规划布局的内容主要包括城市轨道交通枢纽合理步行区内的人行步道系统、过街设施和人车分离设施的规划设计、导向指示标志设置以及步行路线组织设计等。城市轨道枢纽的建设会改变其合理步行区内的土地利用性质，大大提高其开发强度，应按照"以人为本"的基本指导思想，建立起以城市轨道交通枢纽为中心，以独立人行步道为主干，具有良好导向标志的城市公共空间体系。

自行车以其经济、方便、灵活、污染少等特点，在客运交通中占有重要地位，自行车与城市轨道交通之间的换乘也是城市公共交通中一种重要的衔接方式。自行车与城市轨道交通衔接布局规划的主要内容包括自行车停车场的规划布局以及城市轨道枢纽内自行车合理交通区域内行驶线路的组织设计。

对自行车交通网的设计应考虑近距离出行方便，远距离出行限制的原则，并减少其对干道的冲击，用大运量的城市轨道交通和地面公交解决区域间的远距离交通。自行车与城市轨道交通的衔接规划设计应注意以下几点。

（1）这种衔接换乘方式比较适合于城市外围区或居住区内的城市轨道交通枢纽，对于市区尤其是中心区的城市轨道交通枢纽，由于路面空间和停放空间的不足，不宜采用自行车直接与之换乘的方式，地面公交与自行车的换乘设置也应避免与城市轨道交通枢纽重合或过分接近。

（2）为了避免自行车的停放占用有限的城市道路空间和对行人交通、机动车交通产生影响，必须提供足够数量的自行车专用停车位。

（3）对于自行车换乘量较大的城市轨道交通枢纽，应设置集中专用的路外停车场，且不宜相距太远，两者之间也应设有专用的衔接换乘通道；对于换乘量较小的枢纽，可以采用分散停放的方式，但停放场地不宜过分靠近车站集散大厅的出入口，以免自行车的停放影响乘客进出车站。

调查表明：自行车的换乘客流来源一般在距车站 500~2 000 m 的范围内，这样，在居民区和市区主要交叉口的车站均应考虑设置一定规模的停车场地。

自行车的停车场地应结合车站出入口周围的用地和建筑物情况进行设置。目前北京地铁的一般做法是将出入口周围划出一片地作为停车场地，但随着城市建设的发展，市中心的用地越来越紧张，这种做法越来越难以实施，因此在规模较大的车站可考虑利用地下空间设置停车场。表 12.1 是《高架车站建筑研究》推荐的我国城市轻轨系统车站自行车停车场的设计参考面积。

表 12.1　自行车停车场设计参考面积

车站规模	自行车停车场面积/m²
小型站	>60
中型站	>240
大型站	>480
特大型站	>2 000

12.3.5　与对外交通港站的衔接设计

铁路车站、港口、机场、长途汽车站之间的城市轨道交通和对外交通港站的换乘客流量大，如果组织不善，容易引起人流的交叉。对外交通到达的远途客流换乘城市轨道交通时，大量的客流需要购买城市轨道交通车票，为了适应这种情况，城市轨道交通车站应设置站厅层来解决大量客流的购票问题和人流组织问题。此时对外交通和城市轨道交通之间的基本换乘方式是站厅换乘。对外交通港站往往是一座城市的门户，它一般具有历史悠久、周围各种设施齐全、客流集聚量较大、进一步开发的空间有限等特点。城市轨道交通与对外交通港站衔接时，要在充分考虑这一特点的基础上进行总体的规划设计。

城市轨道交通与对外交通港站的衔接有以下几种方式：

1. 地下形式

城市轨道交通运行在地下，对城市的分割最小，但工程造价最大。对于地处城市繁荣地段的对外交通港站，如铁路车站、长途汽车站等，城市轨道交通要驶出地面和对外交通港站衔接，将分割城市并引起巨大拆迁量，此时城市轨道交通采用在地下与对外交通港站衔接方式为宜。

2. 地面形式

城市轨道交通运行在地面上时，客流换乘时需要克服的高度和行走的距离都很小，换乘便捷，城市轨道交通与对外交通港站还可以在一定程度上共享设备，如站房等，可以减少投资金额。但其缺点是城市轨道交通驶出地面会对城市造成一定的分割。此形式需要在综合评价后再做决定，一般适用于城市较边缘的换乘站，如港口码头、机场等。

3. 高架形式

当城市轨道交通采用高架形式时，对城市分割比采用地面形式要小，但工程造价也相应较高。如果对外交通港站是高架站厅，则乘客从城市轨道交通车站出来后可以直接进入对外交通港站的站厅，换乘便捷。对外交通港站是地面站厅，那么城市轨道交通是否采用高架，要与地下和地面形式在工程量的大小及对城市的影响方面进行比较后再确定。

4. 在地面或高架修建城市轨道交通车站，进行客流的统一组织规划

城市轨道交通车站设于地面或高架时，一般会对对外交通港站周围环境造成比较大的影响，在既有对外交通港站设置时，不仅会带来较大的拆迁，其换乘客流也不易组织，应慎重对待。

在对外交通港站周围单独修建城市轨道交通地面或高架车站时，必须考虑景观问题，其通常的方法是将城市轨道交通车站置于对外交通港向一侧或在广场前道路上与对外交通港站平行布置，换乘客流一般通过地面或天桥疏散后进入对外交通港站。

5. 在既有对外交通港站站前广场地下单独建设城市轨道交通车站，利用出入口通道与铁路车站相衔接

这是目前国内普遍采用的一种做法。根据线路走向可分为两种形式，一种是城市轨道交通车站与对外交通港站平行布置，如目前北京火车站北站；另一种是两车站交叉布置，即城市轨道交通车站与对外交通港站正交或斜交，线路穿越对外交通港站站场。一般说来，前一种情形是有利于与既有的对外交通港站衔接，后一种形式则为线路的延伸创造了更好的条件。这两种形式的优点是利用了对外交通港站站前广场空间，明挖施工时不造成大规模的拆迁和改造，相对施工难度较小，但也要充分注意到施工期对港站客流的影响，在客流聚集比较大、广场规模容量有限时，要考虑分流措施。两种形式的客流换乘条件一般，规划设计时要尽可能使城市轨道交通车站及出入口通道靠近对外交通港站的出入口，有条件时应设独立通道进行换乘。

6. 在新建和改建的对外交通港站中，将城市轨道交通车站一同考虑，形成综合性交通建筑，方便乘客换乘

这种方法是最好的一种客流衔接换乘方法，目前在我国新建的铁路车站中已逐步被采用。如北京西客站，将整个地铁车站设于铁路站房下进行合建，地下一层为综合换乘大厅，地面铁路客流可直接通过换乘厅进入地铁车站，对乘客来说换乘十分便捷。

在进行这种建筑规划设计时，最佳方式是实现两种交通方式在站台的直接换乘，但目前我国由于体制、票制等原因，还难以做到这一点。

7. 市郊铁路和铁路之间的换乘

除了上述方式外，由于市郊铁路是利用铁路的线路运行，必然直接到达铁路车站，由铁路到达换乘市郊列车的旅客可不经检票直接换乘市郊列车，因此必须将市郊铁路使用的站台和铁路使用的站台分隔开，将市郊铁路的进出口通道引入到票务为同一制式的城市轨道交通系统中。这样市郊铁路和铁路之间的换乘距离虽遥远，但两个系统分开后，给票务系统的管理和人流组织带来了方便。

8. 城市轨道交通与机场的衔接可采用航空轨道线的方式

航空轨道线指一端连接机场，另一端连接城市轨道交通线网的轨道，线路直接进入机场，在设计时可在机场航站区预留轨道交通线的进场路线，如果多个航站楼的位置较远，可设航站区的轻轨系统，依次连接各航站楼，形成环路，并在各航站主楼与长廊之间设置停靠站。

12.4 案例分析

当城市轨道交通线路在市区边缘或郊区时，由于地面交通量不大，为降低成本，可以考虑将城市轨道交通车站设置在地面，尤其是轻轨系统。地面轻轨车站有很多成功的例子，如新泽西的 Hudson-Bergen 轻轨系统、曼彻斯特的 Tramlink 等。

12.4.1 城市轨道交通与其他交通方式共享

城市轨道交通线路同地面道路或其他交通方式有许多共享的方法。在实际设计中，要根据具体的地形条件与线路设计要求，因地制宜地设计具体的布局方案。图 12.3 是轻轨系统与多条铁路线路共建的例子。

不过在上述方案中，轨道交通与铁路之间要就基础设施的投资及资产所有权达成共识，以保证整个线路运营过程中的管理与维护。

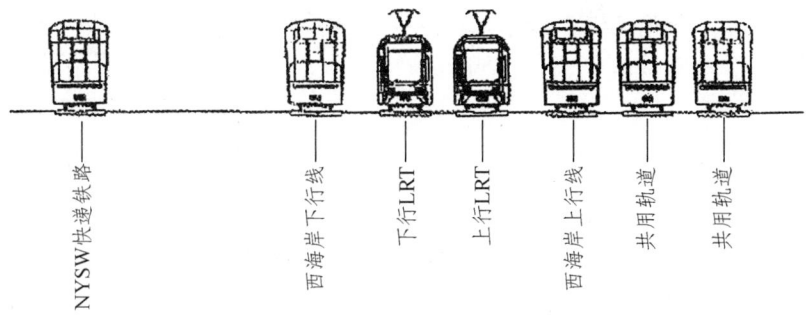

图 12.3　多条铁路线路中的轻轨线路

图 12.4 是轻轨与单线铁路共建的例子。

轻轨系统也可以与市郊铁路共建线路。根据北美的经验，轻轨线路与市郊线路之间的间距可以在 4.4 m 左右。

轻轨系统与道路间的共建也有许多不同形式。例如，轻轨线路可以设在道路的中央（见图 12.5），也可设于道路的一侧（见图 12.6）。

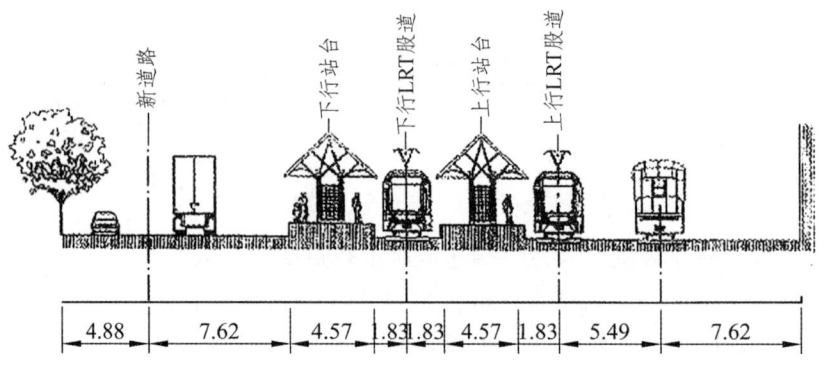

图 12.4　轻轨与单线铁路共建（单位：m）

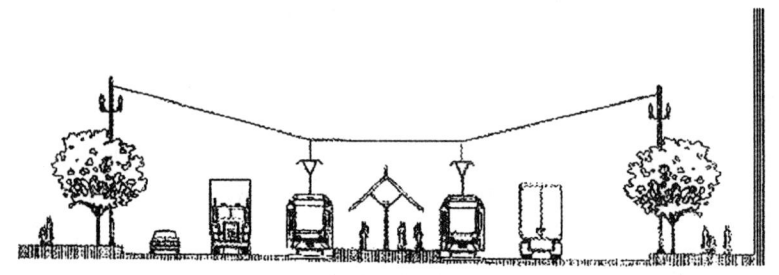

图 12.5　轻轨系统设于道路中央

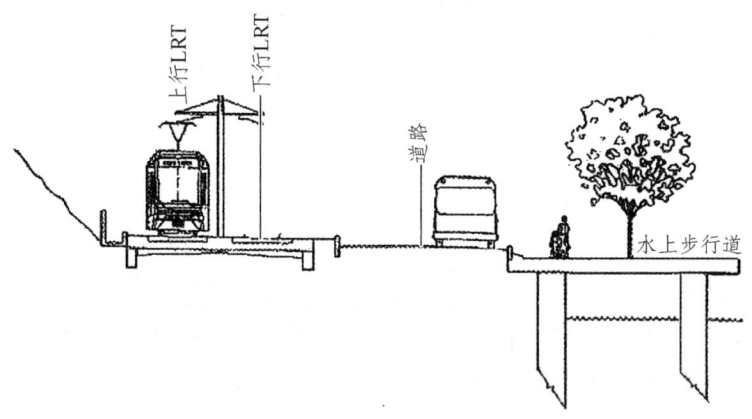

图 12.6　轻轨系统设于道路一侧

轻轨系统与行人间的协调可以通过栅栏、道路标志、路面处理、交通信号和其他技术来实现。行人流量达到 3 600 人/h 及以上时需要采用一些模型来分析。轻轨系统列车速度较高（如达到 55～90 km/h 时），需要为行人提供平行的步行道路。图 12.7 是轻轨与人行道的结合。

图 12.8 是北美轻轨与自行车道和人行道结合的一个例子。我国自行车道一般设于人行道的左侧。

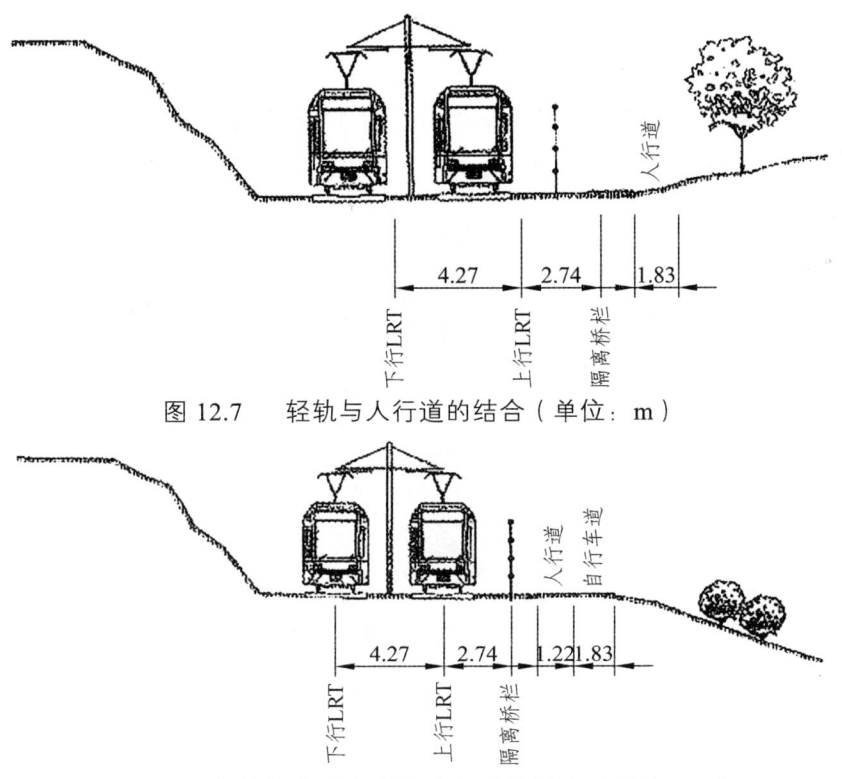

图 12.7 轻轨与人行道的结合（单位：m）

图 12.8 轻轨与自行车道和人行道的结合（单位：m）

12.4.2 国外主要大城市换乘系统

从国外城市轨道交通运营良好的城市来看，共同特点是以城市轨道交通为基础，配合与其他交通方式的联系，并围绕城市轨道交通枢纽疏运和馈送客流。

1. 伦敦

伦敦的一些重要铁路车站和地铁站几乎都建在一栋站舍内，而且出站就有公共汽车站或小汽车停车场，有1/3的地铁车站和小汽车停车场结合在一起，许多地铁车站设置在人流相当集中的大商店或办公楼底部，形成十分方便的换乘体系。这种体系既在城市中心或繁华地区为公共交通提供方便，又有效地限制了私人小汽车进入市中心区，保证市郊居民即使在不使用小汽车的情况下，也能在 1 h 内到达市中心办公地点。

2. 东京

东京地铁的换乘中心（如东京站、池袋站、新宿站等）往往是几条地铁与干线铁路、市郊铁路的换乘中心。同时还将公共汽车站、出租汽车站、地下停车场及商店、银行、地下商业街等布置在同一建筑物内。或虽不在同一建筑物内，但通过地下通道联结在一起，从而可以形成地下、地面和地上的立体换乘中心。每个地铁车站都有若干进出口，少则十几个，多则数十个。如新宿站是 8 条线路的大型换乘中心，地下一层是小田急各站停车线路，还可以通过站台的中央通道、北通道和高架南通道，用以联络车站东西两侧；地下二层是京王线；地下三层是丸之内地铁线；地下四层是 JR 新宿站；地下五层是京王新线、地铁都营新宿线；地上一层是小田急快车线、山手线、中央线；二层以上是京王百货店、小田急百货店、各种食品店、饭店、书店等。地铁丸之内线新宿站—新宿三丁目站就有36个出口；京王新宿站有7个出口，西武新宿线新宿站在东口就有22个进出口；小田急新宿站直通小田急百货店和地下商业街，有24个出口；新宿换乘中心周围联络有39条公共汽车线路，有30多个汽车停车场。新宿站布局规划如图12.9所示。

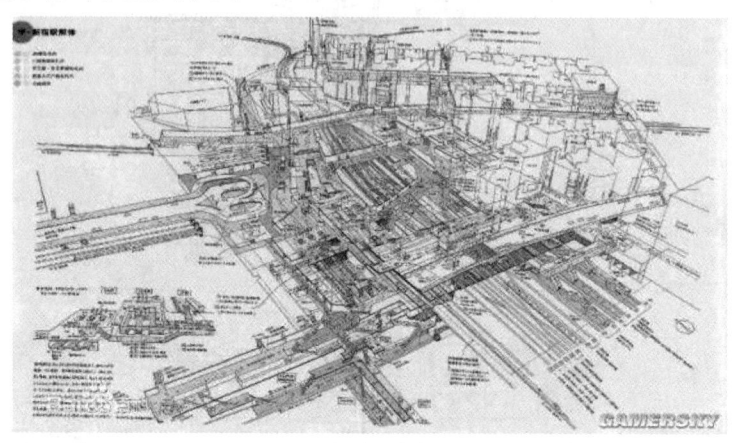

图12.9　新宿站布局规划

3. 莫斯科

莫斯科现有的地铁换乘站（包括地铁与地铁及铁路之间的换乘）共计35个，其中地铁与铁路之间的换乘站16个。地铁与常规公交站的结合也很普遍，全市600多条地面公交线路能与地铁换乘的就有500多条。每个地铁附近都集中了近20条公交线路。环线地铁有12座车站，其中11座是换乘站；环线地铁穿越花园环路12个广场和17条主干道，吸引了大批乘客，方便了郊区乘客的换乘，充分发挥了地铁的总体效应。同时，在修建地铁车站时，与地下人行过街地道相结合，不但缓解了地面车流与行人间的矛盾，而且使行人、乘客、过街乘客都感受到了方便，保证了交通安全。

对于相交的两条线路，两车站处于同一平面，莫斯科采用独特的设计，使两站站台并列布置，其间用人行天桥相连。两条线路上的列车同时在站台上通过时，每个站台上的列车来自两条线路，但方向相同；对换乘客流大的两条线路，布置在站台两侧，乘客在站台上即可换乘；对换乘客流小的两条线路，布置在站台外侧，通过天桥换乘，换乘时间不超过1.5 min，非常方便。

通过对国外先进的换乘系统的分析和研究，可以对我国轨道交通的建设和发展起到很好的借鉴作用，可以少走弯路。例如北京地铁的换乘在许多方面做了很大的改进，在出站口的布置等方面做了许多工作，如阜成门站与华联商场、西单站与西单文化广场、北京站与恒基中心等都设置在一起；地铁车站的附近都有常规公交为其接运乘客；地铁的出口往往与过街通道联在一起等。这些措施既缓解了地面交通的压力，又方便了人们的出行。

但北京地铁的换乘在许多方面仍然存在不足。例如，多数地铁站附近没有小汽车停车场和自行车停放处，这就无法吸引乘坐私人小汽车的客流，造成地铁附近的自行车乱停乱放；地铁之间的换乘距离过远，如复兴门站，地铁一号线与环线的换乘乘客需要走比较远的距离。这些都需要改进，并在即将修建的项目中很好地规划。

目前我国各大城市还没有形成完整的轨道交通网络，为了充分发挥轨道交通的能力，加强轨道交通与其他交通方式衔接体系的研究是今后重要和关键的发展方向。

第三篇

运营与管理篇

13 运营管理基础

城市轨道交通运营管理是综合利用相关设施为乘客提供优质服务的保证。城市轨道交通运营企业不但要提供良好的乘车环境，而且要有配套完善的基础设施和保障机制。为了保证城市轨道交通高效运转、优质服务和安全运营，不仅需要优质高效的硬件设备，还要有与系统规划相适应的运营管理人才。

城市轨道交通是一个庞大而复杂的技术系统，其专业涵盖了土建、机械、电机电器、自动控制、运输组织等技术范畴。从运营管理的功能来看，城市轨道交通大体可分为3大系统。

（1）列车运行系统：隧道、站台、线路、车辆、牵引供电、信号、通信、控制中心、车站行车等。

（2）客运服务系统：车站及照明、自动售检票及计算机中心、车站导向标志及预告措施、消防、环控、火灾报警、给排水、自动扶梯、升降机和车站服务等。

（3）检修保障系统：为保障城市轨道交通设备性能良好，能随时启动重新投入运行而应具备的检修手段及检修能力等。

本章分为城市轨道交通运营管理设备、运营特性、国内外城市轨道交通的运营状况、城市轨道交通系统运营管理模式、城市轨道交通管理工作的目标与主要内容几个部分来对城市轨道交通运营管理基础理论进行介绍。

13.1 运营管理设备

13.1.1 列车运行设备

1. 线路

城市轨道交通运营正线一般采用 60 kg 延米的钢轨，车场线采用 50 kg 延米的钢轨，正线应采用焊接型长钢轨。在隧道内的线路和高架线路一般采用整体道床，而且要对路基进行强度处理，并采用高性能的弹性扣件以减少列车运行时的振动和噪声。在有折返线、存车线的车站还应安装道岔，一般采用九号道岔。

1）道岔。

轨道一般由钢轨、联结零件、轨枕、道岔及其他附属设施等组成。为突出重点，本书中仅就道岔进行重点分析。道岔是引导车辆或机车由一条线路进入另一条线路，或跨某条线路的设备，可用作线路的连接设备或交叉（跨越）设备。道岔是轨道的重要组成部分，但因其构造复杂、寿命短、养护维修投入大、限制列车速度、降低行车安全等特性，也是轨道的薄弱环节之一。如何使道岔具有良好状态，确保列车能在规定的速度下安全、可靠地通过道岔，减慢道岔的磨损速度，是轨道工程中值得重视的问题。

（1）道岔分类。

根据道岔的功能，可将道岔分为以下几种。

① 线路连接设备。

道岔可分为单式道岔和复式道岔两种。单式道岔包括普通单开道岔、异侧双开（对称和不对称）道岔等。复式道岔指有两组及以上道岔组合在一起的道岔，如向两侧分支的三开道岔。复式道岔仅在特殊情况下才使用，并需专门设计。此时道岔主要供机车或车辆由一条线路转往另一条线路之用，常见的线路连接设备包括以下3种。

a. 普通单开道岔。

简称单开道岔，其主线为直线，侧线向主线的左侧（称左开道岔）或右侧（称右开道岔）岔出，如图13.1所示，大多数道岔都属于此类道岔。

b. 单式对称道岔。

把直线轨道分为左右对称的两条轨道的道岔，如图13.2所示。对称道岔是单开道岔的一种特殊形式，列车通过时无正向与侧向之分。

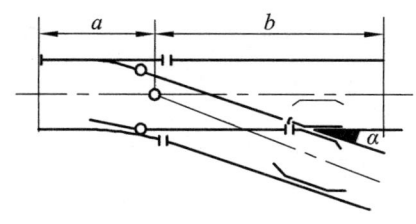

图13.1 普通单开道岔

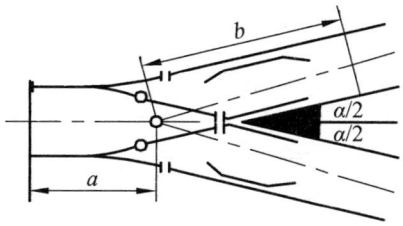

图13.2 单式对称道岔

c. 三开道岔。

其主线为直线，用同一部位两侧对称分支的两组转撤器，列车运行路径由1条变为3条，如图13.3所示。它的功能相当于两组异侧顺接单开道岔。

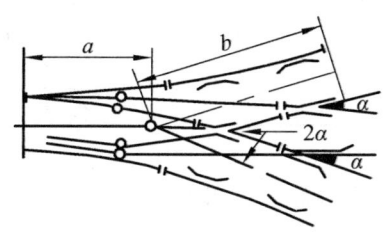

图13.3 三开道岔

② 线路交叉设备。

供机车或车辆由一条线路越过另一条线路之用。一般常见的交叉道岔包括直角交叉与菱形交叉，这种道岔没有转向用的转辙设备，只有辙叉设备。如图13.4和图13.5所示。

③ 线路连接兼交叉设备。

兼有以上两种功能。使用这种道岔，可以缩短道岔集中布置的咽喉区域长度，尤其在车场内应用较多。较为常用的有单（复）式交分道岔、渡线等。

a. 交分道岔。

交分道岔有单式与复式之分：

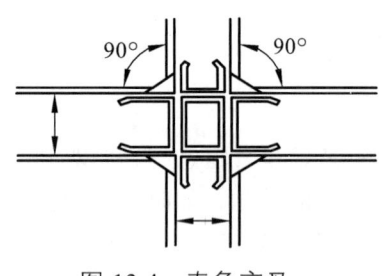

图 13.4 直角交叉　　　　图 13.5 菱形交叉

两条线路相交，中间增添两幅转辙器和一幅连接曲线，列车只能沿某一侧由一条线路转入另一条线路，这种道岔叫作单式交分道岔，如图 13.6 所示。

两条线路相交，中间增添四幅转辙器和两幅连接曲线，列车能沿任何一侧由一条线路转入另一条线路，这种道岔叫作复式交分道岔，如图 13.7 所示。这种道岔既能达到线路交叉的目的，又能起到线路连接的作用。一组复式交分道岔能起到四组单式道岔的作用，具有道岔长度短、开通进路多及主要行车方向均为直线等优点。

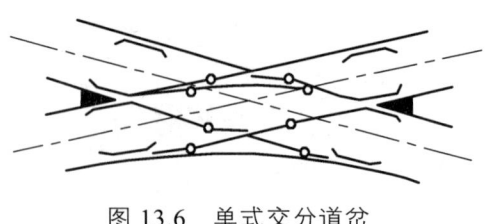 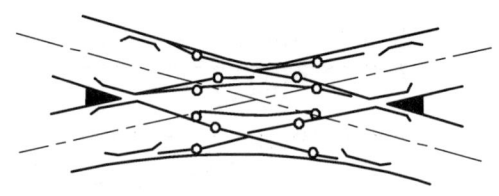

图 13.6 单式交分道岔　　　　图 13.7 复式交分道岔

b. 渡线

渡线可分为单渡线、交叉渡线等组成，如图 13.8 所示。

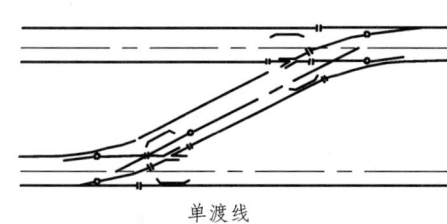

单渡线　　　　交叉渡线

图 13.8 单渡线和交叉渡线

根据道岔形状、轨型、辙叉角等标准，也可将道岔进行分类。

① 按钢轨类型分，有 60、50、43 kg/m 几种类型的钢轨单开道岔。

② 按转辙器结构形式分，有普通钢轨断面和特种钢轨断面的单开道岔、间隔铁式和可弯式单开道岔。

③ 按道岔平面形式分，主要有直线尖轨辙叉单开道岔、曲线尖轨直线辙叉单开道岔、曲线尖轨曲线辙叉单开道岔等。

④ 按辙叉结构形式分，有固定型单开道岔和可动心轨型单开道岔。

⑤ 单开道岔按叉枕类型分，有木岔枕道岔和混凝土岔枕道岔。

⑥ 单开道岔按道岔号码分，有 6、7、9、12、18、24、30、38 号等，其中 6，7 号单开道岔仅用于厂矿企业内部铁路或驼峰下，其他各号则适用于铁路正线和站线，并以 9 号及 12 号

最为常用，在侧线通过高速列车的地段，则需铺设 18 号、24 号等大号码道岔。

（2）道岔构造。

单开道岔占全部道岔总数的 95%以上，以下就以单开道岔为例，分析道岔的主要组成部分构造。如图 13.9 所示。

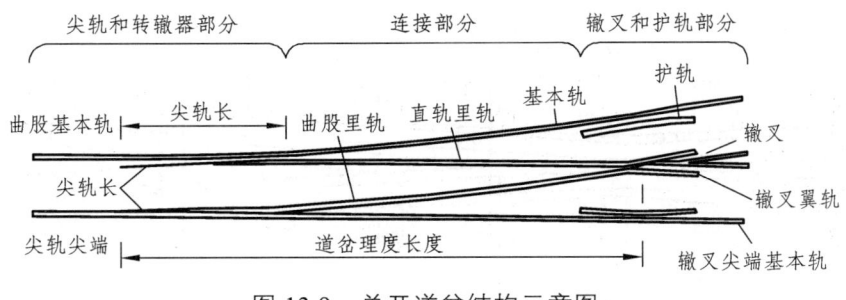

图 13.9　单开道岔结构示意图

① 转辙器。

单开道岔的转辙器由两根基本轨、两根尖轨、各种联结零件和道岔转辙机构组成。其作用是引导车轮从一线进入另一线。

a. 基本轨。

基本轨用 12.5 m 或 25 m 标准断面的普通钢轨制成，主股为直线。基本轨除承受车轮的垂直压力外，还与尖轨共同承受车轮的横向水平力，并保持尖轨的稳定。为防止基本轨在横向力作用下的横向移动，在其外侧应设置轨撑。

b. 尖轨。

尖轨是转辙器的主要部分，机车车辆的进出道岔均由它引导。尖轨在平面上可分为直线型和曲线型。我国铁路大部分 12 号及以下的道岔，均采用直线型尖轨。

我国新设计的 12 号道岔及以上的大号码道岔均采用曲线型尖轨，如图 13.10 所示。

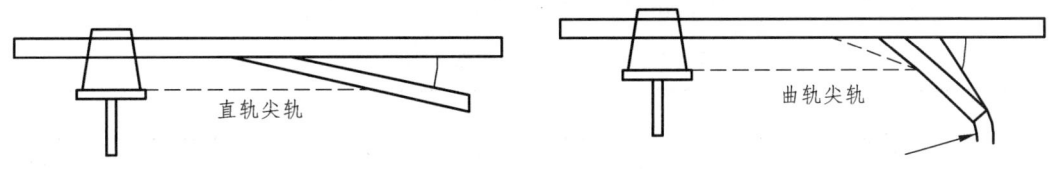

图 13.10　尖轨示意图

② 辙叉。

辙叉是使车轮从一股钢轨越过另一股钢轨的设备，它设置在道岔侧线钢轨与道岔主线钢轨相交处，主要由心轨、翼轨、护轨及联结零件组成，如图 13.11 所示。按平面形式分，辙叉有直线辙叉和曲线辙叉两类；按构造分，又可分为固定式辙叉和可动式辙叉两类。在单开道岔上以直线式固定辙叉最为常用，在提速线路上多为可动式辙叉，在高速线上都为可动式辙叉。直线式固定辙叉分两种，即整铸辙叉和钢轨组合式辙叉。

a. 翼轨。

翼轨由普通钢轨弯折刨切而成，用间隔铁及螺栓和叉心联结在一起，以保持相互间的正确位置，并形成必要的轮缘槽，使车轮轮缘能顺利通过。两翼轨工作边相聚最近处称辙叉咽喉。从辙叉咽喉至心轨实际尖端之间的轨线中断的距离被称为"有害空间"。道岔号数越大，辙叉角越小,这个有害空间就越长。车轮通过有害空间时,叉心容易受到撞击。为保证车轮安全通过有害空间,必须在辙叉两侧相对位置的基本轨内侧设置护轨,借以引导车轮的行驶方向。

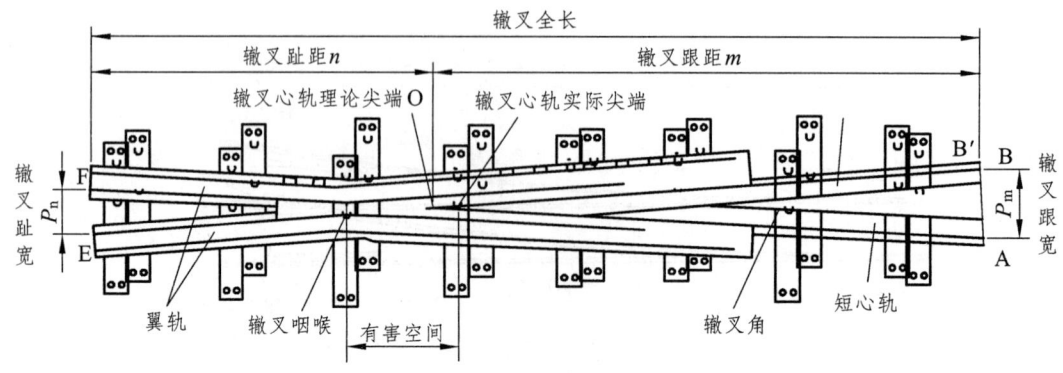

图 13.11　辙叉组成示意图

b. 辙叉角。

叉心两侧作用边之间的夹角称作辙叉角 α。辙叉心轨两个工作边的延长线的交点称为辙叉理论中心(理论尖端)。由于制造工艺的原因,实际上的叉心尖端有 6~10 mm 的宽度,此处称为心轨的实际尖端。

道岔号数以辙叉号数 N 来表示,辙叉号数越大,辙叉角越小。

辙叉号数 $$N = \tan\alpha = \frac{OB'}{AB'} \tag{13.1}$$

辙叉角 $$\alpha = \arctan\frac{1}{N} \tag{13.2}$$

同一道岔号码,不同国家铁路的辙叉角有微小差别,如美国铁路,6 号道岔的辙叉角为 $9°31'38''$,12 号道岔的辙叉角为 $4°46'19''$。我国道岔号数与辙叉角的值如表 13.1 所示。

表 13.1　道岔号数与辙叉角关系

道岔号数 N	6	7	9	12	18
辙叉角 α	$9°27'44''$	$8°07'48''$	$6°20'25''$	$4°45'49''$	$3°10'47''$

2)正线。

正线是指主要供载客列车运行的线路,包括区间正线(含支线)、车站正线。我国的城市轨道交通正线大多为全封闭线路,按双线设计,采用右侧行车制。正线与其他交通线路相交时,一般采用立体交叉的方式。在特殊条件下,例如在线路用地受到限制时,或在客流量较小时,也可考虑采用平面交叉。

3)配线。

城市轨道交通运行系统中,根据实际运营需求和功能要求的不同,常见的配线可分为以下 6 类。

(1)折返线。

城市轨道交通线路中,全线各区段客流分布一般不均匀,通常需要列车根据行车交路的要求，在端点站、中间车站等位置改变列车运行方向。同时为了满足非正常的运营需求，也需要改变列车运行路线和方向。折返线是供列车改变运行进路或方向的线路。除此之外，还可以起到临时停放列车的作用。折返线示例如图 13.12 所示。

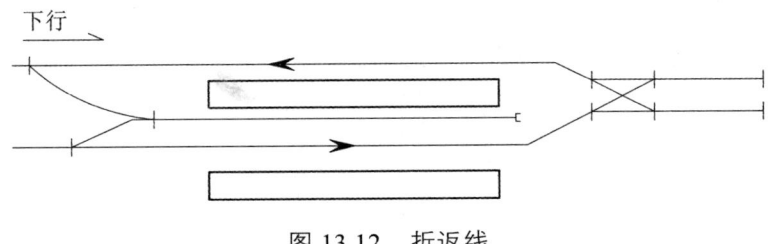

图 13.12　折返线

（2）渡线。

渡线也可满足列车改变行进方向或路线的需要。利用渡线折返工程量少，投资少。但是列车在中间站利用渡线进行折返时，需占用正线进行作业，对行车组织要求十分严格。在非正常情况下，对列车运行间隔的影响较大，导致线路通行能力下降。中间站渡线折返还存在敌对进路，在正常运行交路中，一般不宜采用渡线折返的方式。常见的渡线形式如图 13.13 所示。

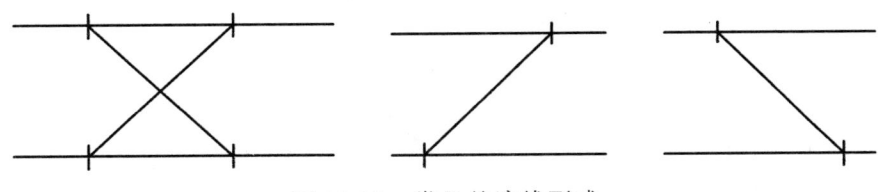

图 13.13　常见的渡线形式

（3）停车线。

停车线一般设置在终点站或线路中间站，供列车停放使用。停车线的设置目的包括：均衡全线收发车时间，供列车夜间使用（需配备临时检修设施设备）；备用车零时停放；在快慢车组合运营线路，为满足快车越行，供慢车临时避让使用；在非正常情况下，可使故障列车及时退出正线运营，供故障列车的临时停放。如图 13.14 所示。

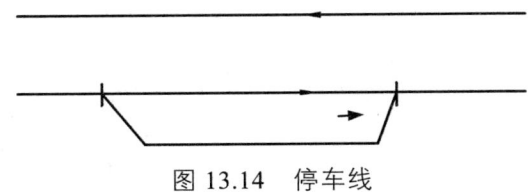

图 13.14　停车线

（4）车辆段（场）出入线。

车辆段（场）出入线是车辆段与运营正线之间的连接线。车辆段（场）出入线可以设计为单线或双线，平交或者立体交叉线路，车辆段（场）出入线应尽量与正线在车站接轨，其通过能力应与远期正线行车密度相适应，具体方案还要根据具体地理条件综合确定。

（5）联络线。

联络线可分为路网联络线和国铁联络线，如图 13.15 所示。设置联络线的目的包括：为列车转线提供通道，满足路网车辆资源共享的需要；供检修车或工程车转线使用；两线间的联络线可实现不同线路的跨线运营需要；同线联络线主要用于车辆及其他大型设备的运输，必要时也可作为车辆转线之用；在紧急情况下，还可以作为救援通道使用。

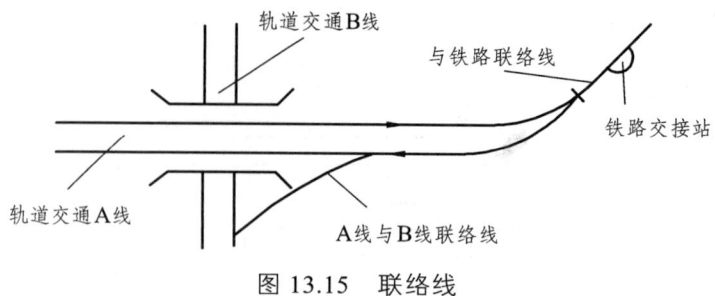

图 13.15　联络线

（6）安全线。

安全线是列车运行的隔开设备之一，其他隔开设备还包括脱轨器、脱轨道岔等。设置安全线的目的是为了防止在车辆段（场）出入线、折返线、停车线和岔线（支线）上，行驶的列车未经允许进入正线与其他正线列车发生冲突，从而保证列车安全、正常的运行。为车辆段（场）出入线上停车信号机至警冲标之间距离而设置的安全线如图 13.16 所示。

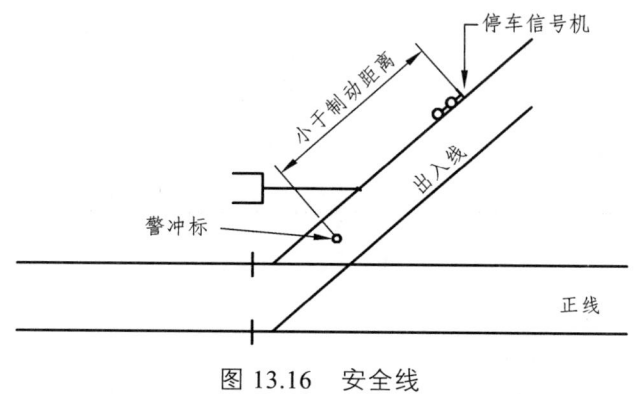

图 13.16　安全线

2. 车辆

见第一篇 4.城市轨道交通系统构成。

3. 供电系统

详见第一篇 4.城市轨道交通系统构成。

4. 通信系统

详见第一篇 4.城市轨道交通系统构成。

5. 信号系统

详见第一篇 4.城市轨道交通系统构成。

13.1.2　客运服务设备

1. 票务系统

城市轨道交通票务系统是运营企业为满足乘客快捷出行的需求，并有效进行票务收入管理，合理配置营运系统（营运设备、营运模式）资源而建立的能够满足票务管理需求的系统，也是城市轨道交通票务收入和结算的基础。

（1）概述。

轨道交通票务系统的主要功能是制定票价等营运策略，对车票制作、车票出售、入站检票、出站检票和补票、罚款等营收信息进行有效的管理。随着系统功能外延的不断扩展，票务系统也承担起对营运状况进行监督管理的职责。合理的票务机制能够有效培育客流，并提高运营效益。自动售票系统，有利于高效实施轨道交通票务系统管理，提高票务结算的公平性，也可以提高乘客的出行效率。

票务系统的业务管理是借助于自动售检票系统来实现的。其内容主要有票卡管理、规则管理、信息管理、财务管理、模式管理、运营监督等。

① 票卡管理。

票卡是乘客使用的车票，记载乘客的出行和费用信息，是乘车的有效凭证。票卡管理就是对票卡的发行、使用、更新等全过程进行的有效的管理。

② 规则管理。

为保证票务系统能够在多部门和多环节中高效运行，必须制定一整套科学、严密的规则、流程，包括票价政策、结算规则、权限管理和操作流程等。

③ 信息管理。

信息化是自动售检票系统的一个基本特征，为进行有效的管理和为决策提供可靠的信息，需对系统收集的基础数据进行深度挖掘、加工，开展统计分析并发布信息。

④ 财务管理。

财务管理就是对系统内的票务收入进行汇缴、清算、入账等过程管理，包括账户设置、票款汇缴、收益清算和对凭证进行有效管理等。

⑤ 模式管理。

模式管理就是针对不同的运营状况、条件所做出的相应操作行为的选择和实施，包括正常运营模式、降级运营模式以及相配套的运营管理。

⑥ 运营监督。

运营监督就是通过系统设备以及所具有的完整、严密、及时的信息流对运营状况进行实时跟踪监督，以提高运营质量和服务水平，包括信息传输状况监督、客流状况监督、车站调配监督、收款监督等。

（2）自动售检票系统概述。

自动售检票系统以其高度的智能化设计，扮演着售票员、检票员、会计、统计、审计等角色，以数据收集和控制系统实现了票务管理的高度自动化。自动售检票系统出现了20多年，其技术设备已比较成熟，在系统应用方面也积累了丰富的经验。

自动售检票系统是处理城市范围内众多轨道交通线路的售检票业务，涉及路网业务、线路业务、车站处理、终端处理和车票媒介等方面的内容。根据业务和应用，自动售检票系统架构的参考模型包括五个层次，第一层是车票层，第二层是终端层，第三层是车站层，第四层是线路层，第五层是路网层，系统架构的参考模型如图13.17所示。

自动售检票系统（automatic fare collection）是基于计算机、通信、网络、自动控制技术，实现轨道交通售票、检票、计费、收费、统计、清分、管理等全过程的自动化系统。

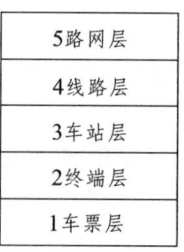

图 13.17　系统构架

根据技术制式不同，主要有以下两种系统：磁卡型自动售检票系统和 IC 卡型自动售检票系统，目前我国各城市轨道交通系统都使用 IC 卡型自动售检票系统。

自动售检票系统的设计原理是将车票通过自动售票机、人工售票机、检票机所产生的所有交易记录都上传到车站计算机。车站计算机把这些记录格式化后上传到线路中央计算机进行处理和生成报表。线路中央计算机操作人员对各类报表进行分析，生成相关控制文件，并下载到车站计算机，同时与路网计算机进行数据交换。车站计算机再将这些控制文件分类别下载到所有车站设备。

（3）自动售检票系统的基本架构。

在多线路组成的轨道交通网络中，根据投资主体、运营管理架构换乘方式、轨道交通线路的构成，以及票务处理、票务分析和票务结算系统的需求，实现自动售检票系统的基本构架一般有线路式架构、分散式架构、区域式架构、完全集中式架构、分级集中式架构五种。分级集中式架构的自动售检票系统能够满足轨道交通网络化的基本需求。上海轨道交通自动售检票系统 2005 年前采用线路式架构，2005 年 9 月实现路网"一票通"后，采用了分级集中式架构。

分级集中式架构是在线路式架构的基础上设置一个路网中心，路网中心负责获取全路网交易数据，确定各线路的换乘结算方式和数据公共接口，并对各线路的跨线交易数据进行实时清分，其架构如图 13.18 所示。

分级集中式架构的自动售检票系统的路网中心直接与各独立线路售检票系统的线路中心计算机系统连接，路网中心负责对各独立线路进行清分、统计和管理线路中央计算机系统负责线路交易数据的收集、处理、分析和管理，与路网中心交换数据。该系统结构清晰，可以实现不同线路的换乘和清分，满足城市轨道交通网络化的需求。由于路网线路复杂，跨线清分规则的确定和计算也比较复杂，清分所需要处理的数据量比较大，对于清分中心的设备要求也比较高。

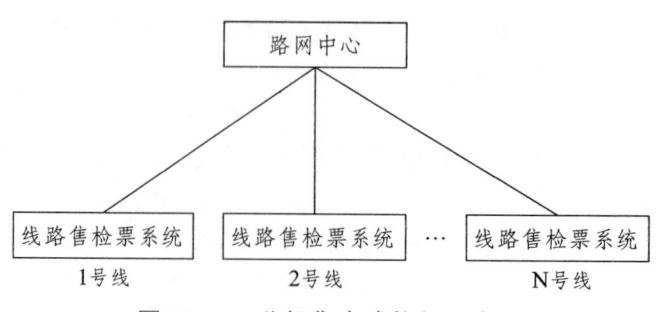

图 13.18　分级集中式构架示意图

分级集中式架构的自动售检票系统根据功能可以分为 5 个层次：全网络票务系统的汇集层；各线路票务的线路中央层；各线路票务系统下属的车站层；终端设备层；车票层。

① 路网中央结算系统：路网计算机系统需要对整个路网进行运营管理和票务管理。

② 线路中央结算系统：负责线路自动售检票系统自动运行监控和票务信息。

③ 车站监控系统：对车站所有自动售检票系统设备进行在线的实时控制。

④ 售检票设备：是整个自动售检票系统的终端设备，如自动售票机、人工售票机、进/出站检票机等。

⑤ 车票：是乘客与售检票设备之间实现沟通的媒介，按其材质一般分为纸票、磁卡和 IC 卡，可以制作成单程票、纪念票等多种形式。

图 13.19 为典型的 AFC 系统设备网络结构图，其中各栏设备分别是：中央计算机（CC，Center Computer），编码机（E/S，Encoder/Sorter），车站计算机（SC，Station Computer），自动售票机（TVM，Ticket Vending Machine），半自动售票机（BOM，Booking Office Machine），进/出站检票机（GATE，Entry Gate/Exit Gate），PCM 光缆传输通道，协调车站设备工作的网络控制器（SNC）和提供图形化操作界面的操作终端（SOC），串行通信口方式（RS422）。

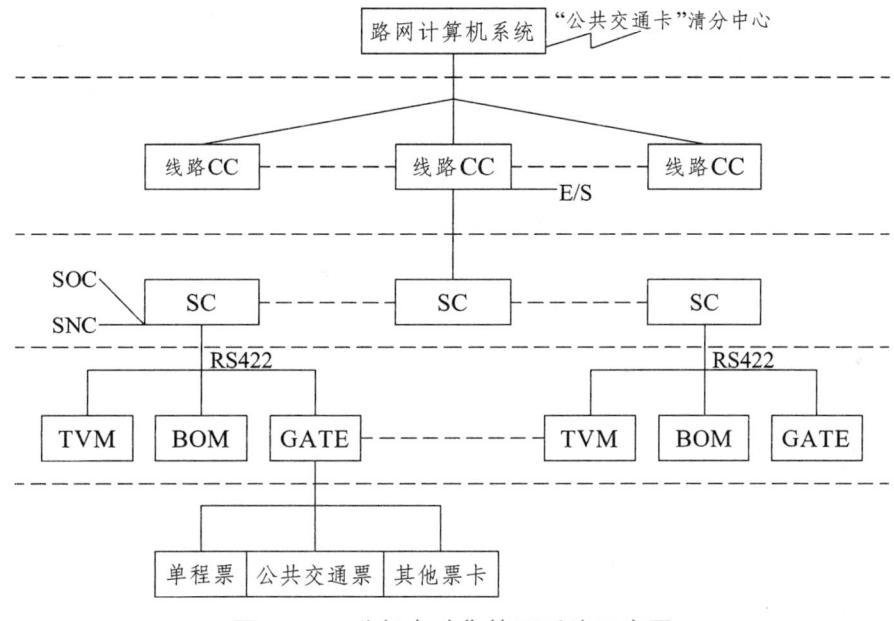

图 13.19　分级自动售检票系统示意图

（4）自动售检票系统的运营模式。

① 正常运营模式。

通常情况下，自动售检票系统在正常运营模式下自动运行。正常运行模式主要包括正常服务状态、关闭状态、暂停服务状态、设备故障状态、测试状态和离线运行状态等。

在正常运营状态下，乘客购票后，持有效票通过进站检票机，乘坐城市轨道交通至目的地后仍使用该票通过出站检票机出站，检票机根据中央计算机设定的参数，对车票以计程方式扣费处理并对单程票进行回收，若发生超乘、超时或车票损坏的情况时，由人工补票机（EFO，Excess Fare Office）处理，补足票价或用 EFO 发出的出站票出站。

在设备由于钱箱满、票箱满、票箱空等原因，或设备门被非法打开时进入预设的暂停服务状态，在此状态下不能对车票做任何处理。

在自动售检票终端发生故障时，设备将自动进入设备故障状态，并自动向上一级系统报告；在故障消除后，设备在自动向上一级系统报告后进入正常服务模式或关闭模式。

在离线状态下运行时，车站终端设备能够保存一定周期（如 7 天）的设备运行数据；车站计算机系统能够保存一定周期（如 30 天）的设备运行数据。

② 降级运营模式

a. 列车故障时运营模式。

当列车发生故障不能行驶时，部分车站可能处于停止运营的状态，对于已购票的乘客和列车清客后的乘客，自动售检票系统由中央计算机或车站计算机设定为"列车故障"运营模式。此时，乘客可持票通过出站检票机出站，而车票中的金额不予扣除；对于持单程票的乘客，车票将不予回收，该车票在今后的一段时间内（一般为 7 天）可以在系统中的任一车站继续使用，重新通过进站检票机进站；而对于不准备继续使用车票的乘客，可到人工售票处做退票处理。

b. 因意外情况发生超时、超程时的运营模式。

当某车站发生意外事件，列车不能正常停靠车站而只能继续驶向下一站或列车因故障超过规定的行驶时间时，通过中央计算机或车站计算机使某车站设定为"超时忽略"运营模式或"超程忽略"运营模式，允许乘客正常出站，对票价不足或超过规定乘车时间的乘客不做补票处理。

c. 进出站免检模式。

在特定情况下，可将自动售检票系统设置为"进站免检模式"或"出站免检模式"。例如当某站因戏剧、音乐、文艺等大型集会、运动场馆重大比赛等活动，有大量乘客在同一时段内集中进站，而进站检票机数量不足时，为了及时运送乘客，可发售预先准备好的"应急票"；此时中央计算机或车站计算机将其车站设置成"进站检查忽略"模式，乘客可快速进入车站。

d. 紧急运营模式。

当车站发生火灾、爆炸等危害乘客人身安全的情况时，为及时疏散收费区内的乘客，中央计算机或车站计算机将该车站设置成"紧急"运营模式。此时检票机的三杆落下或处于自动转动状态，门式检票机的闸门打开，使乘客快速通过检票机撤离。

2. 楼梯和升降设备

（1）楼梯。

在城市轨道交通车站中，楼梯是最常用的一种垂直升降设备。当升降高差在 6 m 以内时，一般采用楼梯；大于 6 m 时，上、下行宜增设自动扶梯。每个梯段不超过 18 步，休息平台长度宜在 1.2 m 至 1.8 m 之间，双向通行时不得小于 2.4 m，当宽度大于 3.6 m 时，应设置中间扶手。

车站用房区内，上下层之间至少应设一处楼梯。除设在出入口内的楼梯外，站厅层至站台层供乘客使用的楼梯应设在付费区内。

每座车站均应在付费区及车站人行通道出入口，按运营、土建及紧急疏散要求设置足够的步行楼梯。人行通道内的步梯还应同时留有足够的富余量以满足过街行人的需要。

为保证地面车站站厅付费区至站台间扶梯损坏或停止运行时仍能满足乘客疏散的要求，至少应设一个净宽不小于 2 400 mm 的步梯。

设上、下行扶梯的车站人行通道出入口应在两台扶梯之间设净宽不小于 1 200 mm 的通道或在其他部位设净宽不小于 2 400 mm 的辅助步梯。凡踏步级数超过 6 步时,应考虑设置扶手。

考虑乘客紧急疏散的需要,根据建筑防火规范规定,在车站的一端,设备及管理用房区应设置一座供车站工作人员使用的步梯,宽度不小于 1 200 mm,该步梯设为封闭步梯间。

(2)自动扶梯。

在客流量大的地下车站中,自动扶梯是便利的升降设备。其优点是运送效率高,可以减轻乘客疲劳,故障停运时仍可作为楼梯使用,缺点是造价较高。各国地下车站中普遍采用了自动扶梯。我国地下车站,根据具体情况,自动扶梯一次或分期安装。站厅层供乘客至站台层使用的自动扶梯应设在付费区内。

(3)电梯。

在车站设备及管理用房区,站厅层到站台层之间应设置电梯以运送站内小型机具、设备和物件。在每座车站中除考虑在设备与管理用房区设置一部工作人员专用电梯外,还要设置能满足残障人士进出站的专用电梯。若确有条件合用一部电梯时,要能同时满足残障人士使用的规格和要求。

工作人员使用的电梯应设在主要设备与管理用房区,并与管理区步梯及主要通道相邻,该电梯只在站厅与站台之间运行。若车站地面有设备与管理用房区时,也可通到地面管理用房区内。车站内需考虑无障碍设计的要求,在非付费区内设置了残疾人电梯。

3. 无障碍设施

国际上一些发达国家,无障碍设计研究开展得较早,尤其是美、日等国。美国是世界上第一个制订《无障碍标准》的国家,确立了无障碍设施建设的合法性、科学性、全面性及与建筑的协调统一性。日本也在其所制订的统一建设法规中纳入了残疾人、老年人的无障碍设计。如:每幢建筑物竣工时,须由专门部门验收其是否符合无障碍设计的要求;公共设施,特别是商店,按商业建筑面积大小来实现不同等级的无障碍设计等。

城市轨道交通以其方便、快速、准点、无污染等优点,日益为人们所接受。作为公共交通工具,应考虑服务的全方位性,尤其要考虑有特殊需要的人士(以下简称特殊人士,包括老、幼、病、残、孕等),由此引出了城市轨道交通中的无障碍设计。

1)无障碍设施的范围。

城市轨道交通中的无障碍设施,涵盖了坡道、垂直电梯、轮椅升降台、导盲道、专用的无障碍厕所、售票口、问询处柜台、饮水器及公用电话等等,甚至车厢中的专用座椅和轮椅停放位等。

2)无障碍客流流线。

城市轨道交通客流具有突发、迅速聚集以及逗留站内时间短等特点,因此设计中应充分贯彻使进、出站客流方便、快捷的原则。无障碍客流流线是专为特殊人士服务的,只有他们方便、顺利地通行,才不会影响正常客流流线的顺畅,同时也减少了特殊人士因出行不便造成的心理负担。

(1)由地面到车站非付费区。

城市轨道交通的高架及地面车站在其出入口处设置缓坡道,以方便使用轮椅者的顺利通行。地下车站则需通过垂直电梯或设于车站出入口处楼梯旁可临时展开使用的轮椅升降台来实现，其中轮椅升降台由于运行速度较慢，展开使用时影响楼梯正常使用宽度等问题，在国内没有得到推广。

（2）由非付费区到付费区。

车站非付费区与付费区之间采用金属栏杆或玻璃栏板分隔，并在垂直于进、出站客流的方向上设置检票系统，乘客购票后，通过检票系统进入付费区。特殊人士（乘坐轮椅、使用拐杖、怀抱小孩或携带大型行李等乘客）则需通过特殊通道或检票系统（即无障碍通道）进入付费区。通道净宽度应不小于 0.9 m。

（3）由付费区到候车区

分两种情况来考虑：当分隔付费区与非付费区的检票系统和候车区在同一层时，应在非付费区到付费区中的特殊通道旁就近设置供特殊人士需要的专用候车区，区内可设有必要的设施，方便特殊人士的使用；当检票系统和候车区不在同一层时，需设置满足轮椅尺寸要求的垂直电梯来解决不同层间的垂直无障碍交通问题。这一过程中的无障碍流线应避免过多绕行，避免与正常客流的交叉干扰，合理设置垂直电梯。

（4）由候车区乘车。

候车区站台面应与列车车厢地面平齐，以方便乘客顺利上下车。车厢内宜设有供特殊人士专用的座椅和轮椅停放位，相应的广播系统也应考虑到他们的特殊需要。

4. 屏蔽门系统

屏蔽门系统安装于车站站台边缘，可以提高运营安全系数、改善乘客候车环境、节约运营成本，是机电一体化的机电设备系统。

1）屏蔽门系统组成。

屏蔽门系统由机械和电气两部分构成；机械部分包括门体结构和门机系统，电气部分包括电源系统和控制系统。

（1）门体结构。

门体结构由钢架、顶盒、门体组合和下部支撑结构组成。采用中空橡胶密封和尼龙毛刷相结合的方式，以隔离噪音和阻止站台与轨道之间空气及热量的对流，提高环控效率。各部分门体的功能及使用如下：

① 固定门：隔断站台和轨道。

② 端头门：主要用于车站工作人员在站台和轨道之间的进出，同时兼顾紧急情况下疏散乘客的要求，端头门有门锁装置，在列车活塞风作用下不会开启。端头门配有极安全的通用门锁，即在轨道侧均可用把手、在站台侧均可用"通用"钥匙进行开/闭操作。

③ 活动门：为中分双开式门，关闭时隔断站台和轨道、开启时供乘客上下列车，在非正常运行模式和紧急运行模式下，也可作为乘客疏散通道。活动门设手动开锁机构，并置于顶盒内的闭锁机构联动，在活动门关闭后，闭锁机构可防止在外力作用下将门打开。在活动门开启并处于正常运营模式时，活动门的门锁可自动解锁；但在非正常运营模式和紧急运营模式时，站台工作人员或乘客可手动打开活动门，实现解锁。

④ 应急门：在正常情况下不开启。在紧急情况下，列车停车位置与活动门不对应时，可通过应急门疏散乘客。即将某一固定门改成可开启的应急门。

应急门设有锁紧装置，且开启方便。

（2）门机系统。

门机系统主要由驱动装置、传动装置、锁紧装置、门控单元 DCU（door control unit）等组成。门机系统的功能主要是满足正常运行模式、非正常运行模式和紧急运行模式下开、关、锁定活动门。

（3）控制系统。

本系统主要由屏蔽门主控制器、站台操作盘、屏蔽门监视器、控制回路等组成。屏蔽门控制系统是一个对屏蔽门进行实时监控管理的计算机网络系统，所以应具有高速性、实时性和可靠性。

屏蔽门控制系统以两侧站台屏蔽门为控制对象，构成一个完整的控制系统，应确保任一侧屏蔽门的故障不影响另一侧屏蔽门的正常运行。

（4）电源。

本系统主要由驱动电源 UPS、控制电源 UPS、系统配电柜、屏蔽门与地轨、站台绝缘地板等组成。

2）屏蔽门类型。

从目前各国设置的屏蔽门系统来看，主要有两种类型。

（1）全封闭型屏蔽门，一道自上而下的玻璃隔墙和活动门沿着车站站台边缘和两端设置，把站台乘客候车区与列车进站停靠区域分隔开。这种形式的屏蔽门一般是地下车站所采用的。这种屏蔽门系统的主要功能是增加车站台的安全性、节约能耗以及加强环境保护。

（2）第二类屏蔽门系统是一道上不封顶的玻璃隔墙和活动门，属于半封闭型，其安装位置与第一种方式基本相同，造价比第一种要低，一般用于地面和高架车站。这种类型的屏蔽门系统构造相对简单，高度比第一种屏蔽门低矮，空气可以通过屏蔽门上部流通。它相对于第一种屏蔽门来说，主要起了一种隔离作用，提高了站台候车乘客的安全，从此意义上说也可以称其为"安全门"。

3）屏蔽门系统的功能。

屏蔽门系统作为站台公共区域与轨道列车之间的可控通道，其功能是：列车进站时配合列车车门动作打开或关闭活动门，为乘客提供上下列车的通道。屏蔽门系统的使用，隔断了站台侧公共区域与轨道侧空间，消除了人员跌落轨道的安全隐患以及列车司机驾车进站时的心理恐慌问题。尤其是第一类屏蔽门隔离了列车运行时所产生的噪声、活塞风以及粉尘，保证了站内乘客良好的候车环境，并避免了活塞风所造成的站内空调冷量的损失，节省了运营成本，同时还可减少设备容量及数量、减少土建工程量等投资建设成本，产生了良好的社会、经济效益。

屏蔽门系统一般设置有系统级、站台级、人工操作（或称手动操作）三种正常控制模式。系统级控制即是执行信号系统命令的控制模式；站台级控制即是执行站台 PSL 操作盘发出的命令模式；手动操作即是站台工作人员在站台侧用专用钥匙解锁或由乘客在轨道侧使用解锁装置打开活动门。此外，屏蔽门系统还设置有火灾控制模式，即在相应的火灾模式下，车站值班人员在车站控制室通过操纵消防联动盘操作屏蔽门紧急控制开关，配合打开活动门，疏散乘客和配合环控系统排烟。上述模式的控制优先级从高到低依次是人工操作（或称手动操作)、火灾控制模式、站台级控制模式、系统级控制模式。

屏蔽门同时还具有障碍物检测功能,即活动门关闭时检测到障碍物,会后退作短暂停止以释放夹到的障碍物,然后再关闭,以免夹伤乘客。如果第二次关门时依然检测到障碍物存在,屏蔽门会重复上次操作(会后退作短暂停止以释放夹到的障碍物,然后再关闭),一般重复三次,若三次关门后障碍物依然存在,则屏蔽门全开并报警。此时须由站台工作人员作应急处理,解决问题。

屏蔽门系统与车站机电设备监控系统之间或主控系统之间设有通信接口,用于传送屏蔽门系统运行状态,故障诊断信息,便于车站控制室人员、维修人员监视屏蔽门状态。

5. 导向标识系统

对于进入城市轨道交通系统的使用者而言,按照使用目的可以分为:进站乘车、下车出站或换乘其他轨道交通线路;使用车站辅助设施,如公用电话、书报亭、便利店等;使用车站过街通道功能等行为。其中,进站乘车、下车出站以及换乘客流是车站使用者的行为主体,也是导向标志设置应考虑的主要对象。

1)导向系统的组成。

导向标识系统提供引导乘客进入车站、乘车和离开车站的信息,紧急疏散时能引导乘客顺利离开危险区域并离开车站。导向系统包括各类导向标志、禁令标志及其他设备、设施标志。

(1)导向标志是引导乘客乘坐列车或向乘客指示服务设施所设置的各类标志。主要有示意各出入口、公交站点的标志、自动或人工售票的标志、进出计费区的标志、乘车方向及站点分布的标志、紧急出口标志、公用电话标志及车站周边示意图等。

(2)禁令标志是指限制乘客某些行为的标志。主要有禁止吸烟标志、禁止携带易燃易爆物品标志、严禁跳下站台、进入隧道的标志等。

(3)其他设备设施标志包括服务于普通乘客的自动扶梯标志,为盲人提供方便的盲道及供残疾人专用的无障碍通道与垂直电梯的标志、公用电话、厕所等设施的标志。

2)导向标志设置原理。

导向标志系统在站内的设置应能够引导人流迅速集散,减少站内停留的时间,以提高运营组织效率。在站内的导向标志应能够根据车站内不同功能区域的布局,在区域与区域的分界处,分布设置由图形、符号、文字、颜色等要素构成的导向牌,作为刺激点,引导人流按自己的目的选择特定的路线,分流形成有规律的站内行走路线。由于站外和站厅层乘客都会在站内汇集。所以导向标志的设置也延伸到站外的特定区域,例如车站出入口附近的道路上、出入口处,站内售补票处、检票处、电话、电梯及人流的分流处、交汇处、拐弯处等。另外,辅助设置的各种站层、站区、地面信息图等,也是乘客确定自己出行路线的重要辅助工具。

3)导向牌的设计和应用。

在导向牌设计中,一般由图形、符号、文字、颜色等要素组成,构成导向"语言"。标志中的文字越少,导向"语素"越接近人的思维辨别和判断习惯,使其既清晰明确,又简洁合理,贴近人性化的需求。导向牌以图形、符号、文字和颜色表示导向。在路外引导,车站的出入口处、站台层入口处、列车车身等位置的导向牌的设计中都应统一,保持一致性。导向牌如图13.20所示。

图 13.20　导向牌

4）信息图的设置和应用。

下车出站的乘客比进站上车的乘客所需信息量多，他们不但要有检票出站的信息引导，还需要在众多出口中进行选择。信息图可以满足乘客的各方面需求。信息图是导向标志系统不可或缺的组成部分。在车站的站台层设置有关站内各层面的站层图，可引导下车乘客选择车站出口，使用楼梯或电梯验票出站。在验票口外设置的本车站所在地区站区图，包含车站一定范围内的道路路名、公共建筑、公共交通线路及站点、停车场、主要居住区和车站出口位置等信息，可再次引导乘客选择车站出口方向。在车站出口旁设置与本出口有关的地面信息图，可提供给出站乘客更多的出口周边的详细信息。随着轨道交通网络的形成，多条线路在同一车站交会的换乘站也会越来越多。通过设置逐级引导的导向标志，逐级引导，达到对进站、出站和换乘乘客逐级分流的目的。重庆地铁 1 号线歇台子站站台信息图如图 13.21 所示。

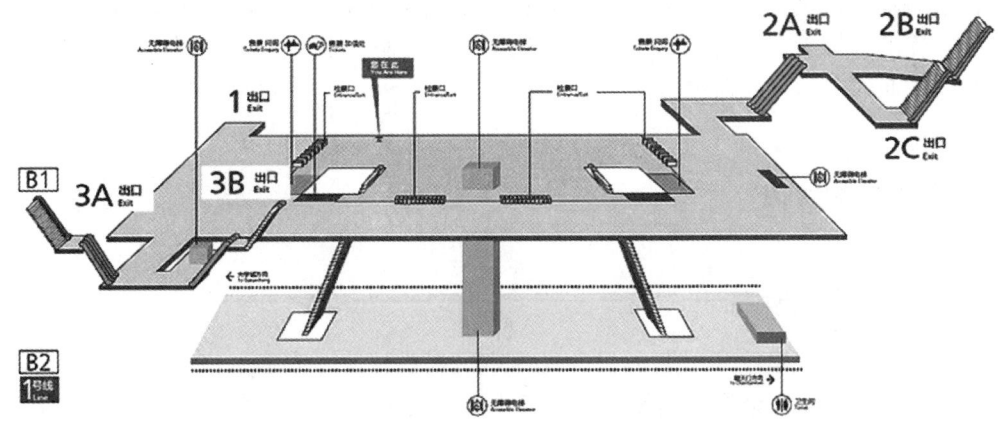

图 13.21　重庆地铁 1 号线歇台子站站台信息图

随着轨道交通网络的形成，网络系统中换乘站将不断增多，其他交通工具与轨道交通相连接的交通枢纽也将逐步建成，车站地区与地下空间开发区域的连通规模不断扩大，因此必然形成一支庞大的集散人流。在进入车站以前，距离车站区域的一定距离外就应设置地面导视牌，方便乘客找到城市轨道交通车站。地下空间内，空间相对封闭，参照物较少，使人极易迷失方向。导向标志系统的设置，将为人流辨别方向提供必要手段，同时这也是车站提高服务管理水平的重要手段。

5）乘客信息系统。

乘客信息系统主要包括传输网络、媒体播放的软硬件系统及信息显示终端，设一个中央控制系统及若干车站中继控制系统。它可涵盖轨道交通某线全线运营区域，信息发布范围包括下设的车站，正线行驶的所有载客列车两大部分。该显示系统可根据信息发布点地理位置提供相应的实时运营信息，包括列车预计到达时间和目的地等动态信息，同时也提供广告媒体信息。并可通过系统平台实现在实时运营信息和其他服务信息及广告信息之间的切换发布。

6）城市轨道交通系统的命名与标识方式

（1）行业标识。

如上海轨道交通的行业标识为shanghai Metro（上海地铁）的两个单字第一个字母S、M合并后的艺术处理。这个标识代表上海轨道交通行业，可以在轨道交通站外道路引导、车站、列车、票卡和信息系统等广泛使用。

（2）线路的常用命名方式。

① 用数字表示（如1号线，2号线）。

② 用字母表示（如A线，B线）。

③ 用首末站表示。

④ 综合表示（如日本地铁的浅草线、银座线，铁路的山手线等）。

（3）线路的颜色识别

轨道交通线路的识别色可分别用于乘客导向系统、各线路列车车身或轨道交通线网图等，以达到简化信息传递、方便乘客换乘、提高服务水平的目的。

（4）车站的命名

我国采用的车站命名方式包括可以以与车站站位邻近的主要横向道路名称、相近的地域名称、相近的较为著名的公共设施名称命名；依据周边道路、地域或公共设施的重要程度和对市民导向程度等因素，优先命名；轨道交通同一换乘站（或枢纽站）的名称应统一，后建车站一般以先期的车站名称命名。

13.2 运营特性

13.2.1 系统联动性

城市轨道交通系统建设和运营的目的是为市民提供快速、安全、准时、舒适、便利的运输服务，使乘客能够便利地进站购票乘车、安全而舒适地旅行、快速而准确地到达目的地。

安全运行和优质服务的基础是：城市轨道交通三大系统同时正常、协调地运行。

如何保证城市轨道三大系统30余项不同的专业设施、设备每天18~24h正常而协调地运行是摆在运营组织者面前的课题，解决的途径应该从基础入手，以目标为依据，结合时间、空间等因素，系统而协调地进行。

车辆和设备之间、各种设备之间在正常运行时均有相互依托的关系，这些关系的存在要求它们之间有严格的技术配合。如列车和钢轨，列车和接触网，列车和信号（ATP，ATO），列车和通信，供电和通信信号，通信和信号，供电和自动售检票，自动售检票和供电、通信、信号等。可以说在列车运行时，它们相互之间环环相扣共同保证列车的正常运行和服务的良好。任何一环发生故障均会不同程度地使地铁的正常运行受到影响，严重者甚至造成列车停运。如果说这些设施、设备系统在建设阶段和停运检修时的主要部分为各自独立的个体，那么一旦建成（修复）投入运行，它们就可被喻为链轮和链条，共同维持地铁这一大的联动机的正常运行。

13.2.2 时空关联性

列车运行是根据乘客的出行需要安排的，大中城市要求有高速度、高密度的列车运行来为市民出行服务，因此，市中心的现代城市轨道交通的旅行速度一般设计为 35~40 km/h，市郊高速达到 60 km/h 以上，最小行车间隔（密度）为 2 min。

城市轨道交通系统的产品是人的移动而不是物的加工，更使得时间和空间的概念变得尤为重要。由于时间和其相对应的空间是城市轨道交通运营中不可存储的，一旦失去势必造成列车运行晚点，严重者甚至会发生事故。具体来说，一旦运行的车辆、设备故障影响到列车的正常运行，必须立即处理，尽快恢复正常，确保列车运行。安装在车站的设备，白天的检修与故障处理也要定时、定点；线路设备检修、巡视等工作一般安排在夜间进行。城市轨道交通系统的夜间也是十分繁忙的，各专业的检修要提前计划，经批准后才能进行。进入区间时要取得调度命令，根据调度命令登记好开工时间及结束时间、进行工作的区间工作范围（上、下行，公里数等），工作必须按时完成。由于各专业维修均在夜间作业，夜间允许检修工作的时间又很短（一般为 24 点—4 点或 0 点—4 点），有时还需开行施工列车，有时需停电，因此，维修作业需要统一组织，并按时间完成，否则就可能发生人员或设备事故或者影响列车正常运行。

以下实例说明了时空概念的重要性：据报，某区间隧道内供水管道漏水，负责检修的单位派人员在甲站登记后进入隧道检修，登记的是甲-乙站，6:00~6:30，该人员在甲-乙区间内未发现漏水管道，在责任心的驱使下继续前往乙-丙区间内检查，直到 7:30 才在丙站出隧道，结果造成早班列车晚点 20 min。按理，在一般企业，该员工责任心强，应受表扬，但由于他时空概念淡漠造成了列车运营晚点，非但未获表扬反而因造成列车晚点而受到了处分。这个案例说明了时间、空间概念在地铁运营企业的重要性。

设备检修有时可以由单一专业完成，有时各专业之间相互渗透，检修时有关专业需同时到场联合作业。如车辆夜间检查时通信、信号检修人员同时到场，并排定三者的作业程序，检查车载的无线通信、信号（ATP，ATO）设备和车辆，按时完成。夜间回库车集中到达，需检查的列车数量较多，必须在限定时间内检查确认，保证清晨出车。因此，对检查人员的时间和空间概念的要求也是很严格的。还有比如属于线路专业的道岔，它和信号系统的转辙机是联合运行的，一旦发生故障，双方必须同时到场各自检查，找出问题共同处理。因此，对于城市轨道交通运营企业来说，时间和空间的概念是必备的基本概念。

13.2.3 调度指挥集中性

多专业多工种联合运行，时间、空间概念要求很高，一旦发生故障，后果及影响都很严重的城市轨道交通运营系统，需要严格的一体化统一调度指挥。控制中心（调度所）就是为此而设置的。

一条完整交路运行的现代城市轨道交通线路设一调度所。调度所一般设于线路适中车站附近。信号系统（ATS）、供电系统（SCADA）、环控系统（FAS、BAS）、主机及显示屏均设于调度所内。通信系统及自动售检票（AFC）系统一般也设于此。列车运行时由行车调度员、电力调度员、环控调度员分别担任行车系统、供电系统及环控系统的调度指挥。

正常情况下，现代城市轨道交通的上述三个自动化系统均由系统主机按调度员设定的列车运行图、供电及环控模式自动控制信号、供电及环控系统正常运行，列车也在驾驶员的监护及必要的操作下正常行驶。同时运行的信息如列车位置、列车间的间隔及是否偏离设定的运行图、供电及环控系统运行状态均在显示屏上实时显示，调度员可随时监视、掌握列车及有关系统的运行状况。调度员还可以利用有线及无线通信系统随时和有关人员（列车驾驶员，行车、供电、环控、自动售检票等系统运行值班人员）通话以了解有关情况。

当然，无论是列车运行图、各设备系统正常运行模式，还是事故处理预案等调度员据以进行每天正常指挥或事故抢修的文件，都是运营公司决策机构经过市场调查及服务水平的要求，阶段性地研究制订的。除极特殊的情况外，调度所是无权改变的。因此，严格地说，运营决策机构和调度所的有机结合形成了城市轨道交通的运营统一指挥中心。

13.2.4 管理的严格性

某一系统的管理是建立在该系统的技术基础上的。现代城市轨道交通的设备技术含量和20世纪中后期传统的设备技术含量相比较应该说有质的飞跃。信息技术的采用使传统技术时代的许多人工操作被技术设备所取代，从而在更加安全的基础上提高了效率。如列车的自动驾驶、信号设备的自动化、售检票系统的自动化以及其他设备的远程控制等。但不可否认的是，任何先进的技术设备永远不可能完全取代人工管理，更何况以上讨论的仅仅是系统运行的管理，还有许多其他层面的管理尚未涉及。

对城市轨道交通运营企业而言，技术管理的核心是规章制度，它是规范人员生产活动的行为准则，各岗位人员只有严格执行规章制度才能使得规模庞大而技术复杂的系统有序、安全而高效地运转。反之，系统运转就会受到阻碍从而降低效率甚至发生事故从而造成严重后果。

企业规章制度也是有层次的，如：具有"企业宪法"性质的是"技术管理规程"（简称"技规"），其规定了城市轨道交通的运营宗旨、企业精神、技术规范、服务要求、管理规则、指挥系统等运营系统的规则及带有规律性的问题，以统领和规范列车运行、客运服务、检修保障三大系统的生产活动。它应该在采用设备的技术基础上反映运营企业的运行规律，涵盖三大系统的有机联系，适应城市轨道交通运营的社会要求。随着运营规模、运营技术、社会环境的发展，"技规"也应不定期地补充和定期修改，以使其更加符合运营实际，以保持其统领和规范作用和展现其"企业宪法"的性质。

具有系统性规范性质的有："行车组织规则""客运组织规则""调度规则""安全规则""事故处理规则"以及设备、设施的"运行检修规则"等。这些规则应该在"技规"原则的指导之下，在各系统设备技术基础上制订；以规范各系统的日常生产活动。如"行车组织规则"是列车运行系统的行为规则，可以在列车、线路、车站设施、信号（ATC）及通信系统的技术基础上，在列车不同的运行模式（如正常、晚点、故障等）下规范调度员、列车驾驶员、车站及各设备系统值班人员的活动，及进行活动所必须办理的手续（如调度命令）。

"客运组织规则"是客运服务系统的行为规则。设备、设施的"运行检修规则"是检修保障系统的行为规则。

"安全规则""事故处理规则"是为贯彻安全第一的方针,保证运行、检修和服务工作人员、设备安全而编制的从预防为主到发生了事故后的调查、处理的各种规定。

此外还有各专业、各工种、各单项作业更为具体的、详细的,针对性、操作性更强的技术管理方面的制度、工艺、办法等。如"车站管理细则",各专业的具体规则、作业办法。

一系列的规章制度系统地涵盖了运营系统的每一个技术角落,使得日常的运营和故障的处理均有章可循,从而保证地铁运营这一庞大的联动运输机构的正常运行,更好地保证"城市动脉"的畅通和社会的发展。

13.2.5 服务的安全可靠性

城市轨道交通系统(网络)每天要面对数十万乃至数百万的乘客,并负责将他们从出发站输送到目的站,同时使每一位乘客在购票乘车到下车出站的全过程中都感到满意,这是城市轨道交通运营的宗旨。因此,运营企业必须在每一个环节均为乘客提供优良的服务。

首先,在线运行的列车必须按照运行图的规定安全、准时地运行,以保证乘客顺利地完成出行。这是城市列车运行系统人员包括从调度员的指挥到列车驾驶员的操作应该完成的任务。可以说这是优良服务的一个根本环节。

其次,根据市场需求和客流规律及其变化,制订不同的运行图,以使运能适应运量的需求,至少使乘客能够及时乘车而不感到太拥挤。和城市间客流规律不同,城市客流明显的规律是上下班比较明显、不定期的大型公共活动时段客流集中及双休、节假日客流集中等。运营管理决策层应据此制订不同的运行图以满足需要。

换乘问题是城市轨道交通从单线运营发展到网络运营不能回避的问题。正确的做法是:应该从规划建设城市第一条城市轨道交通线路开始就从网络规划的角度、从网络运营组织的角度,特别是从乘客感受的角度来考虑换乘的问题,而不是从投资、从工期、从其他的角度来考虑。尽量采用方便的平行换乘方式建设列车交叉运行的同站台换乘的枢纽车站,使大量的换乘客流就在站台层消化,既方便了乘客又省去了站厅层客流换乘的面积和设施。应该说有若干个这样换乘枢纽的网络后,才是高服务质量的城市轨道交通网络。

从乘客进站到上车、下车到出站,这两个环节的服务应该是以售检票和乘客导向为中心的。自动售检票系统(APC)的使用在技术基础上将服务质量提高了一个层次。乘客可以一次购票(储值IC卡)多次使用,大大节省了购票时间和减少了办理手续的麻烦。分段计程票价制使乘客的负担更加合理,且在网络内换乘不同线路连续计程和一卡通用(公交、出租、轮渡等公共交通工具),在一定程度上实现了城市公共交通"一体化"。单程票是在城市轨道交通网络内部使用的,这就提出了城市轨道交通网络内部单程票制式(当然包括售检票机)统一的问题。网络的建设方便了乘客的出行,而乘客的出行往往要换乘,乘客出行的起讫站遍布网络内每一座车站,那么单程票就应该各站通用,其制式统一势在必行,否则就明显地降低了服务的水平。售检票机的数量及其在站厅层的布置应结合车站地面出入口的位置、付费区的分隔方式、站厅站台间阶梯的位置综合考虑,运用好整个站厅层的面积和距离,使进、出站客流,购票、检票客流通行顺畅,不致造成交叉拥挤。

车站出入口外街区、出入口、进站后的通道、站厅内售检票及查询服务设施、换乘方向等均应有明显的、不间断的乘客导向和指定标志,引导乘客顺利地进站、购票、检票或换乘出站。站台层的标志应能正确引导乘客候乘目的站方向的列车。站厅、站台、列车内的明显处还应有安全标示及本线线路图（图中应标明本站位置及换乘站、线）、城市轨道交通网络图、票价表、车站平面布置图乃至计算机查询系统等。在站台及列车上设置候车乘客视线可及的电子行车预告显示，及时预告后续列车及列车前方到站等信息。必要时可发布运行故障及乘车安排通告的服务，做到自助乘车旅行，乘兴而来，满意而去。一系列智能化的服务既节省了人力，又无形中增加了对客流的吸引度。当然不能忘记特殊的乘客群体：老人、儿童、残疾客人等，必要时还有服务人员温馨的指引和服务。

总之，三大系统组成的城市轨道交通运营是一个整体，是一个联合运输的大系统，其唯一宗旨就是"安全第一，乘客至上"。

13.3 城市轨道交通系统运营管理模式

13.3.1 城市轨道交通系统运营管理模式分类及其适用性

1. 城市轨道交通系统运营管理模式分类

城市轨道交通的运营管理模式在世界各国出现了多样化的趋势。由于世界各个城市发展城市轨道交通的历史条件和经营环境不同，形成了各种各样的城市轨道交通管理模式。按资产属性及运营企业性质划分，世界城市轨道交通的运营管理模式主要可分为以下6种。

（1）有竞争条件下的官办官营模式。

有竞争条件下的官办官营模式，线路为政府所有，两家或两家以上的运营单位通过招标的方式获得经营权。

韩国首尔采用了这种模式。首尔的城市轨道交通系统由政府出资修建，并委托国有企业运营；在同一个城市内有两家以上的城市轨道交通运输企业，它们通过招投标的方式获得新线路的建设及经营权。

首尔的城市轨道交通网络包括首尔地铁和首尔铁路系统两部分，分别由首尔地下铁公司（SMSC）、首尔快速城市轨道交通公司（SMRT）和韩国国家铁路公司（KNR）三家国有公司运营。地铁从运输税务系统得到补助金，但每年仍有亏损。燃料税是运输税务系统资金的主要来源。为弥补亏损，市政府不得不注入额外的资金发行债券。地铁系统在获得不动产和注册方面是免税的，也不用缴公司所得税、城市建设税和营业税。

有竞争条件下的官办官营是一种带有计划性质的市场竞争。在此模式下，政府作为业主给企业的补助较为优厚；官办性质的企业不能过分重视赢利，所以票价带有福利性；但是由于创造了一定的竞争环境，客观上提高了企业的主观能动性。

（2）无竞争条件下的官办官营模式。

无竞争条件下的官办官营模式，线路为政府所有，一家单位独家经营，或两家以上单位按行政区域划分经营范围。

伦敦、纽约、北京、广州、柏林、巴黎的地铁运营管理都是属于这种模式。这种模式的特点是城市轨道交通的运营者由政府指定，政府给予相应的补贴。

如纽约的地铁系统在纽约市运输局（Metropolitan Transportation Authority，MTA）的管理

之下。MTA 是纽约州政府的下属机构，负责管理纽约市内的公共交通系统。MTA 的董事会成员基本都由纽约州政府指定，其余部分由纽约市市长或郊区各县的官员指定。自 1950 年以来，纽约的所有城市轨道交通系统的资金补助都来自市政府、州政府和联邦政府的拨款；运营费用占总拨款的 65%，不足的部分由州政府和联邦政府补贴；用税收收入补贴运营所需的资金。

欧美国家多是采用无竞争条件下的官办官营的管理模式，主要是因为欧美国家的城市轨道交通系统客流密度比较低，系统少有赢利的可能性。这些城市一般由非盈利性的公共团体代表政府管理城市轨道交通；票价带有极大的福利性，运营收入不能抵偿运营成本，主要靠补助金支持日常开销。

（3）官办半民营模式。

官办半民营模式，线路为政府所有，交由政府股份占主导地位的上市公司经营。

香港地铁的运营管理采用这种模式。香港地铁公司是一家上市公司，它的第一大股东为香港政府。虽然是市场化运作，但是香港政府为地铁公司提供担保，从多个方面干涉地铁公司的经营。因此，香港地铁不能算是完全民营的模式，只能算作半民营。

政府委任有关人员组成香港地铁公司董事局后，就让其按商业原则运作，政府主要靠法律手段规范市场主体的行为。2000 年，香港政府又对地铁公司进行股份制改造，让高层主管及员工持股。该公司 10% 的股份通过上市的方式私有化。

（4）官办民营模式。

官办民营模式，线路为政府所有，交由民间股份占主导地位的上市公司经营。

新加坡的地铁运营管理属于这种模式。新加坡快速城市轨道交通公司负责新加坡地铁的运营，公司的最大股东为一家私人企业。新加坡国土运输局拥有城市轨道交通的所有权和建设权并承担建设费用。

国土运输局（Land Transport Authority，LTA）是新加坡城市轨道交通系统的建设者和所有者，同时还是运输规则的制订者。它通过制订规则以确保系统的正常运营和养护维修等工作。LTA 通过与新加坡快速城市轨道交通公司（SMRT）签订租借合同授予 SMRT 地铁线路的经营权，并对 SMRT 的运输行为进行约束。

新加坡地铁是把建设和运营分开的一种管理模式，所有线路都在国土运输局（LTA）建设完成以后交付运营公司使用。它的主要特点有：① 地铁作为福利由政府负担建设费用；② 淡化运营公司的职能，运营公司无线路的所有权，政府不干涉运营收入也不对运营开支进行补贴；③ 运营公司完全民营，第一大股东为私人投资公司；④ 由政府指定运营水平和规则，以此保证城市轨道交通的公共福利性质。

（5）多种经济成分构成的模式

多种经济成分构成的模式即公私合营，线路归政府和地方公共团体所共有，同样由政府和地方公共团体共同组织人员经营。

东京的城市轨道交通系统很早就引入了多种经济成分。例如有政府投资、商业贷款、民间投资、交通债券等多种形式，充分开拓了融资渠道。

以帝都高速交通营团（TRTA）为例，它的资本金由日本政府和东京都政府分摊，运营补助金 50% 以上来自地方公共团体，贷款来源于政府的公共基金、运输设备整备事业团的无息贷款、民间借贷和交通债券等。政府对帝都高速交通营团的控制体现在高层人员的任免（董事长由东京都政府任命）方面。帝都高速交通营团的管理委员会是真正的实权机构，它决定收支预算、营业计划和资金计划等。管理委员会共有5名成员,其中4名由国土交通局任命,1人由出资的地方公共团体推荐。

(6) 私办私营模式

私办私营模式,线路由私人集团投资兴建,由私人集团负责经营,政府无权干涉私人工作。

以曼谷轻轨为例,曼谷轻轨的建设和运营由一家私人企业控股的公司——曼谷大众交通系统公共有限公司(Bangkok Mags Transit System Public Limited,BTS)负责。泰国政府通过合同形式对轻轨建设和运营以及BTS的股本结构进行约束,如特许经营协议规定,票价范围在10~40泰铢等。

在这种模式下能最大限度地激发私人投资者的兴趣,但在票价、线路走向等敏感问题上政府与私人投资者会不可避免地发生冲突,政府难以保证城市轨道交通作为公共福利事业的本质。城市轨道交通的投资回收期长,私人投资者要有在头几年亏损的情况下偿还贷款利息的心理准备。这种模式会激发私人投资者严格控制建设和运营成本。

总体而言,西方国家城市的城市轨道交通线路几乎都是国家政府或市政府所有,由政府机构直接运营或是交给公有性质的企业运营;而东方国家城市的情况就比较复杂。

2. 不同运营管理模式的适用性

通过上述分析,我们发现,城市轨道交通的运营管理模式在世界各国呈现出多样化的格局。由于不同的管理模式是在不同的社会环境下发展起来的,在具体选择时应立足城市实际状况,设计和选择适应具体城市的管理模式,以有利于城市轨道交通持续、健康、稳定的发展。从以上分析可知,不同模式均存在自身的优势与不足,有自己的适应范围。

(1) 强调地铁福利性质的城市如纽约、新加坡,政府承担了过多的责任,都存在后续投资困难的危机;选择盈利性的城市如曼谷,难以保证城市轨道交通项目本身的有序发展;而在香港、东京、汉城,城市轨道交通发展已逐渐走上良性循环,城市轨道交通的福利性和盈利性得到了较好的融合,基本上能够自给自足,以线养线,政府的角色也在逐渐淡出。

(2) 客流量和线路类型是影响城市轨道交通管理模式的重要依据。

结合世界主要大城市轨道交通的客流密度(如表13.3所示)进行分析,可以初步得出如下结论。

表13.3 城市轨道交通客流密度分析[万人/(km·日)]

城市	伦敦	巴黎	纽约	柏林	香港	首尔	东京	曼谷	新加坡	上海
客流密度	0.64	1.54	0.8	0.77	2.86	1.75	2.87	1.7	1.3	1.64

① 当客流密度在0~5万人/(km·日)时,城市轨道交通运输缺乏赢利所需的必要客流,因此需要在政府的扶持下存活。这种类型的城市轨道交通系统适合采用官办官营的管理模式。

② 当客流密度在1.5万~2.5万人/(km·日)时,城市轨道交通运输系统基本具备维持运营成本所需的客流且能略有赢利,因此可考虑采用有竞争条件下的官办官营模式、公私合营、官办半民营的模式。

③ 当客流密度达到2.5万人/(km·日)以上时,可采用官办半民营、官办民营的模式。

④ 当城市轨道交通系统的业主（政府）独自承担建设费用，而不从运营收入抵扣时，客流密度在大于 1 万人/（km·日）的时候就可尝试官办民营的管理模式。

⑤ 考虑到市中心地区修建城市轨道交通的成本和物业开发的难度较高，市中心区城市轨道交通线路不宜采用私办私营的管理模式，必须有公共资本参与。私办私营的模式最好用于市郊铁路。在市郊铁路的条件下，客流密度达到 1.7 万人/（km·日）以上时就可采用私办私营的模式。

上海的城市轨道交通系统在 2002 年 9 月份日平均客流量已经达到了 107 万人，客流密度达到了 16.4 万人/（km·日），符合上述条件②。也就是说上海的城市轨道交通系统可适合于官办官营模式、公私合营、官办半民营等各种模式，应依据其社会环境和城市具体情况设计和选择合适的管理模式。

13.3.2 城市轨道交通企业运营状况

世界各国城市轨道交通运营管理的实践表明，绝大部分城市和线路都出现了营运亏损，需政府支持，予以财政补贴。由于城市轨道交通建设投资大，建设周期长，运营成本高，很难做到运营赢利并回收投资。目前在世界的各大城市轨道交通中，除了香港地铁能做到投资回收、首尔地铁的盈利能弥补投资、新加坡和莫斯科地铁可以收支平衡运营外，绝大多数城市的地铁很难维持收支平衡。

由表 13.4 可见，大部分城市的地铁票务收入只占运营费用的 50%左右，另有 50%需政府补贴和商业补贴，其中经营状况很好的只有香港地铁和大阪地铁。

表 13.4　世界主要城市的地铁运营状况

国家	城市	车票收入/%	其他商业性收入/%	政府补贴/%
墨西哥	墨西哥城	13.0	1.0	86.0
英国	格拉斯哥	33.5	1.0	63.5
瑞典	斯德哥尔摩	34.1	3.2	62.7
法国	巴黎	36.0	10.0	54.0
西班牙	巴塞罗那	44.0	1.0	52.0
西班牙	马德里	51.0	1.0	48.0
日本	札幌	43.0	9.5	47.5
日本	大阪	75.0	25.0	0
日本	东京	46.0	31.0	23.0
德国	汉堡	55.0	10.0	35.0
中国	香港	95.0	5.0	0

13.3.3 运营管理与机制

城市轨道交通必须满足城市居民的出行需求并完成规划设计运量和获取经济效益。在经济效益方面，世界上许多地方的城市轨道交通其建设都由政府出资，运营亏损由政府补贴。但是也有部分城市，如大阪、新加坡、莫斯科、首尔、圣地亚哥和马尼拉、香港等城市，不同程度地取得盈利和回收投资。因此，我国城市轨道交通应该从加强运营管理，讲究运营机制与策略，提高管理水平入手，以改善财务状况，减少经营亏损，甚至争取有盈余。为达到这一目标，应该遵循如下原则，理好以下四方面的关系。

1. 运营管理与政府间的关系

在城市轨道交通建设的各个阶段中，政府始终处于举足轻重的地位，尤其是运营管理，离不开政府的政策导向、政策支持，甚至资金的扶持。为此，运营与政府有着密切的关系，政府应该在以下方面予以足够重视。

（1）政府需对城市轨道交通进行大力支持，给予城市轨道交通的经营管理者以自信心。

（2）修建城市轨道交通时，政府给予一定的资金支持以用作资本金。

（3）在与地方城市轨道交通网络规划不冲突的前提下，运营公司有权自行决定修建线路。

（4）地方政府给城轨公司以定价自主权，视客流与经营状况为城轨交通合理制定票价。

（5）在沿城市轨道交通线两侧的 500 m 之内，政府可划拨一定的土地为城市轨道交通开发房地产或其他物业之用，其收益用来弥补建设费用的不足。

（6）政府承诺当城市轨道交通财政恶化时，政府给予财政支持。

（7）政府为轨道交通公司在本市内外融资尽可能创造宽松环境，包括为借贷外资担保。

（8）建立政府建设基金。

2. 运营管理与运作商业化

确立公司运作商业化原则，从筹建到运营各个环节、从设备引进到消化吸收、从运营主业到多经物业，都需建立相应的成本和效益核算制度；寻求票价与运量之间的平衡点，谋求政府给予公司定价的自主权；让经济效益作为城轨公司建设和经营的出发点。

3. 运营管理与经营策略

运营管理要取得好的效果、效益，必须讲究如下策略。

（1）线路建设策略。充分利用城轨运输资源，为乘客提供安全、可靠和高效的服务；按照成本效益原则，建设经济效益好的新线。

（2）发展物业和多种经营策略。在城轨线路附近、线路上方或下方开发物业、发展多种经营，为公司谋求财政收益和增加客流。

（3）管理机制及运作策略。吸引并留住具有各方才干的员工，发挥他们的潜力；在既有资产及日后增加资产的基础上，努力提高服务质量，策划从乘客处获得足够效益，不仅抵偿服务支出，而且努力使资产保值增值，保持合理负债水准，并向股东提供所担风险和所期望相称的回报；保持与政府的良好关系，保证不间断地得到来自政府的支持。

4. 运营管理与系统选择

城市轨道交通，从规划设计到建成运营，实际上是一项系统工程，其中每一环节和技术特征、功能要求，都可看作一个一个的系统，这些系统互相关联且互相影响，要想取得良好的运营效果和经营效益，必须认真地、科学合理地选择如下各个"系统"。

（1）线路修建类型要合适，降低建设成本。

（2）线路新建时，其位置与走向要尽可能地为最大多数的居民服务。

（3）整个系统要按大运量配置，即每个车站的设置要考虑车站附近的物业和新业务的发展和由此引发的潜在客源的需要。

（4）各类城轨交通都要以实现交通功能为主，即满足乘客的通过或换乘（集散）需求，减少功能过剩和功能转换。

（5）线路设计必须坚持经济实用、安全可靠、简单方便的原则。

（6）新技术的使用要以实用为主，不追求最新、最高的技术，要与客流规模相适应、相匹配，分步分阶段实施，不搞一步到位。

（7）努力实施各类设备的国产化，提高国产化率，降低建设成本。

13.3.4 基本管理模式与发展趋势

东西方各国城市轨道交通建设与运营主要有以下三种管理与经营模式。

第一种是欧美流行的"一体化"模式，即由政府公共服务机构或国有公营企业垄断经营，且投资建设、运营一体化，以巴黎、芝加哥、柏林、莫斯科、圣保罗等城市为代表。欧美模式的优点在于，所有的矛盾都可以在体制内协调，不会出现资金不到位、设备不适用等问题。但这一模式的弊端也十分明显，整个机构缺乏相互制约的机制，往往经济效益差。

第二种是"一体化"模式的变种，由两个政府公共服务机构或国有公营企业经营，也实施投资、建设、运营一体化，以东京、首尔为代表。东京帝都营团和东京都交通局各自经营8条和4条线路，首尔城都市铁道公社和首尔铁路公社则分别经营4条线路。这种模式与欧美的"一体化"利弊基本相同，但由于一张轨道网被人为切成两块，无论是修理厂、停车库都要建两个，资源利用效率相对较低。

第三种模式是投资、建设和运营分离，以新加坡和中国台北为代表，不妨称其为"亚洲模式"。在新加坡，陆上交通局负责筹资和建设地铁，根据城市轨道交通法案授权地铁运营公司以特许经营权，并将基础设施以租赁形式租赁给地铁运营公司，象征性收取租赁费。"亚洲模式"的优点在于，政府不将城市轨道交通产业作为纯公共产品，而作为准公共产品，把体制性亏损与经营性亏损区分来开来，即将公共产品中通过良好运作能够实现价值回报的运营部分划出独立运作，以提高经营企业经营效率、减轻公共财政的支出；而其弊端是建设与运营的衔接往往不顺。

在我国城市轨道交通大发展时期，如何根据地铁的运营模式来选择独特的经营模式，最终达到由"减亏、止亏、微利、发展"的过程而实现"自筹、自建、自营、自还"的远期战略性目标，形成有中国特色的经营模式，具有重要的现实意义。

13.4 城市轨道交通管理工作的目标与主要内容

城市轨道交通运营企业不但要提供良好的乘车环境，而且要有配套完善的基础设施和保障机制。为了稳定有序地进行运输生产，在城市轨道交通运营过程中要求企业人员合理分工、信息安全畅通、客源组织有序、运营计划和设备维修养护计划制订周详。城市轨道交通管理的目标就是通过对设施设备、人员、技术、信息进行有效的组织利用与管理，有序地完成日常工作，并能根据客流需求变化，及时调整运营策略，获取最佳效能。城市轨道交通管理包括调度指挥管理、车站管理、票务管理、乘务管理、运营设备维修管理、信息化管理、安全管理和其他管理等。

13.4.1 安全管理

1. 安全在城市轨道交通中的意义

所谓城市轨道交通安全就是指不发生行车、客运、人身伤亡，火灾爆炸，设备设施故障等事故。安全在城市轨道交通中的意义主要有以下几点。

（1）安全是城市轨道交通运营生产的头等大事

运输业是一个独立的物质生产部门，它包括航空、铁路、公路、水运、城市轨道交通等行业，运输生产仅改变了客或货的位置，它并不能使运输对象的产量增加，不改变其属性和形态，只是增加其价值，产品为乘客（货物）位移和运输服务。在运输过程中必须保证运输对象安全无损，安全是运输产品的首要质量特性。因此，运输生产和经营的性质决定了安全是运输生产中的头等大事。同理，城市轨道交通的安全也是运营生产的头等大事。

（2）安全是实现效益的保证。

对城市轨道交通行业来讲，如果发生事故，不仅使企业本身的经济效益受损，同时也使其企业形象受损，换言之便是使其无形资产受损，直接的或间接的经济损失将是很严重的，甚至影响到社会的稳定，所以从某种意义上说，没有安全就没有效益，因此安全是实现效益的保证。

（3）安全管理在有轨交通行业受到普遍重视。

新加坡地下铁道设四大部：运营部、设备部、财务部、安全部，从机构的设置可见新加坡对安全工作的重视程度。日本东京地下铁道有专门的"安全防灾研究室"，北京地铁有安全监察室，上海地铁有运营安全部，安全管理在城市轨道交通行业都有常设机构或部门，名称虽各不相同，但职能都大同小异。

2. 安全管理的途径

由于安全工作的特殊性和重要地位，必须加强对安全工作的管理力度。一般来说，城市轨道交通行业都设有专门机构从事安全管理，并且有相应的管理网络，在最高层设安全委员会，由行政最高领导担任委员会的主任。如北京地铁、上海地铁都是由公司总经理担任委员会主任。

安全管理网络具有一定的层次性，每层次的安全目标要依靠下一层次的共同努力来达到，层层分解，最后到基层单位、车间、班组，事实上安全管理网络的形式表现了安全管理的途径是通过行政、经济、教育、法律等手段来实现的。

13.4.2 市场营销管理

1. 市场营销的含义

城市轨道交通市场营销是指经由交易过程来满足人们对客运服务的需要和欲望的一切活动。图13.22为静态城市轨道交通营销的含义，图13.23为动态城市轨道交通市场营销的含义。

其中，乘客的需求可以概括为"安全、快速、舒适、经济"地到达目的地，乘客需求图如图 13.24 所示。

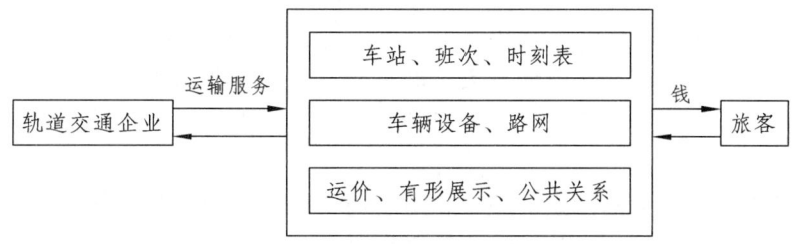

图 13.22　静态城市轨道交通营销

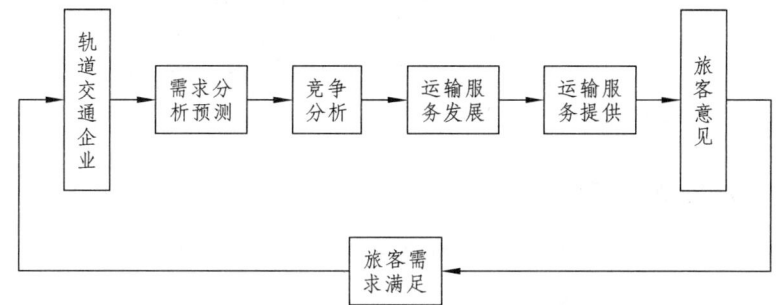

图 13.23　动态城市轨道交通市场营销

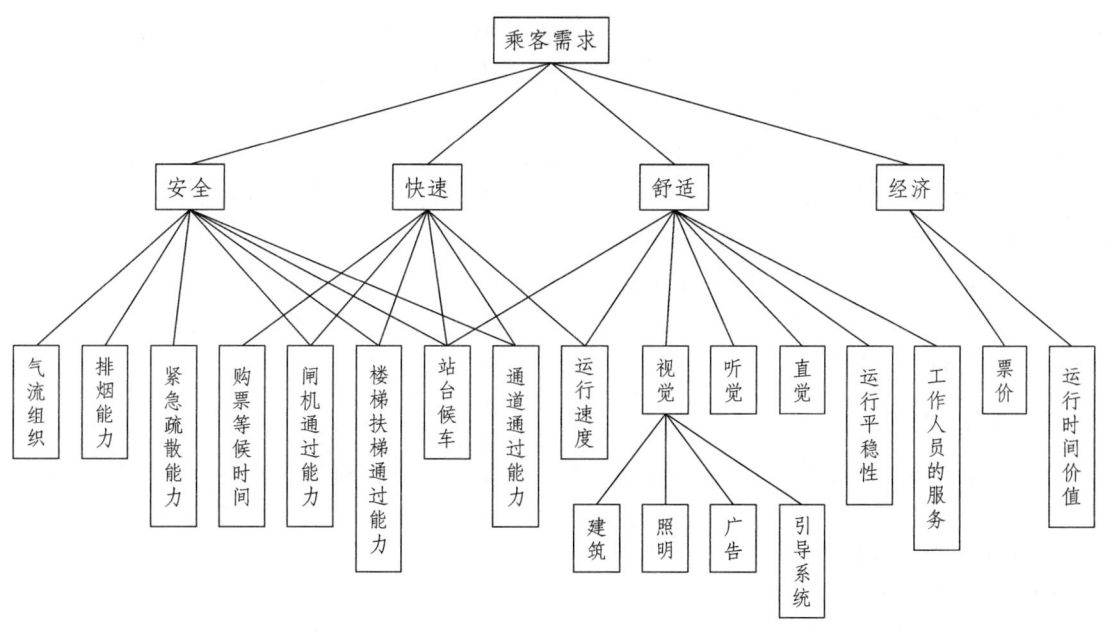

图 13.24　乘客需求图

2. 市场营销管理的含义

城市轨道交通市场营销管理是指为达到大众运输组织的目标，在目标市场内，进行各项用以创造、建立和维持城市轨道交通企业与被服务乘客间互利方案的分析、规划、执行与控制等工作。城市轨道交通企业根据目标市场的需要及乘客欲望、知觉与偏好的分析，来设计运输服务产品，以期能提供有效的服务设计、定价、沟通的程序，来为目标市场服务。

3．市场营销的目标

城市轨道交通企业实行各种营销计划和活动，其最终目标可简单归纳为下列几点。

（1）吸引到最多的乘客。客流量越大，城市轨道交通企业越能充分发挥其服务资源，一方面实现了城市轨道交通企业服务大众的目的，另一方面也可以改善城市轨道交通企业的财务状况。

（2）使消费者达到最大的满足。城市轨道交通市场营销的任务就是随着旅客需求、欲望的改变，随时调整企业的服务组合，以满足旅客的需求。

（3）提高人们的生活质量。城市轨道交通是大众性的运输方式，与人民的生活密切相关。所以，城市轨道交通企业如果能有效地提供符合人们需要的运输服务且广为旅客所接受，就能直接提高人们的生活质量。对企业的管理，归根到底是对人的管理，因为企业的任何决策都是要由企业的员工去完成的。

13.4.3　人力资源管理

人力资源管理是对人力资源的获得、整合、调控、开发进行的综合管理。

1．人力资源管理的基本过程

人力资源管理的过程是和其基本目的紧密联系的。作为企业的基本管理职能，人力资源管理自然是为实现企业的基本目的（向社会提供有效的产品和服务）而服务的。因此他的目的就是"吸引、挽留、激励和提高"企业所需的人力资源。人力资源管理的过程就是从这四个目的演化而来的，即：

（1）获得：对组织成员进行招聘、选拔与委任。

（2）整合：使分散的组织机构中的不同层次、不同部门、不同岗位和不同地区的组织成员建立和加强他们对组织目的的认识和相应的责任感。

（3）调控：考核组织成员的工作绩效，并做出相应的升迁、降级、解雇等决策。

（4）开发：有针对性地对组织成员进行培养，充实其日后进一步发展的基础，并指导其今后的发展方向和道路。

2．职位分析

职位分析是人力资源管理过程的起点和核心。职位分析能确定企业每一个岗位所应有的权力和责任以及任职资格的要求，从而为人力资源的获得明确要求，为激励制定目标，为调控提供标准，为开发提供方向。

（1）职位分析的含义。

职位分析是全面了解一项职务工作的活动，是对担任该项职务的人员的工作内容、应负责任以及任职资格进行研究和描述，最终形成职务说明书的过程。

详细地说，职位分析就是对某种职务从六个方面——工作内容（WHAT）、工作人（WHO）、工作岗位（WHERE）、工作时间（WHEN）、工作方法（HOW）、工作目标（WHY）进行调查研究，然后对该职务进行书面描述的过程。

职位分析是企业人力资源管理过程中起核心作用的要素，是人力资源管理工作的基础，只有做好了职务分析工作，才能顺利地进行人力资源管理。因此职务分析一般应由企业高层领导、典型职务代表、人力资源部门代表、职务分析专家和顾问共同组成工作小组或委员会，协同完成此项任务。

（2）职位说明书实例。

职位说明书——值班站长

本说明书适用于客运段值班站长。

职务范围：

① 坚持交接班制度，列队点名，合理布岗；

② 当班检查不少于四次，检查内容为现场岗位形象、作业标准、劳动纪律、卫生工作；

③ 掌握运营情况，对行车人员和车控室要进行实时控制，杜绝险性、一般事故的发生；

④ 接待乘客来电来访，处理各类服务纠纷，按照约定时间给予答复；

⑤ 在发生异常情况及突发事件时，及时进行组织指挥，制止事态的扩大，并向客运段相关职能科室汇报；

⑥ 掌握车站设施、设备的使用情况，需报修的应于发现当日登记、上报，并注明紧急程度；

⑦ 每日正确、清晰地填记各类台账，并按公司规定进行保存；

⑧ 执行上岗时统一着装的规定，经客运段同意可根据气候变化做相应调整；

⑨ 认真对待上级部门的检查，对存在的问题采取整改措施。

任职规范：

① 了解本站作业特点、技术水平、质量标准、在整个公司中所处地位及与其他部门直接的上下关系；

② 熟练掌握计算机操作，能应用计算机辅助业务管理；

③ 具有统一指挥车站生产工作的组织、控制、协调的能力；

④ 具有当生产作业发生较大异常情况时应变、处置能力；

⑤ 具有动员、部署完成生产和说服教育下属的口头表达能力及完成本职务需要的文字表达能力；

⑥ 具有两年以上车站值班员的工作经历；

⑦ 具有大专以上学历，或具有同等学力并经过岗位培训考核合格者。

13.4.4 运营管理

1. 调度指挥管理

调度指挥工作是城市轨道交通系统的核心，它由调度控制中心实施，实行高度集中，统一指挥，使各个环节协调运作，保证列车安全、正点运行。在调度机构内，设有行车调度、电力调度、环控调度、维修调度等调度工种。调度指挥结构如图13.25所示。

2. 车站管理

车站是城市轨道交通系统的重要组成部分，是企业与服务对象的主要联系环节。车站管理的核心任务是安全、迅速、方便地组织客流集散，并做好行车组织工作。车站管理模式采用值班站长负责制，负责当班期间车站的行车、客运、票务、卫生等工作。车站管理结构如图13.26所示。

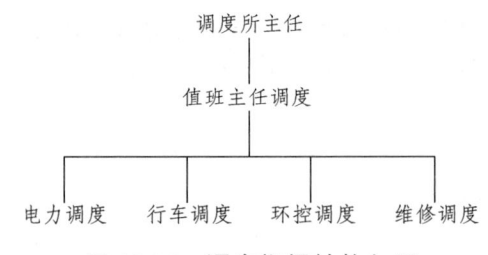

图 13.25 调度指挥结构如图

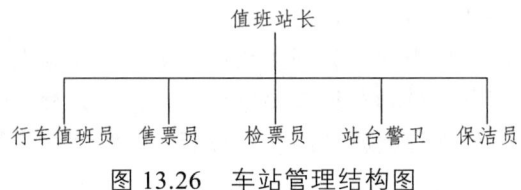

图 13.26 车站管理结构图

3. 票务管理

城市轨道交通运营收入主要是票款收入,做好票务管理工作有利于城市轨道交通发展进入良性循环的轨道。票务管理工作的核心是制定票制、票价和售检票管理。城市轨道交通的票制有单一票价制、分段计程票价制和综合票价制。票价制定要根据城市轨道交通运营成本、其他交通方式票价水平、城市经济发展和市民生活水平等因素综合考虑。售检票方式主要有人工售检票方式和自动售检票方式。人工售检票方式设备投资少,但需要较多人员。随着经济和技术的发展,越来越多的城市轨道交通采用了自动售检票系统。它不仅可以方便乘客、减少运营人员和运营成本,而且对客流组织、收入审核、决策分析起着重要作用。它已成为现代化城市轨道交通的一个标志。

4. 运营设备维修管理

运营设备维修管理是运营管理的重要组成部分。它的任务是保证各项设备系统以良好的状态投入运营。只有提高系统的可靠性,减少故障发生,保证运行畅通,才能充分发挥城市轨道交通安全、快捷的优越性。

(1) 设备维修方式。

设备维修方式是制订设备维修管理方法的基础。设备维修一般有全部外协、全部自修和部分外协三种方式。全部外协是指将设备系统所有级别修程的维护、检修委托给一个有经验的企业进行,自己只从事管理协调和监督。目前根据城市轨道交通设备维修的特点和要求,采用这种方式还有一定难度。但随着城市轨道交通的发展和企业体制改革的深入,采用这种方式已变成可能。全部自修是指运营公司设置独立且较为完整的设备维修设施,所有设备维修任务均自行完成。这种方式中维修设施和设备投资大,需要的人员较多,如果管理不当会使企业背上沉重的包袱。部分外协是指将部分通用的设备委托给专业维修企业或制造厂进行维修和保养,或将设备系统较高等级的修程委托给专业企业进行,自己建立一支精炼的维修队伍,主要负责日常养护维修工作和解决临时性应急抢修工作。这样既可以保障维修质量,又可以减少对维修设施的一次性投资和减少生产人员,从而降低运营成本。

(2) 管理工作的开展

由于运营设备管理工作具有阶段性的特征,在城市轨道交通设计过程中要进行前期管理,这个阶段的主要内容包括设备的功能、操作方式、安装和维护要求等。因此，城市轨道交通运营管理部门的工作要向建设管理渗透，在工程建设的同时充分考虑运营管理的要求，以便为今后的运营管理打下良好的基础。

13.4.5 财务管理

城市轨道交通企业由于其特有的公益性，在资金筹集、票价制定、投资决策等方面受到一定的限制，不能以企业价值最大化作为决策的主要依据。所以城市轨道交通企业只有通过加强内部的财务管理来提高自身的生存和获利能力，使企业得以发展。

城市轨道交通企业财务管理主要有以下几个基本内容。

（1）筹集资金的管理。

为了组织企业的生产运营，首先必须筹集一定的资金，垫支于生产过程。资金的垫支特点决定了筹集资金是企业财务活动的第一环节，是财务管理的首要内容。事实上，由于企业对资金的需求在各个阶段都在变化，财务部门必须及时而经济地筹集适量的资金。所以筹资活动贯穿于企业运营的整个过程。

（2）分配、运用和调度资金的管理。

城市轨道交通企业从外部筹集到的资金，只有实际运用到企业生产运营过程中去，方能发挥其作用。然而，企业所筹集的资金，必须经过适当的分配，才能运用于生产过程的各个方面。因为城市轨道交通企业生产过程各个方面对资金的需要量取决于生产活动本身特点所规定的各种生产要素之间的比率，我们必须根据这种比率关系来分配、调度资金，才能保证资金运作的畅通。

（3）资金补偿的管理。

资金被运用到生产过程中去后，资金随生产运营的进行发生消耗和形态转化，同时，生产运营的结果是一定数量的运输产品的位移。为取得这些运输产品而发生的各种资金耗费占用、生产费用按照一定的规则和方法归集、分配到一定数量的运输产品中去，即为生产成本。运输产品的生产成本与运输产品产生的销售费用和其他费用都应该从票款中补偿，这样补偿回来的资金重新投入生产运营。开始补偿资金的管理包括两方面：一是努力控制生产运营支出，节约资金，降低消耗水平，从而降低运营成本；二是要保证消耗的资金得到及时足额的补偿。前者的目的是提高所得与所费的比率，后者的目的是实现资金的正常良性循环。

（4）积累与集中资金的管理。

企业在一定时期内实现的利润总额，首先应按税法计算和缴纳所得税，或上缴利润。扣除了应缴所得税或应缴利润后的净利润再在企业内部进行分配。企业应该根据企业发展的需要和股利政策，来组织资金的积累，增加企业的自有资金。此外，企业为了加快发展速度，还应该适时地从外部集中资金。

13.4.6 信息化管理

1. 信息化管理

随着信息技术的日益发展，一个网络化的信息环境正在快速形成，迅速、方便地获取所需信息是正确决策、提高管理水平、取得高效益的关键。城市轨道交通作为现代化交通行业，其车辆、通信、信号、票务等系统均有自己独立的计算机控制和管理系统。建立有效的网络信息系统，开发和利用网络信息资源，充分发挥各自系统的优点，有利于更好地进行企业管理，树立良好的企业形象，为企业带来巨大的经济效益。

（1）建立企业内部网，制订企业信息发布的计划和策略。

企业内部网是企业内部部门之间信息交流、信息共享和业务处理的联系通道，而各部门各系统间的信息资源非常复杂且庞大，只有经过对信息资源进行选取、加工、优化、重组等一系列程序，才能在网上发布，使信息涵盖范围广，信息更新快。要对企业信息资源进行选取、加工、优化、重组等工作，必须制订完整的信息发布计划和策略，并按照计划与策略确立分阶段目标的工作措施，使信息发布工作能按步骤、按计划及时完成。

在制订计划与策略时，要充分考虑信息发布针对的对象、信息范畴和发布信息的目的。明确了信息发布目的，有利于做到有的放矢；确立了信息发布对象与范畴，能使发布的信息有效、实用。

（2）组织企业的信息资源，确立发布的信息资源结构。

企业信息资源库的信息发布，最关键的环节是信息资源的组织，企业的信息资源包括企业的生产运营、组织管理、人事、财会等类别，要使各类别的信息资源库通过网络有机地组织发布出去，必须有统一的标准、固定信息发布的信息资源结构、明确各类别信息资源之间信息发布的比例，以及内部网络信息发布的信息范畴、信息深度，使发布的信息资源结构更合理，信息更全面。

（3）信息资源网络化管理的特点。

在网络环境下，信息资源的开发和利用全部数字化，信息从采集、加工、生产到提供利用全部以数字的形式呈现。数字化信息资源不同于传统的文献资料，主要的特点是：信息组织形式从顺序的、线性的方式转变为电子计算机直接的、网状组织形式；信息存储形式从单一媒体走向多媒体，从模拟信号转变为数字信号，使信息的存储、传递和查询更加方便。

（4）企业信息化的主要任务。

① 建立企业信息基础设施。

企业信息基础设施，是指根据企业当前业务和可预见的发展对信息采集、处理、存储和流通的要求，构筑由信息设备、通信网络、数据库和支持软件等组成的环境。

② 建立信息资源管理标准，搞好信息组织工作。

信息资源是企业最重要的资源之一，开发信息资源既是企业信息化的出发点，又是企业信息化的归宿；而建立信息资源管理的基础标准，从而保证标准化、规范化地组织好信息，就是开发信息资源的基本工作。

③ 按信息资源管理标准开发企业集成信息系统。

服务型企业重点要搞好业务处理过程的信息化，既要开发企业各部门信息共享的内部集成化的信息系统，又要实现企业与企业之间的信息自动交换，建立更大范围的集成化的信息系统。

2. 信息资源与运营管理

信息资源管理的功能就是协调和控制信息的运动，以信息活动中的各要素包括信息、设备、机构、技术、人员、资金、体制等作为管理对象，以保证信息资源的合理运行，使有效信息为人们最大限度地利用。

(1) 地铁运营信息

在地铁运营中主要的指标和信息有以下几类。

① 运营数据。

主要包括按日、月、季、年统计的客流量，高峰小时客流，断面客流，实时客流等，以及客运收入统计、车票销售收入统计、线路或区段收益清算等。

② 设备维护。

在设备维护管理中，制订年度维修计划、维修成本核算、备件库存、设备更新改造、技术开发等，这些计划的执行和完成情况必须及时地反馈，由主管部门统一协调管理。

③ 安全运营。

主要包括列车的运行情况，如正点率统计，用来表示运营列车按规定时间正点运行的程度；兑现率指标，用来表示列车按计划运行图运行的兑现程度；以及对于突发性事故处理等情况的分析。

④ 服务质量。

主要包括乘客通过各种途径对地铁运营服务质量进行的评价，以及地铁运营服务人员在安全生产、服务质量上要达到的目标。

(2) 信息来源。

根据地铁运营组织划分，可以将信息源区分为内部运营信息和外部公共信息。

① 内部运营信息。

内部信息源是运营管理部门之间产生的内部信息，是一种重要的信息源，它还包括经过多年发展积累下来的各种资料及档案信息。

a. 列车运行系统中有关车辆运行、维修、保养等资料。

b. 票务管理系统中有关客流量统计、运营收入统计、财务结算等资料。

c. 机电设备管理系统中车站设备的运行信息，维修保养资料，供电、供水、通信等数据统计。

d. 客运服务系统中有关车站服务设施、服务环境、乘客意见反馈、服务质量等信息。

e. 物资管理系统中有关企业资产、运营成本、设备供应、物资采购等资料和信息。

f. 技术保障系统中有关技术资料、技术文档、技术交流、科研项目发布等信息。

g. 物业管理系统中有关房产管理、商业开发、配套设施建设等信息。

② 外部公共信息。

外部信息源是指在企业外部为企业活动提供信息的信息源，与企业自身的运营有密切关系。主要包括：

a. 国家的法律和法规，上级部门的方针、目标和政策。

b. 城市交通建设的总体规划和发展方向。

c. 时效性的社会活动、道路状况等综合信息。

d. 与行业相关的其他运营系统的信息，如公交运营，城市交通"一卡通"系统，地铁设备生产、供应厂商等市场动态信息。

(3) 运营管理部门间的信息沟通。

开发和利用好信息资源是实现信息资源管理目标的核心。地铁运营组织结构大致由决策层、管理层和相关的运营管理单位组成，组织结构如图13.27所示。

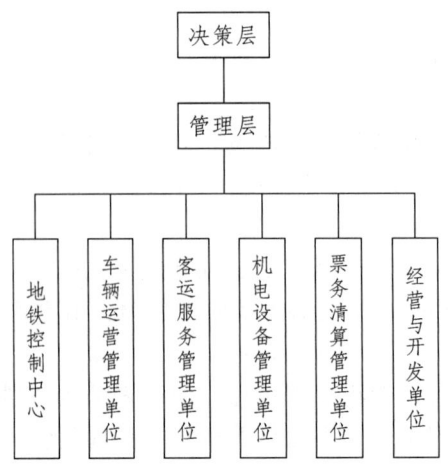

图13.27 地铁运营组织结构图

内部信息产生于各自的管理系统，主要有列车运行监控系统、票务管理系统、通信信号系统、电力监控系统。在各单位之间有着需要相互沟通和协调的信息。

① 地铁控制中心。

控制中心是指挥地铁运营的中枢，主要对列车的运行、地铁系统供电、环控设备进行统一协调管理。需要对车辆状况、车站设备配置以及通过客运、票务系统及时掌握车站客流、现场活动等情况，有一个全面的了解，才能更好地指导生产运营。

② 车辆运营管理单位。

车辆是保证地铁正常运营的关键，车辆在运行中必须掌握各车站的设施布置、信号、机电设备的运转状况、轨道养护、高架地面周边环境情况。针对出现的变化做出相应的措施。

③ 客运服务管理单位。

客运服务是体现地铁运营企业形象、直接面向乘客、为乘客提供良好服务的单位，以优质服务来满足乘客需求，通过收集运营过程中的各类信息不断完善服务设施，规范行为，从而提高服务人员自身的素质，为乘客创造良好的乘车环境。

④ 机电设备管理单位。

机电设备管理单位保障地铁运营过程中设施设备处于良好稳定的运行状态，对地铁设施设备进行有计划的维修维护，确保设备的正常使用。同时根据客流分布和客流流向，及时地增加和调整车站中设施设备的布置，不断满足运营需求。

⑤ 票务清算管理单位。

票务清算是对地铁运营线路中各车站、各区段、各个不同线路间的发售收入和客运收入的结算，是企业运营成本和收益的核算单位，为企业的发展提供强有力的保证。

⑥ 经营与开发单位。

经营与开发是充分利用地铁资源，通过地铁沿线周边房地产的开发、广告、旅游等多种形式，为企业创造更多的财富。

⑦ 管理层。

管理层指导各运营单位符合企业发展需求，制订各项规章制度，使运营单位投入有序的运转。并从各专业系统发布的信息中，获得有价值的数据，对生产运营做出相应调整和改进，在列车运行、设备设施调整、成本控制、财务、人力资源运营计划、运营安全、技术改进等方面起到积极的作用。

13.4.7 乘务管理

1. 乘务管理的重要意义

城市轨道交通列车乘务员指的是电动列车驾驶员，处于城市轨道交通运营的第一线，肩负着行车安全的主要责任。因此，如何合理安排乘务员作息时间、制订值乘方案、分配人员、教育培训及安全监督显得尤为重要。这些管理制度和措施的制订不仅要与实际运营相结合，而且要有一定的科学依据作保障，做到在人员精简高效的同时还要确保运营的安全。

2. 乘务员值乘方式

（1）乘务员的配备。

（2）几种不同值乘方式。

以下举例说明了几种不同值乘方式的特点，案例中运营时间为 5：30~22：30，共配置列车数为 10 列。

方案一：

① 值乘方法。

包乘（1 人 1 列）。

② 驾驶员配备和轮班方法。

轮班方法为五班三运转，即早班、日班、中班、休息、休息。每班 14 人，包括值乘驾驶员 10 人、终点折返驾驶员 3 人、组长 1 人，五班共 70 人。五个班加上 10% 的备用驾驶员共需驾驶员 77 人。具体工作时间见表 13.5。

表 13.5 方案一工作时间表

	接班时间	下班时间	时间驾驶时间/人
早班	5:30 开始	11:00	5 h 30 min 左右
日班	11:00 开始	16:30	5 h 30 min 左右
中班	16:30 开始	回库	5 h 左右

③ 交接班。

接班驾驶员需预先用电话向运转值班室了解自己包乘列车当日运营车次，并在规定的时间段内完成本列车驾驶工作的交接，不限地点。其中，早班驾驶员必须在当班前一天晚上到车库驾驶员公寓内休息，中班驾驶员在运营结束后可回家休息。

④ 特点。

a. 驾驶员对自己包乘列车的车况、性能比较了解，有利于驾驶员对列车的保养及维护。

b. 驾驶员与列车相对固定，便于管理和监督。

c. 每天的实际工作时间缩短，减轻了驾驶员的作业强度，提高了安全系数。

d. 取消了中班驾驶员连早班的值乘方式，消除了因睡眠不足而带来的安全隐患。

e. 要求运营列车相对固定，不宜频繁更换。
f. 作业人员增加，驾驶员配备比轮乘制多。
g. 对运营列车运行表的编排要有计划、有规律，备车和计划修车调配要求合理。
h. 中班驾驶员下班回家较晚，需要安排车辆接送。
i. 由于驾驶员连续驾驶，增加了在作业过程中的疲劳。

方案二：
① 值乘方法。
包乘（2人1列）。
② 驾驶员配备和轮班方法。

轮班方法为四班二运转，即日班、夜班、休息、休息。每班21人，包括值乘驾驶员20人，组长1人，四班共84人。再加上10%的备用驾驶员，共需驾驶员92人。具体工作时间见表13.6。

③ 交接班。

接班驾驶员需预先用电话向运转值班室了解自己包乘列车当日运营车次，并在规定时间段内完成本列车的驾驶工作交接，不限地点。夜班驾驶员回库后在驾驶员公寓内休息，次日投入早班运营。

表13.6 方案二工作时间表

	接班时间	下班时间	时间驾驶时间/人
日班	7:30 开始	16:30	4 h 30 min 左右
夜班	16:30 开始	次日 7:30	3 h 30 min 左右

④ 特点。
a. 两名驾驶员包乘同一列车，对自己包乘列车的车况、性能比较了解，有利于列车的保养及维护。
b. 驾驶员与列车相对固定，便于管理和监督。
c. 每天的实际驾驶时间缩短，减轻了驾驶员的作业强度。
d. 要求运营列车相对固定，不宜频繁更换
e. 作业人员浪费严重，驾驶员配备比轮乘制多。
f. 对运营列车运行表的编排要有计划、有规律，备车和计划修车调配要求合理。
g. 当值驾驶员需在运营途中就餐，会带来许多不便。

方案三：
① 值乘方法。
轮乘。
② 驾驶员配备和轮班方法。

轮班方法为四班二运转，即日班、夜班、休息、休息。每组配备驾驶员可按实际投入使用列车进行计算，假设每日运用列车8列，那么驾驶员需要8名，两端终点加3名折返驾驶员及组长1名，每组共计12名，再加10%的备用驾驶员5名，四组共计驾驶员53名。驾驶员轮流驾驶列车，终点安排休息，具体工作时间见表13.7。

表 13.7　方案三工作时间表

	接班时间	下班时间	时间驾驶时间/人
日班	7:30 开始	16:30	6 h 左右
夜班	16:30 开始	次日 7:30	5 h 30 min 左右

③ 交接班。

在线路某一固定地点上下行进行，由班组长或专人负责记录监督。列车出库、回库的交接在停车场内进行。

④ 特点。

a. 由于采用轮乘制，驾驶员配置人数可减少到最小。

b. 驾驶员值乘时一人工作，对驾驶员的要求较高。

c. 不利于列车保养，值乘人员对列车性能不熟悉，需通过制订措施强化值乘要求。

（3）国内城市轨道交通常用值乘模式。

国内地铁目前常用值乘模式基本采用轮乘的方式进行，目的是精简人员，提高效率。随着城市轨道交通的进一步发展，自动化程度的不断提升，更科学更合理的值乘方法将不断出现。由于每条运营线路条件不同，所以上述对电动列车驾驶员值乘方法的设想可根据自己的实际情况进行调整设置。

3. 乘务员应具备的基本素质

（1）身体素质。

乘务员作为行车工作的一线人员需要满足较高的体力和脑力要求。身高要 160 cm 以上，裸眼视力 1.2 以上，无色弱、色盲等视力症状，且无高血压、心脏病等易突发性的疾病。

（2）技能素质。

乘务员上岗前需经过专业培训，掌握基本行车规则、行车设备的基本知识、车辆构造、列车驾驶操作、常见列车故障排除方法等技能要求，而且在实际的列车驾驶中合理运用，保证行车安全生产。

（3）职业道德素质。

列车运用的目的是安全、便捷、准点、舒适地运送乘客，因此要求乘务员具备高尚的职业道德修养，养成良好的驾驶习惯、文明的操作方式，做到安全第一、服务至上的职业要求。

4. 乘务员的培训与考核

电动列车乘务员是专业性强，技能要求高的工种，因此对乘务员的培训要求也相当严格，乘务员的等级培训和考核方式如下。

（1）等级培训。

各地对城市轨道交通列车乘务员有相应的等级要求，如上海市劳动局对城轨列车乘务员制定了初级、中级、高级三个不同等级，每个等级都有其相应的培训要求。

① 初级。

通过初级培训学习，使学员了解电动列车车辆的基本构造，掌握行车安全知识和操作技能，并具有对相关电动列车车型的日常检查及简单故障的判断和排除能力，达到能独立驾驶电动列车的要求。此等级是乘务员入门级培训，重点强化对车辆、行车规则及车辆基本操作的培训，而且需要一定的实际操作时间，让乘务员积累感性知识。初级培训周期较长，一般需 1 000 课时。

② 中级。

通过中级培训学习，使学员在城市轨道交通运营理论方面有所提高，具有一定电动客车车辆故障判断及应急处理能力，能解决运行中的大部分问题，并且具有带教电动列车实习驾驶员的能力。

③ 高级。

通过培训，使学员对车辆机械结构、电气原理有进一步的了解，对车辆疑难故障的判断和处理有一定的能力。另外，能较全面掌握行车理论知识，且有能力制订一般列车运用及乘务管理的方案。

（2）考核方式。

各类等级培训结束后都需进行考核，考核合格后方能取得相应等级资格。考核主要分两大类：一类是理论考核，以书面的形式进行，内容包括车辆专业知识、技规和行规、列车驾驶安全等内容；另一类是实际操作考核，内容包括驾驶技术、规范操作、故障处理等。考核时设立专门的机构对试卷及考题进行审核，并指派专业人员实施监考。

14 客流预测

14.1 概述

1. 城市轨道交通客流预测的定义

城市轨道交通客流预测是指在一定的社会经济发展条件下科学预测城市各目标年的城市轨道交通线路的断面流量、站点乘降量以及站间 OD（Origin，Destination；出发地，目的地）、平均运距等反映城市轨道交通客流需求特征的指标。

2. 城市轨道交通客流预测应提交的结果

城市轨道交通客流预测应提交以下预测和分析结果：
① 规划年居民全方式出行 OD；
② 规划年居民全方式出行期望线图；
③ 规划年居民公交方式出行 OD；
④ 规划年居民公交方式出行期望线图；
⑤ 规划年各线路全日站点乘降量及断面客流量表；
⑥ 规划年各线路早晚高峰站点乘降量及断面客流量表；
⑦ 规划年各线路的全日站间 OD 表；
⑧ 规划年换乘站各方向的客流换乘量表；
⑨ 规划年各线路的平均运距、线网平均负荷强度、直达率与一次换乘率、规划年各线路客运量占公交客运量的比例、各线路客运量的年递增率等分析结果。

3. 城市轨道交通客流预测的年限

城市轨道交通客流预测年限也就是设计年限，是控制工程规模和投资的重要因素，其合理与否，将直接影响工程建成后的效率和效益。设计年限定得过长，虽为将来的发展留下了余地，但会使城市轨道交通运营长期处于欠负荷状态；设计年限定得过短，会使整个系统的交通容量很快饱和，系统将长期处于超负荷运营状态，不但降低了服务质量，也不能很好地解决交通问题。恰当地定好设计年限是非常重要的。按照《城市轨道交通工程项目建设标准》（建标 104—2008）的规定，客流预测年限分为初期、近期和远期。初期为建成通车后的第三年，近期为交付运营后的第十年，远期为交付运营后的第二十五年。

4. 城市轨道交通客流预测的工作流程

城市轨道交通客流预测是在收集分析城市总体规划、城市道路网规划、常规公交及既有轨道交通规划线网、居民出行调查、城市人口、就业及土地利用资料的基础上分别进行居民和流动人口的出行发生、出行分布、出行方式划分预测得出第一阶段方式划分的步行 OD、自行车 OD、公共交通 OD 及其他 OD 矩阵。然后结合早晚高峰小时系数和公担率模型，进一步推算出常规公交全日及早晚高峰 OD 矩阵、轨道交通全日及早晚高峰 OD 矩阵。最后结合方式划分与路网分配的联合模型和路网分配模型得出轨道交通各站全日及早晚高峰乘降量和断面客流量数据，并在此基础上推算出换乘站各方向换乘量及根据其他结果分析结论。城市轨道交通客流预测的工作流程如图 14.1 所示。

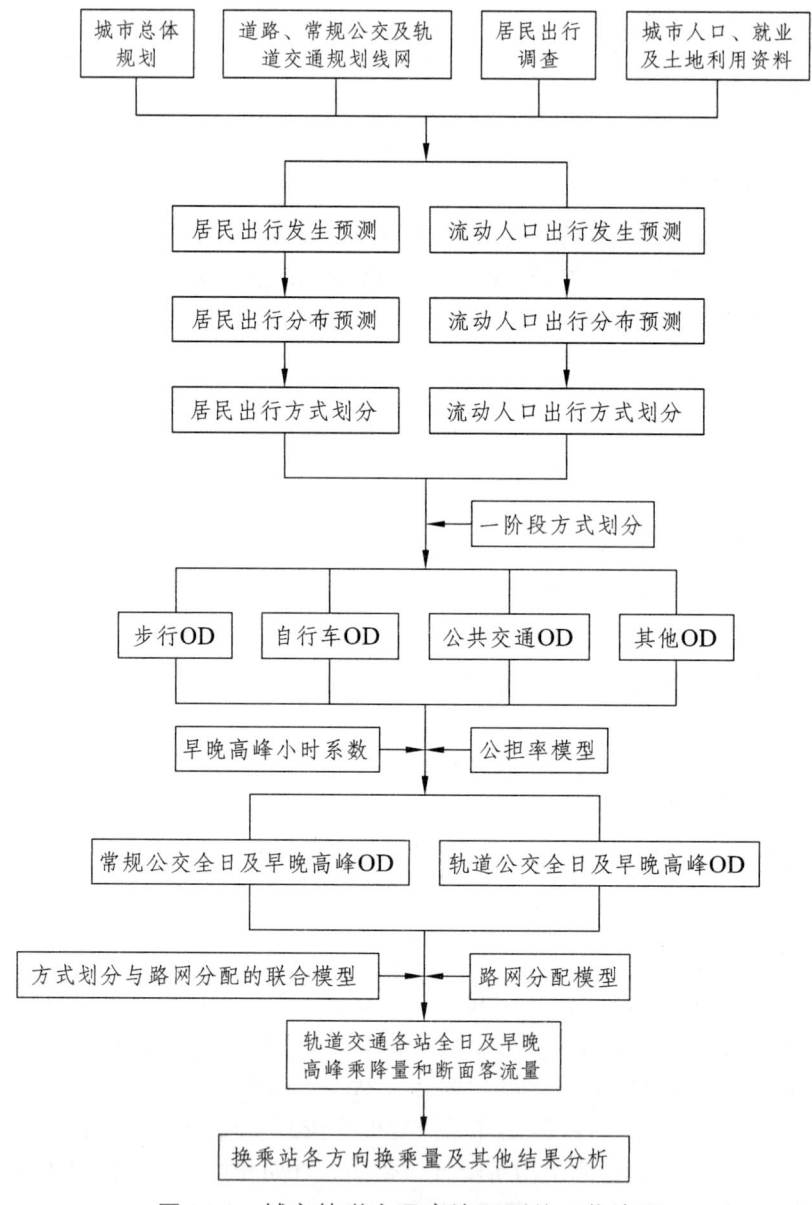

图 14.1 城市轨道交通客流预测的工作流程

14.2 客流预测的必要性

1. 从建设性质、社会经济效益（运营）方面考虑

城市轨道交通以其明显的交通优势，越来越受到人们的青睐。引入城市轨道交通系统作

为城市交通系统一个不可分割的部分，对于完善整个城市客运综合交通体系，使城市交通结构趋于合理化等方面都有着积极的促进作用。

（1）从建设性质考虑。

城市轨道交通是城市建设史上最大的公益性基础型设施，是一项投资大、工期长、涉及面广、综合性强的系统工程，一经建成便很难改动，所以城市轨道交通建设的前期准备工作是非常重要的，而前期工作的重点就是客流的预测。

（2）从社会经济效益（运营）考虑。

城市轨道交通建设的首要作用是解决日益严重的交通危机，为城市居民的交通提供良好的保障。如何使城市轨道交通建设既收到良好的社会效益，又收到良好的经济效益，是城市轨道交通建设首先要考虑的问题。而只有使城市轨道交通有足够的客流，才能实现经济效益与社会效益的最佳结合。尤其在我国，城市轨道客流预测是项目立项和可行性分析的重要依据，客流预测结果的正确与否对于确定采用何种形式的轨道交通及其线网规模、线路走向、站场位置及规模都起着至关重要的作用。

2. 从城市轨道交通设计的不同阶段考虑

客流预测是城市轨道交通建设的一个十分重要的环节，是各项设计工作的基础。在城市轨道交通规划设计及运营管理的不同研究阶段，分别起着不同的作用。

（1）工程可行性研究阶段。

在工程可行性研究阶段，项目决策对城市轨道交通工程造价的影响度可达 80%~90%，而客流量又是决定城市轨道交通工程必要性和可行性的重要参数。在这个阶段中，客流预测工作做得科学细致，可以使城市轨道交通修建方面的许多不合理因素得到控制。

（2）工程设计、建设阶段。

在工程设计、建设阶段，系统的运输能力、车辆选型及编组、设备容量及数量、车站规模及工程投资等都要依据客流量的大小来确定，客流预测结果在很大程度上决定了线路的形式和造价。因此，能否准确地预测客流量，是使车站规模、类型、站间距和车辆编组等符合实际客流增长的需要。客流预测数值过高，就会导致车站规模、站台长度等方面的设计规模过大，使城市轨道交通修建标准过高，结果引起城市轨道交通建设投资费用的巨大浪费；相反，如果客流预测数值偏小，城市轨道交通建设规模过小，将导致设施很快需要扩建，造成城市轨道交通更大的资金投入。

（3）交通运营阶段。

对城市轨道交通运营来说，如果客流预测结果偏大、客流不足，将造成运营费用和维修费用的不合理且居高不下，使运营企业长期处于亏损状态，需要政府财政的巨额补贴；如果预测的客流偏小，则导致拥挤，服务质量下降。客流预测是城市轨道交通建设必要性、规模选择、经济效益分析和各项专业设计的基础和依据。

综上所述，客流预测对城市轨道交通的各个方面都有着极其重要的作用。因此，应该以科学的态度对城市轨道交通客流进行预测和分析，使客流预测结果尽可能地与实际的客流相吻合，为城市轨道交通建设提供准确的基础资料。

14.3 影响客流预测精度的主要因素

城市轨道交通客流预测是指在一定的社会经济发展条件下科学预测各目标年限轨道交通的断面流量、站点乘降量、站间 OD、平均运距等反映轨道交通客流需求特征的指标。城市轨道客流预测由于其特殊性要想在实际中准确应用仍存在较大的难度，其难度主要体现在以下几个方面：

（1）内容繁多。

例如需要对全线客流（包括全日客流量和各小时段的客流量及其比例）、车站客流（包括全日、早、晚高峰小时的上下车客流断面流量以及相应的超高峰系数）、分流客流、站换乘客流量、出入口分向客流等各参数数据进行调查，因而调查内容繁多，必然存在较大难度。

（2）预测年限较长，积累资料不足。

从工程立项开始至建成通车（一般需要 5 年），然后再预测通车后 25 年的远期客流规模，总共要预测 30 年的客流量。时间跨度大，难以掌握城市发展中的政策、经济和人们活动的规律，不确定因素太多。

（3）我国大多数城市发展处于转型期。

随着我国综合国力的迅速增强，社会经济的发展对城市范围、结构形态、用地分布性质等均提出了新的要求。客流预测必须以城市发展规划为依据，而城市转型期为客流预测带来许多不确定因素。特别是转型期人们的思想观念、知识结构、风俗习惯的改变均对客流预测提出了挑战。

（4）预测模型和技术尚不完善.

预测模型和技术尚在不断发展研究之中，资料不足，数学模型和技术尚未定型，还需不断改进完善，预测数据的把握以及评价标准上都有很大的难度。

总之，针对城市轨道交通客流预测的难点，多年来，客流预测的数学模型经过我国交通专家的研究开发，逐渐摸索出城市客流的特征和规律，对各项参数和程序进行不断修正，已经逐步建立起一套完整的预测方法和计算模型体系，并且还在不断地积累经验，不断地完善，同时客流预测的可信度也在不断提高。

14.4 客流预测的基本方法

城市交通需求预测起源于美国，并且在全世界范围内得到了迅速发展。20 世纪 60 年代，被称为"Chicago Area Transportation Study"的芝加哥都市圈交通规划开发了包括交通方式划分在内的四阶段交通需求预测法，开创了城市综合交通需求预测的先河。近年来，城市轨道交通建设的发展也促进了轨道交通客流预测方法的改进和水平的提升。目前，在城市轨道交通建设过程中逐渐发展并应用较多的城市轨道交通客流预测方法主要有以下四类：

（1）基于客流转移的方法；
（2）基于土地利用的方法；
（3）基于传统"四阶段"的方法；
（4）利用非集计模型的方法。

14.4.1 基于客流转移的方法

该方法的主要思路是基于现状地面交通状况资料,将线路相关的公交线路的现状客流和自行车流量,向轨道线路转移,得到虚拟的基年轨道客流。然后通过相关公交线路的历史资料分析,进而确定客流增长规律,模拟客流增长曲线,预测规划年度轨道全线客流;或者利用地面公交及相关交通预测的资料,直接转换规划年度的轨道交通客流。进而,利用提出轨道线路各站点的车站客流。这一类方法主要是趋势外推法,在确定客流增长率时多采用指数平滑法、比例增长法、多元回归法等方法。

此类方法受其预测原理的限制,仅应用于轨道交通客流预测的早期。其以现状的相关公交和自行车的流量为基础,难以全面反映城市规划及用地、交通供给条件以及城市居民出行特征等众多客流预测的影响因素。但由于该方法具有简便易操作的优点,常用来与其他方法预测结果的对比分析中,或作为前期定性分析的辅助方法。例如早期的北京一、二期地铁线路的客流预测及复兴门—八王坟的线路客流的预测均采用了这一类预测方法。

14.4.2 基于土地利用的方法

土地利用法的原理是通过对一条城市轨道交线路和线路上车站周边一定范围区域内城市土地利用情况的分析,采用一定的技术方法对线路或车站客流状况进行预测分析。在站点客流的处理上应用较多的有吸引范围法和吸引系数法,前者通过轨道交通线路及站点的吸引范围划分,多数城市将分层计算客流的吸引情况;后者通过小区土地利用的情况,采用数学方法计算轨道交通方式和站点对各交通小区的吸引情况,然后再预测轨道交通站点的相关客流量,统计全线的客流量。基于土地利用法的预测研究过程一般主要分为进站客流量计算、线路客流量预测、换乘客流量统计和路网研究四个阶段。

(1)进站客流量计算。

首先根据现状搜集的研究资料分析,在轨道交通线路两侧及车站周边一定范围内划出轨道交通的吸引范围,然后根据吸引范围内现状人口、就业与居民出行特征等情况,推算出规划年的相对应指标,进而统计吸引范围内居民出行量,最后通过一定的客流划分模型将吸引区域内出行量分配到不同的车站上,得到各轨道交通车站的进站客流量。

(2)线路客流量统计。

根据对轨道交通线路周边居民现状出行时间特征的研究以及土地利用规划分析,确定规划年客流的时间分布特征;再根据吸引范围内客流的方向不均衡性,换算出各个车站的客流吸引量,进而统计出轨道交通线路分时段的进站量及出站量,再做进一步的统计与分析从而得出线路的客流量及其特征。

(3)换乘客流计算。

换乘客流的计算多采用出行分布模型,预测轨道交通 OD 分布的矩阵,并求出在换乘站的换乘比例,通过与换乘站客流量的相乘得到换乘站的换乘客流量。

(4)路网研究。

主要研究在轨道交通规划路网上,某条与通过轨道交通换乘站的研究线路平行的线路对换乘站客流情况的影响分析。

基于土地利用的方法是建立在对原有轨道线路客流变化规律基础之上的,并且依赖于现状客流资料，充分注意到了车站及其吸引范围内土地利用的性质和程度对吸引客流的影响。通过对每个车站客流变化的量化分析，预测拟建线路全线的客流变化规律。该方法适用于基础交通资料的完善且拥有较长轨道交通历史的城市，但对于我国大部分城市来说，城市轨道交通的建设刚起步，缺乏轨道交通运营的历史客流资料，因此应用该方法对新建城市轨道进行客流尚存在一定难度。同时该方法仅仅考虑到线路两侧一定研究范围内的居民出行情况，缺乏对整个城市系统交通特征和其他交通方式的影响分析，同时随着城市轨道交通网络的形成，客流的分布情况也会发生较大的变化。基于土地利用的方法预测流程如图14.2所示。

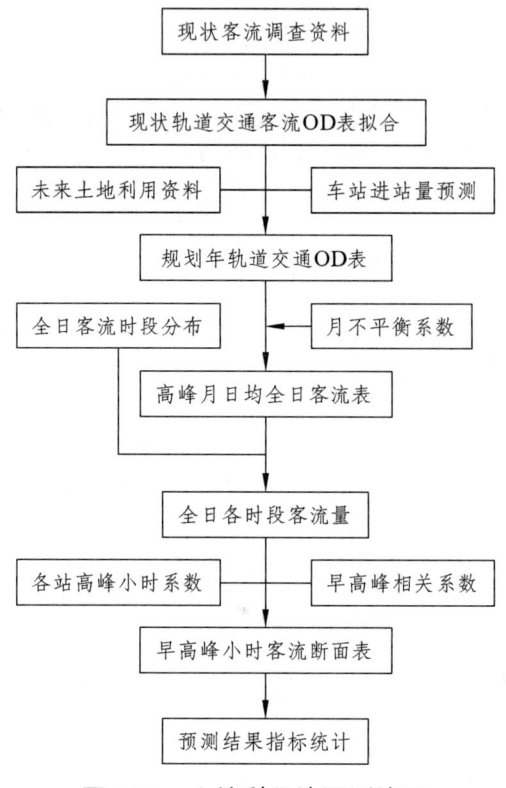

图 14.2　土地利用法预测流程

14.4.3　基于传统"四阶段法"的方法

1. 四阶段模型

四阶段预测模型由最初的道路交通客流预测而来，按照交通生成预测—交通分布预测—交通方式划分预测—交通分配四阶段来进行年交通状况规划的分析与模拟。随着对该模型不断深入的研究和应用，出现了诸多对其改进和适应某一特殊情况的模型，但是该模型进行预测的基本原理与立足于城市居民出行特征的事实仍然未变，其模型分析与求解的逻辑思路未变。"四阶段法"模型预测流程如图14.3所示。

（1）生成预测。

根据研究对象区域的特性来预测未来某个时期（规划期）城市的交通生成量。由于影响交通生成的因素非常复杂，主要有用地性质、就业岗位、汽车保有率、家庭规模与人员构成等，既有定量因素，也有非定量因素，因此，通常需要将交通生成分为若干个不同的类型，再分类进行预测。主要包括居民出行产生预测、居民出行吸引预测、流动人口出行生成预测等。交通生成预测的常用模型包括生成率模型、类别生成率模型、时间序列模型以及回归分析模型等。

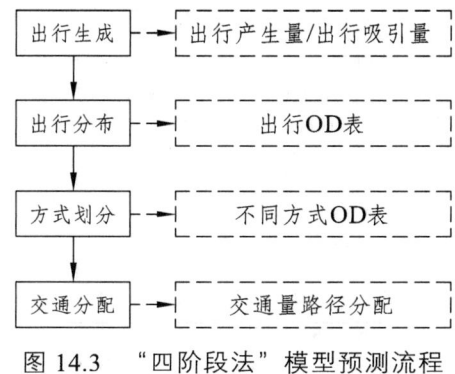

图14.3 "四阶段法"模型预测流程

（2）分布预测。

分布预测是把通过交通的发生与吸引量预测获得的各小区的出行量转换成交通小区之间的空间OD量，即OD矩阵。现行交通分布预测的方法一般分为两类，一类是增长系数法，一类是综合法。前者假定规划年OD交通量的分布形式和现状OD分布形式相同，基于此对区域目标年的OD交通量进行预测，常用方法有常增长系数法、平均增长系数法、底特律法、福莱特法等；后者运用数学模型来剖析OD交通量的分布规律，然后用实测数据进行参数标定，再运用标定的模型预测目标年分布交通量，常用方法主要有重力模型法、介入机会模型法、最大熵模型法等。

（3）交通方式预测。

交通方式预测就是对出行者出行选择交通工具的比例进行划分，预测各种交通方式的交通分担量。以居民出行调查的数据为基础，研究人们出行时的交通方式选择行为，建立模型从而预测当基础设施或服务等条件发生变化时，交通方式需求的变化。其建模思路一般有两种：一是在假设未来将延续历史变化情况的前提下，研究交通方式间的变化；二是从城市规划的角度，如何通过改扩建各种交通设施来引导人们的出行，以及如何制定各种交通管理规则来实现所期望的交通方式划分。

影响交通方式选择的因素可分为内在因素和外在因素，内在因素包括：出行目的、出行距离、交通工具拥有量、出行时间、出行费用、居民生活水平及生活习惯等。外在因素包括：城市社会经济发展水平、交通发展政策、城市用地布局特征、城市交通设施供给水平、城市地理环境。这些因素交织在一起影响城市的交通结构，因此，使得出行方式的划分成为一个较复杂的问题。方式预测的常用模型主要包括转移曲线模型、概率模型、回归模型等。转移曲线模型是根据大量调查统计资料绘出的各种交通方式分担率与其影响因素间的关系曲线，利用转移可直接查出各交通方式分担率。概率模型是以各种交通方式出行所需时间、费用等阻抗参数构成的模型；是以各种交通方式出行所需时间、费用等阻抗参数构成的模型；是以各种交通方式的阻抗大小为基础，以一定的概率关系进行交通方式选择的模型。回归模型是通过建立交通方式分担率与其相关因素之间的回归方程，再利用回归模型来预测各交通方式的分担率。

（4）交通分配预测。

交通分配是将预测得出的 OD 交通量，按照一定的规则符合实际分配到特定的交通运输网络上，进而求出网络中各路段的交通流量、所产生的 OD 费用矩阵，并据此对城市交通网络的使用状况做出分析和评价。交通分配模型分两大类："非均衡分配"和"均衡分配"。"均衡分配"是基于著名的 Wardrop 原理建立的。Wardrop 于 1952 年首先提出两条交通流原理，一般称之为 Wardrop 第一原理、第二原理，分别服从用户最优准则、系统最优准则，形成了两类不同的模型。Wardrop 原理广泛用于道路交通分配，通常亦称之为用户最优化原理或等时间原理。

2. 基于"四阶段法"的轨道交通客流预测

基于四阶段的轨道交通客流预测与城市交通规划原理基本类似。首先搜集研究范围内现状的人口、就业数据以及预测规划年的人口和就业岗位数，进行城市居民出行特征的调查，为客流预测提供数据分析与预测的基础。依照一定的原则对研究范围进行交通小区的划分，以期能够建立预测分析的基础单元，将搜集现状与规划人口、就业及用地信息嵌入分析单元，进行交通生成、出行分布、方式划分的预测，最终进行交通流量的分配，以期得到轨道交通网络及线路车站等相关客流数据，为城市轨道交通建设提供定量的参考。

国内常用的"四阶段法"根据发展时期、工作要求的不同，可以分为三种模式：

（1）现状公交—虚拟现状轨道交通—远期轨道交通。该模式首先假设规划轨道线网已经存在，称为虚拟现状轨道交通，把虚拟现状轨道交通作为公交系统的组成部分。构造简单数学模型，以现状公交流量推算虚拟现状轨道交通的 OD，再用增长率法得到预测年的增长，分配得到线路的客流量。该方法以现状公交为预测基础，不考虑城市用地、交通设施、出行结构的变化，因此精度较低。

（2）现状 OD—虚拟现状轨道交通—远期轨道交通。该模式以现状 OD 调查为基础，将现状出行 OD 经方式划分，虚拟出现状轨道客流，从而计算出站间的 OD。再根据轨道交通客流增长趋势，计算预测年客流 OD，分配得到所需结果。由于对客流出行的现状特征的反映比较全面，因此预测精度有所提高。由于该方法以现状 OD 为基础，只适用于发展较为稳定的城市，对快速发展的新兴城市不适用。

（3）现状 OD—出行需求预测—远期轨道交通。该模式以居民出行 OD 调查为基础，进行各规划年份全方式的出行需求预测，然后通过出行方式划分、交通分配得到规划年城市轨道客流量。此模式遵循交通需求预测的四个步骤：出行产生、出行分布、方式划分和交通分配，预测精度较高，但对于基础数据要求相对较高且方法复杂。近年来快速轨道交通客流预测一般都属于这模式，并成为该领域的发展方向。由于交通方式划分和在四阶段法中所处的位置不同，具体方法主要有以下三种：

① 第一种是在四阶段客流预测基础上，由出行产生和分布预测得到全方式出行矩阵，利用出行方式划分和交通分配的组合模型，在城市道路网、公交线网和轨道线网组成的超级网络上进行方式划分和交通分配，求出轨道交通线路各站点所吸引的客流量。该方法是在城市道路网、公交线网和轨道交通线网组成的超级网络上进行方式划分和交通分配的，对于这样一个网络，无论是节点还是线路的联系都是非常复杂的，考虑实际操作的可行性，往往对网络进行一些简化，如只考虑主要干线上布置统一的公交线网，而不考虑支路上的公交，无法

考虑常规公交线网与城市轨道交通的衔接和接驳，影响客流预测结果。

② 第二种为按现状交通方式及其发展趋势，将一部分长距离出行和一部分公交客流吸引到轨道交通线路上，按时间价值和出行费用为标准的广义最短路径法进行轨道交通线路客流交通分配。

③ 第三种是研究由四阶段法预测得到规划年份道路网上的客流量，能有多少转移到轨道交通线路上，利用各种方式之间的转乘曲线，也即是利用各种交通方式的时耗比进行轨道交通线路客流分配。

后两种方法是以快速轨道交通客流构成角度为出发点，但我国的大城市正处于轨道交通建设的初期，缺乏轨道交通客流全面的运行资料，对于"多大距离道路出行开始向轨道交通方式的转移"问题，仅仅局限于理论分析，缺乏实践的检验，加之目前我国大城市处于城市化的中、前期阶段，也是城市中社会、经济飞速发展和土地结构优化、人的时间价值观念不断发展变化的关键时期，转移距离临界值处于不断的变化之中，这就给实际预测工作带来了很大的难度，影响了预测结果的可信度。

通过对国内部分城市轨道交客流预测方法的总结（如表14.1所示），可知在所统计的10个城市中，有6个城市在出行生成阶段均使用的是交叉分类法。从上海、北京和广州的实践来看，交叉分类法具有实际的可操作性。从统计来看，交叉分类法进行出行发生和吸引的预测已经成为较普遍的预测手段。在交叉分类中，关键在于类别的划分。类别太多，在远期预测中难以获得预测数据；类别太少，不能起到分类分别研究的效果。在具体分类中，根据调查质量、可获得的数据及小区划分情况，确定具体类别。对于出行产生量预测，可以以小区人口和岗位为基本变量，根据城市的自身情况，可考虑增加小区机动车规模作为基本变量。对于出行吸引预测，以小区岗位为基本变量，同时也可以增加小区人口、机动车规模为基本变量。

对于出行分布的预测，可以从表14.1看出，国内绝大多数城市都采用了重力模型作为出行分布的模型框架，虽然各自对模型参数的选择有所差异。从方法论来讲，重力模型已经成为出行分布预测采用的普遍方法。城市轨道交通客流预测重力模型在应用中的关键问题是出行阻抗的确定。一般情况下，小区间的联系与出行时间、出行费用、出行方式密切相关，所以出行阻抗中需要以时间、费用、方式形成综合阻抗进行预测。但对于特殊的交通小区，如一些大型活动集散地、机场等客流的出行分布并不严格遵循重力模型机理的情况下，需要选择其他预测方法。同时重力模型对于小区区内出行也无法进行合理描述，对此类情况也需要进行专门研究，选择其他预测方法。

表14.1 我国部分城市轨道交通客流预测方法汇总

预测方法 城市	出行生成	出行分布	方式划分	交通分配
北京	交叉分类法	重力模型	Logit模型	多路径选择区分公交子方式的Logit模型
上海	交叉分类法	重力模型	Logit模型	最优战略法
广州	交叉分类法	重力模型	Logit模型	多路径公交分配
南京	交叉分类法	重力模型	Logit模型	最优战略法

续表

预测方法 城市	出行生成	出行分布	方式划分	交通分配
深圳	交叉分类法	重力模型	二元对数模型	多矩阵综合费用平衡分配
西安	原单位法	重力模型	Logit 模型	用户均衡分配
杭州	根据用地、出行目的确定吸引率	重力模型	转移曲线	最优战略法
武汉	交叉分类法	重力模型	效用模型	最优战略法
长春	原单位法	Frator 法	Logit 模型	用户均衡分配
沈阳	根据小区用地发生率、吸引率计算	重力模型	Logit 模型	用户均衡分配

尽管各城市在具体模型应用时有一定差异，但所统计城市中除杭州外，其他均选用了 Logit 模型作为方式划分的基本模型。Logit 模型关键是效用函数及最大似然率估计。效用函数包括固定部分和随机部分。其中固定部分包括小区间的出行时间和费用；随机部分包括与出行者有关的舒适度、个人习惯等信息。模型直接结果就是方式分担率的预测，对于最终结果需要结合城市发展情况和实际可能来确定最终的交通方式分担率。因此，在交通方式划分中，需要强调宏观控制、微观竞争的观点。

城市轨道交通客流预测中的交通分配工作就是要将前一步交通方式划分得到的各个交通小区之间的轨道交通量分配到未来的待选轨道交通路网方案上去，以求得路网中各轨道交通线路所承担的客流量，从而得到特定轨道交通路网规划方案的各站点乘降量、断面客流量、站间 OD 等客运指标，为下一步轨道交通路网规划方案的比选工作提供定量依据。

14.4.4 利用非集计模型的方法

利用非集计模型（Discrete Choice Model）进行居民出行分析和预测是继"四阶段法"后出现的构造交通需求预测模型的新方法。它以出行者个人而非交通小区作为研究对象，以随机效用理论（Random Utility Theory，Manski 1977）、出行效用最大化理论为基础，避免了四阶段法数据利用率低、无法探讨众多的影响因素、预测精度差等缺点，曾一度成为交通规划领域的研究热点。国外的研究始于 20 世纪 70 年代，此后研究开发了 MNL、MNP、HL、NL 等一系列模型，代表人物有 Ben-Akiva，Lerman，Manheim 等。但非集计方法的研究成果还无法使其在工程界完全取代"四阶段法"，目前非集计模型多应用于方式划分领域。四阶段法仍是使用最为普遍的交通需求预测方法。

14.5 客流预测案例

14.5.1 背景介绍

本节利用 H 市相关的调查和历史数据，在虚拟城市轨道交通网络的情况下，求解 1 号线和 2 号线的换乘站 T 的进出客流量和换乘客流量。假设某市拟建 1~6 号共 6 条轨道线路，如图 14.4 所示。1~6 号线分别有 14，14，17，19，14 和 16 个中间站，城市轨道规划线网中共有 14 个换乘站。

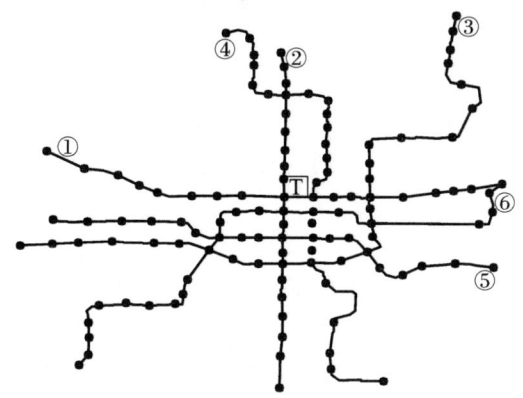

图 14.4 H 市拟建城市轨道交通线网图

（1）通过对 H 市现状人口、就业与用地的分析，综合城市交通的基础资料与居民出行特征的调查资料，对城市总体规划中人口、就业以及土地利用规划进行系统的分析，可得 2020 年 H 市域人口分布密度、就业岗位分布、城市道路分布图分别如图 14.5、图 14.6、图 14.7 所示。

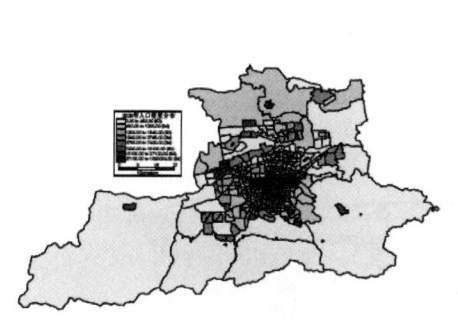

图 14.5 2020 年 H 市域人口分布密度

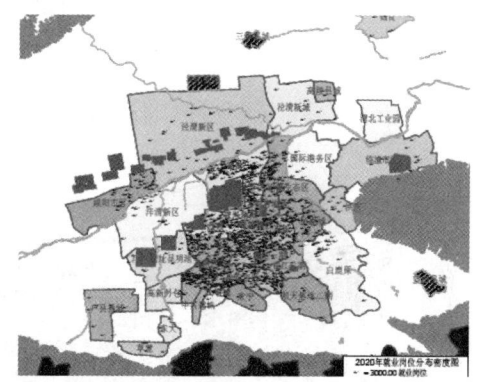

图 14.6 2020 年 H 市就业岗位分布图

图 14.7 嵌入城市道路网络示意图

（2）结合城市历史资料的延续性，整个城市调查区域划分 473 个小区（示意图如图 14.8 所示），利用 14.4 节中出行需求预测的生成、分布方法，进行出行需求总量的计算，在考虑现状居民出行特征的基础上，分析现状交通小区生成与人口、就业岗位及用地的关系，同时考虑未来规划年人口、就业岗位数以及土地利用规划情况进而预测各个交通小区在规划年的交通生成量初始值；综合各种其他因素影响，对前述交通生成量初始值进行修正，得到各个小区未来年的数据并根据前文的交通生成量初始值进行修正，得到各个交通小区未来年的交通生成量，并根据前文的重力分布模型，得到一日的交通分布情况。居民日出行期望线如图 14.9 所示。

图 14.8 嵌入部分交通小区示意图

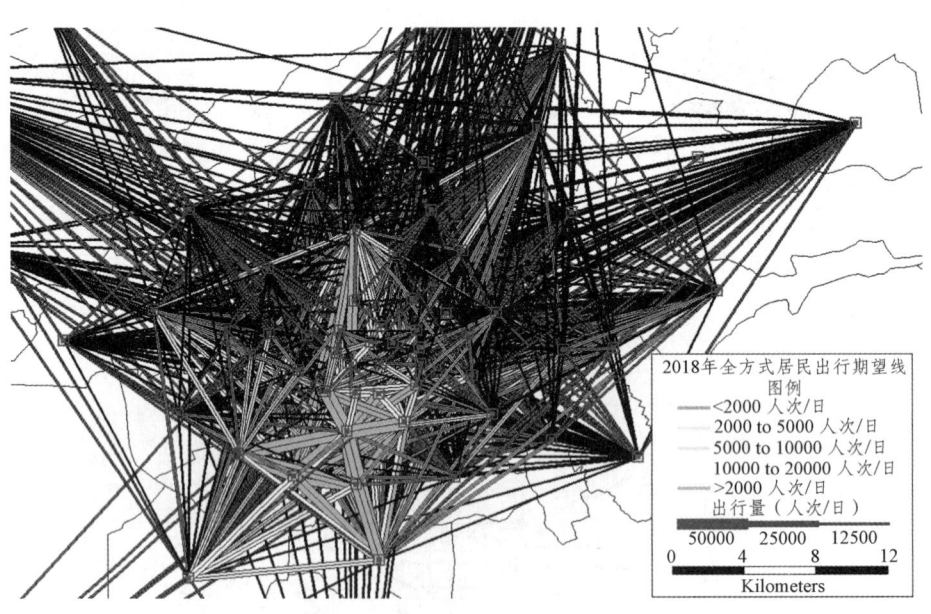

图 14.9 居民日出行期望线图

（3）结合现状交通方式结构及交通发展政策，构筑未来的城市交通方式的结构层次，划分出公共交通、步行等不同交通方式的交通出行量及其分布情况。

（4）根据现状的调查，确定 H 市城市交通的客流早晚高峰小时系数，借以确定全日及高峰小时的城市交通客流分布情况。

（5）利用道路交通模型剥离机动车 OD 后，在综合公共交通网络上进行方式和路径的选择，得到轨道交通网络的客流分配数据。

14.5.2 客流量预测

根据前述车站客流吸引模型的计算方法，运用层次分析法，用字母 A 代表快捷性指标、B 代表经济性指标、C 代表舒适性指标，计算过程如表 14.2、表 14.3、表 14.4、表 14.5、表 14.6 所示，选取合适的模型计算参数如表 14.7 所示，计算换乘站作为一般车站的合理步行吸引范围和其他客流吸引范围如图 14.10 和图 14.11 所示，并根据出行链选择概率模型的相关计算，计算各类出行方式链的出行概率分布。

表 14.2　准则层比较矩阵及权重分析

X	A	B	C	权重	检验
A	1	3	5	0.637 0	$\lambda_{\max}=3.038$
B	1/3	1	3	0.258 3	$C_I=0.019$
C	1/5	1/3	1	0.104 7	$C_R=0.037<0.1$

表 14.3　快捷性指标层比较矩阵及权重分析

A	A_1	A_2	A_3	权重	检验
A_1	1	3	5	0.637 0	$\lambda_{\max}=3.038$
A_2	1/3	1	3	0.258 3	$C_I=0.019$
A_3	1/5	1/3	1	0.104 7	$C_R=0.037<0.1$

表 14.4　经济性指标层比较矩阵及权重分析

B	B_1	权重	检验
B_1	1	1.000 0	$\lambda_{\max}=3.0092, C_I=0.005, C_R=0.009<0.1$

表 14.5　舒适性指标层比较矩阵及权重分析

C	C_1	C_2	C_3	权重	检验
C_1	1	3	2	0.539 6	$\lambda_{\max}=3.009\ 2$
C_2	1/3	1	1/2	0.163 4	$C_I=0.005$
C_3	1/2	2	1	0.297 0	$C_R=0.009<0.1$

表 14.6 广义出行费用各级指标的权重判定

	一级指标	权重	二级指标	权重	综合权重
广义出行费用	快捷性 A	0.637 0	实际出行时间 A_1	0.637 0	0.405 8
			总候车时间 A_2	0.258 3	0.164 5
			出行距离 A_3	0.104 7	0.066 7
	经济性 B	0.258 3	出行费用 B_1	1.000 0	0.258 3
	舒适性 C	0.104 7	步行距离 C_1	0.539 6	0.056 5
			车内拥挤程度 C_2	0.163 4	0.017 1
			换乘次数 C_3	0.297 0	0.031 1

由此得到广义费用的计算公式如式 14.1 所示：

$$T = 0.405\,8A_1 + 0.164\,5A_2 + 0.066\,7A_3 + 0.258\,3B_1 + 0.056\,5C_1 + 0.017\,1C_2 + 0.031\,1C_3 \quad (14.1)$$

表 14.7 模型求解的基本参数

项目	类别	参数取值
平均速度/(km/h)	步行	4.0
	自行车	9.0
	地铁	35.0
	常规公交	20.0
	小汽车	40.0
平均发车间隔/min	常规公交	10.0
	地铁	4.0
平均停站时间/min	地铁	0.5
	公交车	1
单位出行距离费用/(元/km)	地铁	0.5
	公交	0.3
	小汽车	0.4
平均换乘时间/min	公交平均换乘时间	7
	地铁间平均换乘时间	5
	地铁—公交平均换乘时间	10

 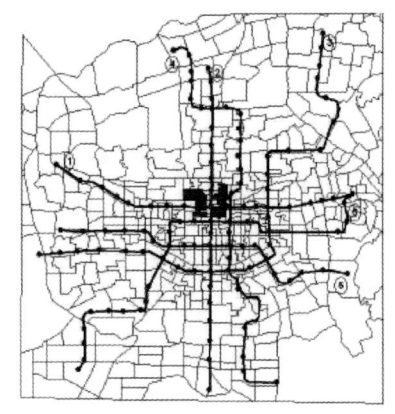

图 14.10　换乘站 T 合理步行出行范围　　图 14.11　换乘站 T 其他客流吸引范围

得到换乘站 T 合理步行范围内进站量为：

$$Q_{1\text{in}}^{\text{T}} = \sum_{j=1}^{k-1}\left[T_{ij}\left(P_1+P_2\right)\right] = 13\,731 \text{人次}/\text{日} \quad (14.2)$$

得到换乘站 T 其他吸引区域范围进站量为：

$$Q_{2\text{in}}^{\text{T}} = \sum_{j=1}^{k-1}\left[T_{ij}\left(P_1+P_2+P_3\right)\right] = 11\,523 \text{人次}/\text{日} \quad (14.3)$$

则换乘站 T 的进站客流量为：

$$Q_{\text{in}}^{\text{T}} = Q_{1\text{in}}^{\text{T}} + Q_{2\text{in}}^{\text{T}} = 25\,254 \text{人次}/\text{日} \quad (14.4)$$

以换乘站 T 的合理步行出行区域为出行终点的出站客流量：

$$Q_{1\text{out}}^{\text{T}} = \sum_{j=1}^{k-1}\left[T_{ij}\left(P_1+P_2+P_3+P_4\right)\right] = 15\,578 \text{人次}/\text{日} \quad (14.5)$$

以换乘站 T 的合理步行出行区域之外为出行终点的出站客流量：

$$Q_{2\text{out}}^{\text{T}} = \sum_{j=1}^{k-1}\left[T_{ij}(P_1+P_2)\right] = 6\,635 \text{人次}/\text{日} \quad (14.6)$$

则轨道交通换乘车站 T 的出站客流量为：

$$Q_{\text{out}}^{\text{T}} = Q_{1\text{out}}^{\text{T}} + Q_{2\text{out}}^{\text{T}} = 22\,213 \text{人次}/\text{日} \quad (14.7)$$

由换乘站换乘客流量的计算公式

$$Q_{\text{transfer}} = \sum_{i,j=1}^{m,n} p_{A_iB_j} T_{A_iB_j} \quad (14.8)$$

可知，换乘车站的换乘客流量的计算需要交通小区之间的 OD 分布量以及交通小区之间的出行方式链的概率分布，因此需要借助前述出行需求预测中城市居民出行 OD 分布的数据，根据不同的出行 OD 之间的路径选择情况，统计计算换乘站 T 的换乘客流量，分方向的换乘客流量示意图如图 14.12 所示。

$$Q_{\text{transfer}}^{\text{T}} = \sum_{i,j=1}^{14,14} p_{A_iB_j} T_{A_iB_j} = 55\,254 \text{人次}/\text{日}$$

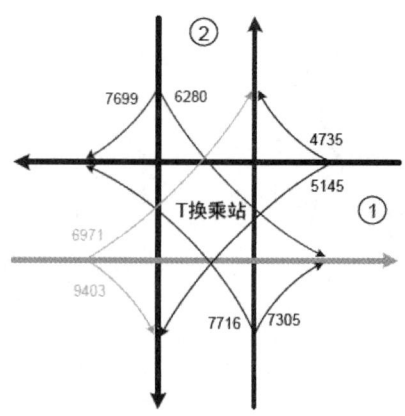

图 14.12　换乘站 T 分方向换乘客流量示意图

14.5.3　客流量分析

运用本文的换乘车站的客流量预测方法，得出换乘站 T 的进站客流量为 25 254 人次/日，出站客流量为 22 213 人次/日，换乘客流量为 55 254 人次/日。

根据 2 号线运营初期相关数据的调查结果显示，该换乘站的进站量为 13 153 人次/日，出站客流量为 11 523 人次/日（由于目前是单条线路运营的状态，暂时无法获得换乘客流的数据）。

参考相关的客流规划报告中相关数据得到的预测数据如下：换乘站 T 的进站客流量为 18 975 人次/日，出站客流量为 19 648 人次/日，换乘客流量为 48 653 人次/日，2018 年换乘站 T 全日换乘客流如图 14.13 所示。

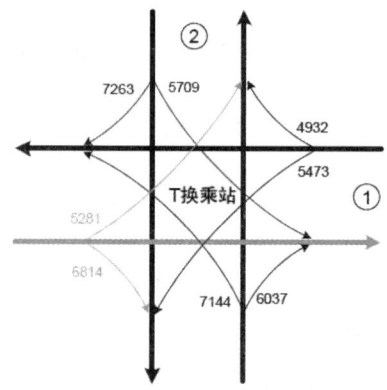

图 14.13　2016 年换乘站 T 全日换乘客流（综合网络分配）

表 14.8　换乘车站 T 的车站客流量

客流量类别	初期运营数据	客流规划 2016	2020 年预测值
进站客流量	13 153	18 975	25 254
出站客流量	11 523	19 648	22 213
换乘客流量	—	48 653	55 254

通过表 14.8 可以看出，采用前述预测方法得到的换乘车站 T 的车站客流，与现状运营初期的实际客流，以及客流规划 2018 年的规划预测客流相比较，基本符合城市轨道交通客流成长的规律，进出站的客流量与车站的换乘客流量基本适合，说明本节所提出的方法能够对换乘车站的客流进行一定程度的合理反应。

15 运营计划

城市交通问题的实质是人、车、线路三要素之间的相互制约关系在城市不同时空中的反映，其核心是如何满足广泛的交通需求，并保持优质的交通服务水平。城市交通问题是一个供求关系的问题：从需求角度看，人对城市交通有出行需求；从供给角度看，城市交通的车、路应该满足人的出行需求。人、车、路三者之间是相互制约的，设计、建设应具有前瞻性，充分考虑远期乘客出行需求。城市交通问题的焦点在于满足需求的前提下，尽可能降低所需要的社会成本。

根据出行目的的不同，城市轨道交通的需求特性可以分为工作性出行和非工作性出行两大类。乘客的需求具有多样性，各种需求性质、特性也不同，而且各种不同的需求性质不同，特性也不同，客观上就要求有各种不同的供给形式与之相适应，来满足各种不同的需求。编制运营计划的基本思想和最终目的就是充分认识需求的多样性和不同特性，尽量满足大多数乘客的出行需求，并在不需要大规模增加供给的情况下保持运能和运量的相对平衡。

在现代化的大都市中，在一年内的不同季节、一周内的不同日子、一天内的不同时段，城市轨道交通的客流也有着自身的变化规律，随着城市人口的增加、城市轨道交通线网规模的扩大，城市轨道交通客流将快速增长。因此，城市轨道交通部门必须根据客流变化、出行需求、运能供给特点，制定合理的运营计划，使运能满足乘客出行需求，并将运营成本降到最低限度。

运营计划是城市轨道交通系统日常运输组织的基础。从社会服务效益看，城市轨道交通系统应充分发挥运量大和有规律的特点，安全、迅速、正点和舒适地将乘客送至目的地。从企业经济效益看，城市轨道交通系统应实现高效率、低成本运营。为了达到这个目的，城市轨道交通系统的运营组织必须以运营计划作为基础，即根据客流的特点，合理编制运营计划，在确保一定的服务水平的同时避免造成运能的浪费。

运营计划主要包括客流计划、全日行车计划、车辆运用计划、列车开行方案四个方面。运营计划的编制主要受客流、技术设备、运输能力等因素的限制。运营计划的编制应该以客流计划为基础，结合车辆运用计划编制全日行车计划，同时结合线路条件编制列车开行方案。

15.1 客流计划

客流计划是对实现运营计划期间城市轨道交通线路客流的规划，它是编制全日行车计划、车辆配备计划和列车开行方案的基础。

15.1.1 客流的定义

客流是人们为了实现各类出行活动，借助各种交通工具，是一定时间内某一运输路线段上一定方向的旅客流动,包含流量、流向和流时等要素。客流的定义既表明了乘客在空间上的位移及其数量,又强调了这种位移带有方向性和具有起讫位置。

对于城市轨道交通系统来说,客流是指在单位时间内,城市轨道交通线路在某个运行方向上通过的乘客人数。根据城市轨道交通客流的来源,城市轨道交通客流可以分为基本客流、转移客流和诱增客流。基本客流是指城市轨道交通线路上的固定客流。转移客流是指原来的部分常规公交、私家车、自行车出行转移经由城市轨道交通出行而形成的客流。诱增客流是指城市轨道交通线路投入运营后,促进沿线商业活动频繁、住宅区形成、土地开发所诱发而增加的客流。

影响客流的因素有经济性和非经济性两个方面。概括起来有:票价政策、城市轨道交通服务水平、城市轨道交通线网规模和布局、社会经济发展水平、城市人口规模等,其中票价政策及线网规模尤为重要。

15.1.2 客流特征

客流可以是预测客流,也可以是实际客流。客流是动态流,随天、时、地的变化而变化,这种变化是城市社会经济活动、生活方式在轨道交通系统的反映。客流变化主要体现在空间分布和时间分布的变化两个方面。

1. 时间分布特征

(1)一日内各小时的客流变化。

小时客流随人们的生活节奏和出行规律的变化而变化。白天时段客流有多次变化起伏,一般清晨与夜间的乘客最少,早晨上班和上学的时段客流达到最高峰,高峰过后渐渐进入低谷,傍晚下班和放学时段客流进入次高峰。同时客流在高峰小时内的分布也是不均衡的,往往还存在着 20 min 左右的超高峰期。某城市轨道交通线路一日内小时客流变化如图 15.1 所示。

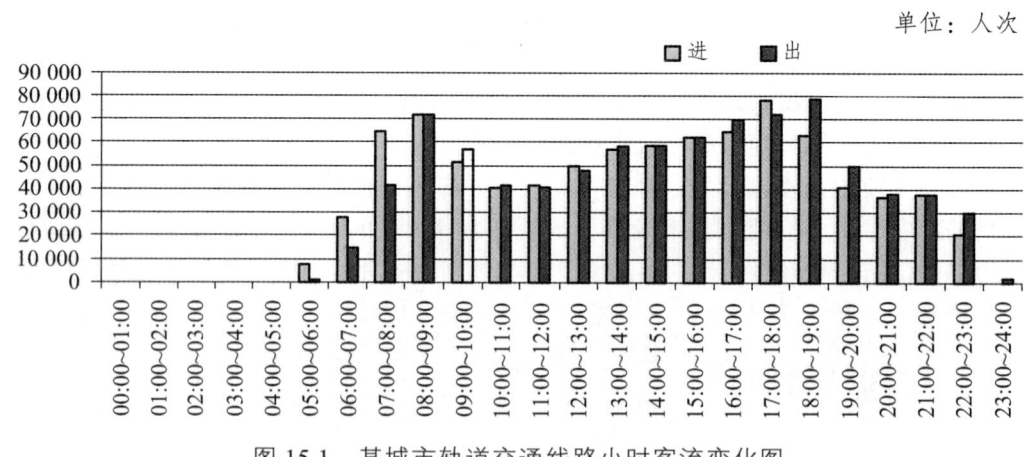

图 15.1 某城市轨道交通线路小时客流变化图

(2)一周内每日客流的变化。

现代都市人的活动规律是以工作日与非工作日为循环的,全日客流量在一周之内一般呈现规律性日客流变化。在以通勤客流为主的线路上,在工作日内,通常会出现早晚 2 个高峰。双休日出现的早晚高峰并不明显,全日客流往往也有所减少。周一与节日后的早高峰小时客流量,以及周末与节日前的晚高峰小时客流量会大于一般工作日早、晚高峰小时客流。而在连接商业网点、旅游景点的轨道交通线路上,客流又往往会有所增加。从运营的经济性考虑,应根据不同的客流量在一周内实行不同的全日行车计划。

(3)季节性或短期性客流的变化。

客流还存在着季节性的变化特点。例如每年的梅雨季节和学生复习迎考时期,客流通常是全年的低谷。在旅游旺季,城市中流动人口的增加会使轨道交通线路的客流也随之增加。而短期性客流的激增,通常是因举办重大活动或遇天气骤变引起的。

2. 空间分布特征

(1)各条线路客流的不均衡。

沿线土地利用状况的不同是各线路客流不均衡的决定因素,而轨道交通线网通达性也是各条线路客流不均衡的影响因素。各条线路客流的不均衡体现为不同线路的客流量差异和客流分布的差异。包括现状客流分布的不均衡和客流增长的不均衡两个方面,共同构成整个轨道交通网客流分布的不均衡。

(2)各个方向客流的不均衡。

在轨道交通线路上由于客流的流向不同,各条线路的上下行方向的客流通常是不相等的。在放射状的轨道线路上,早、晚高峰小时的各个方向客流的不均衡尤为明显。各个方向客流的不均衡系数计算公式如式(15.1)所示。

$$\alpha_1 = \frac{\max\left(A_{\max}^{\text{上}}, A_{\max}^{\text{下}}\right)}{\frac{(A_{\max}^{\text{上}} + A_{\max}^{\text{下}})}{2}} \tag{15.1}$$

式中:α_1——各个方向客流的不均衡系数;

$A_{\max}^{\text{上}}$、$A_{\max}^{\text{下}}$——上行下行最大断面客流量,人。

当α_1趋于1时,表明上下行方向的客流比较均衡;当α_1较大时,则出现了上下行方向最大断面客流量不均衡,对于直线走向(需要折返)的轨道交通线路来说,光是做到运力合理匹配就很困难。而在环形轨道交通线路上则可通过使用内外环线路安排不同运力的方式予以解决。

(3)各个断面客流的不均衡。

在轨道交通线路上由于各个车站乘降人数不同,必然存在线路单向各个断面的客流不均衡现象。各个断面客流的不均衡系数计算公式如式(15.2)所示。

$$\alpha_2 = \frac{A_{\max}}{\sum \frac{A_i}{n}} \tag{15.2}$$

式中:α_2——各个断面客流的不均衡系数;

$A_{\max}$——单向最大断面客流量,人;

A_i——第i个单向断面分时客流量,人;

n——轨道交通线路所设区间数量。

当α_2趋于1时,表明各个断面上的客流比较均衡;当α_2较大时,即在断面客流量不均衡时,运营部门通常采用在客流量较大的区段加开折返列车的措施,这将对运营组织和车站折返设备提出更高的要求。

（4）各车站乘降人数的不均衡。

在城市轨道交通线路上，占据全线各站乘降量总和大部分的人数往往集中在少数几个车站上。新的居民住宅区、新的轨道交通线路投入运营、商业中心分布变化，都会使车站乘降量发生较大的变化，使不均衡情况加剧或引发新的不均衡。

15.1.3 客流计划

在新线投入运营时，客流计划根据客流预测资料进行编制；在既有运营线路的情况下，客流计划要根据客流统计资料或客流调查资料进行编制。

客流计划主要包括站间到发客流量，各站各方向上下车人数，全日、高峰小时和低谷小时的断面客流量，全日分时最大断面客流量等。

不同统计口径下的客流计算结果是轨道交通系统的重要运营数据。如全日分时最大断面客流量是确定轨道交通系统全日行车计划和车辆配备计划的基础数据。车站单向高峰小时客流量是确定车站出入口、楼梯、售检票设备数量，计算站台、楼梯、通道宽度和配备车站定员的依据。

客流计划编制的基础资料是站间到发客流量 OD 表，然后根据此表分步计算出分上下行方向各站上下车人数和分上下行方向各断面客流量，进而画出上下行各断面客流量分布图。下面用一个实例来具体说明客流计划的编制过程。

实例 1：某城市轨道交通线路如图 15.2 所示，A 站至 H 站方向为下行方向，站间到发客流量 OD 表如表 15.1 所示。

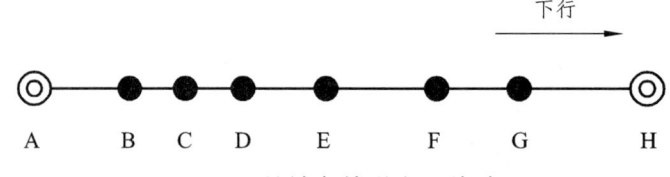

图 15.2　某城市轨道交通线路图

表 15.1　站间到发客流 OD 表

发/到	A	B	C	D	E	F	G	H	计
A	0	5 830	5 200	6 200	3 505	8 604	9 620	17 658	56 617
B	6 890	0	1 420	4 575	3 694	5 640	6 452	14 566	43 237
C	4 580	1 212	0	423	724	2 100	2 430	3 511	14 980
D	6 520	2 454	523	0	423	1 247	1 434	3 569	16 170
E	3 586	1 860	866	513	0	356	1 211	2 456	10 848
F	7 625	6 320	1 724	2 413	385	0	750	4 857	24 074
G	9 654	8 214	2 130	4 547	1 234	960	0	1 463	28 202
H	15 607	12 500	4 324	5 234	2 567	5 427	2 401	0	48 060
计	54 462	38 390	16 187	2 3905	12 532	24 334	24 298	48 080	242 188

1. 各站上下客人数的计算

根据表 15.1 站间到发客流量资料，可知右上角列累计为下行各站下客人数，行累计为下行各站上客人数;左下角列累计为上行各站下客人数,行累计为上行各站上客人数。由此,可以计算出各站上下客人数,计算结果如表 15.2 所示。

表 15.2　各站上下客人数

下行 上客数	下行 下客数	车站	上行 上客数	上行 下客数
56 617	0	A	0	54 462
36 347	5 830	B	6 890	32 560
9 188	6 620	C	5 792	9 567
6 673	11 198	D	9 497	12 707
4 023	8 346	E	6 825	4 186
5 607	17 947	F	18 467	6 387
1 463	21 897	G	26 739	2 401
0	48 080	H	48 060	0

2. 各区间断面客流量的计算

以 E—F 区间为例说明:下行 E—F 区间断面客流量是 A—E 各站上客数之和减去 A—E 各站下客数之和;上行 E—F 区间断面客流量是 H—F 各站上客数之和减去 H—F 各站下客数之和。根据各站上下车人数,可计算出断面客流量数据,计算结果如表 15.3 所示。

表 15.3　各区间断面客流量　　　　　　　　　　　　　　　(人)

下行	区间	上行
56 617	A—B	54 462
87 134	B—C	80 132
89 702	C—D	83 907
85 177	D—E	87 117
80 854	E—F	84 478
68 514	F—G	72 398
48 080	G—H	48 060

根据表 15.3 可绘制上下行断面客流分布图,如图 15.3 所示。

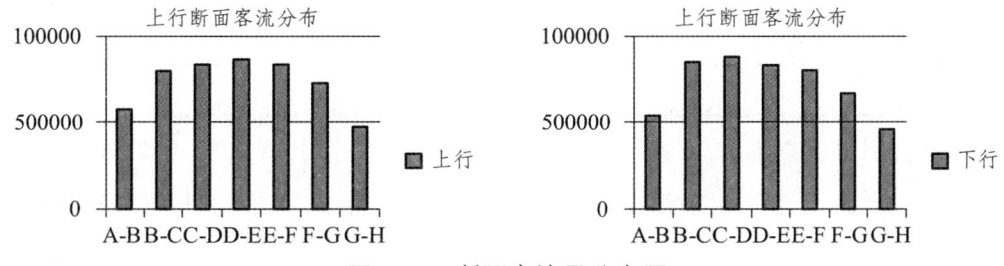

图 15.3　断面客流量分布图

从图 15.3 中可以直观地看出上行的最大断面客流量出现在 D—E 区间,下行最大断面客流量出现在 C—D 区间。这将是计算全日行车计划的基础。

综上,客流计划的编制以站间发、到客流量数据作为原始资料,通过计算得到各站方向别上下车人数和全日分时最大断面客流量等客流数据。在客流计划编制的过程中,高峰小时的断面客流量可以通过高峰小时站间发、到客流数据,以上面所说的步骤进行计算。也可以通过全日站间发、到客流数据来估算。即采用全日站间发、到客流数据求出全日断面客流量数据后,依据各小时断面客流量占全日断面客流量的一定比例来估算,比例系数的取值可通过客流调查来确定。

15.2 全日行车计划

全日行车计划是城市轨道交通营业时间内各个小时开行的列车对数计划,它规定了城市轨道交通线路的日常运输任务,是编制列车运行图、计算运输工作量和确定车辆运用的基础资料。全日行车计划编制的基础是客流计划。

15.2.1 全日行车计划编制资料

1. 运营时间

城市轨道交通系统的运营时间依城市而异,运营时间的安排主要考虑了两个因素:一是方便乘客,满足城市生活的需要,即需考虑城市居民出行活动的特点;二是满足轨道交通系统各项设备检修养护施工的需要。世界主要城市轨道交通系统运营时间如表15.4所示。可见世界上大多数城市的轨道交通系统营业时间在18~20 h,少数城市是24 h运营,如美国的纽约和芝加哥。运营时间的长短通常是评价城市轨道交通系统服务水平的指标之一。

表15.4 世界主要城市轨道交通系统运营时间　　　　　　　　　　（h）

城市	始运年份	运营时间	城市	始运年份	运营时间
伦敦	1863	20	莫斯科	1935	19
纽约	1868	24	华盛顿	1976	18
芝加哥	1892	24	香港	1979	19
布达佩斯	1896	19	北京	1969	18
巴黎	1900	20	上海	1993	18
柏林	1902	21	广州	1997	17.5
东京	1927	19.5			

2. 全日分时最大断面客流量

全日分时最大断面客流量通常是在高峰小时断面客流量的基础上,根据全日客流分布模拟图来计算确定的。如条件许可,采用分时段面客流量分布计算所得的全日分时最大断面客流量数据更为准确可靠。

3. 列车定员数

列车定员数是列车编组辆数和车辆定员数的乘积。车辆定员数的多少取决于车辆的类型、尺寸、车厢内座位布置方式和车门设置数。一般来说，在车辆限界范围内，车辆长宽尺寸越大，载客越多，车厢内座位纵向布置较横向布置载客要多，车厢内车门区较座位区载客要多。

其中，列车编组辆数的确定以高峰小时最大断面客流量作为基本依据，在客流量一定的情况下，可采用增加列车编组辆数，或缩短行车间隔时间的措施来达到预定的运能要求。但在行车密度已经较大时，为满足增长的客流需求，往往会采用增加列车编组辆数的措施。但是，城市轨道交通系统保有的运用车辆数，车站站台长度、车辆段停车线长度、行车组织方式等将会成为增加列车编组辆数的限制因素。

4. 线路断面满载率

线路断面满载率是指在单位时间内特定断面上的车辆载客能力利用率。在实际工作中，线路断面满载率通常是指在早高峰小时，单向最大客流断面的车辆载客能力利用率，计算公式如下：

$$\beta = \frac{p_{\max}}{c_{\max}} \times 100\% \tag{15.3}$$

式中：β——某区间线路断面满载率；

$p_{\max}$——某区间单向最大断面客流量，人；

$c_{\max}$——高峰小时线路输送能力，人。

线路断面满载率既反映了高峰小时开行列车在最大客流断面的满载程度，也反映了乘客乘坐的舒适程度。为了提高车辆运用效率、降低运输成本和提高经济效益，在编制全日行车计划时，轨道交通系统多采用列车在高峰小时适当超载的做法。

15.2.2 全日行车计划编制程序

1. 编制程序

（1）计算分时最大断面客流量；

（2）计算运营时间内各小时开行列车数；

（3）计算行车间隔时间；

（4）对各行车间隔进行微调；

（5）最终确定全日行车计划。

2. 实例

下面用实例给出某线全日行车计划的编制过程和方法：

（1）编制资料。

某轨道交通线路，某日的客流资料如下，全日分时最大断面客流分布如图15.4所示。

① 全日客流量为50万人次；早高峰时段出现在7:30～9:30，客运量约占全日客流总量的23%；晚高峰时段出现在17:30～19:30，客运量约占全日客流总量的19.5%；全日最大高峰小时出现在7:30～8:30，出行总量占全日出行总量的13.0%。

② 列车编组为6辆，车辆定员为310人。

③ 线路断面满载率在高峰小时为120%，在其他运营时间为90%。

（2）编制步骤。

① 全日分时最大断面客流量数据。

② 计算营业时间内各小时应开行的列车数，计算公式如下：

$$n_i = \frac{p_{\max}}{p_{列}\beta} \tag{15.4}$$

式中：n_i——全日分时开行列车数，列或对；

$p_{\max}$——全日分时最大断面客流量，人；

$p_{列}$——列车定员人数，人；

β——满载率。

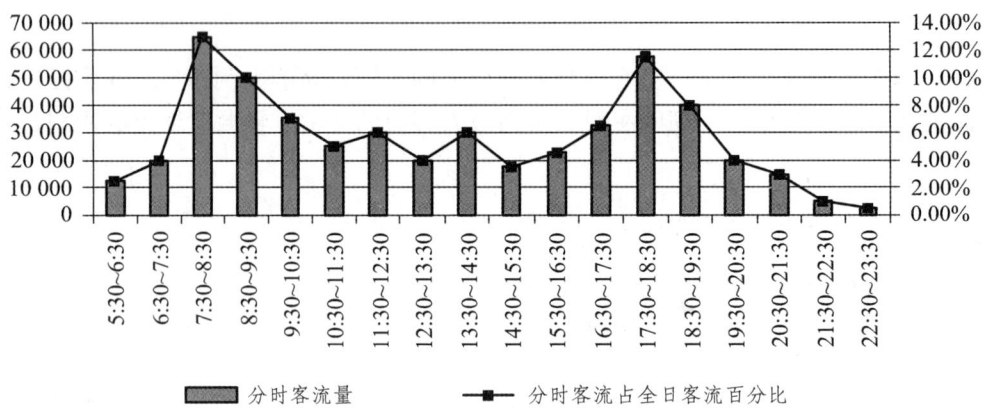

图 15.4 全日分时客流分布示意图

计算结果如图 15.5 所示。

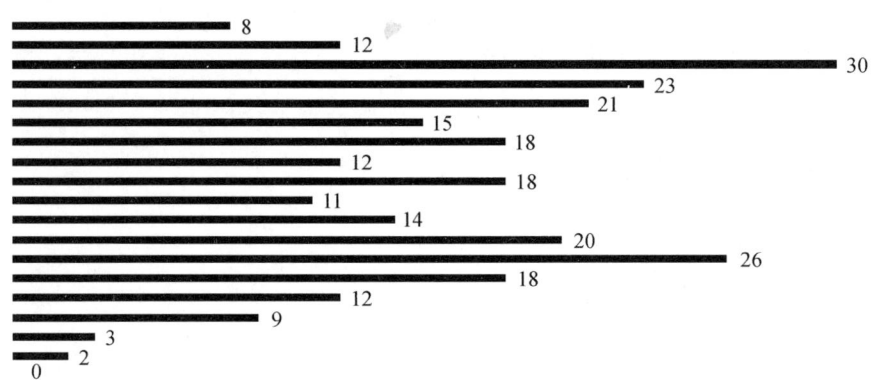

图 15.5 全日分时开行列车数

（3）计算行车间隔时间。

计算公式如下：

$$t_{间} = \frac{3\ 600}{n_i} \tag{15.5}$$

式中：$t_{间}$——行车间隔时间，s；

n_i——小时开行列车数，列。

（4）最终确定全日行车计划。

在计算完毕得到各小时应开行列车数和行车间隔时间的基础上，根据线路所制定的服务水平进行调整。行车间隔时间过长，会增加乘客的候车时间，增加乘客的在途总时间，不利于吸引客流。为方便乘客、提高服务水平，可规定在 9:30～21:00 的非高峰运营时间，为保证线路的服务水平最终行车间隔时间标准不大于 6 min；而在其他非高峰运营时间内，最终确定的行车间隔时间标准不大于 10 min。根据这一原则，在 22:30～23:30 时段，按公式计算得到的开行对数为 2 对，此时的行车间隔为 30 min。考虑到乘客的需要，将开行对数调整为 6 对，行车间隔为 10 min。最后的全日行车计划中的高峰小时行车间隔时间还需校验是否符合线路、信号以及其他设备条件的制约因素。最终确定的全日行车计划见表 15.5，早高峰小时运输能力如表 15.6 所示。

表 15.5 全日行车计划

运营时间	列车对数	行车间隔/min:s	运营时间	列车对数	行车间隔/min:s
5:30～6:30	8	7:30	14:30～15:30	11	5:27
6:30～7:30	12	5:00	15:30～16:30	14	4:18
7:30～8:30	30	2:00	16:30～17:30	20	3:00
8:30～9:30	23	2:27	17:30～18:30	26	2:19
9:30～10:30	21	2:52	18:30～19:30	18	3:20
10:30～11:30	15	4:00	19:30～20:30	12	5:00
11:30～12:30	18	3:20	20:30～21:30	9	4:00
12:30～13:30	12	5:00	21:30～22:30	6	10:00
13:30～14:30	18	3:20	22:30～23:30	6	10:00
			合计	279	

表 15.6 早高峰小时运输能力

年份	2006 年	时段	7:30～8:30
单向最大断面客流量	65 000 人	行车间隔时间	2 min
列车编组辆数	6 辆	开行列车对数	30 对
列车定员数	1 860 人	单向最大运输能力	66 960 人

15.3 车辆运用计划

车辆运用计划是指在一定类型的设备和行车组织方法条件下，为完成一定的运输任务而制定的车辆使用计划。车辆保有数包括运用车辆数、检修车辆数和备用车辆数。

15.3.1 运用车

运用车是为完成日常运输任务而配备的技术状态良好的车辆，运用车的需要数与高峰小时开行列车对数、列车旅行速度及在折返站停留时间等各项因素有关，按式 15.6 计算：

$$N_{运用} = \frac{n_{高峰}\theta_{列}m}{60} \tag{15.6}$$

式中：$N_{运用}$——运用车辆数，辆；

$n_{高峰}$——高峰小时开行列车数，对；

$\theta_{列}$——列车周转时间，min；

m——列车编组辆数，辆。

列车周转时间是指列车在线路上往返运行一次所需的全部时间。它包括列车在区间运行，列车在中间站停车供乘客乘降，以及列车在折返站进行折返作业的全过程，计算公式见式（15.7）。

$$\theta_{列} = \sum t_{运} + \sum t_{站} + \sum t_{折} \tag{15.7}$$

式中：$\sum t_{运}$——列车在线路上往返一次各区间运行时间之和，min；

$\sum t_{站}$——列车在线路上往返一次在各中间站停站时间之和，min；

$\sum t_{折}$——列车在折返站停留时间之和，min。

当列车在折返站的出发间隔时间大于高峰小时的平均行车间隔时，须在折返线上预留列车进行周转的条件，此时运用车数需相应地增加。

15.3.2 检修车

处于检修状态的车辆被称为检修车。在我国，城市轨道交通运营企业多采用车辆定期检修制度，是一项有计划的预防性维修制度。车辆经过一段时间的运用后，各部件会产生磨耗、变形或损坏，为保证车辆技术状态良好和延长使用寿命，需要定期对车辆进行检修。

车辆的定期检修有月检、定修、架修和大修（又称厂修）等之分，不同的检修级别有不同的检修周期，表 15.7 所列为某城市轨道交通线路的车辆检修级别和检修周期。车辆检修级别和检修周期是根据车辆各部件使用寿命以及车辆运用环境等因素综合考虑确定的。通过对车辆的不同部件制定不同的技术标准、检修级别和检修周期，使车辆在经过不同种类的定期检修后，能在整个检修周期内保持车辆良好的技术状态。

表 15.7 车辆检修级别、周期及停时

检修级别	运用时间	走行公里/km	检修停时
双周检	2 周	4 000	4 小时
双月检	2 月	20 000	2 天
定修	1 年	100 000	10 天
架修	5 年	500 000	25 天
大修	10 年	1 000 000	40 天

车辆检修周期是一个与车辆段的建设规模和作业组织关系密切的技术指标，它也是推算检修车数的基础资料之一。检修周期主要是根据设备的磨损程度和可靠性而定的，而车辆运用时间和走行公里数通常是设备磨损和可靠性的表征。因此，在实际过程中，可将车辆运用时间和走行公里数作为车辆检修周期的确定标准。在车辆运用时间和检修周期确定的情况下，

根据每种检修级别的年检修工作量和每种检修级别的检修停时，可以推算检修车数。除车辆的定期检修外，车辆的日常检修有日检（又称列检），检修停时为每日 2 h，车辆临修的平均停时按运用列车每年 1 次，每次 2 天来确定。

检修车的数量取决于运用车配数、检修周期和检修停时。检修周期与检修停时对检修车辆数量的影响可以通过检修系数反映。检修车数计算公式如（15.8）所示。

$$\left.\begin{array}{l} N_{检修} = N_{运用} \alpha_{检修} \\ \alpha_{检修} = \dfrac{\sum T_{i检修}}{D_{年}} \end{array}\right\} \quad (15.8)$$

式中：$N_{检修}$——检修车数，辆；

$\alpha_{检修}$——检修系数；

$\sum T_{i检修}$——包括临修在内的各种检修修程年均检修停时，天；

$D_{年}$——年检修工作日，天。

某线路某日车辆维修情况示例如表 15.8 所示。

表 15.8 某线某日车辆维修情况示例

车辆在修情况	月检	双周检	大修	定修	双月检	扣车	CBRC整改	镟轮
车次号		0134　0109		0126		0102　0124		

检修列车数量需根据御用列车数量、综合维修能力、修程修制、库停时间和检修周期确定，一般为运用列车数量的 15%。

15.3.3　备用车

为了适应客流变化，确保完成临时紧急的运输任务，以及预防运用车发生故障，必须保有若干技术状态良好的备用车辆。备用车的数量一般控制在运用车数的 10%。备用车原则上停放在线路中具备存车条件的车站或车辆段内。

线路车辆保有量可根据线路远期客流预测结果，远期计划行车间隔计算得出。并根据线路实际运行条件分别计算所需运用列车数，备用列车数量按照运用列车数量的 10%取得。

15.3.4　车辆运用计划的确定

车辆部门在正常运营结束后，对车辆进行检修，并根据车辆的修程和状况，向车场的运转部门提供目前车辆的检修情况以及可供使用的列车配备计划。

车辆运转部门根据车辆部门提供的车辆使用计划，并综合运行图所需的上线车辆的数量和上线时间，编制车辆运用计划。并在运营开始前通知行车调度员。车辆运用计划的编制必须确保正线运营的需要，并综合平衡车辆的维修需要。

15.4　列车开行方案

我国城市轨道交通的列车开行方案大多采用单一交路、站站停车的方案。随着既有轨道交通线路的延伸和城市轨道交通网络的形成，列车运行组织面临着新的问题和挑战。如在线路各区段客流相差悬殊时或不同轨道交通线路共线运行时，如何根据现有客流、设施条件，采用相适应的列车开行方案、实现乘客服务水平、线路通行能力利用和各项运营指标的最优化。

15.4.1 列车运行交路

1. 定 义

列车交路计划是指根据运营组织的要求以及运营条件的变化，按列车运行图或行车调度指挥列车按规定区间运行、折返的列车运行计划。

2. 列车折返方式

运行列车的折返是指列车运行至图定的终点站或折返站时，进入折返线路，改变运行方向的过程。折返作业是司机驾驶列车到达终点站或折返站，车站行车人员以及司机按有关规定完成折返操作的程序与步骤。折返方式分为站前折返和站后折返两种。

（1）站后折返。

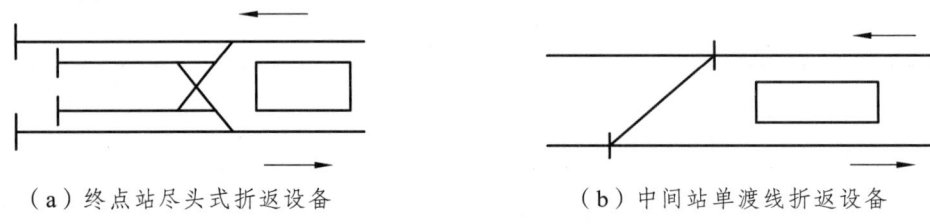

（a）终点站尽头式折返设备　　　　（b）中间站单渡线折返设备

图 15.6　站后折返线示意图

站后布置的折返线如图 15.6 所示。其中，（a）是列车在终点站站后折返时的尽头式折返设备，（b）是列车在中间站站后折返时的单渡线折返设备。

在终点站采用站后折返方式，出发列车与到达列车不存在敌对进路；列车进出站速度较高，有利于提高旅行速度；列车进出站载客运行时不经过道岔区段，乘客无不舒适感；此外，采用尽头线折返设备，折返线既可供列车折返，也可供列车临时停留检修。因此站后折返方式被广泛采用。站后折返方式的缺点是列车的折返走行距离较长。

（2）站前折返。

站前折返线布置如图 15.7 所示。其中，（a）是列车在终点站站前折返时的交叉渡线折返设备，（b）是列车在中间站站前折返时的单渡线折返设备。

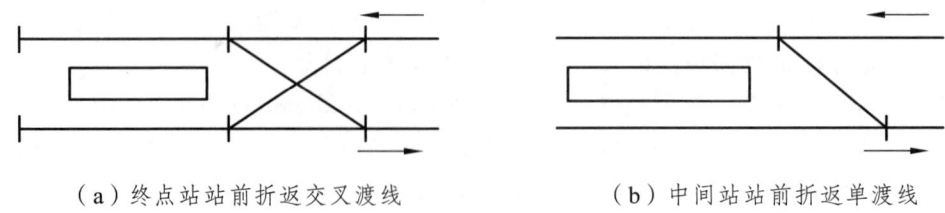

（a）终点站站前折返交叉渡线　　　　（b）中间站站前折返单渡线

图 15.7　站前折返示意图

采用站前折返方式，列车走行距离较站后折返短，在进行折返作业时，乘客可同时上下车从而缩短停站时间；车站正线兼折返线以及站线长度缩短，有利于车站造价的节省。站前折返方式的缺点是出发列车与到达列车存在敌对进路；因列车进站或出站侧向通过道岔，列车速度受到限制、影响乘坐的舒适感；在客流量大的情况下，站台秩序会受到影响。在采用站前折返方式的情况下，要完全消除接发列车作业的交叉干扰难度较大。而为了避免进路交叉，只能将接发列车作业在时间上错开，但这样又会对终点站的列车折返能力以及线路最终通过能力产生不利影响。

（3）混合折返。

站后、站前混合布置的折返线如图 15.8 所示。采用混合折返方式的目的是为了提高列车折返能力与线路通过能力。混合折返兼有站后折返与站前折返的特点，有利于行车组织调整，适用于对折返能力要求较高的终端站。

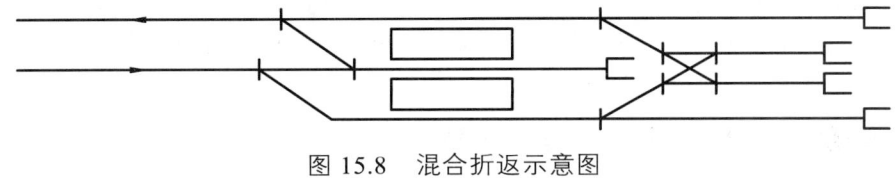

图 15.8　混合折返示意图

3. 列车交路计划

在列车开行计划中，列车交路规定了列车的运行区段、折返车站以及按不同列车交路运行的列车对数。在线路各区段客流量不均衡程度较大的情况下，采用合理的列车交路，能在不降低服务水平的前提下提高车辆运用效率，避免运能浪费。

常见的列车交路有长交路、短交路和长短交路 3 种。长交路是指列车在线路的两个终点站间运行。短交路是指列车在线路的距离较短的区段内往返运行，在指定的车站上折返。而长短交路是指列车在线路上，既能够在两个终点站间折返运行，也能够在某一中间站折返运行。

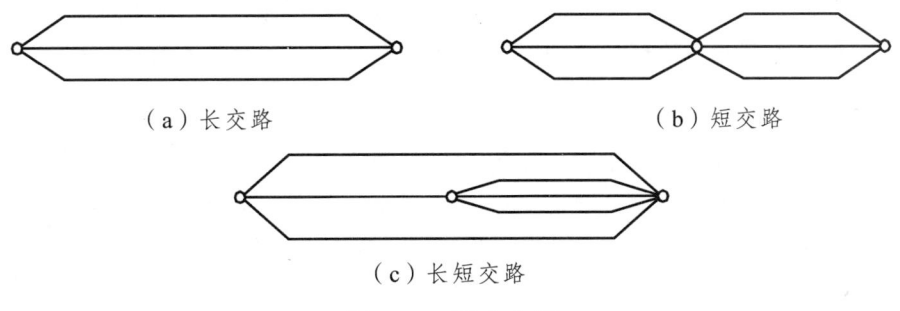

图 15.9　列车交路

图 15.9（a）是长交路列车运行的图解形式，从行车组织的角度，长交路要较短交路列车运行组织简单，对中间站设备要求也不高，但在各区段客流量不均衡程度较大的情况下，会产生部分区段运能的浪费。图 15.9（b）是短交路列车运行的图解，短交路能适应不同客流区段的运输需求，运营较经济，但要求中间折返站具备两个方向的折返设备以及具有方便的换乘条件。从长距离出行乘客的角度来看，服务水平有所降低。图 15.9（c）是长短交路（也称为：大小交路）列车运行的图解，长短交路混跑的组织方案，可兼顾不同出行距离乘客的需求，又能提高运营效益。在线路各区段客流量不均衡程度较大的情况下，可以采用以长交路为主，短交路为辅的列车交路形式，组织列车在线路上按不同的密度行车。同样，当高峰期间客流在空间分布上比较均匀，而低谷期间客流在空间上分布相差悬殊时，也可以在低谷时间采用长短交路列车运行方案，组织开行部分在中间站折返的短交路列车。采用长短交路时，

需加快中间站折返作业的速度，不影响线路的通过能力，对中间折返站的客运和行车组织工作提出了很高的要求。

15.4.2 列车停站设计

在传统的城市轨道交通列车停站设计中，一般规定列车须站站停车。但为了提高列车旅行速度和节约乘客出行时间，根据具体线路的客流特点，还可采用其他不同的列车运行方案。

1. 分段停车列车运行方案

该方案在长短交路的基础上，规定长交路列车在短交路区段外进行站站停车作业，在短交路区段内不停车通过；而短交路运行列车则在短交路区段内的各站停车；短交路列车的中间折返车站作为换乘站，如图 15.10 所示。

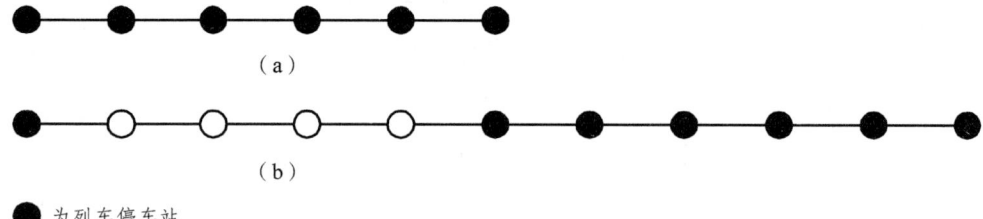

● 为列车停车站

图 15.10 分段停车列车运行方案

分段停车列车运行方案减少了长交路列车的停站次数，因而能压缩长途乘客在列车上的总旅行时间；列车旅行速度的提高也有利于加快长交路运行车辆的周转。该方案的主要问题是：上下车不在同一交路区段的乘客需要换乘，增加了全程旅行消耗的时间。因此，采用分段停车列车运行方案的基本依据是乘客时间得到的总节约应大于增加的总消耗。

2. 跨站停车列车运行方案

该方案将全线车站分成 A、B、C 三类。A、B 两类车站按相邻分布原则确定，C 类车站按每隔若干个车站（图中是每隔 4 个）选择一站的原则确定。所有列车均应在 C 类车站停车作业，但在 A、B 二类车站则要分别进行停车作业，如图 15.11 所示。

跨站停车列车运行方案减少了列车停站次数，因而能压缩列车旅行时间和乘客乘车时间、提高旅行速度；还能够加速车辆周转速度，减少车辆使用，降低运营成本。该方案的问题是：由于 A、B 两类车站的列车到达间隔加大，乘客候车时间增加；此外，在 A、B 两类车站间乘车的乘客需在 C 类车站换乘，给换乘带来不便。因此，该方案比较适用于 C 类车站客流较大，而 A、B 两类车站客流较小，并且乘客平均乘车距离较远的线路。

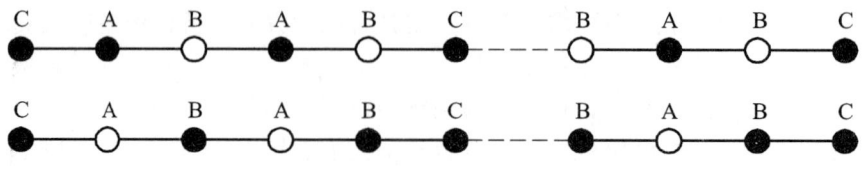

● 为列车停车站

图 15.11 跨站停车列车运行方案

16 列车运行图及通过能力

列车运行图是利用坐标原理来表示列车运行时空关系的图解形式。列车运行图可分为实际运行图和计划运行图,其中实际运行图是指列车实际上线运行后,根据列车实际运营情况编制的列车运行图;计划运行图是根据线路、设备等条件而预先编制的,是对今后行车资源进行有效配置。为叙述方便,在本章中列车运行图,如无特别说明,均指计划运行图。

16.1 列车运行图的格式与分类

16.1.1 基本概念

1. 列车运行图的含义

在城市轨道交通系统中,规定了列车占用区间的次序,列车在每一个车站出发、到达或通过的时间,区间运行时分,车站停车时分;规定了线路、站场、车辆和通信信号等设备的运用和与行车有关各部分的工作。因此,列车运行图是各项运输工作的综合计划、行车组织的基础,是协调城市轨道交通系统各部门、单位,按一定程序进行生产活动的重要依据。

列车运行图有两种输出形式:时刻表和图解表。其中图解表又称为时距图(Distance-Time Diagram),它利用坐标原理表示列车运行状况和行车时刻,将列车看作一个质点,斜线就是列车运行的轨迹,代表列车的运行线。坐标有两种表示方法,如图16.1所示。在图16.1(a)中,纵坐标为距离(s),水平线间的距离即为站间距,横坐标(t)为时间,这种表示方法应用最为广泛,图16.1(b)的表示方法正好与图16.1(a)的相反,德国和我国南京的城市轨道交通采取的便是这种形式的列车运行图。

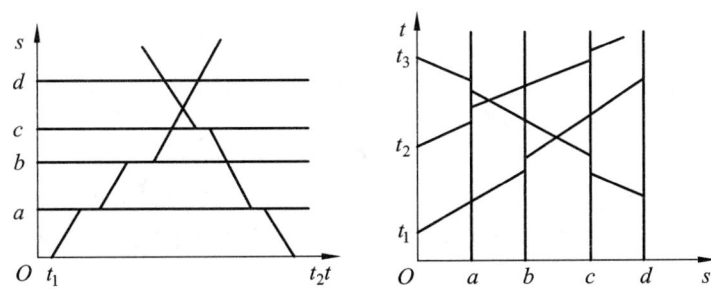

图16.1 列车运行图图解表示示意图

2. 列车运行图的意义

为实现列车的高效、安全运行,要求各个部门、各工种、各项作业之间相互协调配合:车站按列车运行图安排接发列车、组织客运工作;行车调度部门按列车运行图指挥列车运行;

车辆段根据列车运行图确定每天需要的车组数和运行时刻，制定车组的检修和乘务司机的值乘制度；供电、通信信号、机电、工务等部门根据列车运行图的规定时刻安排施工计划和检修计划。在组织旅客运输的过程中，要求各个部门、各工种、各项作业之间的相互配合、协调动作、时间准确的工作，使各次列车按规定的时刻运行，以免在时间上互相牵制或抵触。因此，列车运行图既是运营企业内部使用的列车运行图技术文件，也是运营企业组织运营的综合运营计划，对运营企业的生产效率和经济效益有着直接决定性的影响。列车运行图对乘客也具有重要的意义，供乘客使用的列车运行图以列车时刻表的形式对外公布。

在运营生产过程中，列车运行是一个极其复杂的系统工程，不但需要利用技术设备，而且要求各部门、工种和各项工作之间的互相协调配合。列车运行图不仅是列车运行组织的基础，也是城市轨道交通运输各业务部门工作的共同依据。通过列车运行图，使得城市轨道交通这部庞大的联动机协调地运转，保证运输工作的正常进行。

综上，编制一张经济合理的列车运行图既要考虑城市轨道交通系统能提供的运营设备能力，又要在符合各时期、各时段客流量规律的前提下，使运能与运量达到最佳的组合，达到既方便乘客出行，又使企业获得最佳经济效益的目标。

16.1.2 图解表示与分类

1. 图解表示

列车运行图实际上是给运营调度部门提供了一种组织列车在各站和区间运行计划的图解形式。在我国大多数城市轨道交通系统的列车运行图中，采用图16.1中（a）的表示方法。在这样的列车运行图上，下行列车运行线由左上方向右下方倾斜；上行列车的运行线由左下方向右上方倾斜。

（1）横坐标：表示时间，用一定的比例进行时间划分，一般城市轨道交通列车运行图采用1分格或2分格，即每一等分格表示 1 min 或 2 min。

（2）纵坐标：根据区间实际里程，采用规定的比例表示距离分割，以车站中心线所在位置进行距离定点。

（3）垂直线：是一族平行的等分线，表示时间等分段。这些垂直线将横轴以一定的时间单位进行划分，代表不同的小时和分钟划分。

（4）水平线：是一族平行的不等分线，这些水平线将纵轴线按一定的比例加以划分，代表车站的中心线，通常中间站的车站中心线以比较细的线条表示，换乘站、折返站和终点站以比较粗的线条表示各个车站中心线所在的位置。

（5）斜线：是列车运行轨迹的近似表示，前提是假定列车在区间内匀速行驶。

（6）时刻：在列车运行图上，列车运行线与车站的交点即表示该列车到达、出发或通过的时刻。由于城市轨道交通列车停站的时间比较短，运行间隔较小，一般不标明到、发的不同时间。

（7）车次：对于不同种类的列车，列车运行图采用不同的列车运行线和车次范围加以区别。一般按不同的列车类别、发车次序、信号设备要求确定。

2. 分类

（1）按时间轴的刻度分。

① 一分格运行图：横轴以 1 min 为单位，用细竖线加以划分；10 min 格和小时格用比较粗的竖线表示。一分格运行图主要用于行车间隔较小的城市轨道交通系统。

② 二分格运行图：横轴以 2 min 为单位，用细竖线加以划分；适用于行车间隔稍大的城市轨道交通系统，目前在国内城市轨道交通系统中广泛使用。

③ 十分格运行图：横轴以 10 min 为单位用细竖线加以划分，半小时格用虚线表示，小时格用比较粗的竖线表示，适用于市郊铁路和城际铁路等行车间隔较大的轨道交通系统。

④ 小时格运行图：横轴以 1 h 为单位，用细竖线加以划分。这种小时格运行图主要在编制旅客列车方案和车底周转图时使用。

（2）按区间正线数分：单线运行图和双线运行图。

① 单线运行图：在单线区段，上下行方向列车都在同一正线上运行，如图16.2 所示。

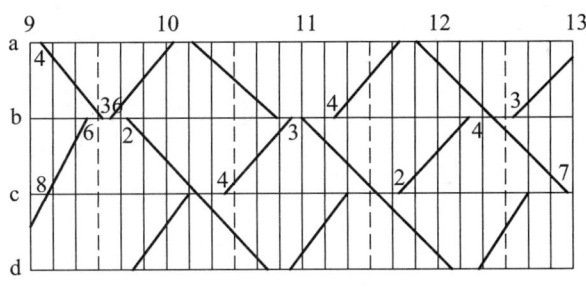

图 16.2　单线运行图

在现代轨道交通系统中，单线运行图使用较少，只有在非正常情况下的列车运行调整期间才会使用，或在运量不大的市郊铁路开行区段上使用。

② 双线运行图：在双线区段，上下行方向列车在各自的正线上运行，因此，上下行方向列车的运行互不干扰，可以在区间内或车站上交会。城市轨道交通系统一般都设有双线，采用双线运行图，如图16.3 所示。

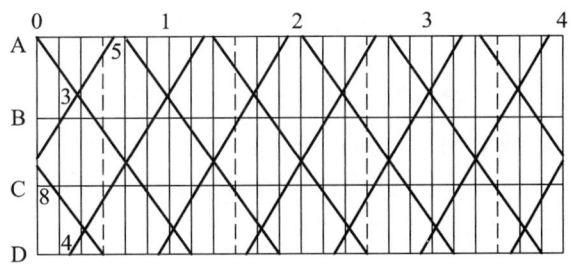

图 16.3　双线运行图

③ 单双线运行图：在既有单线区间，也有双线区间的线路上，按单线运行图和双线运行图的特点铺画列车运行图，如图16.4 所示。这种运行图一般只在非正常的情况下的列车运行调整期间或线路有维修作业时使用。

（3）按列车之间运行速度差异分：平行运行图和非平行运行图。

① 平行运行图：在同一区间内，同一方向列车的运行速度相同，且列车在区间两端站的到、发或通过的运行方式也相同，因此列车运行线相互平行，如图16.5 所示。

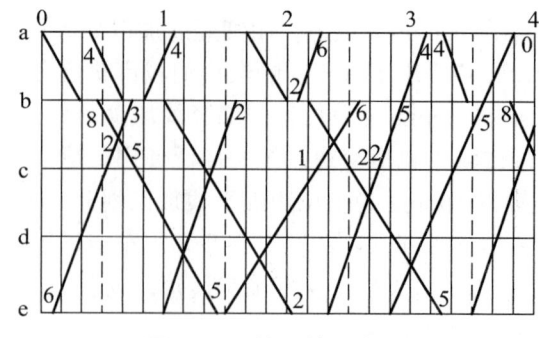

图 16.4 单双线运行图

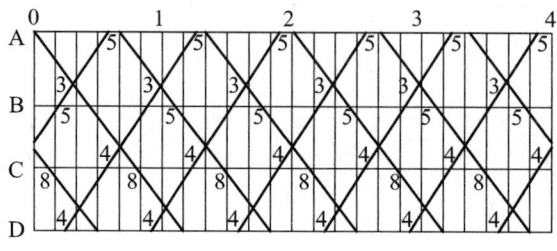

图 16.5 平行运行图

② 非平行运行图：在运行图上铺有各种不同速度的列车，且列车在区间两端站的到、发或通过的运行方式不同，因而列车运行线不是互相平行的，如图 16.6 所示。

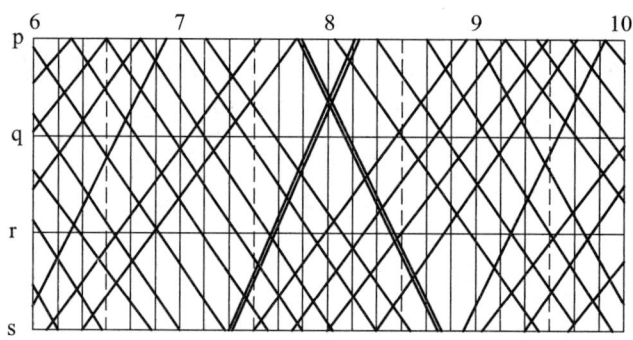

图 16.6 双线追踪非平行运行图

（4）按上下行方向的列车数分：成对运行图和不成对运行图。

① 不成对运行图：上下行列车数不相等的列车运行图。

② 成对运行图：上下行列车数相等的列车运行图。

（5）按照同方向列车运行方式：连发运行图和追踪运行图。

① 连发运行图：在这种运行图上，同方向列车的运行以站间区间为间隔。单线区段采取这种运行图时，在连发的一组列车之间不能铺画对向列车。

② 追踪运行图：在这种运行图上，同方向列车的运行以闭塞分区为间隔，在装有自动闭塞的单线或双线区段上得到采用，如图 16.6 所示。

（6）按使用范围划分：工作日运行图、节假日运行图、其他特殊运行图。

根据使用时间段的不同，各类运行图的特点如下：

① 工作日运行图：早晚高峰通勤客流明显，形成不同的运营时段；

② 周末运行图：晚高峰延长，需适度考虑夜间出行客流的需要；
③ 双休日运行图：出车间隔适度加长，全天间隔较均匀；
④ 节假日图：充分考虑出行客流需要，全天投入运力较大，间隔均匀。

应该指出，上述分类都是针对列车运行图的某一特点对列车运行图加以区别的。实际上，一张列车运行图可以同时具有多方面的特点。例如某一区段的列车运行图，可能既是双线的、非平行的、又是追踪的，如图16.6所示的运行图就同时具备上述特征的。城市轨道交通系统的列车运行图因其系统特征所致，一般均为双线成对追踪平行运行图。在节假日、双休日、工作日使用的运行图则反映了不同的客流特点，适应客流在空间、时间上的分布。

16.2 列车运行图的要素

城市轨道交通列车运行图组成要素分为三类：时间要素、数量要素、其他相关要素。这是编制列车运行图的基础和前提。

16.2.1 时间要素

1. 区间运行时分

区间运行时分是指列车在两相邻车站或线路所之间的运行时间，它由车辆部门采用牵引计算和实际试验相结合的方法进行查定。

$$T_{运} = t_{纯运} + t_{起} + t_{停} \tag{16.1}$$

式中：$T_{运}$——列车区间运行时分，min；

$t_{纯运}$——列车不停车通过两个相邻车站或线路所需的区间运行时分，min；

$t_{起}$——起车附加时分，min；

$t_{停}$——停车附加时分，min。

列车区间运行时分的运行距离为车站中心线之间的距离。由于上下行方向的线路平面、纵断面条件和列车编成辆数可能不相同，所以区间运行时分应按列车类型和上下行方向分别查定。列车到站停车的停车附加时分和停站后出发的起动附加时分，应根据动车组类型、列车编成辆数以及进出站线路平纵断面条件查定。此外，列车区间运行时分还应根据列车在每一区间两个车站上不停车通过和停车两种情况分别查定，如图16.7所示。

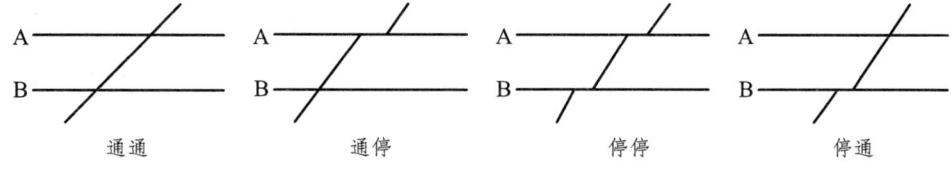

图 16.7 列车的不同区间运行方式

2. 最小行车间隔

一般来说，行车间隔时间的最小值取决于信号系统、车辆性能、折返能力、旅行时间、停靠时间、投入运行的列车数等诸多因素。在城市轨道交通系统的高峰小时内，线路上个别车站的客流量大，上、下车时间较长。在技术设备和工程投资的条件一定的条件下，停站时间往往成为制约因素。最小行车间隔应留有一定的余量，当列车秩序稍有紊乱时，信号系统和列车折返系统也有缩短行车间隔时间的潜力，使整个系统的列车运行秩序尽快恢复正常。

3. 列车间隔时间

列车间隔时间，是列车运行图的重要组成因素和计算区间通过能力的主要依据。列车间隔时间分为列车在车站的间隔时间（简称车站间隔时间）和追踪列车间隔时间（简称追踪间隔时间）。车站间隔时间是车站办理，两列车到达、出发或通过作业所需要的最小间隔时间。追踪间隔时间是在设有自动闭塞的线路上，同一方向追踪运行的两列列车间的最小间隔时间。在查定列车间隔时间时，应遵守有关规章的规定及车站技术作业时间标准，以保证行车安全，并有效地利用区间通过能力。其中，车站间隔时间在市郊铁路仍有应用，在地铁、轻轨中使用较少。

（1）车站间隔时间。

常用的车站间隔时间包括不同时到达间隔时间、会车间隔时间、同方向列车连发间隔时间、同方向列车不同时发到间隔时间和可不同时到发间隔时间等，车站间隔时间在市郊铁路、城际铁路等轨道交通系统使用。在地铁，轻轨等系统中，只有运行调整或者线路或者信号设备不完善的情况下才使用。其值大小与车站信号、道岔操作方法、车站邻接区间的行车闭塞方法，以及车站类型、接近车站线路的平断面情况、牵引动力、列车类型、列车编组辆数和长度等因素有关。

① 不同时到达间隔时间。

在单线区段，来自相对方向的两列车在车站交会时，从某一方向列车到达车站时起，至相对方向列车到达或通过该站时止的最小间隔时间，称为不同时到达间隔时间，如图16.8所示。为了提高列车的旅行速度，除上下行列车在同一车站上都有作业需要停站外，原则上应使交会的两列车中的一列通过车站，因此在运行图中较常采用的是一列停车、一列通过的不同时到达间隔时间。

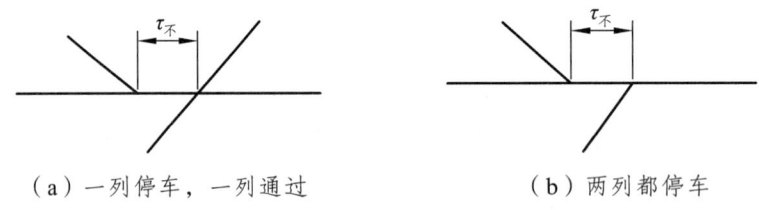

（a）一列停车，一列通过　　　　（b）两列都停车

图16.8　不同时到达间隔时间图解

不同时到达间隔时间由两个部分组成：第一部分为第一列车到达车站后，车站办理必要作业所需要的时间；第二部分为对向列车进入车站所需要的时间。每一个车站必须对上下行方向的列车分别查定其不同时到达的间隔时间。车站办理必要作业所需的时间，根据各站信联闭设备条件及其作业内容查定。

② 会车间隔时间。

在单线区段，自列车到达或通过车站时起，至该站向同一区间发出另一对向列车时止的最小间隔时间，称之为会车间隔时间，如图16.9所示。

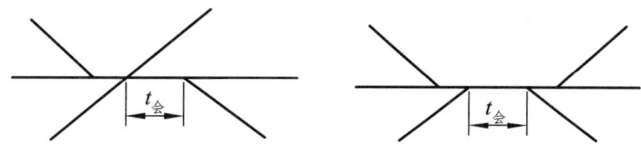

图 16.9　会车间隔时间图解

会车间隔时间由车站值班员监督列车到达或通过时起计算，到向同一区间发出另一列车所需办理必要作业时止的时间，可根据各站信联闭设备条件及其作业内容查定。

（2）追踪列车间隔时间。

在自动闭塞区段，一个站间区间内同方向可有两列及以上列车，以固定或非固定的闭塞分区间隔运行，称之为追踪运行。追踪运行列车之间的最小间隔时间，称之为追踪列车间隔时间。追踪列车间隔时间，取决于同方向列车间隔距离、列车运行速度及信联闭设备类型。

① 固定闭塞追踪列车间隔时间。

固定闭塞线路划分为固定的区段，前、后列车的位置间距都是用固定的地面设备来检测。列车定位是以固定区段的长度为单位的，当闭塞分区长度较长，而且一个分区只能被一列车占用时，将不利于缩短列车运行间隔。

a. 三显示自动闭塞区段追踪列车间隔时间。

通过色灯信号机显示红（R）、黄（Y）和绿（G）三种灯光信号的自动闭塞被称为三显示自动闭塞。在使用三显示自动闭塞的区段，追踪列车之间的间隔，通常情况下需相隔三个闭塞分区。这样，可以保证后行列车经常能看到绿灯显示，使列车保持高速运行。当列车在长大上坡道上运行时，由于运行速度较低，追踪列车间隔时间也可以按照前后列车间隔两个闭塞分区的条件来确定。用 $L_{列}$ 表示列车长，$L_{闭}$ 表示闭塞分区长度，$I_{追}$ 表示追踪列车间隔时间，则三显示自动闭塞如图 16.10 所示。

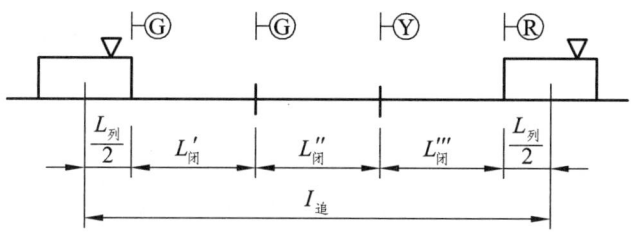

图 16.10　三显示自动闭塞

b. 四显示自动闭塞区段追踪列车间隔时间。

在使用四显示自动闭塞的区段，追踪列车之间的间隔为三个分区，其闭塞分区的长度定为适应低速列车的制动距离，并在三显示自动闭塞红、黄、绿三种颜色灯光的基础上增加一种绿黄灯光显示。通过色灯信号机显示红（H）、黄（U）、绿黄（LU）和绿（L）四种灯光信号的自动闭塞被称为四显示自动闭塞。当前方信号灯显示绿黄灯色时，低速列车按照原来的车速运行不用减速，高速列车应该减速以保证其能在红灯前停车。在国外，四显示自动闭塞通常在速度低、集中的市郊列车，同时又有直快和特快等快速列车运行的运输繁忙的街路上或列车速度高、制动距离长、运输繁忙的高速铁路上采用。四显示自动闭塞如图 16.11 所示。

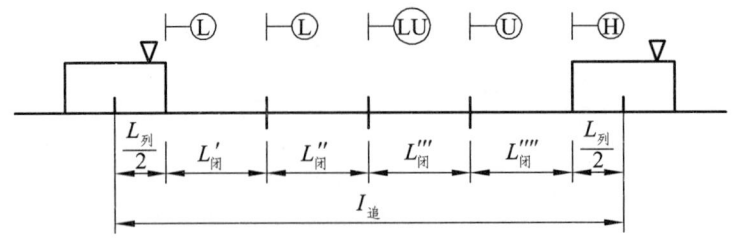

图 16.11　四显示自动闭塞

② 准移动自动闭塞追踪列车间隔时间。

准移动自动闭塞是预先设定列车的安全追踪间隔距离，根据前方目标状态设定列车的可行车距离和运行速度，是介于固定闭塞和移动闭塞之间的一种闭塞方式，准移动闭塞对前行列车的定位仍采用固定闭塞的方式，而后序列车的定位则采用连续的或移动的方式。

③ 移动自动闭塞追踪列车间隔时间。

移动自动闭塞是在确保行车安全的前提下，以车站控制装置和列车控制装置为中心的使追踪列车间的间隔最小的闭塞控制系统。在这一系统中，列车准确定位是关键性技术。区间内运行的每一列车均与前方站的中心控制装置周期性地保持高可靠度的通信联系；车站中心控制装置接到列车信息后，根据列车牵引特性曲线及区间相关参数，计算出每一追踪列车的允许最大运行速度并发送给列车，而对于接近进站的列车，则根据调度命令发出允许列车进站及进入股道的信号。采用移动自动闭塞系统可以有效压缩追踪列车间隔时间，提高区间通过能力。

4. 停站时间

列车停靠时间从列车停稳定开始，包括列车开门时间、上下客时间、确认站台情况时间、关门时间等。

列车进站时间的长短服从于旅客乘降的需要，因而主要取决于车站的乘客集散量、车辆的车门数和座位布置以及车站的疏导与管理措施等。

为了乘客的安全，车辆在停妥状态时才能开关车门。车门开关的时间依据车辆的不同而略有不同，开门在 5 s 左右，关门在 3～5 s，当站台上装有屏蔽门时还应考虑到屏蔽门与车门开关的不同步时差。

乘客的上下车时间与高峰小时每列车的上下车人数，车辆的车门数和宽度，站台的疏导管理密切相关，可以通过计算确定。目前根据实测资料统计每名乘客上下车约需 0.6 s。

$$t_{上下} = \frac{0.6 \times Q_{上下}}{N_{列} \times M} \tag{16.2}$$

式中：$t_{上下}$——乘客上下车时间，s；

$Q_{上下}$——高峰小时内一个方向本站上下客人数之和，人；

$N_{列}$——高峰小时通过本站的列车数，列；

M——每列车的车门数，个。

由于乘客的上下量在时间上考虑实际上是波动的，在各辆车内的分布也是不均衡的，因此应在计算结果外考虑一定的富余量。

$$t_{停站} = t_{门} + t_{上下} + \Delta t \tag{16.3}$$

式中：$t_{停站}$——每列车在车站上的停留时间，s；

$t_{门}$——开关门时间，s；

$t_{上下}$——乘客上下车时间，s；

Δt——适当的富余时间，s。

除了个别客流很大的站以外，一般车站停站时间应控制在 20~30 s。进站时间过长会降低列车旅行速度，在行车密度大的情况下，还会影响后续列车的运行。在实际确认停站时间时，还需考虑车站的疏散能力，尽量避免不同方向的列车同时到发。

5. 折返作业时分

折返作业时分是指列车到达终点站或在区间站进行折返作业的时间总和，是制约线路通过能力提高的主要因素之一。不同的折返布置形式，列车折返所需的时间不同。包括确认信号时间、出入折返线时间、办理进路时间、司机走行或换岗时间等。折返作业时间受折返线折返方式、列车长度、列车制动能力、信号设备水平、司机操作水平等诸多因素的影响。在所要求的列车行车间隔时间小于列车折返所需时间时，必须采取其他措施，如在折返线预置另一列车进行周转以缩短折返时间。

16.2.2 数量因素

1. 全线分时段客流分布

全线分时段客流可根据客流的时间分布进行预测、调查分析、确定高峰、低谷时段客流量。根据不同时段的客流分布特点，工作人员可对列车编组数或列车运行列数等相关因素进行合理安排，并作为开行不同形式列车的主要依据。轨道交通的运能、线路走向所处交通走廊特点、车站所处区位的用地性质都是轨道交通车站客流在全天不同时间上分布的主要影响因素。纵观不同类型的车站，大致有以下 5 种车站客流日分布曲线类型，如图 16.12 所示，分别为：（a）单向峰型；（b）双向峰型；（c）全峰型；（d）突峰型；（e）无峰型。

2. 列车满载率

列车满载率指列车实际载客量与列车定员数之比，编制列车运行图时，既要保证一定的列车满载率，又要留有一定余地。兼顾某些不可预测因素带来的客流量波动，并兼顾乘客的舒适水平。

$$\beta_{列} = \frac{P_{实}}{P_{定}} \times 100\% \tag{16.4}$$

式中：$\beta_{列}$——列车满载率；

$p_{实}$——列车实际载客量，人；

$P_{定}$——列车定员数，人。

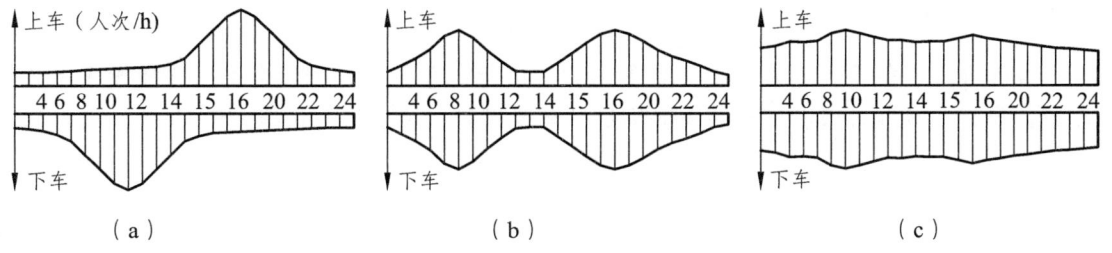

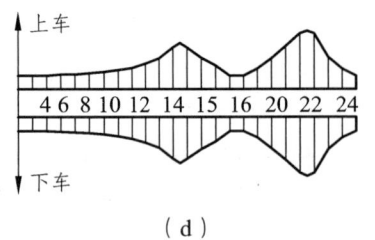
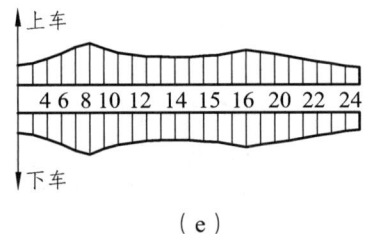

(d) （e）

图 16.12　车站客流日分布曲线类型

3. 列车最大载客量

列车最大载客量即列车根据定员载客量和线路满载率计算的允许运送的最大乘客数。

$$P_{\max} = P_{定} \times \beta \qquad (16.5)$$

式中：$P_{\max}$ ——列车最大载客量，人；

　　　$P_{定}$ ——列车定员人数，人；

　　　β ——线路断面满载率。

4. 出入库能力

每单位时段通过出入库线出入运营正线的最大列车数，即出入库能力。由于车辆基地与线路车站之间的出入库线有限，加之出入库列车进入正线时还会受到正线通过能力的影响。因此出入库能力是编制列车运行图的重要考虑因素。

16.2.3　其他因素

1. 与其他交通方式的衔接

这包括与其他交通设施的衔接如铁路车站、港口、机场、公路交通枢纽等；不同城市交通方式线路之间的布置与匹配，如公交线路与城市轨道交通线路；静态交通设施的设计，如自行车停放、小汽车等其他车辆的停放等。

2. 与其他城市设施的衔接

需要考虑的重点设施包括大型体育场所、娱乐、商业中心。这些场所会有突发性的客流对城市轨道交通系统的正常运行带来冲击，造成一时的运力和人力安排困难。

3. 列车检修作业

为保证列车状态完好，需均衡安排列车运行时间与检修时间，既保证了每列车都有日常维护保养时间，又使各列车的日走行公里数较为接近。

4. 列车试车作业

检修作业完毕的列车应在车辆基地的试验线进行试车作业，测试合格后才能投入运营。当车辆段没有试车线，或者试车线不能满足试车要求时，可安排在正线上试车。

5. 驾驶员作息时间

根据驾驶员作息制度、交接班地点与方式、途中用餐等因素，均衡安排列车的运行时间和列车交路。

6. 车站的存车能力

在城市轨道交通系统中，在终点站、少数车站设有停车线，因此在线路上可存放一定数量的列车，在日常运行时可用来停放备用车，在夜间可存放列车以减少空驶里程，均衡早上运营发车秩序。

16.3 列车运行图的编制

16.3.1 编制原则

（1）在保证安全的条件下，提高列车的旅行速度，缩小列车的运行时间。列车旅行速度高是城市轨道交通系统的主要优势，在安全得到保障的前提下，通过提高列车旅行速度，可提高系统的运行效率和服务水平。

（2）尽量方便乘客。根据客流变化的规律，尽量考虑在满足运行技术要求的前提下选择较小的列车发车间隔，以减少乘客的候车时间。在安排低谷时段列车运行时，最大的列车运行图间隔不宜过大，以保持一定的服务水平。

（3）充分利用线路的能力。以折返通过能力为例，折返设备通常是全线能力的限制因素，此时必须对折返线的折返作业时间进行准确的计算，合理安排作业程序，尽可能安排平行作业。还可在正线安排备车停放，以便高峰时段投入运行。

（4）在保证运量需求的条件下，尽量降低运营车数。在保证用量需求的条件下，可通过综合考虑高峰时段列车运行速度、折返作业时间、列车开行方式等因素，使上线列车数量最少，降低系统的车辆保有量运营成本。

（5）考虑车站，尤其是大型枢纽站的疏散能力，避免列车集中到发。

（6）保证与邻线的首末班车在载客能力与时间方面的协调与衔接。

16.3.2 编制步骤

城市轨道交通列车包括载客列车、空驶列车、工程列车和调试列车。其中载客列车只在车站进行乘客上下车的客运作业，行车密度较高。空驶列车在乘客全部下车后，驶往车辆段或线路上的某停车地点。通常出现在运营开始或结束时段，或行车密度发生变化的区段。调试列车一般指新车或车辆维修作业完毕的车辆在非营业时段或低谷时段进行试运营，通常载有必要的仪器设备和技术工作人员。

在新线开通或线路客流量、技术设备和行车组织方式发生变化时都需编制列车运行图。其编制步骤如图 16.13 所示。

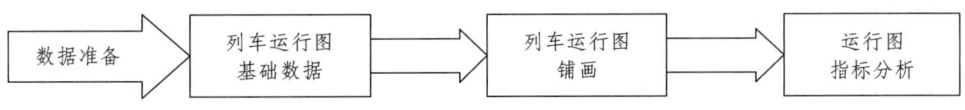

图 16.13 列车运行图的编制

具体编制步骤如下：
(1) 按编制要求和编制目录提出编图的注意事项；
(2) 收集编图资料，对需要进行数据校验的数据组织调查或研究试验；
(3) 总结分析现行列车运行图的完成情况和存在问题，提出改进意见；
(4) 根据线路客流变化特点确定全日行车计划；
(5) 根据现有设备条件计算所需的运用列车数量；
(6) 确定运行图所需的各种基础数据；
(7) 确定列车交路计划，并铺画列车运行图方案；
(8) 征求调度部门、客运部门、车辆部门的意见，对列车运行方案进行必要的调整；
(9) 根据列车运行方案铺画详细的列车运行图、列车运行时刻表和编制说明；
(10) 对列车运行图的编制质量进行全面检查，并计算列车运行图的评价指标；
(11) 将编制完毕的列车运行图、时刻表和编制说明报有关部门审核批准执行。

16.3.3 编制说明

1. 运行图车站中心线的确定方法

车站中心现有下列两种确定方法。

(1) 按区间实际里程比率确定。

即按整个区段内各车站间实际里程的比例来确定车站中心线。采用这种方法时，列车运行图上的站间距能反映实际情况，能明显地表示出车站间距离的大小。但由于各区间的线路和纵断面不一样，使列车在各区间的运行速度有所不同，这样列车在整个区段的运行线往往是一条斜折线，既不整齐，也不易发现列车在区间运行时分上的差错。

(2) 按区间运行时分比率确定。

即按整个区段内各车站间列车运行时分的比例来确定车站中心线。采用这种方法时，可以使列车在整个区段的运行线基本上是一条斜直线，既整齐美观，也容易发现列车在区间运行时分上的差错。

例：假设某城市轨道交通线路下行列车全程运行时间为 170 min，首先在运行图的纵轴上确定始发站 A 至终点站 B 的位置，在代表终点站 B 的横线上向右截取代表 170 min 的线段，得分割点 E，连接 A、E 两点。然后自始发站开始，根据各区站间下行列车的纯运行时分，在表示终点站 B 的横线上向右依次截取相应的线段，得到相应各分割点；接着以各分割点作为基点做横轴的垂直线，得到垂直线与斜直线的各交点；最后通过各交点做横轴的平行线，得到该车站 A、B 间 a、b、c、d 各站的车站中心线，如图 16.14 所示。

列车运行图上的列车运行线与车站中心线的交点，即为列车到、发或通过车站的时刻。根据列车运行图的格式的不同有不同的表示方法。表示时刻的数字或符号，可填写在列车运行线与横轴相交的钝角处，下行列车填在横线的下方，上行列车填在横线的上方。

2. 计算上下行列车单程旅行时间

列车单程旅行时间等于单程各区间列车运行时分加沿途各车站的停站时间的总和。由于上下行单程旅行时间不一定相同，须根据上下行分别计算。以此作为在列车运行图上铺画上下行列车运行线的依据。

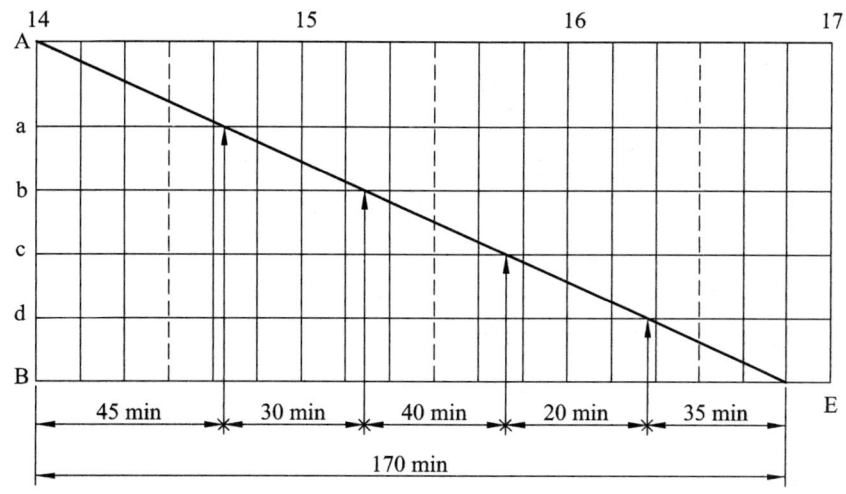

图 16.14　区间运行时分比率确定车站中心线位置示意图

3. 计算列车运行图的运行周期

列车运行图的运行周期就是列车在区段往返运行一个运行交路所需的时间，等于上下行列车在旅行时间以及折返时间之和。

4. 计算平均列车运行间隔时间

根据投入正线运营的电动列车数和列车运行图周期，就可算出平均列车运行间隔。

5. 列车运行图的图示铺画

列车运行图上的列车运行线按其列车运行方向的既定可分为上行列车运行线和下行列车运行线。上行列车运行线是由左下角向右上角铺画的斜直线，而下行列车运行线是由左上角向右下角铺画的斜直线。

6. 列车车次的编号

列车车次的编号原则上分为两大类：第一类是调度监督下的列车运行，其车次号为四位数，一般第一位表示线路编号，当城市轨道交通线路超过九条时，车次号规定应做相应的改变；第二、三、四位代表列车识别符，末尾数上行列车为双数、下行列车为单数。第二类是实施调度监控的列车运行。其车次号码由五位数组成，前三位为列车识别符，后两位为目的地符，目的地符代表列车运行的终到站。

7. 列车运行交路

列车到达终点站后，在满足图定列车折返作业时间标准的基础上，应画出该列车就近折返的列车运行线（含车次号），将列车终到始发时间与折返列车运行线用线段相连接，图 16.15 为列车运行交路的图解表示。

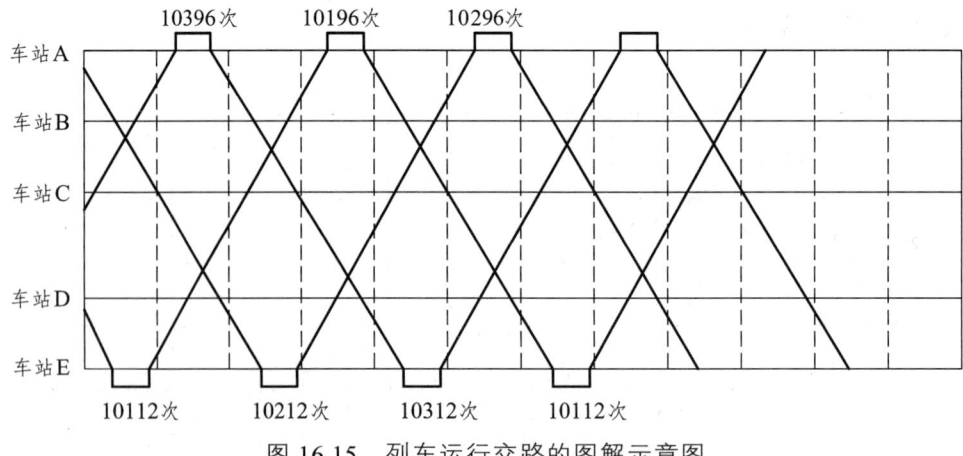

图 16.15 列车运行交路的图解示意图

16.4 列车运行图的检查与指标计算

16.4.1 检查内容

列车运行图编完后，必须对运行图的编制质量进行全面的检查。检查的主要内容有：
1. 上下行首末端载客列车在始发站的开车时间是否符合营运时间的规定；
2. 列车运行图上铺划的列车数和折返列车数是否符合要求；
3. 各时段列车运行间隔是否符合高峰、一般及低谷客流时段的运能要求；
4. 列车运行图的铺画是否符合规定的各项作业时间标准；
5. 同一时刻在车站或配线上的车辆数停在折返线的列车数是否超过可容纳列车数；
6. 列车乘务员的工作和休息时间是否符合规定的时间标准；
7. 换乘站的列车到发密度是否均衡。

16.4.2 指标计算

在检查并确认列车运行图完全满足规定的要求后，接着就可计算列车运行图的各项指标，以下介绍部分指标的计算方法。

1. 总开行列车数

凡列车在运营线路上行驶一个单程，无论是全程行驶还是短交路折返，均计入总开行列车数。

$$总开行列车数 = 载客列车数 + 空驶列车数，列 \tag{16.6}$$

2. 技术速度

技术速度是指列车在运行线路上运行（不包括列车各站的停站时间）的运行速度。包括列车在各区间运行时间，包括列车启动加速、在区间纯运行、慢行以及制动停车的时间，但不包括列车在运营线路上停站时间和列车在线路两端的折返停留时间。

$$v_{技} = \frac{L}{t_{运} - t_{班}} \tag{16.7}$$

式中：$v_技$——技术速度，km/h；

L——运营线路长度，km；

$t_站$——列车停站时间，h；

$t_运$——列车单程行驶时间，h。

3. 旅行速度

旅行速度可根据列车在营业时间内所消耗的列车小时及走行列车公里数来计算，即：

$$v_旅 = \frac{\sum nL}{\sum nt} \tag{16.8}$$

式中：$v_旅$——旅行速度，km；

$\sum nL$——在营业时间内完成列车公里数，km；

$\sum nt$——上线列车在营业时间内消耗的列车小时数（包括运行时间、加减速附加时间、停站时间），h。

4. 输送能力

输送能力是指单位时间内通常指1小时内特定线路可运送的乘客人数。

$$输送能力 = 载客列车数 \times 列车定员，人次/小时 \tag{16.9}$$

式中：载客列车数——1小时内开行的载客列车数，列/h。

5. 高峰小时运用列车数

高峰小时运用列车数按早高峰和晚高峰分别计算。

$$N = \frac{n_{高峰} \theta_列 m}{60} \tag{16.10}$$

式中：N——高峰小时运用列车数，辆；

$n_{高峰}$——高峰小时开行的列车对数，对；

$\theta_列$——列车周转时间，min；

m——列车编组辆数，辆。

6. 全日车辆总走行公里

全日车辆总走行里程是指轨道交通车辆为运送乘客在运营线路上所走行的里程，图定的车辆空驶里程，以及由于某种原因列车在中途清客或列车在少数车站通过后仍继续载客的车辆空驶里程。

$$全日车辆总行走公里 = \sum (旅客列车数 \times 列车编组数 \times 列车运行距离) \tag{16.11}$$

7. 车辆日均走行公里（又称日车公里）

即每一运用车辆每日平均走行公里数，其中全日运用车辆数可采用早高峰小时的运用车辆数。

$$车辆日均走行公里 = \frac{全日车辆总走行公里}{全日车辆运用数}，km \tag{16.12}$$

通过编制好的详图还可确定的指标包括：列车运营行驶里程、不同时段的行车间隔等多项指标。

16.4.3 新图使用前的准备工作

为了进一步评价新运行图的质量，除计算运行图的各项指标外，还应与现行运行图进行比较，分析各项指标升高或降低的主要原因。列车运行图经最后批准后，为了保证新图能够正确和顺利地实行，必须在实行新图之前做好下列准备工作。

（1）发布实行新图的命令；
（2）印刷并分发列车时刻表；
（3）拟定保证实现新图的技术组织措施；
（4）组织学习，使职工了解、熟悉新图的要求；
（5）根据新图的规定，组织各站、车场修订现有工作流程；
（6）做好车辆和司乘人员的调配工作。

16.4.4 编制列车时刻表

在铺画好列车运行图后，应立即编制列车时刻表。时刻表的编制依据就是列车运行图，各区间上下行列车运行时间和沿途各车站列车停站时间标准。时刻表按照不同的使用范围可分为对内使用的和对外公布两种。简易列车时刻表可人工编制而成，实施自动监控的列车运行图其列车时刻表可使用计算机编制，并可作为生成列车运行图使用。列车时刻表的编制可分为载客列车和出入场空驶列车两大部分，先编制载客列车：上下行载客列车时刻表编在一起，然后再编制出入场的空驶列车时刻表，若有早、晚职工通勤列车，其时刻表也与空驶列车编在一起。

由于城市轨道交通系统的开行密度较高，对时刻表包括主要的开行时段，开行密度以及首、末班列车时刻表即可，某城轨线路的对外公布时刻表如表 16.1 所示。

表 16.1 某线对外公布时刻表

名称	时段 Time	周一~周五 From Monday To Friday		
		列车间隔 Interval Between Trains		
		往 A 站	往 B 站	往 C 站
早高峰	7:00~9:30	约 3 min	约 3 min	约 9 min
晚高峰	16:30~19:30	4~5 min	4~5 min	11 min
一般时段	9:30~16:30	5~8 min	5~8 min	约 10 min
	19:30~22:00			
其他时段	首班车~7:00	6~9min	6~9 min	15 min
	22:00~末班车			

16.5 通过能力

16.5.1 概述

为了实现日常运营生产过程，完成旅客运输任务，城市轨道交通系统必须具备一定的运输能力。运输能力是城市轨道交通系统最重要的参数。运输能力计算涉及系统设计、改建、运力设置及系统在不同时期内发展的其他需要。城市轨道交通系统的运输能力一般可定义为：线路某一方向单位时间 T（通常为 1 h）内所能输送的总旅客人数。运输能力是通过能力和输送能力的总称。

1. 通过能力

城市轨道交通的通过能力是指一定的车辆类型、行车组织方法条件下，城市轨道交通固定设备在单位时间内（通常是高峰小时）所能通过的最大列车数。

通过能力的正确计算和确定在城市轨道交通的新线规划设计，既有线日常运营计划安排、扩能技术改造等方面具有重要的意义。

在实际工作中，通常把通过能力分为三个不同的概念，即设计通过能力、现有通过能力和需要通过能力。

（1）设计通过能力：预计新线修建以后或既有线路技术改造以后，线路所能达到的通过能力。

（2）现有通过能力：在现有固定设备、现行的行车组织方法和现在的运输组织水平的条件下，线路实际能够达到的通过能力。

（3）需要通过能力：在一定时期内，为了适应未来规划期间的运输需求，线路所应具备的包括后备能力在内的通过能力。

按照时间段的不同，通过能力也可分为初期通过能力、近期通过能力和远期通过能力。

2. 输送能力

输送能力是指在一定的车辆类型、行车组织方法的条件下，按照现有设备和乘务人员的数量，城市轨道交通系统在单位时间内所能运送的乘客人数。城市轨道交通线路的输送能力是衡量其服务水平和技术水平的重要指标。在线路通过能力一定的条件下，输送能力的大小主要决定于列车编组辆数、车辆定员人数以及线路的服务水平（由列车满载率体现），即：

$$P = n_{\max} m p_{定} \beta \tag{16.13}$$

式中：P——线路在小时内最大输送能力，人；

$n_{\max}$——1 小时内线路能够通过的最大列车数，列；

m——列车编组辆数，辆/列；

$p_{定}$——车辆定员数，人/辆；

β——列车满载率，%。

（1）列车编组辆数。

列车编组辆数确定的主要依据是预测的规划年度早高峰小时最大断面客流量，计算公式如下：

$$m = \frac{P}{n_{高峰} P_{定}} \tag{16.14}$$

式中：P——线路在小时内最大输送能力，人；

$n_{高峰}$——高峰小时内线路能够通过的最大列车数，列；

$P_{定}$——车辆定员数，人/辆。

此外，在确定列车编组辆数时还应考虑如下制约因素：
① 站台长度限制：站台长度通常在设计阶段就已经确定，建设成后难以改变。
② 对线路通过能力的影响：当列车长度接近站台长度时，要求列车准确停车，通常要增加停车附加时间。并且由追踪列车间隔时间的分析计算可知，列车长度也是一个影响变量。
③ 经济合理性：采用长编组列车，列车满载率在非运营高峰时间内一般较低，经济性欠佳。

（2）车辆定员人数。

车辆定员人数由车辆的座位人数和站位人数组成。站位面积为车厢面积减去座位面积，显然，轨道交通线路车辆的尺寸大小、座席布置方式、单位站位面积内的站立人数是决定车辆定员人数的主要因素。部分城市轨道交通系统的车辆尺寸和车辆定员人数情况如表16.2所示。

表16.2中所列的美国洛杉矶地铁采用大型车辆，但车辆定员人数相对较少，其原因是为了提高乘客的乘车舒适程度，以吸引私人小汽车客流。其他几个城市的资料基本上反映了车辆尺寸和车辆定员人数的正比关系。20世纪80年代前后修建的新加坡、中国香港和上海地铁大多采用大容量地铁车辆，车体宽度为3.0~3.2 m。莫斯科等城市修建地铁时，尽管各个城市客流量差别较大，但均采用小型车辆。在运输组织方面，通过调整行车密度和列车编组辆数以及改变车辆内的座位数和站位密度等措施实现不同的输送能力水平。

表16.2 部分城市车辆尺寸和定员情况

	洛杉矶	新加坡	中国香港	上海	莫斯科
车宽/m	3.08	3.2	3.11	3.00	2.71
车长/m	22.78	23.65	22.85	24.14	19.21
座位/人	68	62	48	62	47
站位/人	164	258	279	248	187
定员/人	232	320	327	310	234
制造国	意大利	日本	英国	德国	苏联

3. 通过能力与输送能力的关系

通过能力反映的是线路所能开行的列车数，它是输送能力的基础。输送能力是运输能力的最终体现，它反映了在开行列车数一定的前提下，线路所能运送的乘客人数。在通过能力一定的条件下，线路的最终输送能力还与车站设备的设计容量、列车定员数、线路的服务定位存在密切关系。

16.5.2 通过能力计算

1. 影响通过能力的固定设备

城市轨道交通通过能力应按下列固定设备计算：
（1）线路。
线路的通过能力主要受线路布置形式，进出站线路平、纵断面，列车运行控制方式等因素的影响。

（2）列车折返设备。

列车折返设备的通过能力主要受车站折返线布置形式、信号和联锁设备种类、列车在折返站的作业程序以及调车进路长度与调车速度等因素影响。

（3）车辆段设备。

车辆段设备的通过能力主要受车辆的车型、编组数量、最高技术速度、旅行速度、出入库通过能力等因素影响。

（4）牵引供电设备。

牵引供电设备的通过能力主要受牵引变电所的数量、供电方式、电力供应容量等因素影响。

城市轨道交通各项固定设备的通过能力通常各不相同，其中通过能力最小的固定设备限制了整个系统的通过能力，该项固定设备的通过能力即为城市轨道交通系统的最终通过能力。因此，城市轨道交通通过能力是各项固定设备的综合能力，如果各项固定设备的通过能力相差悬殊，则系统会产生某些固定设备通过能力的闲置。在各项固定设备中限制城市轨道交通通过能力的通常是线路或列车折返设备。

2. 线路通过能力计算

线路通过能力计算的一般公式为：

$$n_{\max} = \frac{3\,600}{I} \tag{16.15}$$

式中：$n_{\max}$——1小时内线路能够通过的最大列车数，列；

I——城市轨道交通追踪列车间隔时间，s。

在城市轨道交通系统中，列车间隔时间是指追踪运行中两列车间的最小允许间隔时间，计算基点是从一列车头部到另一列车头部，是相邻两列追踪列车为保证列车安全运行所允许的最小间隔时间。

在车站时列车间隔时间 I，包括两部分：

$$I = t_{站} + t_{间隔} \tag{16.16}$$

式中：$t_{站}$——列车在站内的停车时间，包括车门开关、乘客上下车时间等，s；

$t_{间隔}$——前后两列车的安全间隔时间，s。

城市轨道交通系统中有不同的闭塞方式，当采用不同的闭塞方式时，车站间隔时间的计算都会有所不同。在城市轨道交通系统中一般采用移动闭塞，在新线建成后，但自动闭塞信号系统尚未安装的情况下，或者当ATC系统尚未调试完成而采用过度信号时，会采用基本闭塞法。下文将对上海地铁曾采用过的双区间闭塞和移动闭塞方式下的 $t_{间隔}$ 计算进行详细分析。

（1）双区间闭塞。

双区间闭塞是指列车连发间隔按同一时间、相邻两个区间内只有一列车占用。双线双区间闭塞列车运行周期示意图如图16.16所示，相应的线路通过能力计算公式为：

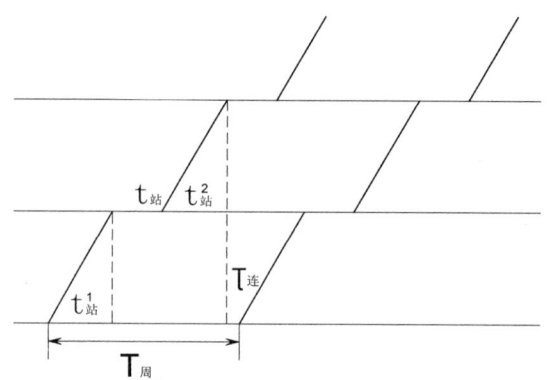

图 16.16 双区间闭塞运行图周期

$$n_{\max} = \frac{3600}{\sum t_{运}^i + t_{站} + \tau_{连}} \quad (16.17)$$

式中：$t_{运}^i$——第 i 个区间的运行时分，s；

$t_{站}$——列车在站内的停车时间，包括车门开关、乘客上下车时间等，s；

$\tau_{连}$——连发间隔时间，s。

（2）移动闭塞

为了使问题简化便于分析，先提出以下假设作为计算前提：

假设 1：前后两列车具有相同的启动加速度 a、制动减速度 d 及区间最大允许速度 $V_{\max}$；

假设 2：列车车长均为 l；

假设 3：轨道电路区间后端均设有防护区段 $l_{防护}$；

假设 4：$t_{传}$ 为信息传输处理及制动反应时间；

假设 5：司机确认信号时间均为 $t_{确}$。

基于无线通信连续定位的移动闭塞前后两列车间的最小安全间隔为 $L_{\min}$，当前行列车 1 刚刚出清车站驶过安全防护段 $l_{防护}$，后续列车 2 以最大允许速度 $V_{\max}$ 驶来，其头部位于距车站停车点的距离正好等于列车 2 的常规制动距离 $L_{制动}$ 与在信息传输和信号确认时间内走行的距离 L_1 之和。其中：

$$L_{制动} = \frac{V_{\max}^2}{2d}$$
$$L_1 = t_{传} V_{\max}$$
$$L_{\min} = L_1 + L_{制动} = t_{传} V_{\max} + \frac{V_{\max}^2}{2d}$$

在这种情况下，安全间隔时间为 $t_{间隔} = t_{传} + t_{减速} + t_{离去}$。

式中：$t_{减速}$——列车从 $V_{\max}$ 减速至停稳所需的时间，其值为 $\frac{V_{\max}}{d}$，s；

$t_{离去}$——前行列车出清车站并驶过防护段 $l_{防护}$ 所需的时间，s。

$t_{离去}$ 的计算根据最大允许速度 $V_{\max}$ 的不同，可分两种情况讨论：

① 当 $V_{\max} \geqslant \sqrt{2a(l + l_{防护})}$，即列车以加速度 a 出清车站并驶过安全防护段，

$$t_{离去} = \sqrt{\frac{2(l+l_{防护})}{a}};$$

② 当 $V_{max} < \sqrt{2a(l+l_{防护})}$，即列车以加速度 a 运行达到 V_{max}，然后列车以速度 V_{max} 匀速驶离安全防护段，

$$t_{离去} = \frac{V_{max}}{a} + \frac{(l+l_{防护}) - \frac{V_{max}^2}{2a}}{V_{max}} = \frac{2a(l+l_{防护}) + V_{max}^2}{2aV_{max}};$$

所以，移动闭塞条件下，$t_{间隔}$ 的计算为：

$$t_{间隔} = t_{传} + t_{减速} + t_{离去}$$

$$= \begin{cases} t_{传} + \dfrac{V_{max}}{d} + \sqrt{\dfrac{2(l+l_{防护})}{a}}, & 当 V_{max} \geqslant \sqrt{2a(l+l_{防护})} \\ t_{传} + \dfrac{V_{max}}{d} + \dfrac{2a(l+l_{防护})+V_{max}^2}{2aV_{max}}, & 当 V_{max} < \sqrt{2a(l+l_{防护})} \end{cases} \quad (16.18)$$

3. 折返设备通过能力计算

列车折返设备通过能力由列车编组数量、调车速度、信号反应时间、办理进路时间和上下客时间共同确定。在实际运用中，列车折返设备通过能力计算公式为：

$$n_{折返} = \frac{3\,600}{I_{发}} \quad (16.19)$$

式中：$n_{折返}$——1 小时内列车折返设备能够折返的最大列车数，列；

$I_{发}$——相邻列车折返出发间隔时间，s。

列车折返方式主要有站后折返和站前折返两种。站后折返通常是列车利用站后近端折返线进行折返，站前折返则是列车经由站前渡线进行折返。折返方式不同，$I_{发}$ 的计算方式也不同。

（1）站后折返。

列车站后折返过程如图 16.17 所示，折返作业过程为：① 列车上行到达列车进站，乘客下车；② 列车由车站正线进入折返线，预办调车进路；③ 列车从折返线驶入下行正线。

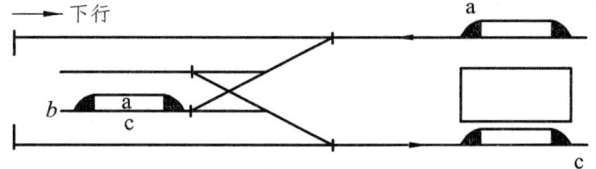

图 16.17 站后折返列车折返作业过程

显然，当采用站后折返方式时，当上行到达列车在折返线规定的停留时间结束即能进入下行车站正线，此时有最小的折返列车出发间隔时间，如图 16.18 所示。

由图 16.18 可知，站后折返 $I_{发}$ 的计算公式如下：

$$I_{发} = t_{离去} + t_{作业} + t_{确认} + t_{出线} + t_{站} \quad (16.20)$$

式中：$t_{离去}$——出发列车驶离车站闭塞分区的时间，s）；

$t_{作业}$——车站为折返线停留列车办理调车进路的时间,包括道岔区段进路解锁延迟、排列进路和开放调车信号、更换操作台等各项时间,s;

$t_{确认}$——司机确认信号时间,s;

$t_{出线}$——列车从折返线至车站出发正线的走行时间,s;

$t_{站}$——列车停站时间,s。

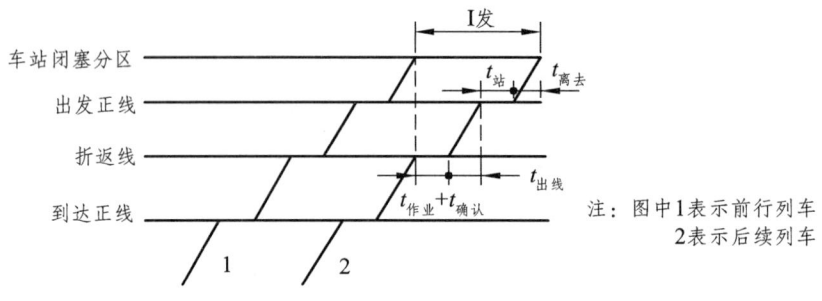

图 16.18 站后折返列车出发间隔

（2）站前折返。

在采用站前折返方式时,列车的运行径路可分为直进侧出和侧进直出两种情况。

直进侧出:折返列车在折返过程中直向到达、侧向出发。要同时占用上下行正线,而且在列车运行过程中进站要减速、出站需加速的实际情况来看,直向进站,速度高,减速范围大;而侧向出站需通过道岔,使列车加速受到限制。

侧进直出:折返列车侧向到达、直向出发。折返列车借助于下行列车出发后的间隙,接入下行站台正线,同时腾空了上行正线,且从列车进出站的运行规律的（进站减速、出站加速）角度考虑,以及从乘客乘坐的舒适性考虑,这种折返模式较直进侧出好。

以侧进直出折返模式为例,列车站前折返过程如图 16.19 所示,折返作业过程为:① 上行到达列车进站,将侧向进入折返线,停靠下行正线;② 列车由车站下行正线直向进入折返线,预办调车进路;③ 列车从折返线驶入下行正线。

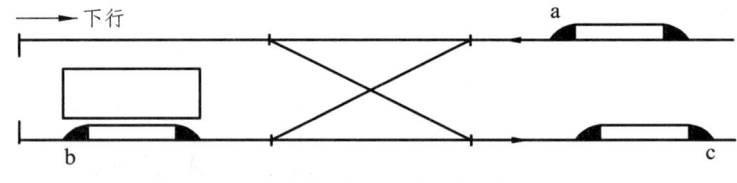

图 16.19 站前折返列车折返作业过程

当采用站前渡线折返时,当进站列车位于进站位置外方确认信号距离处时即能进入下行车站正线,此时有最小的折返列车出发间隔时间,如图 16.20 所示。

由图 16.20 可知,站前折返 $I_{发}$ 的计算公式如下:

$$I_{发} = t_{离去} + t_{作业} + t_{确认} + t_{进站} + t_{站} \tag{16.21}$$

式中：$t_{离去}$——出发列车驶离车站闭塞分区的时间,s;

$t_{作业}$——车站为折返线停留列车办理调车进路的时间,包括道岔区段进路解锁延迟、排列进路和开放调车信号等各项时间,s;

$t_{确认}$——司机确认信号时间,s;

$t_{进站}$——列车从进站渡线道岔处至车站正线的走行时间，s；

$t_{站}$——列车停站时间，s。

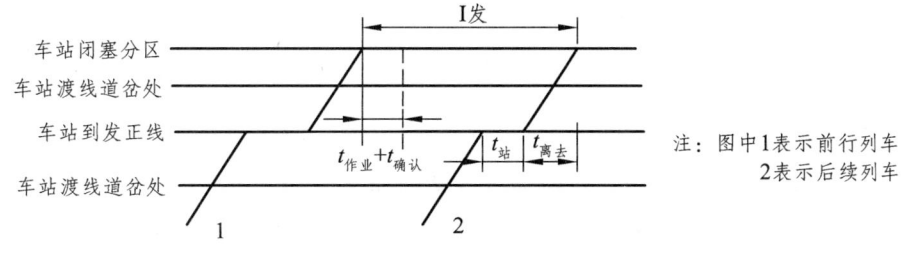

图 16.20　站前折返时列车出发间隔

4. 最终通过能力

城市轨道交通最终通过能力通常受限制于线路或列车折返设备的通过能力，则最终通过能力可用下式表示：

$$n_{\max} = \frac{3600}{\max\{I, I_{发}\}} \quad (16.22)$$

式中：$n_{\max}$——城市轨道交通在 1 小时内最终能够通过的最大列车数，列；

I——城市轨道交通追踪列车间隔时间，s；

$I_{发}$——相邻列车折返出发间隔时间，s。

从目前我国城市轨道交通系统的运营实践来看，系统通过能力主要受折返设备的通过能力的制约。

5. 使用通过能力

在日常行车组织中，因为列车运行时分偏离、设备故障、行车事故以及外界影响等带来的通过能力损失是很难避免的。因此，实际可使用的通过能力达不到理想状态下的计算能力。为合理安排列车运能、保证列车运行秩序，有必要保有一定的时间余量，最终确定使用通过能力如式（16.23）所示。

$$n_{使用} = \frac{3600}{I + t_{损失}} \quad (16.23)$$

式中：$n_{使用}$——扣除能力损失后，城市轨道交通线路在 1 小时内能够通过的最大列车数，列；

$t_{损失}$——平均每列车分摊到的损失时间，可根据列车运行统计资料计算确定，s。

16.5.3　加强运输能力的措施

运输能力是通过能力与输送能力的总称。在地铁、轻轨等线路上，通过能力主要是由线路通过能力和列车折返能力两者中的能力较小者所决定的；在市郊铁路上，通过能力主要是由区间通过能力所决定的。提高运输能力的措施有多种多样，各种提高运输能力措施解决能力问题的内涵也不一样，尽管如此，提高运输能力的措施大体上可以分为运输组织措施和设备改造措施两大类。

运输组织措施是指无须大量投资，运用比较完善的运输组织方法，更有效的使用既有技术设备，就能使运输能力达到需要水平的提高能力的措施。如优化列车运行图，合理规定列车停站时间，合理组织列车折返作业，改进列车乘务制度等措施。

设备改造措施是指需要一定投资来加强技术设备的措施。随着科学技术的进步，不断地以先进的技术设备来装备轨道交通系统，以加强轨道交通运输的物质技术基础，提高运输能力。这些措施包括新建线路，改造既有线路与车辆段，采用先进的信号和列车运行控制系统以及购置新型车辆等。

根据各国轨道交通的运营实践，在扩能的措施方面，提高既有线运输能力，通常运输组织措施和设备改造措施两者并用，如增加行车密度和增加列车定员来提高既有线运输能力，并以增加行车密度为主。但在线路行车密度已经很大的情况下，要较大幅度地提高运输能力，往往需要通过采用设备改造措施来实现。

1. 提高线路通过能力的措施

决定线路通过能力的主要因素是追踪列车间隔时间，因此可通过压缩列车的进站时间、加减速附加时间和停站作业时间来提高线路通过能力。提高线路通过能力的措施主要有：

（1）修建双线或四线。

在既有单线或双线基础上建成双线或四线、平行双线能大幅度提高线路通过能力。

（2）改造线路平、纵断面。

采用该措施能提高行车速度，进而提高线路通过能力。但改造线路的平面和纵断面会受到诸如工程经济性、施工困难和影响日常行车等因素的制约。因此该措施通常在旧式有轨电车线路改造为轻轨线路时采用；而在已存在既有轻轨或地铁线路的情况下，则更倾向于采取用新型车辆来适应线路条件的做法。

（3）客流较大中间站修建配线。

如采用该措施使侧式站台变成岛式站台，单向运行列车能在站台两侧轮流停靠，这样可以缩短构成追踪列车间隔时间的列车停站时间部分，较大幅度提高线路通过能力，该措施一般适用于郊区地面线路情况。

（4）客流较大中间站增建站台。

该措施通常在岛式站台的情况下采用，使停站列车的两侧均有站台，乘客能从两侧上下车或将上下车客流分开，缩短列车停站时间，提高线路通过能力。此外，在增建站台时也可根据客流需求同步修建配线，该措施一般也适用于地面线路。

（5）使用新型车辆。

新型车辆的含义包括车辆运行性能改善和安装车载控制设备等。车辆运行性能主要包括车辆构造速度、车辆起动加速度和制动减速度等运行参数，车载控制设备主要有车载制动控制和车载道岔自动转换设备等，车辆运行性能改善安装车载控制设备能提高列车运行速度，缩短追踪列车的间隔时间。

（6）改进车辆设计。

车辆上的新设计通常是针对缩短列车停站时间、增加车辆定员和提高乘车舒适程度等产生的。如可设计增加每侧车门数量，以缩短乘客上下车的总时间。

（7）采用先进的列车运行控制系统。

采用先进列车运行控制系统能较大幅度地提高线路通过能力。它的主要功能是使列车的调速制动实现连续化、自动化，以达到提高列车运行速度及缩短追踪列车间隔时间的目的。

如果用移动闭塞能使后行列车与前行列车始终保持一个动态确定的最小安全间隔距离，就能缩短追踪列车间隔时间。

（8）分割车站区域轨道电路。

图 16.21 是采用该措施后缩短追踪列车间隔时间的一个图解。通过分割车站区域轨道电路，增加了一个前行列车离去速度监督等级，图 16.21 中当前行列车出清轨道电路段 cd，达到被监督速度，续行列车恰好运行至进站线路的 a 处，如图 16.21（a）所示；当前行列车出清整个车站轨道电路区域时，续行列车已运行到进站线路的 b 处，如图 16.21（b）所示。

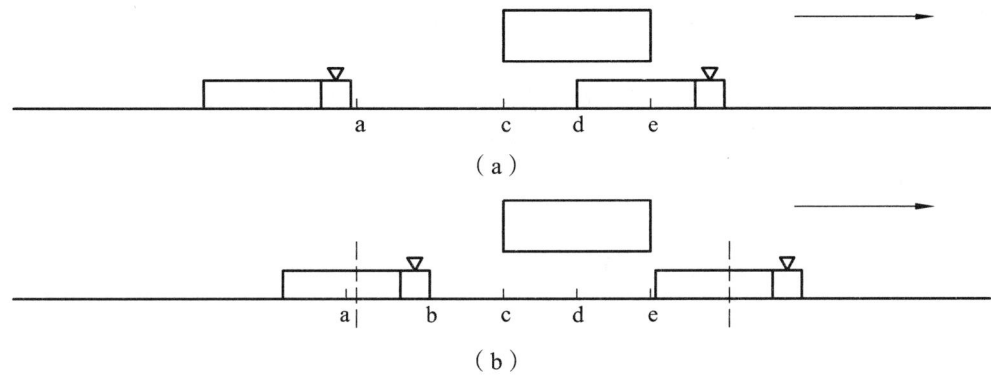

图 16.21　分割车站区域轨道电路时列车追踪运行图解

（9）加强站台客运组织。

乘客为了减少走行距离，同时避免时间延误，往往在靠近自动扶梯或楼梯的位置候车，进而导致列车内乘客分布不匀，最终造成列车在车站的停站时间延长。采用该措施就是通过站台乘车的组织，使列车内的乘客尽可能分布均匀，以减少列车停站时间，还可提高系统的输送能力。

2. 提高列车折返能力的措施

在行车密度比较高的情况下，线路终点站的列车折返能力往往会成为限制通过能力的薄弱环节。影响列车折返能力的因素包括：在站后折返情况下有出发列车驶离车站闭塞分区时间、车站为折返线列车办理调车进路时间、列车从折返线至出发站线的走行时间和图定终点站列车停站时间等；在站前折返情况下有出发列车驶离车站闭塞分区时间、车站为进站列车办理接车进路时间、列车从进站信号机至到达站线的走行时间和图定终点站列车停站时间等。针对上述各种影响因素，折返站提高列车折返能力的措施如下。

（1）修建环形折返线。

图 16.22 是地面轨道交通线路修建环形折返线的示意图。这种站场配置能缩短乘客上下车总时间、消除列车在折返线等待前行列车出清站线的时间，从而提高终点站的列车折返能力。

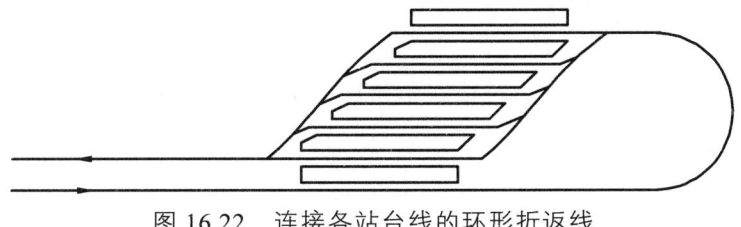

图 16.22　连接各站台线的环形折返线

但环行线因受平面曲线最小半径限制，环绕距离偏长，工程量增大，需要适合的地形条件。但目前从建设与运营成本投入和运营效果来看，单独设置环形折返线，经济合理性较差。

（2）增建站台。

采用该措施形成岛式与侧式站台的组合形式，可以缩短乘客上车总时间，加速列车折返作业过程。该措施一般适用于地面线路情况，由于土建工程量较大，应在技术经济比选后确定。

（3）优化道岔与轨道电路设计。

如将渡线道岔按两个单动道岔进行设计，或将站内轨道电路进行分割等，采用这些措施后能减少列车等待进路空闲情况的出现，缩短列车的折返时间。

（4）采用自动信号设备。

采用该措施后，道岔转换、排列进路、信号开放及进路解锁等能根据列车折返运行情况自动进行。这样，列车在折返作业过程中，能减少办理调车或接车进路时间，从而达到加速列车折返速度的目的。

（5）在折返线上预置一列车周转。

在前行列车已经腾空出发站线，而续行列车还未进入折返线或在折返线停留的过程中，采用该措施能提高列车折返能力。

（6）改变折返方式。

通过采用不同的折返方式来缩短折返列车在终点站的出发间隔时间。有两条折返进路的车站可分别使用两条折返进路进行交替折返。下面以站前折返为例说明交替折返的模式。图16.23 为采用站前折返的折返站站型示意图。

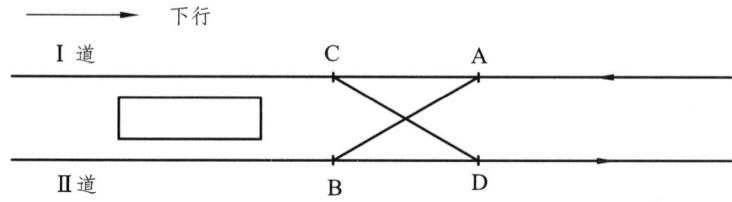

图 16.23 站前折返站站型示意图

采用交替折返时，列车侧向进站、直向出发与直向进站、侧向出发交替进行。交替折返作业时间示意图如图 16.24 所示，图中①表示列车经道岔 A、C 直向进 I 道停车；②表示列车经道岔 A、B 侧向进 II 道停车；③表示 I 道停站列车经道岔 C、D 侧向发车；④II 道停站列车经道岔 B、D 侧向发车。此时的最小折返列车出发间隔计算如下：

$$I_{发}^1 = t_{离去}^{侧向} + t_{作业} + t_{进站}^{直向} + t_{作业} + t_{确认} = t_{离去}^{侧向} + t_{进站}^{直向} + 2t_{作业} + t_{确认} \tag{16.24}$$

$$I_{发}^2 = t_{离去}^{直向} + t_{作业} + t_{进站}^{侧向} + t_{作业} + t_{确认} = t_{离去}^{直向} + t_{进站}^{侧向} + 2t_{作业} + t_{确认} \tag{16.25}$$

$$n_{折返}^{交替} = 2 \times \frac{3600}{I_{发}^1 + I_{发}^2}$$

若不采用交替折返，则 $I_{发} = t_{确认} + t_{进站} + t_{站} + t_{离去} + t_{作业}$，

$$n_{折返} = \frac{3600}{I_{发}}$$

由于 $t_{确认} < t_{站}$，所以 $I_{发}^1 < I_{发}$，$I_{发}^2 < I_{发}$，则 $I_{发}^1 + I_{发}^2 < 2I_{发}$。

$$2 \times \frac{3600}{I_{发}^1 + I_{发}^2} < 2 \times \frac{3600}{2I_{发}}$$

即 $n_{折返}^{交替} > n_{折返}$，所以当采用交替折返模式时，可提高车站的折返能力。

从实际的运营和维护角度上看，不采用交替折返时，仅仅使用了两条折返进路中的一条，另一条仅作为存车线或停车线用，其结果会造成部分线路的偏磨，不利于线路的维护和实际效益的发挥。但是采用交替折返模式时将会出现不均衡的发车间隔和接车间隔，将给全线的行车组织和运营管理增加难度。

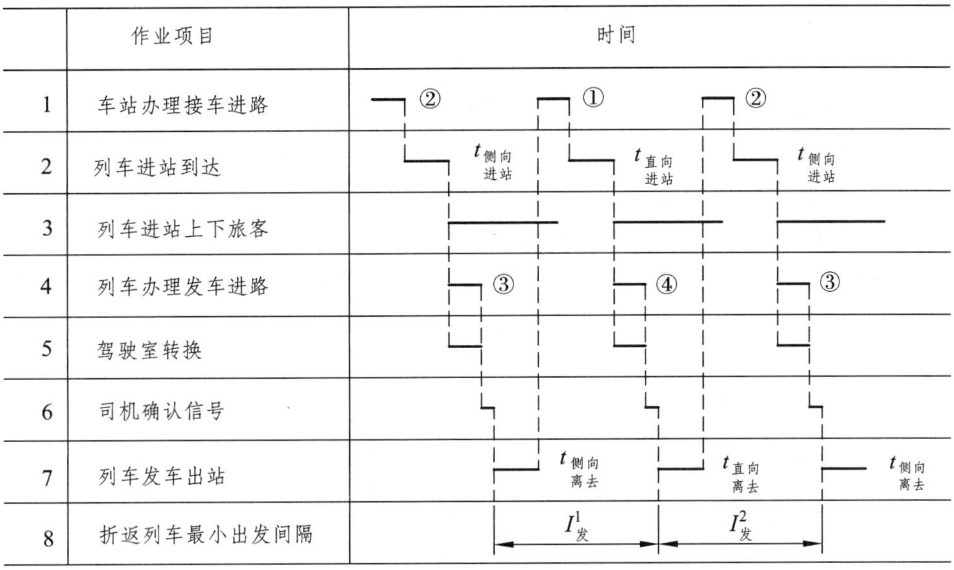

	作业项目	时间
1	车站办理接车进路	② ① ②
2	列车进站到达	$t_{侧向进站}$ $t_{直向进站}$ $t_{侧向进站}$
3	列车进站上下旅客	
4	列车办理发车进路	③ ④ ③
5	驾驶室转换	
6	司机确认信号	
7	列车发车出站	$t_{侧向离去}$ $t_{直向离去}$ $t_{侧向离去}$
8	折返列车最小出发间隔	$I_{发}^1$ $I_{发}^2$

图 16.24 交替折返作业时间示意图

3. 提高输送能力的措施

在通过能力一定的条件下以及出现非正常运营时，决定输送能力的因素是列车编组辆数和车辆的实际载客人数。因此，提高输送能力的措施主要有以下几个。

（1）增加列车编组辆数。

采用该措施能较大幅度地提高输送能力，但列车扩大编组受到站台长度、运营经济性等因素的制约。

（2）采用大型车辆。

由于大型车辆定员多，是目前新建轨道交通系统，尤其是地铁等大容量城市轨道交通系统的首选车型。

（3）优化车辆内部布置。

该措施的基本出发点是在车辆尺寸一定的条件下，通过将双座椅改为单座椅或将纵向布置的固定座椅改为折叠座椅，改为折叠座椅后，在高峰运输期间可翻起座椅，增加车内站立人数，同时也能提高乘车的舒适程度。

（4）优化乘客的空间分布。

在通过能力一定的前提下，输送能力主要取决于车辆的实际载客人数，而这与乘客的空间分布和时间分布息息相关。对于乘客的时间分布，可采取的措施较为有限，而通过增加车门等方式可使乘客在车厢内部分布均匀；通过交错安排楼梯或自动扶梯等方式使乘客在不同车厢分布均匀。通过降低乘客空间分布的不均衡来提高输送能力。

16.5.4 运能-运量适应分析

在研究解决运输能力不足的情况下，是否需要采取和何时采取提高运输能力的措施，应通过运能-运量适应分析来确定，即根据城市轨道交通线路的高峰小时现有运输能力能否适应规划年度高峰小时需要运输能力来确定。高峰小时需要运输能力，可根据预测的规划年度高峰小时最大断面客流量进行计算确定，计算公式如下：

$$p_{需} = p_{规划}(1 + \gamma_{备})\qquad(16.26)$$

式中：$p_{备}$——规划年度高峰小时线路应具有的运输能力，人；

$p_{规划}$——规划年度高峰小时线路单向最大断面客流量，人；

$\gamma_{备}$——考虑客流波动的能力后备系数，一般可取 0.1。

根据现有运输能力和需要运输能力资料绘制的运量适应图如图 16.25 所示，假设在运营初始年度需要运输能力为 25 000 人/h，以后平均每年增加 2 500 人/h。现有运输能力和采用各种提高运输能力措施后所能实现的运输能力数据如表 16.3 所示。

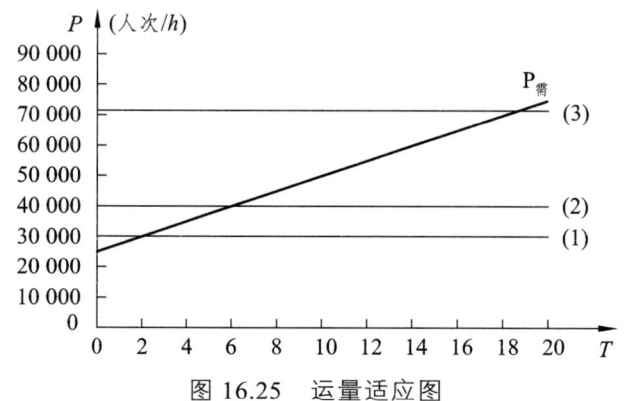

图 16.25 运量适应图

从运量适应图上可以清楚地看出运量-运能适应分析的结果，确定现有运输能力能否满足需要运输能力的逐年增长，了解采用某种提高运输能力措施形成能力的最后期限以及能适应的运营年限。此外，运量适应图还可以用于比较采用不同提高运输能力措施的运量-运能适应情况。详细分析如下：图 16.25 中横线（1）表示现有运能，运营开始 1～2 年内可以满足需求运量；横线（2）表示采取增加列车编组措施能实现的运能，第 2 年到第 6 年内可以满足需求运量；横线（3）表示采取缩短列车发车间隔措施能实现的运能，在第 6 到第 20 年内能满足需求运量。

表 16.3 绘制运量适应图数据

序号	运能状态变化	h/s	n/列	m/辆	$p_{车}$/(人/辆)	p/(人/h)
1	现有运能（1）	180	20	6	250	30 000
2	扩能措施（2）	180	20	8	250	40 000
3	扩能措施（3）	120	30	8	300	72 000

17 列车运行组织与调度指挥

17.1 概　述

城市轨道交通列车运行组织与调度指挥的基本任务为：科学地组织客流，经济合理地使用车辆及运输设备；挖掘运输潜力，提高运输效率和经济效益，组织与运输有关部门间密切配合、协同动作，确保实现列车运行图；努力完成运输生产任务，为城市经济建设和人民生活服务。

城市轨道交通列车运行组织具有以下特点：

（1）城市轨道交通是一种高速、安全、舒适、污染小的大运量轨道交通系统。

（2）城市轨道交通一般只办理客运业务，不办理货运业务（除少数线路承办邮件运输）。

（3）城市轨道交通均采用双线运行，即上、下行分线运行。

（4）城市轨道交通运行组织的技术特征明显。

① 全日客流分布在时间上有较明显的高峰（早、晚高峰）和低谷之分，个别线路可能会出现多个高峰（或称为平峰）。高峰时段客流量集中，时间性强；在空间上又有不同的区间客流密度分布，如在某个时段某个区间的客流量特别大。

② 列车运行间隔时间短，发车密度高。

③ 全日运营时间内无法实施设备维护保养，需在运营外专门的检修时间进行。

④ 列车运行指挥集中，设备先进，涉及的部门比较多。

列车运行主要是指列车在正线上的运行。在双线行车时，地铁、轻轨列车按右侧单向运行，而市郊列车则是按左侧单向运行。

为保证列车运行安全，在组织列车运行时，通过设备或人工控制，使连续发出的列车保持一定间隔距离安全行车的办法，称为行车闭塞法。保持列车间隔距离的方法有两大类：一类是空间间隔法，按一定的空间间隔开行列车，即在区间或闭塞分区内没有列车的时候，才准许驶入列车；另一类是时间间隔法，按一定的时间间隔开行列车，即第一列车发出后，须经过一定的时间才发出下一列车。由于按时间间隔法行车，不易严格保持后行列车与前行列车间的安全间隔，如果进路办理疏忽或驾驶员操作不当，容易发生追尾事故。因此，城市轨道交通线路在正常情况下采用空间间隔法行车，只是在特殊情况下，才准许采用时间间隔法，并且要有安全保证措施。

城市轨道交通的行车工作实行统一领导、单一指挥。行车调度员是全线列车运行的组织者和指挥者，负责实现列车运行图和完成运输工作指标，所有与列车运行有关的作业人员都必须执行行车调度员的命令、服从行车调度员的领导和指挥。转为车站控制时，车站行车工作由车站值班员直接指挥。

17.2 列车运行组织

17.2.1 行车闭塞法

列车运行以站间区间或信号机所划分的闭塞分区或虚拟的闭塞分区作为间隔。地铁行车闭塞法采用下列三种。

1. 移动闭塞

没有固定的闭塞分区，列车运行闭塞分区的终端（移动授权）由前一列车在线路上的运行位置、运行状态等因素确定，随前一列车位置的变化而实时地发生变化，信号系统通过轨旁设备向后续列车发送移动授权信息，该移动授权点在运行线路上是连续的、实时的变化，并没有传统固定闭塞分区中区段的概念。行车凭证为车载信号。

2. 固定闭塞

在固定闭塞的模式下，进路建立后，从一架信号机（始端）到另一架信号机（终端）之间的区域即为一个闭塞分区，正常情况下只允许一列车在此闭塞分区内运行。行车凭证为地面信号。

3. 电话闭塞

移动闭塞和固定闭塞是地铁行车的基本闭塞法，电话闭塞法是当基本闭塞设备不能使用时所采用的代用闭塞法。

17.2.2 正常情况下的列车运行组织

正常情况下的列车运行组织是指在营业时间内，采用基本列车运行控制方式和基本行车闭塞法情况下的列车运行组织。城市轨道交通由于行车密度高、间隔小、对安全运营要求高的特点，根据信号设备所能提供的运行条件，一般分为调度集中控制、调度监督和半自动运行控制三种方式，按照运行图规定的行车计划开行列车，进行列车运行组织。

1. 调度集中控制时的列车运行组织

调度集中控制的行车组织方式，在调度所行车调度员的统一指挥下，利用行车设备对列车的到、发、折返等作业进行人工控制及调整。调度集中控制下的行车组织指挥人为行车调度员，车站不参与行车组织的工作。调度集中控制应实现的功能有：

（1）应具有电气集中连锁设备，实现远程控制功能，并从设备方面提供列车运行安全保障。

（2）通过控制屏或显示器可监护全线列车运行状态、信号显示、道岔位置及区间、线路占用的情况。

（3）利用电气集中连锁设备转换道岔、排列进路、开放信号、指挥和调整列车运行。

（4）自动和人工绘制列车实绩运行图。

2. 调度监督时的列车运行组织

调度监督是一种行车调度员能监督现场设备和列车运行状态，但不能直接进行控制的远程监控列车运行组织的方法。自动运行控制利用计算机技术对列车运行实行自动指挥和自动远程监控，并通过列车运行保护系统提高行车安全系数。调度监督时的列车运行自动控制可实现的功能有：

（1）计算机系统可输入及储存多套列车运行图，可按设定的列车运行图自动实现行车指挥功能。

（2）对正线运行列车实行自动跟踪和显示进路，道岔位置，区间及线路占用情况。

（3）可自动或人工对列车运行进行调整，可使用人工对进路排列，信号开放，道岔转换进行控制。

（4）提供中心及车站两级运行控制系统模式，可根据需要进行控制转换权转换。

（5）列车运行自动保护系统对列车进行设定防护区段，控制前后列车运行的安全间距。

（6）列车可使用自动驾驶功能，也可采用人工驾驶，列车占用区间的凭证是列车收到的速度码。

（7）通过计算机系统自动绘制列车实绩运行图，并进行有关运营数据的统计工作。

3. 半自动控制时的列车运行组织

这种列车运行组织方式是在中央调度所统一指挥和监督下，由车站行车值班员操作车站电气集中或临时信号设备控制列车运行。调度监督下的半自动控制可实现的功能有：

（1）车站信号控制系统具有联锁功能，对进路排列，道岔转换，信号开放施行人工操作。

（2）中心可实时反映进路占用，信号及道岔等工作状态，对线路上的列车运行进行监护。

（3）中心可储存信号开放时刻，道岔动作。列车运行等各类运行资料，并根据需要调用。

（4）车站根据中心指令对列车运行进行调整。

（5）计算机自动绘制系统或人工绘制列车实绩运行图。

17.2.3 特殊情况下的列车运行组织

非正常情况下的列车运行组织是相对上述正常情况下的列车运行组织而言的，它是在基本列车运行控制方式由于信号故障，道岔故障等原因而不能继续采用原行车控制方式的情况下的列车运行组织。下面简单介绍几种特殊情况下的列车运行组织。

1. 列车自动控制系统故障时的列车运行组织

在采用 ATC 的情况下，由 ATS 完成列车运行的控制任务，行车调度员只起监控作用；列车根据 ATO 提供的信息，由 ATO 自动驾驶运行。

在 ATC 发生故障时，列车指挥方法和列车运行控制方式改变如下。

（1）ATS 发生故障，改为调度集中控制。由行车调度员人工控制全线的信号与道岔，办理列车进路和调整运行秩序。

（2）ATP 地面设备发生故障，因 ATO 车载设备接收不到限速命令，无法按自动闭塞法行车。此时，如是小范围的设备故障，可由行车调度员确认故障区间后，向驾驶员发命令，列车在故障区间限速运行；如是大范围的设备故障，须停止使用自动闭塞法，改为车站控制，实行电话闭塞法行车。

（3）ATP 车载设备发生故障，因故障列车无法接收限速命令，该列车驾驶员应按调度命令，人工驾驶限速运行。

（4）ATP 和车站通信设备同时发生故障，采用时间间隔法行车。

（5）ATO 发生故障，列车改为人工驾驶，在 ATP 车载设备的监护下，按车内速度信号显示运行。

2. 改为车站控制时的列车运行组织

凡发生下列情形之一时，根据行车调度员的命令，由调度集中控制改为车站控制。

（1）对所管辖的道岔或信号失去了控制作用。

（2）表示盘上失去了复示作用或不能正确复示。

（3）停止使用自动闭塞法。

（4）按半自动闭塞法行车。

（5）清扫道岔。

（6）列车运行或调车有关工作必须由车站办理。当调度集中控制改为车站控制时，在行车调度员的指挥下车站行车值班员办理闭塞，准备进路，开闭信号和接发列车。

3. 改用电话闭塞法时的行车

在停止使用自定闭塞法时，应改用电话闭塞法行车。以下情形须停止使用自动闭塞法。

（1）因故不能使用基本闭塞设备。

（2）因故发出由区间折回的列车。

（3）双线区间列车反方向运行。

（4）半自动闭塞区间出站信号机故障或灯光熄灭。

（5）办理不能使轨道电路起作用的轻型轨道车运行。

电话闭塞法是在没有机械、电气设备控制的条件下，仅凭电话联系来保证列车空间间隔的行车闭塞法。电话闭塞法是在非正常情况下列车运行组织所采用的基本方法，但由于安全程度较低，只是一种临时代办的闭塞法，改用电话闭塞法行车，应有列车调度员的命令，并严格按规定的作业办法与要求办理。

4. 改用时间间隔法时的行车

由于自然灾害或其他原因使车站一切电话中断。车站行车值班员无法与控制中心、临站取得联系，为了不间断行车，双线区间可改用时间间隔法行车。此时，行车作业办法与要求如下。

（1）车站行车值班员制定改用时间间隔法的第一趟列车驾驶员，将实现该行车法的情况通知有关车站。

（2）除线路两端折返站，中间站道岔一律置于正线列车运行位置。例如，车站行车值班员无法在控制台上确认道岔位置或转换道岔，必须随车就地确认或办理。

（3）出站信号机置于停车信号显示，列车进入区间的行车凭证为红色许可证，手信号发车。

（4）两列车的间隔时间和列车运行速度应符合《技规》要求。

5. 夜间施工时的行车

夜间施工是轨道交通系统生产活动的重要组成部分。运输调度部门既要按照批准的施工计划，保证设备维修更换，线路扩建工程等夜间施工任务顺利完成，又要保证次日运输生产能正常进行。为此，夜间施工时的行车应按照有关作业办法与要求组织。

6. 列车反方向运行组织

正常情况下，列车按正方向运行，但在特殊情况下，可组织列车反方向运行。所谓列车反方向运行是指下行列车在上行线运行或上行列车在下行线运行的情形。列车反方向运行，应按规定程序进行审批，专运列车反方向运行必须得到公司主管领导准许，客运列车反方向运行必须得到值班调度主任或调度长准许，方可在行车调度员的调度命令下执行。行车调度员应对反方向运行列车重点跟踪调度指挥，确保行车安全。

7. 其他特殊情况下列车的运行规定

（1）救援列车开行的规定。

① 救援列车开行时，行调向有关人员发布开行救援列车的命令，如工程车前往救援，还须发布封锁线路的命令。

② 已申请救援的列车严禁动车，驾驶员应做好防护及救援准备工作。

③ 前往救援的列车（含工程车）凭行调命令进入该救援区段（或封锁线路），如工程车前往救援，待连挂完毕后，行调须发布线路开通命令。

④ 救援列车以 25 km/h 的速度进入救援区间，应距被救援车 20 m 外停车，以 5 km/h 速度运行至距故障车 3 m 处停车，听候救援负责人指挥。

⑤ 工程车前往救援时，未接到开通封锁线路的调度命令前，不得将救援列车以外的其他列车开往该线路。

⑥ 车辆段救援机车及各类抢修车辆应处于整备待发状态，其工具备品应保持齐全整洁，性能良好。

（2）列车退出运行的规定。

① 列车需退出运行时，驾驶员必须及时报告行调，行调扣停后续列车后方可准许退行。

② 列车退回车站前，驾驶员应和行车值班员联系得到许可后，方可退出运行进站。

③ 退出运行列车到达车站后，驾驶员应及时报告行调。

（3）推进运行的规定。

客车推进运行须经行调同意，推进运行时应有引导员在客车头部引导，引导员由行车值班员或值班站长担任（当配备双驾驶员时，由另一名驾驶员担任）。

客车推进时须在就近清客后方可继续运行。

（4）客车在车站通过的规定。

① 不影响后续列车正点运行或折返后能够正点始发的晚点列车，原则上不得通过。

② 末班车或乘客无返乘条件的列车，不得通过。

③ 不准两列及其以上的客运列车在同一车站连续通过。

④ 始发站不准两列及以上的客运列车连续放空。

⑤ 客车在站通过时，行调应及时通知驾驶员和相关车站。

（5）客车 NRM 模式运行的规定。

① 单驾驶员值乘时，列车车载 ATP 发生故障以 NRM 模式运行时，行调应通知车站派车

站监控员添乘（行调向有关车站、驾驶员发布口头登乘命令及登乘号，监控员向驾驶员报登乘号，经驾驶员核对无误后，监控员添乘驾驶室）。当列车在区间监控员无法添乘时，列车限速 40 km/h 运行至前方站，监控员添乘后按 NRM 模式规定速度运行。当列车配备双驾驶员时，由另一驾驶员担任监控员。

②监控员应协助驾驶员瞭望、监控速度表，提醒驾驶员按规定速度运行，必要时立即按压紧急停车按钮。

③按电话闭塞法行车时，驾驶员以 NRM 模式运行可不派监控员添乘。

（6）列车冒进信号时的规定。

①列车冒进信号时，驾驶员应立刻停车并向行车调度员汇报情况。

②当被冒进的信号机前方无岔道时，行车调度员可视行车间隔、早晚点、进路等情况组织列车通过或退出车站。

③当被冒进的信号机前方有道岔时，由驾驶员确定是否挤岔，并向行车调度员汇报。若为挤岔，行车调度员和行车值班员应共同在 ATS 或 LCW 上确认道岔表示正确后，由行车调度员视行车间隔、早晚点、进路等情况组织列车通过或退回车站，驾驶员在动车前需再次确认；若已挤岔，则按《非正常行车组织办法》的相关规定执行。

（7）隧道内线路积水的规定。

①行调接到隧道线路积水的报告时，及时通知维调组织处理。

②当积水浸到道床时，该区段限速 25 km/h；当积水浸到轨腰时，该区段限速 15 km/h；当积水漫过轨面时，该区段不得通过。

17.2.4 列车运行调整

为实现按图行车，行车调度员要努力确保列车正点运行，而组织列车正点始发又是列车正点运行的基础。对始发列车，行车调度员应在列车出场、列车折返方式、客流组织等方面进行组织，确保列车正点始发车。

在始发站正点始发的情况下，由于途中运缓、作业延误或设备故障等原因，会造成列车运行晚点。此时行车调度应根据列车运行的实际情况，按恢复正点和行车安全兼顾的原则，对列车的运行等级进行调整，尽快使晚点列车恢复正点运行。

列车运行调整的主要方法如下。

（1）始发站提前或推迟发出列车。

（2）根据车辆的技术性能、驾驶员操作水平和线路允许速度，组织列车加速运行、恢复正点。

（3）组织车站快速作业，压缩停站时间。

（4）组织列车通过某些车站。它分为列车载客通过和列车放空通过两种情况。列车载客通过车站应严格掌握，一些客流交大的车站原则上不应组织列车通过，仅在由车辆、设备故障、事故或车站因乘客滞留造成人多拥挤等引起运行秩序紊乱，或是特殊需要时，方准列车载客通过车站。安排列车通过车站应考虑越站乘客是否有返回乘坐的列车，但末班列车不能载客通过车站。为了缓解客流压力或因列车晚点影响后续列车运行时，准许列车始发放空通过某些车站，但不宜连续放空两个列车。组织列车通过车站时，行车调度员要加强预见性和计划性，提前下达命令。驾驶员和车站有关人员应对乘客做好宣传解释工作，车站应维持秩序，组织好乘客乘降，保证乘客安全。

（5）变更列车运行交路，组织列车在具备条件的中间站折返。

（6）组织列车反方向运行。在双线线路上如果一个方向列车密度较大，而另一个方向列车密度较小，为了恢复正点运行，可利用有道岔路站的渡线，将列车转到列车密度较小的线路上反方向运行。

（7）扣车。当一条线路的列车由于车辆、设备故障或其他原因不能正常运行，造成换乘站站台上乘客拥挤时，行车调度员应采取扣车措施，即使另一条线路的上下行列车扣在换乘站附近的各个车站，以缓和换乘站的压力。扣车时间一般应控制在 10 min 内，如果堵塞线路的列车在短时间内不能恢复正常运行，可组织扣下的列车在换乘站通过。同时，行车调度员应发布畅通线路各站停售路线票的命令。另外由于在一个区间内不准有三个及以上的列车运行，如出现这种情况，行车调度员应将第二列后面的各列车扣在车站。

（8）调整列车运行时间间隔。当换乘站由于客流骤增造成作业困难时，行车调度员可根据列车的运行情况，适当调整列车运行时间间隔，尽量避免各线列车同时到达换乘站。

（9）在环行线情况下，当一条线路运行秩序紊乱时，要尽力维持另一条线路的列车正常运行，并通知各站组织乘客乘坐畅通线路方向的列车。

（10）停运列车。行车调度员对列车运行调整方法的选择，取决于列车运行的具体情况，而在实际工作中往往又可将几种列车运行的调整方法结合运用。

17.3 行车调度

17.3.1 行车调度的基本任务

城市轨道交通系统是一个复杂的、技术密集的公共交通系统，它具备高度集中和各个工作环节紧密联系、协同动作的特点，必须实行集中领导、统一指挥的原则。城市轨道交通行车调度工作由调度控制中心实施，实行高度集中统一指挥，以使各个环节紧密配合，协调工作，保证列车安全、正点地运行。

行车调度工作的基本任务如下。

（1）组织指挥各部门、各工作严格按照列车运行图工作。

（2）监控列车到达、出发及途中运行情况，确保列车运行的正常秩序。

（3）当列车运行秩序不正常时，及时采取措施，尽快恢复正常运行秩序。

（4）及时、准确地处理行车异常情况，防止行车事故的发生。

（5）随时掌握客流情况，及时调整列车运行方案。

（6）检查监督各行车部门运行图的执行情况，发布调度命令。

（7）当发生行车事故时，按规定程序及时向上级主管部门汇报，并采集措施防止事故扩大，积极参与组织救援工作。

（8）组织施工作业。

17.3.2 调度生产指挥系统

在日常运输工作中，为统一指挥、有序组织运输生产活动，轨道交通系统设立控制中心

（OCC）。

为对复杂的运输生产活动进行全面的指挥和监督，控制中心实行分工管理原则，将整个运输生产活动按专业性质划分成若干部分，设置不同的调度工种分别管理一定的工作。调度指挥分为一级、二级两个指挥层级；二级服从一级指挥。

一级指挥：调度指挥中心控制中心值班主任、行车调度员、电力调度员、环控调度员、维修调度员。二级指挥：行车值班员、车辆段调度、检修调度、各专业生产调度。城市轨道交通列车运行指挥构架如图17.1所示。

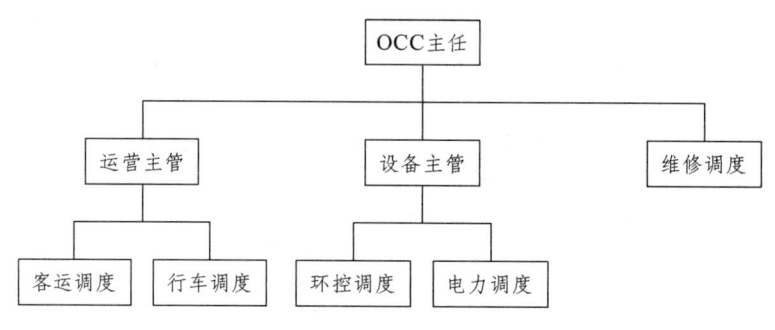

图17.1 列车运行指挥构架图

OCC代表轨道交通公司总经理对运输生产进行调度指挥，代表轨道交通公司与外界协调联络轨道运营支援工作，是轨道交通日常运营、设备维修组织、行车组织、信息收发的中心。OCC调度员在调度指挥时，遇紧急情况可根据实际情况采取应急处置措施，确保行车工作顺利进行，对专业设备故障处理不提供技术指导。

各级指挥要根据各自的职责任务独立开展工作，并服从OCC值班主任总体的协调和指挥。值班调度主任（调度长）是调度班组工作的组织者和领导者，其主要工作职责是传达、贯彻和执行上级有关文件、命令及指示，负责完成本班组各项运输指标，主持接班会、布置有关注意事项，检查安全生产情况，掌握列车运行图的执行情况，负责施工和救援工作的把关，主持事故分析会等。

（1）行车调度是运输调度工作的核心，担负着指挥列车运行、贯彻安全生产、实现列车运行图、完成运输计划的重要任务。

行车调度员是列车运行的统一指挥者，负责监控或操纵列车运行控制设备，掌握列车运行、到发情况，发布调度命令，检查各站、段执行和完成行车计划的情况，在列车晚点或运行秩序紊乱时采取有效措施以尽快恢复按图行车，负责施工要点登记，发生行车事故要迅速采取救援措施，并向上级和有关部门报告，填写各种报表。

（2）列车运行是轨道交通系统日常运输生产活动的重要内容，行车调度员负有指挥列车安全、正点运行的责任。

为保证行车调度员的素质和业务水平，应高度重视行车调度队伍的建设。行车调度员目前一般应具有运输专业中等以上学历并从有实践工作经验的人员中选拔而来。新选拔的行车调度员必须经过调度专业知识学习，学习的主要内容包括《技术管理规程》《调度工作规则》《行车工作细则》《行车事故处理规则》等。不要随意调换行车调度员的工作岗位，保持行车调度员工作的相对稳定性。为提高行车调度员的组织指挥水平，加强与站、段行车作业人员间的联系。应有计划、有目的地经常组织行车调度员深入现场熟悉设备、人员情况、交换工作意见，改进工作作风，解决好日常工作中存在的问题。

作为一个合格的行车调度员，必须熟悉人、车、天、地、图等各种和运输有关的情况。行车调度员必须熟悉驾驶员、车站行车值班员和车辆段信号楼值班员等与列车运行有关的作业人员情况，了解他们的工作经历，业务水平和个性特点等情况，充分调动有关工作人员的工作积极性。

行车调度员必须熟悉车段的技术性能、使用状态的情况。车辆是运送乘客的工具，实现调度指挥的物质基础，只有熟悉车辆情况，才能使按图行车建立在可靠的基础上。

行车调度员必须掌握气候变化对客流增减及对列车影响的一般规律，如在雨雪天、高峰时间和低谷时间的客流量都会出现反常情况；在冬季，乘客人数通常会有所增加及出现由于乘客穿衣服较多造成车厢拥挤的情况，有时会使列车停站时间延长，在夏季，下雷阵雨时，避雨的人群有时会使车站出口、站台堵塞等。

行车调度员必须熟悉与行车有关的各种技术设备，如线路平纵断面、列车自动控制系统及其信号、连锁和闭塞设备、车站折返线设备和通信广播设备等。

行车调度员必须掌握列车运行图理论，熟悉《技规》《行规》《调规》等技术文件和有关规章制度，能按有关规定绘制实绩运行图，及时正确地发布调动命令，准确填写各种报表和登记簿。

17.3.3 行车调度指挥方式

城市轨道交通系统的基本行车调度指挥方式主要有调度集中和行车指挥自动化两种。车站控制是在特殊情况下采用的辅助方式。采用何种行车调度控制方式与采用的行车调度指挥设备类型有关。

1. 调度集中

行车调度员通过调度集中控制设备，控制所管辖线路上的信号和道岔，办理列车进站，组织和指挥列车运行，这时，基本闭塞方法为自动闭塞法，列车运行以驾驶员操纵为主。在调度集中控制因故不能实现时，改为车站控制。车站值班员在列车调度员的指挥下，办理列车进站，接发列车。

调度集中控制设备是一种远程控制的信号设备，他的特点是区间采用自动闭塞、车站采用电气集中连锁，并用电缆把他们引接到指挥该线路列车运行的控制中心。控制中心的行车调度员通过操作操纵平台上的按钮集中控制，管辖线路上的信号和道岔，直接办理备车站的接发车进路，指挥列车运行，行车调度员通过区间棚车站线路表示盘，可以方便快捷地掌握线路上列车运行和分布情况、区间和站内线路的占用情况、各种信号机的显示状态和道岔开通位置等。

2. 行车指挥自动化

在行车调度员监控下，由双机冗余计算机组等设备构成的列车自动监控子系统完成列车运行的控制任务。这时，基本闭塞方法为自动闭塞法，通常还采用列车自动保护和列车自动运行子系统，三个子系统构成列车自动控制系统，ATC 具有列车运行自动化和行车指挥自动化功能。在 ATS 因故不能使用时，改为调度集中控制。

ATS 的硬件组成包括双冗余计算机组合控制室内的显示盘、工作站、绘图仪、打印机等设备。该子系统的主要自动功能是跟踪正线列车运行，显示列车车次；根据储存的基本运行图或调整过的计划运行图，行车调度员可用人机对话的方式生成当前使用运行图；自动排列列车进路；自动进行列车运行调整；自动绘制实绩列车运行图和生成各种运行报告。该子系统的主要人工功能包括行车调度员直接办理进路和进行列车运行调整两类。

与 ATS 有关的 ATC 各种层次进行情况下的综合功能见表 17.1。

表 17.1　与 ATS 有关的运行层次

运行层次	行车调度员	车站值班员	列车驾驶员
ATP+ATS+ATO	监控运行	可兼做其他事	开关车门 启动列车
ATP+ATS	监控运行	可兼做其他事	监控运行 人工驾驶

17.4　行车组织规则

17.4.1　行车组织规则

1.《行车组织规则》包含的内容

城市轨道交通《行车组织规则》是根据某线信号及有关设备系统运营使用功能和行车设备的配置及实际运营要求而制定的，是行车管理的基本法则。

（1）介绍行车设备。主要包括车站设置原则、线路铺设要求、轨道、道岔及信号机的设置、列车自动控制系统、通信设备、供电设备、机电设备、车场等。

（2）介绍行车闭塞法。主要包括自动闭塞法、驾驶员双区间闭塞法、电话闭塞法。

（3）列车出入场的有关规定。

（4）列车到发作业的规定。

（5）列车运行的规定。主要包括列车运行方向的规定、列车运行方式。

（6）列车折返作业的规定。主要包括列车折返方法、折返线的使用、渡线折返方法。

（7）列车监控。主要包括车次号的设置及使用规定、列车运行等级的设置、集中站、行车调度命令的下达方法及内容。

（8）非常情况下的行车组织。包括列车反方向运行的规定、列车推进运行规定、列车牵引故障车的运行规定、隧道内线路积水时的行车规定、地面站迷雾天的行车规定。

（9）列车救援。列车救援准则、救援列车作业规定。

（10）车场内调车作业要求。

（11）运营准备及停营清场的规定。

（12）车站、车场行车工作细则及行车调度工作规则的编审。

（13）日常的养护维修、施工及工程车的开行。

（14）其他。包括隧道照明、标志、行车日期的划分、电动列车驾驶员室添乘要求、事故救援队的组织。

2. 编制要求

城市轨道交通是技术密集的客运交通系统，它具有高度集中、统一指挥、紧密联系和协同动作的特点。为使各部门、各单位、各工作协调地进行运输生产，更好地为运营服务，必须有一个统一的、科学的《行车组织规则》。

（1）《行车组织规则》是城市轨道交通运营管理的基本法规。它规定了各部门在运营生产的过程中，必须遵循的基本原则、工作方法、作业程序和相互关系。因此，编制时必须使规程具有普遍性、全面性、原则性。

（2）《行车组织规则》需明确城市轨道交通运营工作人员的主要职责和必须具备的基本条件，并对工作流程作原则性说明。

（3）各部门、各单位制定的有关技术业务方面的规程、原则、细则和办法等都需符合《行车组织规则》。

（4）《行车组织规则》将随着城市轨道交通的不断发展、线路的不断延伸、信号管理模式的改变，不断充实和完善。

（5）《行车组织规则》解释权归属于批准颁发单位。

17.4.2 行车调度工作细则

行车调度工作是城市轨道交通运输指挥系统的中枢，担负着日常行车指挥工作，组织各部门、各单位正确执行列车运行图，并编制安排各施工检修作业，保证完成地铁各项运输生产任务。

1.《行车调度工作规则》主要内容

（1）总则。
（2）行车调度的组织机构、职责范围和工作制度。
（3）行车调度设备。
（4）日常调度工作。
（5）调度命令。
（6）中央 ATS 操作。
（7）非正常情况下的列车调整。
（8）运行记录、图表。
（9）运行分析及信息传递。
（10）调度员的培训工作。

2.《行车调度工作规则》的编制要求

（1）编制时应以《行车组织规则》为依据，任何规定都不应与《列车组织规定》中的条款相抵触。

（2）在行车调度工作中，对调度工作具有指导作用并总结多年行车调度工作的经验。

（3）行车调度员及有关行车人员必须认真学习执行。

17.4.3 其他有关规章及调度命令

交接班制度。为保持调度工作的连续性，应建立完善的交接班制度。内容应包括列车运行、车辆设备等运输情况及有关文件、命令、指示等事项，并提出本班工作重点，明确完成任务的措施。

在组织指挥列车运行的过程中，行车调度员按规定在某些行车作业时需发布调度命令，表示行车调度员在指挥列车运行过程中发布的对列车作业具有严肃性和强制性的指令。

1. 行车调度命令的分类

（1）口头命令。在无线录音设备正常状态时，行车调度员发布的行车调度命令均以口头命令的方式下达。口头命令内容为命令号、受令人处所、受令人、命令内容、发令日期、发令时间、发令人姓名及复诵人姓名。

（2）书面命令。在录音设备故障停用时，遇列车救援、反方向运行及 ATP 切除运行均需发布书面命令。命令内容同口头命令。

（3）口头通知。在日常运行调整时，行车调度员以口头通知下达，口头通知无须命令号，只下达通知内容及受通知人。

2. 书面调度命令的填写标准

（1）填写项目。调度命令应填写命令号、受令人处所、受令人、命令内容，另外还包括发令日期、发令时间、发令人姓名及复诵人。

（2）命令内容。运营指挥过程中如遇限速、救援、区间封锁等情况时，根据命令标准格式内容分类填写。如遇其他特殊情况时（即命令超出现有标准格式），应有行车调度员将命令内容手写在"其他命令"的表式中。

行车调度员在组织、指挥列车运行过程中，按表 17.2 所示情况发布调度命令，有关行车人员必须执行行车调度员的命令。

表 17.2 调度命令

顺序	命令项目	受令者	
		驾驶员	行车值班员
1	封锁、开通区间		○
2	向封锁区间开行救援列车、施工列车	○	○
3	临时变更或恢复原行车闭塞法	○	○
4	临时加工或停运列车	○	○
5	反方向行车	○	○
6	按自动闭塞方式行车时、出站信号机故障	○	○
7	使规定在车站停车的列车变为通过时	○	○
8	向有停留车的线路上接车时	○	○
9	发生行车设备故障或灾害，需时使列车减速运行、一停再开或特别注意运行	○	○
10	行车调度员认为有必要记录的上述以外的命令		有关人员

注：有"○"者为受令人员。若上述调度命令还涉及其他人员时，应同时发布

指挥列车运行的命令和口令指示，只能由行车调度员发布。行车调度员在发布命令之前，应详细了解现场情况，并认真听取有关人员的意见。

3. 调度命令的发布

调度命令必须一事一令，先拟后发。行车调度员书写命令内容，受令单位必须正确、完整、用语标准，简明扼要。不正确的文字应圈掉后重新书写。

发收调度命令时，必须填记《调度命令登记簿》，由行车调度指定受令人员中的一人复诵，并记明发收人员姓名（或代号）及时刻。受令人员在接收命令中如有遗漏或不清之处，应及时向发令行车调度员提出核对并更正。

行车调度员向驾驶员发布调度命令时，若乘务人员未离段，由运转室负责传达；若乘务人员已出乘，应由列车始发站或进入关系区间前的车站交付。运行过程中乘务人员换班时，应将调度命令内容交接清楚。在具备良好转接设备和录音装置的条件下，行车调度员可以使用列车无线电话直接向驾驶员发布口头指示。

调度命令日期的划分，均以北京时间为标准，从零时起计算，实行 24 小时制。零时以前办妥的行车手续，零时以后仍视为无效。命令号码按日循环。另外，调度命令应妥善保管一定的期限。

17.5 运营指标分析

1. 列车运行图兑现率

实际开行列车数（不包括临时加开的列车数）与列车运行图计划开行的列车数之比。

$$列车运行图兑现率=（全部开行列车数-晚点列车数）/全部开行列车数×100\%$$

2. 列车正点率

按列车运行图固定车次、时间准点运行的列车数（包括根据调度命令临时加开或减开以及调点列车）与全部开行列车数之比。

列车正点率可分为始发正点率与到达正点率。

正点统计的标准如下：

（1）凡按列车运行图固定车次、时间准点始发、到达准点的列车都统计为正点列车数。早点或晚点不超过 1 min 的按正点统计。临时增加开行列车也按正点统计。

（2）由于客流变化而抽线或加开列车，行车调度员采取措施对部分列车调点时，该部分列车仍按正点统计。

（3）如遇大型活动，影响列车运行秩序，可以不统计正点率指标或部分时间内的列车运行情况不予统计。

列车到、发和通过时刻的确认。

（1）到达时刻，以列车在规定位置停稳为准。

（2）出发时刻，以列车由车站（包括车辆段规定发车时间）前进启动不再停车时为准。

（3）通过时刻，以列车最前部通过站台末端行车室时为准。

3. 列车运行通过率

在车站不停车通过的开行列车数与全部列车数（不包括列车运行图固定的通过列车）之比。无论在始发站还是中间站，由于晚点或其他原因。列车不停站通过，都统计为通过列车数，某次列车或连续或不连续在几个车站通过，只统计为一个通过列车。

4. 平均满载率

反映单位时间内的车辆运能利用的程度。

$$\text{平均满载率} = \text{日常运量} \times \text{平均运距} / (\text{线路长度} \times \text{旅客运输能力}) \times 100\%$$

17.6 实例

17.6.1 成都地铁 1 号线概况

1. 线　路

成都地铁 1 号线一期工程正线，北起升仙湖站，南至世纪城站，共 17 个车站，另设皂角树车辆段、控制中心，全长 18.142 km。

（1）线路组成。

成都地铁 1 号线一期工程线路分为正线、辅助线（存车线、渡线、折返线、联络线、出入段线、安全线）、车辆段线。具体情况如下：

① 存车线：1 号线一期正线共设 3 条存车线，分别是文殊院存车线、省体育馆存车线和孵化园存车线。

② 渡线：1 号线一期设有 4 处渡线，分别是天府广场站后渡线、火车南站站后渡线、孵化园站前渡线和世纪城站前交叉渡线（兼做世纪城站前折返线）。

③ 折返线：1 号线一期升仙湖站采用站后折返，升仙湖折返路径为 S2125～S2115 信号机，X2119～X2102 信号机。

④ 联络线：1 号线一期天府广场至锦江宾馆下行区间与 2 号线设置一条联络线。

⑤ 出入段线：车辆段与正线之间设置出入段线。

⑥ 车辆段线：Sc、Sr 内方的线路叫车辆段线。

⑦ 北延伸线：升仙湖上行正线以北称作升仙湖上行北延伸线；升仙湖下行正线以北称作升仙湖下行北延伸线。

（2）线路划分。

① Sc、Sr 内方的线路为车辆段线；外方线路为正线及辅助线。

② S2115 信号机—Sr 信号机的线路为入段线，Sc 信号机—X2117 信号机的线路为出段线。

③ Sc 信号机—X2101 信号机的线路为转换轨 I 道，Sr 信号机—X2103 信号机之间的线路为转换轨 II 道。

（3）相关技术数据。

① 正线及辅助线为整体道床，车辆段为碎石道床及整体道床。

② 正线线路最大坡度为 28‰。

③ 正线最小曲线半径为 350 m。

④ 正线及辅助线采用 61 kg/m 钢轨，车辆段采用 50 kg/m 钢轨，轨距为 1 435 mm。

⑤ 正线采用 9 号道岔，其侧向通过速度为 30 km/h；车辆段采用 7 号道岔，其侧向通过速度为 25 km/h（与试车线接轨的道岔为 9 号道岔）。

（4）站台、疏散平台、接触网的限界要求。

① 站台边缘至线路中心线的水平距离为 1 500 mm。

② 区间隧道设疏散平台，疏散平台宽度在矩形和马蹄形隧道内不小于 600 mm；在圆形隧道内不小于 700 mm；疏散平台站立最小高度（垂直）2 000 mm。疏散平台在经过防淹门、人防门及经过辅助线时断开，中间设有楼梯实现上下连接。

③ 疏散平台边缘距线路中心线距离按照如下设置。

矩形隧道：直线地段为 1 600 mm；曲线地段为 1 600 mm 加相应曲线地段的建筑限界加宽值。

圆形隧道：直线地段为 1 600 mm；疏散平台在曲线外侧，曲线地段为 1 620 mm；疏散平台在曲线内侧，曲线地段为 1 620 mm 加相应曲线地段的建筑限界加宽值。

2. 车 站

（1）地铁 1 号线一期工程共 17 个车站，全部为地下站。分别为：升仙湖站、火车北站、人民北路站、文殊院站、骡马市站、天府广场站、锦江宾馆站、华西坝站、省体育馆站、倪家桥站、桐梓林站、火车南站、高新站、金融城站、孵化园站、海洋公园站和世纪城站。

（2）地铁 1 号线全线划分为 7 个联锁区，分别为：升仙湖站联锁区、文殊院站联锁区、天府广场站联锁区、省体育馆站联锁区、火车南站联锁区、孵化园站联锁区、世纪城站联锁区。每个联锁区包括有岔站和无岔站。

（3）车站分为站厅层和站台层。车站有效站台长 120 m，站台设屏蔽门，屏蔽门的总长度为 113 m。

（4）高新站、金融城站、海洋公园站和世纪城站为侧式站台；孵化园站为一岛一侧式站台；天府广场站为一岛两侧式站台；其他各站均为岛式站台。

3. 车辆段

地铁 1 号线一期工程设皂角树车辆段，通过出入段线与正线连接。

车辆段内设有双周检/三月检线、镟轮线、停车/列检线、静调线、定修线、临修线、调机/工程车线、洗车线、材料装卸线、牵出线、试车线。

17.6.2 地铁 1 号线行车组织

1. 列车运行

地铁 1 号线采用双线单向右侧行车，世纪城站往升仙湖站方向为上行，反之为下行。列车运行中不得变更进路，遇到特殊情况需变更进路时，应确认列车尚未启动并通知驾驶员后，方准变更进路。行调需扣车时，应在列车进站前进行，对已进站的列车，应在确认列车停稳未关门并通知驾驶员后进行。

列车车次由 7 位数组成，前 3 位为服务号，中间 2 位为交路号，后 2 位为序列号，在中央大屏幕及 HMI 上显示前 5 位。

各种不同列车的服务号如下。

（1）计划客车：101～199。

（2）工程车：501～549。

（3）救援列车：601～649。

（4）调试列车：701～799。

（5）加开客车：801～849。

（6）空车：851～899。

（7）专列：901～949。

因调整需要，由车辆段备用车替开计划列车时，车辆段至升仙湖间使用空车车次；计划列车因故下线回段时，在清客站赋予空车车次。开行非计划列车出入段时，出段列车使用即将开行的车次，回段列车使用原车次。列车车次不得随意变更，当需要改变列车性质、用途或变更列车运行交路时，方可变更列车车次。改变列车车次时，应及时通知驾驶员、车站行车人员及相关人员。

2. 行车闭塞法

（1）CBTC 模式。系统自动控制列车运行，列车凭车载信号显示或行调命令行车。

（2）点式 ATP 模式。当区域控制器（ZC）或车地通信故障时，可采用点式 ATP 模式。列车以点式 ATP 模式运行，信号系统提供推荐速度和超速防护功能。点式 ATP 情况下，列车凭车载信号和地面信号显示或行调命令行车，当遇车载信号与地面信号显示不符时，驾驶员需停车后报行调，凭行调命令行车。

CBTC 或点式 ATP 模式下，遇 ATP 设备故障时：

当客车在区间运行发生紧急制动，应及时报告行调，行调应确认列车停车位置至前方站线空闲且道岔位置正确且锁闭后，令驾驶员按 RM 模式运行，运行两个以上静态信标后，若仍不能重新定位，可判定为车载 ATP 故障；若重新定位后，仍不能转为 ATO/ATP 模式时，可判定为轨旁 ATP 故障。

当连续两列及以上客车在同一区段发生紧急制动，可判定为轨旁 ATP 故障。

当轨旁 ATP 故障，但车载 ATP 正常时，行调通知驾驶员将故障区段前一站提前转为 IATP 模式运行，越过故障区段后，根据车载提示转为 ATO/ATP 模式运行。

车载 ATP 设备故障时，列车因车载 ATP 故障迫停区间时，应及时报告行调，行调应确认列车停车位置至前方站线空闲且道岔位置正确且锁闭后，无监控员时，令驾驶员以 NRM 模式限速 40 km/h（原线路限速在 40 km/h 以下的，按原限速运行）运行至前方站；列车到达前方站仍未恢复或列车在车站发生故障时，行调通知驾驶员和车站，由车站派监控员添乘驾驶室，驾驶员以 NRM 模式限速 60 km/h（原线路限速在 60 km/h 以下的，按原限速运行）运行至前方终点站退出服务。

行调应随时注意车载 ATP 故障或在轨旁 ATP 故障区段内列车的运行情况，确保列车与列车之间的最小间隔在一个区间及以上。

（3）联锁模式。CBTC 或点式 ATP 模式下，遇车载 ATP 故障或列车位置信息丢失时，列车采用联锁模式，凭地面信号显示以 NRM 或 RM 模式运行。遇信号机故障不能开放时，行调应确认该信号机至前方站线空闲，道岔位置正确且锁闭后，准许列车继续运行。

（4）电话闭塞法。正线遇以下情况时采用电话闭塞法组织行车：中央工作站及车站工作站上一个或多个联锁区均无法对线路运行车辆进行监控时；一个或多个联锁区联锁设备故障；非CBTC模式下，列车反方向运行时。

闭塞区间为发车站头端墙至接车站头端墙。列车以路票作为占用闭塞区间的凭证，一个闭塞区间内只允许有一列车运行，闭塞区间内列车采用NRM模式运行。列车需反方向运行时，车站需在路票左上角加盖"反方向运行"专用章。

升仙湖与车辆段信号设备故障联锁失效时或正线与车辆段信号接口故障时，采用电话闭塞法组织行车，一个闭塞区间内只允许一列车占用。

闭塞区间划分如下。

列车进入车辆段时：

升仙湖站S2125信号机—Sr信号机；

升仙湖站S2127信号机—Sr或Sc信号机。

列车进入正线时：

Xzr信号机—X2104信号机；

Xzr信号机或Xzc信号机—X2102信号机。

由升仙湖站向车辆段发车时，车站需填发路票，驾驶员以路票作为占用闭塞区间的凭证；由车辆段向升仙湖站发车时，可不填写路票，驾驶员以电话记录号码及车辆段发车通知作为占用闭塞区间的凭证。列车在升仙湖至车辆段间以RM模式运行。

3. 行车组织

（1）列车调整。

正常情况下，列车的运行由ATS系统自动调整，必要时，行调需人工介入，可以通过以下手段进行列车调整：延长或减少列车的站停时分、备用车顶替、列车中途折返、加开或停运列车、反方向运行、列车在站通过、列车在始发站提前或改晚开行、扣车。

在进行列车调整时，按列车性质、用途进行调整。列车等级顺序为专运列车、载客列车、空客车、担当救援抢险任务的列车优先开行。

（2）临时加开或停运列车的批准权限。

专运列车由运营公司主管副总经理批准；救援列车、工程车、调试列车由值班主任批准；客车、空客车由行调批准。

（3）特殊情况的处理。

列车未经允许严禁载客进入非运营线路或区间折返。行调应严格按照列车运行图指挥行车，保证首末班车的正点开行，遇特殊情况需按下列方式处理。图定首班车可以提前开行，但始发站图定首班车时刻必须保证有列车开行。末班车不准提前开行，可以适当改晚，但不得越站开行。两列客车不得在同一区间运行，遇特殊情况时须经值班主任批准。行调需使用车辆段备用车时，应提前10 min通知车辆段调度。

（4）调度命令。

遇下列情况时发布调度命令。

书面命令：限速或取消限速；封锁及开通线路；封闭车站及解除封闭；按电话闭塞法行

车；开行工程列车；允许工作人员添乘驾驶室；行调认为有必要记录的命令。

口头命令：临时加开或停开列车；客车退行；列车反方向运行；停站客车临时变通过；列车救援；列车中途清客；变更列车进路；控制权转换。

书面命令须填写《调度命令登记簿》，口头命令需填写《口头命令登记簿》。行调命令号码 201～299 号循环使用。

（5）控制权下放的规定。

遇下列情况，行调将控制权下放车站：中央 ATS 工作站有关控制命令无法正确下达时；中央 ATS 工作站无法正确显示时；按电话闭塞法行车时；区间封锁时；发生必须由车站办理的情况时。

行调下放控制权的规定：确保正在执行的控制命令能够连续执行；与车站核对列车车次及位置；下放控制权后，行调应对车站操作进行监督；由于设备故障，控制权下放，在中央收回控制权前，须对故障设备进行试验，确认设备恢复正常后，方可收回控制权。

4. 非正常情况下的行车组织

（1）信号与屏蔽门接口故障时。

客车进站前或在站台未得到移动授权时。当客车进站前停车时，驾驶员立即报告行调，行调确认站线空闲后，指示列车 RM 模式进站对标停车，进行乘降作业。行调通知车站派站务人员在下一列客车到达前操作"屏蔽门互锁解除"开关接发车。当屏蔽门、车门关好后，客车未收到屏蔽门关闭且锁闭的提示时，驾驶员立即报告行调，行调确认列车停车位置至前方站线空闲，令驾驶员以 RM 模式发车，按车载提示恢复 ATO/ATP 模式运行。行调通知车站派站务人员在下一列客车到达前操作"屏蔽门互锁解除"开关接发车。当屏蔽门、车门关好后，以 RM 模式发车，运行两个静态信标后仍然不能转为 ATO/ATP 模式时，行调可判断该列车车载 ATP 设备故障，令列车转为 NRM 模式运行。

（2）列车清客。

遇下列情况时应进行清客作业。列车担任救援任务时，在前方车站组织清客，空车担任救援；列车发生故障不能继续维持运营时；因调整列车运行，在中途站折返时；发生其他须清客的情况时。

列车清客，须按下列规定办理。需值班主任同意，由行调发布清客命令；及时向相关车站通报情况；清客工作原则上应在 3 min 内完成，不能完成时，在经驾驶员判断能保证安全的情况下，应派车站工作人员登乘客室后，可令驾驶员开车，以空车车次载客运行至终点站，再次清客；清客工作完成后，可使列车就近进入存车线或运行回段，尽快开通线路。

（3）车辆故障救援。

向封锁线路开行救援列车时，不办理行车闭塞手续，凭行调命令进入该封锁线，待连挂完毕后，发布线路开通命令。

未接到开通封锁线路的调度命令前，不得将救援列车以外的其他列车开往该线路。

遇车辆故障请求救援时，行调须按下列规定办理。及时、准确了解现场情况；及时将后续列车扣在车站；及时将情况通告全线车站；根据线路情况，可使部分列车中途折返；将故障列车占用的线路（如故障在车站，则包含站线）封锁，救援列车在得到行调或值班员准许发车的指令后，凭调度命令运行至故障车所在位置与故障车连挂。连挂完毕，行调应及时发布解锁命令。

救援列车以连锁模式运行。救援列车在存车线或折返线解构完毕，需继续运行时，行调应确认相关区段空闲，方准其继续运行。

（4）推进运行。

客车推进运行需经行调同意，推进运行时应有指导员在客车头部指导，引导员由持有引导员证的人员担任（当配备双驾驶员时，由另一驾驶员担任引导员）；客车推进时，应就近清客后才可继续运行回段或就近入存车线。客车推进以连锁模式运行。

（5）退行。

列车应故在区间停车需要退行时，在得到行调的许可后方可退行。列车退行时，行调应确认接车线路空闲，及时扣停相关列车进行防护。列车推行进入车站时，车站接车人员应于进站站台端处显示引导手信号，列车在进站站台端外须一度停车，确认引导手信号正确后方可进站。

（6）反方向运行。

运营列车原则上禁止反方向运行，当特殊情况必须反方向运行时，须征得调度指挥中心主任的许可，在保证安全的情况下方准进行。工程车需在明确行车和进路排列好的情况下方可反方向运行。CBTC 模式下，列车反方向运行时，列车凭车载信号显示运行。非 CBTC 模式下，列车反方向运行时，按电话闭塞法行车。

（7）封锁线路运行。

遇下列情况时需要封锁线路运行。列车救援时；工程车在作业区域内作业时；调试列车在同一区段往返运行时；列车凭调度命令进入封锁线路运行。

（8）客车在站通过的规定。

不影响后续列车正点运行或折返后能够正点始发的晚点列车，原则上不得通过。末班车或乘客无返乘条件的列车不得通过。不准两列及以上客车在同一车站连续通过。始发站不准两列及以上客运列车在同一车站连续放空。客车在站通过时行调应提前两站通知驾驶员和相关车站。特殊情况下，试营列车不停站通过时，需经值班主任批准。

5．特殊情况下的行车组织

（1）遇车站全部照明灯光熄灭时。

行调应按以下规定办理。发布命令，将无照明车站封闭，并通知全线各站；事件车站有列车时，可利用车内灯光为站台提供照明，站台乘客输送完毕后，组织该列车继续运行；无照明站为中间站时，应组织列车在该站通过；无照明站为终点站时，组织到达列车在前一站清客，空车到终点站折返；无照明站为始发站时，可使列车在该站放空运行。

（2）当行调接到某一区段接触网突然停电的报告时。

办理原则如下。采取扣车措施，阻止列车进入接触网停电区段；与电调联系，了解情况；行调令驾驶员降弓，完毕后，通知电调接触网试送电，送电不成功时可判断为供电系统故障；若送电成功，行调令驾驶员升弓，列车继续运行；若驾驶员升弓后，列车仍无网压（或电调反映接触网无电），可判断为车辆故障，行调令驾驶员升弓后，接触网送电，组织救援；若区间长时间不能送电，必要时按区间输送规定执行。

（3）遇列车长时间迫停区间需要组织乘客区间疏散时。

区间疏散的原则如下。因车辆或设备故障，列车被迫在区间停车，预计 30 min 内无法运行时，经运营公司主管副总经理同意后，应组织区间疏散。列车在区间发生火灾、爆炸等危及生命安全的事故，且列车无法运行时，应立即组织区间疏散。

区间疏散的处理程序。列车因故障在区间迫停，需要区间疏散时，行调应发布区间疏散命令并扣停后续及邻线列车，防止上下行其他列车进入疏散区间，同时令车站打开相应的隧道照明，车站派人引导，待引导人员到达后，方可执行疏散程序。当出现危及生命安全的紧急情况时，驾驶员可立即组织疏散，但同时必须报告行调，行调接报告后立即扣停后续及邻线列车，防止上、下行其他列车进入紧急疏散的区间，同时行调通知两端车站派人前往引导疏散乘客。环调立即执行相应事故的隧道通风模式。必要时，通知电调对接触网停电。线路开通后，组织后续上、下行各两列客车以限速 25 km/h 通过疏散区段，确认该区段无遗留人员及物品后，组织列车恢复正常运行。

（4）凡因各种原因造成地铁大范围停电时。

设法将全线列车扣在站内，发布命令，通知全线，并封闭相关车站；采取一切措施，查明各次列车所处位置；向电调了解故障情况及影响范围；若较长时间不能恢复，得到区间疏散乘客的指示后，按区间疏散相关规定组织；当区间长时间不能送电时，应设法通知驾驶员做好防溜措施；令车站做好乘客的宣传组织工作。

（5）遇道岔故障时。

令车站现场确认道岔位置，需要时手摇道岔并钩锁；折返站道岔故障时，在站后折返的列车，按调车方式办理列车折返；因道岔故障导致列车不能回段时，组织列车运行至存车线存放；终点站道岔故障，手摇道岔无法满足正常折返时，可组织部分列车在距终点站最近的道岔处进行折返。

（6）发现区间隧道有人时。

发现区间隧道有人时，行调立即扣停开往该区间的上下行客车让其在两端站待令；通知两端站派工作人员添乘列车（有公安人员在车站时，要求车站立即通知其上车协助），在区间查找并将该人员带上车，交前方站处理。若后续两列车均没有发现有人，后续列车恢复正常运营。运营结束后，根据指令组织相关人员进入该隧道搜查。

（7）运营过程中需接触网停电时。

行调须确认停电的供电区段，并保证需停电的供电区段及相邻两端不得有跨越断电区段运行的列车，以确保停电区段无电。需停电的供电区段区间内有列车运行时，应待列车运行至车站，将列车扣在站内或待列车驶出该区段。当该区段内的车站有列车时，需将列车扣于站内。接近需停电的供电区段内区间有列车运行时，待列车运行至车站，并将列车扣于站内。若无列车运行，须扣停相关列车，阻止其由有电区段向无电区段行驶。接触网送电前应确认相关人员已经出清或得到送电请求，具备送电条件后，方可通知电调送电。

（8）火灾处理。

车站火灾。确定火点、火情及伤亡情况，通报各站；指令火灾车站紧急疏散乘客，扣停接近列车并组织退回发车站；必要时通知电调停车；火灾扑灭，确认具备行车条件后、恢复正常运营。

客车发生火灾时的处理原则如下：驾驶员应尽量将客车驾驶至前方站。当列车在区间停车并无法动车时，应立即组织区间疏散。疏散乘客时，原则上不组织乘客越过火场逃生。行调应尽量了解火灾发生位置并及时通知环调，开启通风设施。客车在站台发生火灾。确定火点、火情及伤亡情况，通报各站；令驾驶员、车站人员尽量开启车门及屏蔽门紧急疏散乘客；必要时通知电调停电；将该客车扣停在站内灭火，同时阻止其他客车进入该站及相关区间；与火灾事故车站的值班站长保持联系，及时掌握现场灭火情况；火灾扑灭，确认具备行车条件后，恢复正常运营。

客车在区间发生火灾。确定火点、火情及伤亡情况，通报各站；阻止其他客车进入相关区间；客车能够行驶到达前方车站，则执行"客车在站台发生火灾"的灭火处理步骤；若客车不能够行驶到达前方车站，则执行区间疏散，封锁该区间上下行线路；火灾扑灭，确认具备行车条件后，恢复正常运营。

（9）遇恐怖袭击事件的处理。

处理原则如下。当车站接到危及乘客安全的恐吓时，根据公安要求，组织列车在受恐吓的车站不停站通过。在公安人员到达前，维持正常服务，若公安部门要求，可组织关闭车站，疏散乘客。当险情排除后，需要恢复正常的运营时，必须经过公安人员的同意后方可执行。

收到恐怖袭击的处理：接报车站或列车受袭击的信息后，立即了解受袭地点及人员伤亡情况；组织受影响的车站及列车疏散乘客；发布封锁线或车站的命令；扣停接近受袭车站的列车；根据公司应急工作小组指示，组织全线停运；必要时通知电调停电；利用有效手段，了解人员伤亡、设备损坏情况，及时上报；事件处理结束后，恢复正常运营，调整列车运行。

（10）地震的处理。

将所有列车扣停在就近车站并立即清客，当列车在区间被迫停车不能运行时，驾驶员应立即组织区间疏散；通知电调全线接触网停电；根据公司抗震应急工作小组的指示，组织、配合抢险工作。利用有效手段，了解人员受伤、设备损坏情况并及时上报。

18 客流组织

客流组织是为实现乘客运送任务，组织乘客按预先设定的路线有序流动所采取的措施。城市轨道交通主要通过合理的客流组织来完成大容量的客运任务，随着城市轨道交通网络化的形成，城市轨道交通已日渐成为市民外出的首选公共交通工具。客流的迅猛增加必然造成单位时间内因客流猛增与车站可用空间不足的矛盾，解决这一矛盾的有效手段就是合理的客流组织。

18.1 车站客流组织

1. 车站站内客流流向

乘客在车站的移动应当是按照预先设计的线路进行的，同理，车站设备也应该按照预设的乘客流动路线进行布置，因此在设计客流移动线路时，应考虑客流的大小、车站的空间、设备的性能等因素，进行车站设备的合理布置，才能合理设计车站客流路线。

城市轨道交通中，乘客在车站逗留的时间较短、且没有行李积存与货物运输等业务，在中间站上，客流只有往返两个方向，因而乘客在站内活动形成的客流线及车站服务设备都比较简单。车站总体布局应该按照乘客进出站的活动顺序，合理布置进出站的流线。流线宜简捷、顺畅，尽可能使流线不相互干扰，为乘车创造便捷的乘降环境。乘客进出站活动流线如图18.1所示。

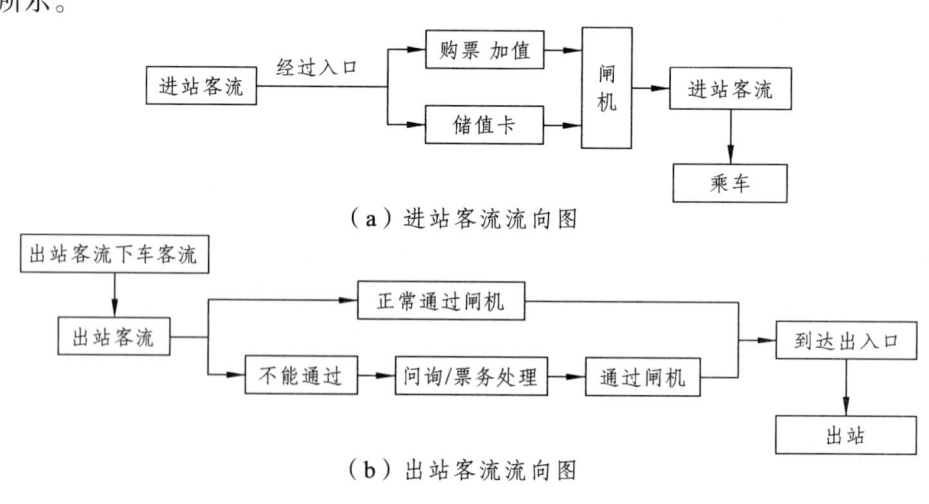

(a) 进站客流流向图

(b) 出站客流流向图

图 18.1 站内客流流向图

2. 客流组织的内容

轨道交通主要通过合理的客流组织来完成其大容量的客运任务。客流组织是通过合理布置旅客运输有关设备、设施及对客流采取有效的分流或引导措施来组织客流运送的过程。

客流组织的主要内容包括：车站检票位置的设置、车站导向的设置、车站自动扶梯的设置、隔离栏杆等设施的设置，以及车站广播的导向、售检票数量的配置、工作人员的配备、应急措施等。轨道交通客运工作的特点决定客流组织应以保证客流运送的安全、保持客流运送过程的畅通、尽量减少乘客出行的时间、避免拥挤、便于大量客流发生时的及时疏散为目的。影响客流组织的因素很多，不同类型的车站其客流组织的内容有较大的区别，中小车站的客流组织比较简单，而大车站、换乘站因客流较大、客流方向比较复杂，其客流组织也比较复杂。侧式站台的车站相对岛式站台的车站，侧式站台的车站容易将不同方向的客流分开，但不利于乘客的换乘，且售票、检票设置分散，不利于车站管理。

3. 车站大客流的组织

大客流往往是在节假日旅游高峰期，举办重大活动（大型体育赛事、音乐会等），风、雨、雪恶劣天气等情况下发生，大客流虽然持续时间不长，但在大客流的冲击下，往往对客流组织造成较大甚至很大的压力，城市轨道交通运营公司必须在保证客流疏散的安全的前提下，尽快地疏散客流，大客流组织的主要措施包括以下几种：

（1）增加列车运能。运营组织者根据大客流的方向，在大客流发生时，利用就近的折返线、存车线组织列车运行方案，增加临时列车，增加列车运能，从而保证大客流的疏散。列车运能的增加是大客流组织的关键。

（2）增加售检票能力。售检票能力是大客流疏散的主要障碍，车站在设置售检票位置时应考虑提供大客流疏散的通道。在大客流疏散时，可事先准备足够的车票，或在地面、通道、站厅增加售票点，以增设临时检票位置来疏散大客流。

（3）采取临时引导措施。在大客流组织中，临时合理的疏导对客流方向进行限制是一项很重要的组织措施。主要包括出入口、站厅的疏导，站厅、站台扶梯及站台的疏导。出入口、站厅的疏导主要是根据临时售票检票位置的设置，限制客流的方向，来保证通道的畅通和出入口、站厅客流的秩序。站厅、站台扶梯及站台疏导主要是为了尽量保证客流均匀上扶梯和尽快上下列车，保证站台候车的安全。疏导措施主要有设置临时的向导、设置警戒绳或隔离栅栏、采用人工引导及通过广播宣传引导等。

（4）关闭出入口或进行进出分流。大客流往往是难以预测的，因此为了保证大客流发生时疏散客流的安全，在难以采用有效措施及时疏散客流时，可采用关闭出入口或对某部分出入口限制乘客进入车站的措施来组织一部分客流或延长大客流疏散的时间。

18.2 客运服务

城市轨道交通工具作为一种现代化的交通工具，虽然是一个庞大和复杂的系统，但其直接面向广大乘客，反映了轨道交通系统运营管理的水平，也是反映城市文明程度的一个窗口。

18.2.1 客运服务范畴

城市轨道交通客运服务是指为满足乘客需要，企业与乘客接触的活动，以及企业内部围绕运营所展开的一切活动所产生的结果。

1. 运输服务的基本特征

利用运输工具，为实现人和物的移动所提供的服务称为运输服务。交通运输业的生产活动，既具有企业性质，又具有鲜明的服务性质，生产的最终结果——位移，就称为运输的产品。

运输服务具有以下基本性质。

（1）公共性。

无论人的出行，还是货物的移动，都是在整个社会范围内普遍发生的运输需要，因而运输服务对整个社会的经济发展和人民生活水平的提高，均有着广泛的影响，从而表现出运输服务的公共特性。

（2）无形性。

运输生产没有给人或物以及能量或形态的变化，只是使它们在保持原有的情况下，进行空间场所的移动，使之具有移动价值。运输生产为社会提供的效用，不是实物形态的产品，而是一种劳务活动，故其产品——位移具有无形性的特征。

（3）即时性。

运输服务的即时性是指运输产品的生产过程和消费过程同时进行的特征。运输生产活动就是将运输服务提供给有运输需求的用户，运输的生产必须在用户需要时才能即时进行，而且必须在运输产生的同时，用户也在进行即时消费，因此，运输产品的产生与消费过程是不可分割的，它们在时间和空间上相重合。

（4）不可贮存性。

运输作为产品，只能在某生产与消费过程中即时存在，不能脱离生产过程而独立存在。运输产品不同于一般有形产品的生产，它不能贮存，不能调拨，更不能像有形产品那样，由于质量不合格而进行退还或修复性再加工，这就要求运输生产过程必须保证质量，保证运输对象移动迅速和完整无损，更重要的是必须保证运送安全和一次成功。

（5）公益性。

运输产品不能完全由企业经营效果确定价格，还需由社会公共事业部门通过费用补贴等方式对价格进行调整。这样才能既保证人民生活最低水平的合理负担，也保证了运输企业及其劳动者的基本利益，这就是运输服务的公益服务特性。

2. 轨道交通客运服务特点

城市轨道交通客运服务除了具有运输服务行业的共性外。还有着城市轨道交通服务的特性。

（1）服务对象的广泛性。城市轨道交通服务的服务对象，是为所有乘坐城市轨道交通的乘客，是为广大市民的生活、工作出行提供服务。一般不办理行李、包裹、托运业务。

随着社会的发展，城市轨道交通逐步成为市民出行的首选交通工具。随着建设的加快，城市轨道交通的运营网络将覆盖城市的各个区域，由此城市轨道交通车站和车厢也将成为人们聚集和交往的场所之一。

（2）客流组成的复杂性。城市轨道交通车站存在的进出站客流、社会通道客流、参观或购物客流、收费区内外存在的换乘客流使车站客流组成复杂，在服务方面的要求也不尽相同。

需要管理部门随时掌握各类客流的不同需要，分别提供不同的服务。

（3）服务设施的高科技性。现代化服务是需要由设施、设备和人员共同完成的，缺一不可。随着科技的发展，性能优良和人性化设计的服务设施、设备已经成为为乘客提供高质量服务的首要条件。

城市轨道交通装备有着大量高科技含量的各种设备，如消防报警系统、自动售检票系统、列车自动运行系统、屏蔽门系统等。城市轨道交通正是依靠这些先进的、科技含量高的设施、设备，才能为乘客提供高质量、现代化的服务。

（4）服务时间分布的波动性。城市轨道交通的主要服务对象是城市中需要出行的人群，其中不同城市的乘客，因其所处城市的习俗不同而又会有不同的特性，这些特性与人们的生活规律息息相关，所以从时间段来统计，客流量是不均衡的，有明显的高峰与低谷特征。

城市轨道交通的服务时间，必须要兼顾乘客出行需求与运营设备维护报验需求，此外还要符合绝大多数人们的生活休息规律，这样才能有利于满足乘客的出行需求，才能真正解决市民出行难的问题，在乘客心目中留下良好的形象。

3. 城市轨道交通客运服务的内容

城市轨道交通客运服务包括以下10个方面的内容：

（1）运输效率——包括平价乘车距离、服务范围、发车频率、运输能力、乘坐适合性（如对儿童和老人等）与可靠性。

（2）换乘服务——包括步行、自行车、小汽车、道路公交等交通运输方式与轨道交通之间的换乘、轨道交通内部的换乘等。

（3）信息服务——及时向乘客提供有效、可靠的信息，包括运行时间、线路图、时刻表、动态提示信息、客流信息、安全信息等一般信息；事故、故障、事件等非正常状态信息；投诉、建议及其处理意见等城市轨道交通互动信息等等。

（4）时间效率——包括运行时间、列车正点率、平均行车时间、平均换乘时间等。

（5）服务设施完好——包括服务设施的舒适性及补充服务设施（如卫生间、通信设备、食物亭、商业和娱乐设施）是否到位等。

（6）治安与安全——包括治安设备、事故预防、紧急情况预案和应急响应等。

（7）运营环境——包括通风、减振、降噪、除尘、清扫垃圾、防止电磁辐射与电磁干扰，以及乘客的味觉、视觉感觉良好等。

（8）乘客关怀——包括向乘客提供适宜或舒适的候车和乘车环境；提供为残疾人、儿童、老人、体能障碍者使用的设施设备；提供询问、投诉、赔偿服务；保证乘客有乘车、购票等选择权，充分考虑和关心不同乘客的需要（如对带自行车乘车的乘客进行规定）；服务人员保持良好的精神状态，掌握服务技能，并具有一定的服务灵活性。

（9）企业服务承诺——城市轨道交通服务机构应就其服务向乘客做出承诺，并通过多种方式向社会和乘客公布；在出现意外情况或因某种需要引起服务内容、服务质量变化时，要采用服务声明的方式向乘客公示或向社会公布。

（10）乘客权益保护——乘客作为城市轨道交通客运服务产品消费者，保护其权益是国际通行做法。《城市轨道交通客运服务标准》应对乘客相应的权益进行规定，包括乘客的人身财产安全、接受服务时的知情权（如乘客有权了解所乘车辆的维修情况和使用年限）、接受服务式自主选择权（如可自主选择线路和车次）、赔偿权、监督权、建议权等。

18.2.2 客运服务流程

服务可定义为具有无形特征的一种或一系列活动，通常发生在顾客同服务提供者及其有形的资源、商品或系统相互作用的过程中，以便解决消费者的有关问题。而城市轨道交通服务是将乘客从其出发站运送到目的站，为他们提供安全、迅速、准确、舒适、便利、经济的乘车、候车环境。对一位乘客来说，要从车站外进入站台上车，一般遵循如下流程：到进站口→到站厅层→购票→通过检票机→通过楼梯上站台（侧式站台地面一侧乘客可直接进入站台）乘车。针对以上流程，运营企业必须在每一个环节均为乘客提供优良的服务，使每一位乘客在从购票乘车到下车出站的全过程中都感到满意。

1. 引导乘客进站

车站是唯一能满足乘客乘坐轨道交通的场所，有需求的乘客首先需要寻找车站，在这一阶段，引导乘客进站就是乘客需求和乘客服务的要求。在地铁各出入口设立明显的导向标志，便于乘客选择各出入口进站。

2. 问讯服务

车站的问讯服务可以分为有人式服务和无人式服务，车站的工作人员应当向问讯的乘客提供服务，同时车站应设置咨询台，可供乘客对出行路线、票价及各类票卡的金额等进行查询。在一些城市，已经采用了自动售票机，实现售票和部分问讯功能的一体化。

3. 售检票服务

目前，世界各国城市提供售票服务主要以人工发售或自动为主、人工为辅的方式，而且后者已经成为城市轨道交通售票服务的主流形式，采用自动售检票系统代替人工，可以提供更为准确的售票服务，提高服务效率和水平，从长远发展角度来看，也可以提高企业的经济效益。

4. 组织乘降

站台应设有明显的候车安全线，提示乘客在列车未进站停稳、车门未完全打开之前，不要越过安全线，以防发生意外事件。目前，许多城市已经采用屏蔽门技术，既可以为乘客提供一个舒适的候车环境，又能保障乘客的候车安全。另外，车站还提供广播，为乘客预报下次进站列车的方向，已经有两种新的方法投入运用：一种是自动广播系统，当后续列车驶入接近区域时，广播系统自动工作；另一种为在站台设置同位显示器，向乘客预告列车运行情况及告知他们列车还需几分钟到站。

5. 出站验票

乘客到达目的站后持票卡验票出站，车站应有各类导向标志，引导乘客从出入站口出站。对所购票卡票款不足的乘客，车站应提供补票服务。如使用自动售票检票系统，车站还须提供票卡分析服务。

18.2.3 服务质量监控

轨道交通是一个技术密集型的大联动体，整个系统工作状态的好坏，直接表现在是否安全、舒适、快捷地运送乘客，客运服务工作是反映轨道交通运营管理企业管理水平的重要标志，而且，服务质量对于一项服务产品的设计来说相当重要，服务质量是判断一家服务企业公司好坏的最主要的依据。因此，服务质量的监控对于提高轨道交通运营管理企业的服务及管理水平有着重要的意义。

1. 客运服务质量控制

城市轨道交通客运服务质量的控制主要包括服务质量控制和服务质量监督两部分。

（1）服务质量控制。

首先，要对客运服务制定目标和各种规章制度及各岗位的工作标准，这个目标的确认直接影响着客运服务的质量，决定了客运服务的水准。其次，要对客运服务进行现场管理，这是客运服务质量管理的实施、落实的有效手段。

服务质量的现场管理，是以满足乘客的出行需求和精神需求为目的的，也就是要尽可能满足乘客对功能性、经济性、安全性、时间性、舒适性和文明性的要求。为了满足这些要求，就要对人、设备、环境等因素进行控制。可以从以下几个方面来展开服务现场的质量管理工作。

① 安全管理：对于任何一个行业来说，安全总是最根本的，离开这个前提来谈服务就毫无意义。因此，我们必须把安全管理纳入服务质量管理的范畴当中。

② 操作管理：车站的服务主要是通过服务人员在现场的操作来体现的。服务人员的操作水平直接反映了服务质量，所以操作管理就显得格外重要。

③ 设备管理：我们在强调服务质量的同时，相对忽视了处于静止状态的设施状况。这样的服务质量，肯定不会是高水平的服务质量。设备管理的好坏与服务质量的高低密切相关。

④ 卫生管理：卫生水平对车站来说确实是十分重要的。卫生管理的好坏直接影响到企业的形象。最后，还要对客运服务质量进行跟踪检查，这是对车站客运服务质量的有效保障手段，虽然现场管理可以从一个局部来保证服务质量，但从客运服务质量的整体流程来看，还需要建立一种有效机制，全面考察服务质量的整体状况。

（2）服务质量监督。

服务质量监督主要分为内部监督和外部监督。

① 内部监督：建立明确的服务质量监督检查制度。加强内部的检查、监督，形成自查、互查、他查相结合的检查制度，发现问题及时纠正、改进。

② 外部监督：接受社会各界监督，改进服务质量。针对不同时期服务特点、问题，采取定期、不定期发放调查问卷的方式征求乘客意见；设立乘客投诉处理机构，接受乘客监督，设立监督电话并对外公布监督电话号码；聘请服务质量监督员，定期收集监督员意见。

③ 服务质量评价：客运服务以乘客为中心，应当及时掌握和了解乘客对运营服务的评价和满意程度。

④ 制定制度：将服务质量评价纳入日常工作的评价和考核体系中，形成制度。

⑤ 服务质量评价指标：一般分为自我评价指标和委托第三方测评指标两种。较用的有乘客投诉率、乘客投诉回复率、乘客满意度指数。

a. 乘客投诉率：指一定时期内，乘客投诉的发生数与客流量之比，即

$$乘客投诉率 = (乘客投诉发生数/客流量) \times 100\%$$

b. 乘客投诉回复率：指在受理乘客投诉后三个工作日内处理完毕并回复乘客的执行率，即

乘客投诉回复率=（受理后三个工作日内乘客投诉回复数/乘客投诉受理数）×100%

c. 乘客满意度指数：是运用计量经济学的理论处理多变量的复杂总体，全面、综合地度量乘客满意程度的一种指标。通过委托第三方机构进行满意度指数测评，能够比较客观、全面地了解服务情况。

定期对服务质量评价指标予以测评和分析，结合工作实际，制定阶段目标，持续改进。

2. 乘客投诉处理

城市轨道交通业是一个服务性的行业，因其公共交通的特点，进行投诉处理是不可避免的，妥善接待、处理投诉，是良好的企业形象和企业管理水平的体现。

（1）妥善处理乘客投诉。

① 总则。

a. 处理投诉的有关人员必须牢固树立"乘客至上，服务为本"的指导思想；

b. 处理投诉的有关人员应具有一定的城市轨道交通运营管理的专业知识和经验，熟知有关的规章制度；

c. 在受理投诉的时候，应做到态度亲切，语言得体，依章解释，及时处理，按时回复。

② 妥善处理投诉的六大要点。

a. 态度真诚地接待乘客；

b. 对乘客表示同情和歉意；

c. 同意乘客的合理要求，并决定采取措施；

d. 感激乘客的批评指教；

e. 快速采取行为，补偿乘客投诉损失；

f. 落实、监督、检查补偿乘客投诉的具体措施。

（2）投诉的分类。

① 按投诉的影响范围和程度分类，分为一般投诉、重大投诉两类。

一般投诉是指乘客对城市轨道交通运营服务质量、服务设施、服务环境进行的投诉，经查实为运营方的人为责任事件。

重大投诉是指乘客对城市轨道交通运营服务质量、服务设施、服务环境进行的投诉，经查实确为运营方的人为责任，并造成严重后果的事件，或被媒体曝光，造成较大社会影响，经了解情况属实的事件。

② 按投诉的性质分类，分为有责和无责两种。

作为管理部门应认真区分和对待乘客的两类不同性质的投诉，妥善进行处理。

（3）投诉的受理部门。

① 设立城市轨道交通投诉热线、监督热线及各运营企业的服务热线负责受理乘客投诉的日常工作；

② 各线路管理单位的职能部门作为投诉受理部门，应设立专人负责；

③ 各车站由站长或值班站长负责受理接待乘客投诉。

（4）投诉处理的期限及有关规定。

① 对一般投诉，原则上在3天内处理完毕；

② 对较大、重大投诉原则上在 5 天内处理完毕；
③ 对所有投诉都要答复投诉人，严格执行"来信必复，来电必答"的工作原则。

18.3 票务管理

城市轨道交通运营收入主要是票款收入，做好票务管理工作有利于城市轨道交通发展进入良性循环的轨道。票务管理工作的核心是票制、票价和售检票管理。城市轨道交通的票制有单一票价制、分段计程票价制和综合票价制。票价制定要根据城市轨道交通运营成本、其他交通方式票价水平、城市经济发展和市民生活水平等因素综合考虑。售检票方式主要有人工售检票方式和自动售检票方式。人工售检票方式设备投资少，但需要较多人员。随着经济和技术的发展，越来越多的城市轨道交通采用了自动售检票系统，它不仅方便了乘客、减少运营人员和运营成本，而且对客流组织、收入审核、决策分析起着重要的作用，它已成为现代化城市轨道交通的一个标志。

18.3.1 票制

票制，是票价制式的简称，主要采用的票制方式有以下几种。

1. 单一票价制

一条线路按照统一票价核收。

2. 计程票价制

按乘客乘坐列车距离远近，划分不同票价等级。计程票价制分为按区间分段计价和按里程计价两种。

（1）按区间分段计价是指按照乘客乘坐的车站区间数量实行多级票价，根据设定的基本起步价、起价区间、每个计价段所包含的区间数、每一计价段价格等进行票价的计算。

（2）按里程分段计价是指按照乘客乘坐的运营里程长短实行多级票价，根据设定的基本起步价、起价里程、每个计价段所包含的里程数、每一计价段价格等进行票价的计算。

3. 综合票价制

综合考虑乘客运距、乘客占用收费区（如地下站台层，一般以检票口为界，检票口内即为收费区）时间、乘坐时间段（如节假日与工作日、高峰与低谷等）等因素核算票价。

采用单一票价制时，全程只发售一种车票，优点是售票简单，效率高，进站检票，出站不检票，可减少车站管理人员。缺点是乘客支付的车费不够合理，无论路途远近，都支付同样的车费，且给票价的制定带来了困难，既要为乘客的切实利益着想，又要保证地铁或轻轨的运营效益。计程票价制和综合票价制可以克服上述缺点，但车票种类多，进、出站均需检票，售检票手续繁琐，需要的检票人员多，必要时需配置自动或者半自动的售检票设备。其中单一票价制与计程票价制的优缺点比较见表 18.1。

表 18.1　单一票价制与计程票价制优缺点比较

	单一票价制	计程票价制	
		按区域分段计价	按里程分段计价
优点	票制单一，易于管理和操作。服务人员相对较少	考虑了长、短途客流需求，票价相对合理，乘客可根据乘坐的区间数计算票价	充分考虑长、短途客流的不同需求，按乘坐里程与票价的关系制定合理的票价，适用于站间距有较大差异的线网
缺点	长、短途客流费用支出不合理，无法充分体现企业的经济效益	不适用于站间距有较大差异的线	管理难度较大，对自动售检票系统提出更高要求

一般在运营里程较短或乘客平均运距较长的线路上采用单一票价制，而在运营里程较长、乘客平均运距偏短的线路上采用计程票价制；在流动人口较多的旅游开放城市，还可采用平、高峰期间两票制，以提高经济效益和人为调节客流的时间分布。

18.3.2　票价

城市公共交通票价方法包括以成本为基础的定价方法、以市场供需为基础的定价和综合考虑整个社会综合效益的定价方法。城市轨道交通作为城市公共交通的一个组成部分，带有公益性质，不能单纯追求盈利。票价高低直接影响客流量与系统吸引力。因此，城市轨道交通系统票价制定应考虑以下因素。

（1）城市轨道交通系统运营成本。
（2）城市交通其他交通方式的票价水平。
（3）城市经济发展水平、市民生活水平及乘客承受能力。
（4）政策因素：物价政策、交通费补贴政策等。

票价的制定在考虑上述因素后，兼顾城市轨道交通企业的经济效益与城市发展的社会效益，确定较合适的票价，并随上述因素的变化而调整。

在我国，城市轨道交通属于大型基础设施项目，与公众的生活密切相关，且在运营上具有自然垄断的特点，这就决定了政府必须对其票价进行管制。根据《价格法》等相关法律法规的规定，城市轨道交通票价的制定属于政府定价范围，并实行政府价格决策听证制度。目前我国城市轨道交通票价定价和听证程序如下：

（1）由运营商根据需要制定票价机制和票价水平，并向市政府价格主管部门提交定价书面申请报告。
（2）根据相关法律法规，价格主管部门对申请报告进行初步审查、核实，并对符合听证条件的组织进行票价听证。
（3）市政府进行定价决策时要充分考虑听证结果，协调申请单位根据需求调整价格，必要时可以重新组织听证。
（4）价格主管部门公布票价，并对价格执行情况进行检测和跟踪调查。

18.4 案例

1. 案例1：广州地铁亚运会期间提前恢复收费

广州是中国南方一个有上千万人口的经济文化重镇，2010年的亚运会就在这里举行。为了庆祝这一盛事，广州市政府在9月27日公布包括亚运期间（工作日）搭乘地铁免费在内的十大惠民项目。

以下是新闻媒体对地铁免费政策实施情况及一周后提前恢复收费的相关报道的节录。

（1）免费政策。

在亚运会、亚残运会机动车单双号限行46天期间（11月1日至29日、12月5日至21日），剔除13天双休日和13天新增假期后的20个工作日，全体市民免费享受公共交通服务。

（2）实施情况。

新华网广州 11月1日电

1日早晨，搭乘地铁上班的广州市民发现地铁闸门全都敞开着，只要通过安检，不用买票或刷卡就可以乘车。同样，全市的公交车也全部免费供市民乘坐。

在广州最大的地铁枢纽公园前站，地铁站内的玻璃护栏旁挤满了等待上车的人群。每一趟列车上都人头攒集，列车的走道和门口几乎没有插脚的地方。

乘客未到站高呼"我要下车"

在传播公司工作的古小姐每天都有出入体育西路站，她说这几天坐地铁根本不用扶，也没得扶，前后左右前胸贴后背的乘客会让你自动保持平衡。这两天，她还看见有乘客把宝宝举到头顶下车，想是怕抱在怀里会被挤伤。有阿姨没到站就开始大叫"我要下车"，动手拨开旁边的人墙；有彪悍的男乘客为了挤上车，使劲儿推车门口的乘客，她站在旁边几乎跌倒。

11月1日地铁运客781万超过上海最高纪录

据地铁公司估计，亚运免费公交首日，地铁全天运客781万人次，是正常运营时期的两倍，超过上海地铁客流的最高纪录（754.8万人次），全天几乎都处于高峰状态。地铁公司呼吁广大市民合理使用公共资源，理性出行、错峰出行，以更好地享受亚运惠民政策。

地铁公司称，前日除了是免费出行实施首日，还是广州机动车单双号限行首日、第108届广交会三期展览期，恰逢新线三号线北延段开通，四个因素叠加造成了前所未有的客流压力。

据地铁公司人工抽点统计换算，11月1日全天共运客781万人次，创出历史新高（此前最高纪录出现在几年前的10月1日，513万人次）。客流量最大的车站分别是：公园前、体育西站、客村、杨箕、珠江新城站。全天有62个车站实行三级客流控制（包括换乘客流控制）104次。

如果在遇到爆棚客流将如何应对？相关人士表示，有了这两日的经验，包括地铁警方在内的相关部门已在进一步细化预案，同时对管制设施进行调整。必要时会实施暂停进客、地铁封站等较高规格的分流措施。

（3）一周后决定提前恢复收费

下周一开始全市地铁（包括广佛线）、公交线路及轮渡恢复收费

大洋网讯：公共交通免费一周来，受到市民热捧。由于广州市"十年一大变"迎亚运环境变化，市民选择免费地铁和公交出行到广州各新景点参观感受广州新变化，参观客流和上

下班出行客流叠加，公交地铁的总客流量高达 1 754 万人次，地铁日客流量更是高达 800 万人次，对提高地铁运输能力有更高要求，地铁一直超负荷运作，一周来启动三级客流控制高达 144 次，严重影响地铁正常安检和亚运安保工作的进行，同时对市民上下班造成极大的不便。

市交通部门分析，预计下周随着亚运会开幕，地铁客流仍将大幅增长。为了保证亚运期间我市交通正常运作，确保亚运安全，经多方渠道征求各方意见后，市交通部门重新修订优化方案并报市政府批准，决定从 11 月 8 日 0 时起转变亚运期间公共交通优惠方式，将全面免费改为发放现金交通补贴。

四大原因导致公交地铁不再免费

市交委表示，此次与地铁公司经过慎重研究，并报经市政府批准，取消公交地铁全免费乘车，改为公共交通现金补贴并向市民赠送亚运公交大礼包，主要是基于四个方面的考虑。

（1）出于确保地铁营运安全的考虑。

（2）为了维护地铁线网良好的乘车秩序。

（3）尽量让市民上下班交通出行的刚性需求不受影响。

（4）免费以来的地铁客流情况已经远远超出了地铁运输能力的承受范围。

具体措施如下：

（1）从 11 月 8 日 0 时起，广州市公共交通（含公交、地铁、轮渡）及地铁广佛线恢复付费乘坐制定。

（2）广州 10 区、两个县级市的户籍家庭及在广州居住半年以上的外来人士家庭按每户 150 元发放，集体户口的市民按每人 50 元发放公共交通现金补贴。

（3）亚运会亚残运会期间，亚运注册人员、志愿者和持票观众仍按照原有的相关政策继续实施免费乘坐公共交通。

（4）广州市原有的公共交通票务有关政策维持不变。

2. 案例 2：新加坡地铁、轻轨票价表

新加坡的票价表已经实施多年，这个案例说明：票价可以是按所搭乘的公里数来计算，而不一定是按所搭乘的车站数计算；同一路网中的不同线路可以有不同的票价率。如此案例中地铁 3 号线和 4 号线的票价率略微高于 1 号线、2 号线及轻轨的票价率。这主要是因为地铁 3 号线和 4 号线较新，服务水平较高。它的启示是：有的城市为了对乘用机场城轨线路的乘客收取较高的票价而把机场线的票价及收费系统独立出来。而有的城市把机场的收费纳入整个城轨网络，也一样能定出较高的票价。

票价表

第一部分

表 18.2　地铁 1 号线和 2 号线及轻轨线票价

序号	乘距/km	单程票的票价/新加坡元（简称新元）	
		使用单程票时	使用储值票时
1	3.2 以下	1.10	0.73
2	3.3～4.2	1.30	0.83
3	4.3～5.2	1.30	0.93
4	5.3～6.2	1.30	1.03

续表

序号	乘距/km	单程票的票价/新加坡元（简称新元）	
		使用单程票时	使用储值票时
5	6.3~7.2	1.50	1.11
6	7.3~8.2	1.50	1.17
7	8.3~9.2	1.70	1.23
8	9.3~10.2	1.70	1.27
9	10.3~11.2	1.70	1.31
10	11.3~12.2	1.90	1.35
11	12.3~13.2	1.90	1.39
12	13.3~14.2	1.90	1.43
13	14.3~15.2	1.90	1.47
14	15.3~16.2	2.00	1.51
15	16.3~17.2	2.00	1.55
16	17.3~18.2	2.00	1.59
17	18.3~19.2	2.00	1.63
18	19.3~20.2	2.10	1.66
19	20.3~21.2	2.10	1.69
20	21.3~22.2	2.10	1.72
21	22.3~23.2	2.10	1.75
22	23.3~24.2	2.20	1.77
23	24.3~25.2	2.20	1.79
24	25.3~26.2	2.20	1.81
25	26.3~27.2	2.20	1.82
26	27.3~28.2	2.20	1.83
27	28.3~29.2	2.20	1.84
28	29.3~30.2	2.20	1.85
29	30.3~31.2	2.20	1.86
30	31.3~32.2	2.20	1.87
31	32.3~33.2	2.20	1.88
32	33.3~34.2	2.20	1.89
33	34.3~35.2	2.20	1.90
34	35.3~36.2.	2.20	1.91
35	36.3~37.2	2.20	1.92
36	37.3~38.2	2.20	1.93
37	38.3~39.2	2.20	1.94
38	39.3~40.2	2.20	1.95
39	40.2以上	2.20	1.96

第二部分

表 18.3 地铁 3 号线和 4 号线的票价

序号	乘距/km	单程票的票价/新元	
		使用单程票时	使用储值票时
1	1.0 以下	1.20	0.78
2	1.1~2.0	1.20	0.83
3	2.1~3.2	1.20	0.88
4	3.3~4.2	1.50	0.98
5	4.3~5.2	1.50	1.08
6	5.3~6.2	1.50	1.18
7	6.3~7.2	1.70	1.26
8	7.3~8.2	1.70	1.42
9	8.3~9.2	1.90	1.48
10	9.3~10.2	1.90	1.52
11	10.3~11.2	1.90	1.56
12	11.3~12.2	2.10	1.60
13	12.3~13.2	2.10	1.64
14	13.3~14.2	2.10	1.68
15	14.3~15.2	2.10	1.72
16	15.3~16.2	2.20	1.76
17	16.3~17.2	2.20	1.80
18	17.3~18.2	2.20	1.84
19	18.3~19.2	2.20	1.88
20	19.3~20.2	2.30	1.91
21	20.3~21.2	2.30	1.94
22	21.3~22.2	2.30	1.97
23	22.3~23.2	2.40	2.00
24	23.3~24.2	2.40	2.02
25	24.3~25.2	2.40	2.04
26	25.3~26.2	2.40	2.06
27	26.3~27.2	2.40	2.07
28	27.3~28.2	2.40	2.08
29	28.3~29.2	2.40	2.09
30	29.3~30.2	2.40	2.10
31	30.3~31.2	2.40	2.11
32	31.3~32.2	2.40	2.12

续表

序号	乘距/km	单程票的票价/新元	
		使用单程票时	使用储值票时
33	32.3～33.2	2.40	2.13
34	33.3～34.2	2.40	2.14
35	34.3～35.2	2.40	2.15
36	35.3～36.2	2.40	2.16
37	36.3～37.2	2.40	2.17
38	37.3～38.2	2.40	2.18
39	38.3～39.2	2.40	2.19
40	39.3～40.2	2.40	2.20
41	40.2以上	2.40	2.21

第三部分

(1) 合法持有优惠票的儿童及小学生、中专生、全日制中专生在搭乘地铁和轻轨时的优惠票价见表18.4。

表18.4 学生优惠票价

序号	乘距/km	单程票的票价/新元
1	3.2以下	0.36
2	3.2～4.2	0.41
3	4.2～5.2	0.46
4	5.2～6.2	0.51
5	6.2～7.2	0.55
6	7.2以上	0.58

(2) 合法持有老人票的乘客在地铁公司规定的优惠时段内乘搭地铁1号线和2号线时的优惠票价见表18.5。

表18.5 地铁1号线和地铁2号线的老人票价

序号	乘距/km	老人票的票价/新元
1	3.2以下	0.54
2	3.2～4.2	0.62
3	4.2～5.2	0.69
4	5.2～6.2	0.77
5	6.2～7.2	0.82
6	7.2以上	0.87

(3) 合法持有老人票的乘客在地铁公司规定的优惠时段内乘搭地铁3号线和4号线时的优惠票价见表18.6。

表 18.6 地铁 3 号线和 4 号线的老人票价

序号	乘距/km	老人票的票价/新元
1	3.2 以下	0.58
2	3.2~4.2	0.66
3	4.2~5.2	0.73
4	5.2~6.2	0.81
5	6.2~7.2	0.86
6	7.2 以上	0.91

第四部分

表 18.7 月票票价

序号	持月票的乘客	月票票价
1	小学生	20
2	中学生及全日制中专生	25
3	大专、大学生	45
4	全职国民服役人员	50

18.5 售检票方式

从国外的经验和发展趋势来看，凡实行计程票价制，绝大多数都相应地采取自动或半自动售检票方式。虽然采取自动或半自动售检票方式要增加设备投资，但优点十分明显，譬如能够高效准确地售检票，既节约时间，节省大量劳动力，又避免因人为误解产生纠纷，确保乘客迅速通过售检票口。采用自动或半自动售检票方式还可以加强票务管理，减少人为因素的影响，尤其在客流调查方面具有人工售检票无法比拟的优越性。

18.6 车票的使用范围与管理

1. 车票的使用范围

在城市轨道交通系统中，所使用的车票种类较多，可回收的车票包括单程票、福利票和出站票，非可回收类的车票包括纪念票、储值票、员工卡和车站工作票等，具体使用范围见表 18.8。

2. 车票管理

（1）车票管理流程。

城市轨道交通车票管理流程具体如图 18.2 所示。

表 18.8　车票种类及其使用方法

类别	票价	介质	提供单位	使用方法	备注
可回收票	单程票	非接触式IC卡	地铁票务清分系统ACC	进站刷卡，出站回收	当日一次乘车使用
	福利票				适用于持可免票证件的乘客在半自动售票/补票设备换取的车票，使用方式同单程票
	出站票			出站回收	用于乘客在付费区补票出站。仅限发售出站票的车站当日出站时使用
非回收车票	定值	非接触式IC卡	地铁票务清分系统ACC	进站刷卡、出站经回，扣费后原处退还给乘客收	已限定票制总额，在有效期内，每次一人使用有效
	纪念票				
	车站工作票			进、出站均刷卡	由车站工作人员持有，仅限指定车站使用，不检查进出站次序
	其他预留票种				带行李单程票、往返票、一日票、区段票、计次纪念票、定期纪念票、员工票、储值票
	普通储值卡		一卡通公司	进出站均刷卡	①有效期内限担任使用。收取押金、可充值 ②异形卡的使用方式相同，以一卡通公司提供的延时为准
	学生卡				
	纪念卡				
	员工卡				只限系统内部员工使用，每次扣除次数一次
	其他预留卡种				定期卡、计次卡
应急纸票	单位票	纸质车票	运营单位	进站经人工检票，出站无须验票	根据ACC相关规定，满足应急启动条件时使用

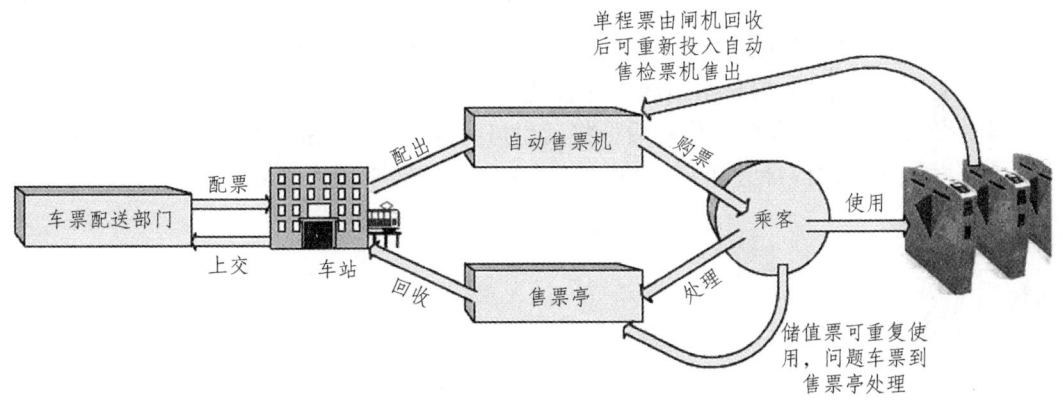

图 18.2　车票管理流程

（2）车票的安全管理规定。

为保证车票的安全，原则上车票只能存放于专门的安全管理区域，主要包括点钞室（通常设置在车站设备区内，为专门用于保管车站现金、车票及结算票款的工作间）、售票亭、临时售票亭、自动售票机、半自动售票机、出站闸机及车票回收箱等。

车站需根据车票的性质、票种在点钞室内划分区域，对车票实行分类存放，建立专门的台账对车票的分类存放、配发、回收等流通情况进行记录，并定期安排专人对各类车票进行全面盘点，以确保台账记录情况与实际清点情况相符。点钞室内存放车票的票柜、保险柜在无人值班时应处于锁闭状态。票务员在售票亭处理车票时，应将车票放在乘客接触不到的地方，尤其是存放于临时售票亭的车票，须做好防盗工作。

（3）车票的交接要求。

为保证车票在各岗位之间交接过程中的安全，车站在进行车票交接时，需建立车票的交接凭证和统计台账，交接人员依据交接凭证办理交接手续并做好书面交接记录，详细记录交际车票的种类、数量、状态、信息等。交接时若发现车票数量或信息有误，交接双方需及时核查更正；对于不能及时查明原因的，应按实际数量进行签收，车站在交接记录本上记录相关情况，并将情况立即上报上级组织调查。

（4）车票的加封。

为避免车票零散存放而导致遗失、混淆和重复劳动等问题出现，车票在经相关工作人员清点并确认数量后，可按一定数量进行加封保管，以保证车票保管的安全、准确。

用扎把带直接加封的车票主要是一些票面面积较大、便于用扎把带缠绕的车票，如纸票等，加封时将扎把带以十字形缠绕过车票，将车票固定在十字形内，用胶水将扎把带末端粘贴住，并在粘贴封口骑缝处加盖加封人员私章，以达到扎把带一经破封无法复原的目的，如图18.3所示。

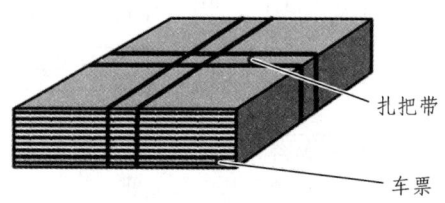

图18.3 加封的车票

加封时，需在扎把带空白处注明加封内容（加封内容指车票类型、票种、数量、金额等，预制票需注明售出期限）、加封车站和加封日期。

用信封加封时，把车票放入信封后，将信封口封住，再用扎把带将信封背面的接缝封住，在信封的正面注明加封内容、加封车站、加封人和加封日期，并在信封背面扎把带骑缝处加盖加封人员私章。

19 城市轨道交通事故及事故处理

城市轨道交通作为大容量的公共交通工具,直接关系到广大乘客的生命安全,"安全运营"一直是其完成运输任务的首要目标和基本原则。因此,对城市轨道交通事故进行分析、制定预防事故相关对策以及突发事故后的救援措施,对于改善城市轨道交通系统的运营安全状态、预防事故的发生和降低事故损失都具有十分重要的作用。

19.1 城市轨道交通事故分类

19.1.1 城市轨道交通安全运营状态

按照运营的安全水平,城市轨道交通系统运营状态可以分为正常运营、非正常运营和紧急运营三种情况。正常运营是按照排定的运行图和工作秩序进行运营的状态,系统运行正常,运输需求和系统的供给能力相配,系统状态较为稳定。非正常运营状态是系统运营中出现了不良的影响因素,例如列车晚点、区间堵塞、列车故障、早晚高峰客流等,对这些现象和问题应及时组织相应的调整方案,积极消除不稳定因素的影响,重视不够或调整不及时可能会导致严重后果。紧急运营状态是指城市轨道交通系统自身出现较为严重的机械、运行、服务故障,或遭遇到严重的内、外部灾害影响,从而导致系统的运营能力减弱或停止,严重影响到系统的稳定性和乘客的人身安全。

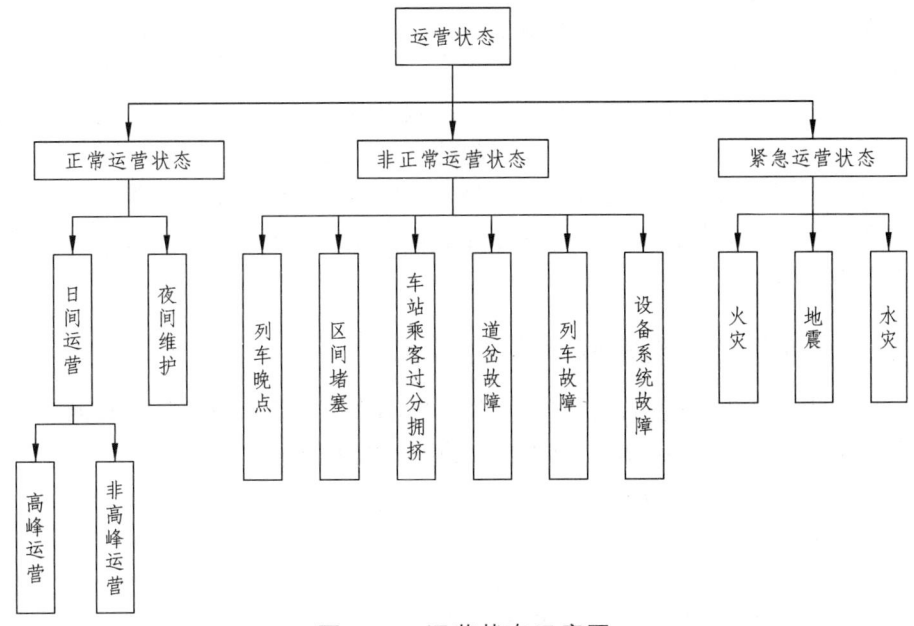

图 19.1 运营状态示意图

19.1.2 城市轨道交通事故和故障

影响城市轨道交通系统运营安全和可靠性的因素统称为事件。根据其发生的原因、特点以及造成的后果和影响，可分为事故、故障两类。

故障是因设备质量原因或操作不当导致设备无法正常使用，须人工干预或维修的事件，根据表现和影响程度可分为轻微故障、一般故障和严重故障。轻微故障可以迅速排除，一般不会影响运营可靠性；一般故障将造成短时间的列车运行秩序混乱，部分列车运行延误；严重故障则会导致较长时间的运营中断，严重影响可靠性。按照设备类型和原因，故障又可分为列车车辆故障、线路故障、供电系统故障、信号系统故障、环控设备故障、车站客运设施故障等。

事故是因故障或工作人员操作不当或管理人员指挥不力而造成人员伤亡、设备损坏，影响可靠性或危及运营安全的事件。事故根据其表现、影响程度与范围，可分为一般事故、险性事故、大事故、重大事故等；按其专业性质可分为行车事故、客运组织事故、电力传输事故等。

引起非正常运营状态和紧急运营状态的原因很多，按照灾害类别分类，分为以下几种：

（1）设备、硬件故障引起的：运营中断事故，如车辆故障、线路故障和各种设备故障引起的行车事故；

（2）意外危险事件和各种自然灾害引起的：系统内部秩序混乱和运营中断，如火灾事故、水灾事故、爆炸事故、恐怖袭击事件等；

（3）个别站点或中转换乘站突发集中大客流：没有得到预报信息的情况下，产生系统流量骤增、售票厅和通道站台拥堵等现象，发生拥挤踩踏事故。运营行车事故、设施设备事故、客伤事故、火灾事故、因工伤亡事故、道路交通事故、运营严重晚点事件。

根据事故和故障导致的后果又可分为可控事件和不可控事件。可控事件是指该事件在发生前是可以控制的，是可以通过一些手段和措施避免的，但是由于人为的疏忽或管理不当导致该事件最终发生了。这种事件往往在发生前会出现一些征兆，只要采取合理的措施就可以避免它的发生。而不可控事件具有不确定因素，一个点，一个线都可能导致它的发生，是人力难以避免的。不可控事件又称为突发事件，在城市轨道交通运营中一般是指由故障、事故或其他原因（人为、环境、社会事件等）引起的、突然发生的、严重影响或可能影响运营安全与秩序的事件。根据其影响程度与范围可分为一般突发事件、险性突发事件、大突发事件和严重突发事件等；根据其引发原因又可分为运营引发突发事件、外来人员引发突发事件、环境引发突发事件等。

19.1.3 城市轨道交通事故的判定标准

事故一旦产生，产生人员伤亡、财产损失、影响公共安全、城市轨道交通非正常运营等后果，这些可能的后果也是城市轨道交通事故的主要判定依据，包括：

轨道交通线路中断运营时间；

人员死亡和重伤人数；

直接经济损失金额；

需要紧急疏散乘客，或需紧急解救被困人员；

发生在轨道交通路网内，需要相关部门处置和协调；

需要政府机关处置或响应。

不同的城市轨道交通系统可根据各自的运营实践制定不同的事故等级标准。

1. 运营行车事故

轨道交通运营行车事故按照人员伤亡、财产损失及对正常运行造成影响的程度，分为重大事故、大事故、险性事故、一般事故，事故等级划分示例如下所示：

（1）载客列车重大事故：列车发生冲突、脱轨、火灾或爆炸、造成下列后果之一时：

① 人员死亡3人或者重伤25人及其以上者；

② 双线中断（某一站或某一区间及以上下行行车中断）时间在150 min及其以上；

③ 根据列车、车辆破损的规定，电动客车中破一辆（直接经济损失为现值的40%以上）。

（2）载客列车大事故：发生冲突；脱轨、火灾或爆炸，造成下列情况之一时：

① 人员死亡或重伤2人及其以上者；

② 双线中断行车90 min及其以上者；

③ 根据机车、车辆破损规定，电动客车小破一辆（直接经济损失为现值的10%以上）。

（3）险性事故：凡事故性质严重，但未造成损害后果或者损害后果不够认定为大事故的行车事故。如列车冲突；列车脱轨；载客列车错开车门、运行中途打开车门、车未停稳开车门；载客列车车门夹人动车；列车冒进信号等。

（4）一般事故：调车冲突，调车脱轨；调车作业冒进信号；列车运行中，因车辆部件脱落或其他原因损坏行车设备；行车有关人员因漏乘、漏接、出乘迟延耽误列车运行造成影响的；错误办理行车凭证发车等。

2. 设施、设备事故

凡是设施和设备的操作人员在工作中因违章操作、失职或设备隐患等原因，造成设备损坏损失达到一定程度对列车运行造成严重影响的均属设备事故。

（1）重大事故：因违章操作、失职或设施设备故障等原因造成直接经济损失30万元以上的。

（2）大事故：因违章操作、失职或设施设备故障等原因造成直接经济损失10万至30万元的。

（3）一般事故：因违章操作、失职或设施设备故障等原因造成直接经济损失5万至10万元的。

（4）故障和障碍：因违章操作、失职或设施设备故障等原因造成直接经济损失5万元以内的。

（5）电动列车事故等级按《城市轨道交通行车事故处理规则》规定确定。

3. 客伤事故

在城市轨道交通运营区域内，凡持有当日当次有效乘坐地铁的相关凭证（持有效证件享受免费乘坐），经检票进站至验票出计费区的过程或在检验票闸机外，由公司管辖的附属设施如出入口、自动扶梯、通道等区域内因乘客受伤构成的事故。

4. 因工伤亡事故

因工伤亡事故是指职工在劳动过程中发生的事故。按照事故伤害的严重程度分为轻伤、重伤、死亡事故。

5. 运营严重晚点事件

凡在行车过程中因违章操作、技术设备不良及其他等原因而造成一定的时间标准，如 10 min、15 min、30 min 及以上的严重晚点事件。

6. 行车事故中的名词定义

（1）车辆破损范围界定：（电动列车以一节车辆为基数）

① 报废：直接经济损失为现值的 90% 以上；

② 大破：直接经济损失为现值的 60%～90%；

③ 中破：直接经济损失为现值的 40%～60%；

④ 小破：直接经济损失为现值的 10%～40%。

（2）列车：按规定辆数编组的电动客车的车列，须有规定的列车标志，从车场或始发站至到发线待发起，直至再回到终点站为止，在此运行过程中被称作列车。

（3）列车事故：

① 轨道车单机或挂有平板车（有车次号）进入运营线路发生事故；

② 列车与其他调车作业机车和车辆互相冲撞而发生的事故；

③ 列车在车场以调车方式进行摘挂和转线而发生事故；

④ 列车载客运行时发生事故。

（4）其他列车：包括空驶列车、救援列车、调试列车、轨道车单机或挂有车辆开动的列车。

（5）冲突：列车、车辆、轨道车互相间或设备（如车库、站台、车挡等）以及其他车辆间发生冲撞，造成电动列车、轨道车和其他车辆破损或破坏。

（6）脱轨：电动列车、轨道车、平板车的车轮落下钢轨轨面（包括脱轨后自行复轨）。

（7）列车分离：包括车钩破损分离和车钩自动分离（含车钩缓冲装置的破损）。

（8）挤岔：车辆在通过道岔区段时挤坏道岔设备。

（9）列车冒进信号：列车前端任何一部分越过固定信号显示位置即为冒进信号。包括临时变更信号（不论原因）而使列车冒进。

（10）双线中断行车：在上下行运行线路中，一条线发生某一站或某一区间及以上中断行车的同时，另一条线也发生同一车站或区间及以上中断行车。

（11）单线中断行车：上、下行线中任何一条线上有一个车站或区间发生了行车中断。

（12）行车中断时间：指由事故发生时间起至调度发出线路开通命令时止的时间。

（13）应停列车在车站通过：指应停列车未办理有关上下客作业就开走，或列车在车站停车但未开关门上下乘客就开走。

19.2 事故处理

事故的分析、调查、处理是事故发生后的重要环节，目的是为了及时恢复正常，找出事故发生的原因和形成机制，并制定相应的措施、方法与手段，减少和杜绝事故的再次发生。

19.2.1 分级处理

根据发生事故的隶属关系和事故的等级分类，按照分级管理原则予以处理。

1. 凡发生下列重特大安全生产事故的，由城市轨道交通安全管理部门或者配合上级有关部门调查处理

（1）轨道交通发生重大事故、大事故、火灾、爆炸、毒害等事故；

（2）造成2人（含）以上死亡的重、特大交通事故。

2. 凡发生下列安全生产事故的，由城市轨道交通安全管理部门具体负责调查处理

（1）发生行车的险性事故、涉及两个单位以上的一般事故；

（2）火灾、爆炸、毒害事故，造成人员伤亡的；直接财产损失达到一定数额的；

（3）发生因工死亡事故；

（4）发生重大道路交通事故以上的；

（5）设施设备重大事故、大事故或涉及两个单位以上的一般事故；

（6）在短时间内连续发生多起安全事故；

（7）因人员违规操作或行车设备故障造成严重晚点 15 min 或 30 min 以上的事件；

（8）城市轨道交通安全生产委员会认为要调查处理的事故。

3. 凡发生下列安全生产事故的，由各直属单位具体负责调查处理：

（1）发生行车的一般事故；

（2）因人员违规操作或行车设备故障造成晚点 10 min 以上事件；

（3）发生因工轻伤、重伤事故；

（4）发生设施设备一般事故、故障和障碍；

（5）客伤事故。

19.2.2 处理程序

1. 事故报告

事故处理直接关系到事故发生后的处置，以及事故发生后能否及时、迅速恢复运营线路正常行车秩序。良好畅通的信息传递能够使事故损失减少到最低最小的程度。反之如果由于信息传输程序复杂、混乱，将会引起事故后果与损失扩大，不良影响扩大，延误事故的处理。

事故报告的主要内容包括：

① 事故基本情况，包括事故经过、人员伤亡、财产损失等；

② 事故原因，包括直接原因、间接原因、事故性质及认定依据；

③ 事故有关人员的责任认定和处理意见；

④ 事故的教训及采取的防范措施；

⑤ 员工受教育情况；

⑥ 其他需要报告的事项。

2. 调查分析

各处理职责单位应按照职责要求，开展事故的调查取证工作。

（1）调查分析依据。

① 根据相关法律法规，分析火灾事故和因工死亡事故的主要原因分别以《火灾原因认定书》《企业职工伤亡事故报告和处理规定》和市、区安全生产监督局制定的法律文书有关规定为准。

② 分析轨道交通事故、设施设备事故、客伤事故发生的原因可以按照城市轨道交通企业颁发的各类规章制度为准。

（2）调查分析要求。

① 查清事故原因。

调查事故的原因应从主观原因和客观原因、直接原因和间接原因、管理原因和技术原因等多层次、全方位地分析查找，对一时难以查清的，要采用挂牌制度、定时间、排节点，落实负责人，落实有效的安全防范措施，以确保安全。

② 组织安全再教育。

各单位必须针对事故所暴露的安全隐患，要通过召开事故分析会、班组学习等形式，有针对性地开展员工安全教育。要从安全法规、安全意识、安全技能、事故教训、预防措施等方面着手，让每个员工都能吸取教训，举一反三，增强防范意识。安全教育必须做到有内容、有记录、实行备案制。

③ 落实预防措施。

在查清事故原因的基础上，应及时制定落实安全预防整改措施。预防措施的落实，必须建立安全责任制，落实到责任部门和责任人，做到明确期限，并从人力、物力、财力上给予必要的保证，确保措施真正落到实处。

④ 调查分析时间要求。

调查工作中注意原始操作资料的收集、分析工作，并要求规定的时间内完成事故（件）的调查取证工作，并提交相应的处理意见和报告。

19.3 事故处理预案

城市轨道交通系统一旦发生事故，将成为公众舆论的焦点，带来不利的政治影响和社会影响。人员伤亡、车辆损毁而带来的经济损失也将十分严重。为提高城市轨道交通运营的安全水平，有效减少事故的发生和降低事故损失，事故的处理预案可从事前预防对策以及事后处理措施入手，并将重点放在事故发生前的预防方面。

19.3.1 事故发生前的预防

1. 加强对乘客和工作人员的教育

（1）乘客。

由于乘客素质对城市轨道交通安全有很大的影响，所以应加强对市民的城市轨道交通安全乘车意识的教育，减少由于乘客的失误而产生的城市轨道交通运营事故。2004年4月出台的《北京城市轨道交通安全运营管理办法》中，对乘客的各种危害城市轨道交通安全运营的行为做了规定，并明确了运营单位工作人员应当履行的安全管理职责，提出了要加强对乘客在紧急情况下逃生自救知识的宣传教育。

（2）工作人员。

统计表明，几乎每一起重大事故都与城市轨道交通工作人员的失职有关。所以务必加强对工作人员的法制教育，技术教育，安全教育和职业道德教育。工作人员要牢记"安全第一"的运营准则，任何时候都不能麻痹大意。韩国大邱市地铁惨案发生的一个重要原因，就是平时的安全教育流于形式，没有落到实处。

2. 先进的设备及其检测体系

城市轨道交通系统的运营涉及众多人员和先进的设备。车辆因素、线路问题、信号标志等设备都直接关系到列车的安全运行。车辆所使用的阻燃材料是否合格、安全装置是否充足有效、车辆是否符合运行要求、车辆技术状况的好与坏等方面，都会直接影响到城市轨道交通的运营安全。在韩国大邱地铁事故中，车厢内为了防止触电未安装自动报警设备和自动淋水灭火装置，同时未采用先进的阻燃材料，易燃材料燃烧后产生了大量毒气和烟雾，导致了事故的扩大。

配备事故监控设备有利于防止事故的发生，或减少事故带来的影响。上海城市轨道交通有两套自动防火设施，两级自动监控系统：车站监控和中央控制级监控。自动灭火喷淋系统设有水喷和气体喷两种，可以针对不同的火灾原因进行调控。地下隧道里还设有专门的排烟装置，一旦发生火灾，隧道内的事故风机系统就会启动，在最短时间内排出有毒烟雾，防止乘客陷入窒息的危险。

北京地铁设有两组变电站供电、紧急照明和应急通风设施，即使在出现两个主变电站同时停电，列车失去牵引力最终停车的时候，也不会出现城市轨道交通"失控"的现象。城市轨道交通的指挥系统，如调度电话、通信系统等，在失电情况下仍能正常使用，全部由蓄电池供电。

当在地下隧道或车站内发生意外导致紧急断电，突如其来的黑暗状态下人员极易发生混乱，造成伤亡，在断电情况下能持续提供光源是十分关键的。自发光疏散指示系统完美解决了这个问题。这些安全标志在完全失去光源的情况下仍能够利用自身的蓄能发光，以便乘客在漆黑一片中找到逃生的方向。

建立和完善设备状况计量检测体系，确保设备运作的安全度。对已出过的事故苗头、灾害险情要及时记录，用系统安全工程的方法进行评价，及时制定切实可行的整改措施，把工作落到实处，尽量把事故和灾害消灭在萌芽状态。

3. 建立自动监视及自动报警系统

为了保证城市轨道交通的安全运行，每个城市轨道交通系统都应具备监测及自动报警系统 FAS。FAS 对于确保城市轨道交通的安全以及正常运营，具有极其重要的作用，成为城市轨道交通各系统中不可缺少的重要组成部分。受 FAS 系统保护的具体对象是全线车站、主变电所、车辆段及通信信号楼。城市轨道交通 FAS 系统必须是一个高度可靠的系统，接线简单，组网灵活，容易维修和扩展。控制中心（OCC）应有全线示意图，能监控全线的报警情况。

例如伦敦地铁在所有 115 个地下车站内安装了"快速追踪"的火灾探测与报警系统。该设备包括一个探测范围宽广的模拟可寻址烟雾与热量探测系统，以及遥控关门器、应急有线广播系统、防火阀控制装置、检票口等安全防火设施。每个车站内的电脑能对本区段内的消防设施予以监视与控制。通过预先编制的程序，对每个车站上的所有消防安全设施进行扫描，在连续不断地进行基础分类后，确认这些设备的特征、位置，所处的工作状况。

4. 应急通信系统

相应位置应具备无线电通信设备和有线通信紧急电话，车站工作人员和城市轨道交通司机可通过无线系统或有线电话，站台内的CCTV视频传输系统向控制中心传递事态信息。车站内应装设全方位的监视器，实时收集站内各方位视频信息，避免出现有城市轨道交通发生火灾、爆炸、毒气等紧急事件而控制中心不知情的情况。列车上还应配备有紧急报警按钮，发生火灾爆炸等意外事件时，乘客可迅速按压此按钮通知司机。

5. 事故故障的预警

以历史的事故故障信息为基础，结合运营单位对安全及可靠性状况的要求，对运营中的事故故障建立界限区域，实施预警管理。在对预警指标进行量化分析之后，按照确定的预警信号区域边界（即预警界限），同时将各类预警指标转化为预警信号输出，直观反映当时的运营安全与可靠性状况及发展趋势。根据预警指标的数值大小划分成正常区域、可控区域和危险区域，以分别表示城市轨道交通运营的安全态、病害态和危机态。通过预先识别影响运营安全及可靠性的危险源和危险状态，对超出界限的事故故障进行识别和警告，保证轨道交通运营的有序、安全、可靠，有效地降低事故故障率。

6. 应急方案的制定

事故和灾害是难以杜绝的，必须高度重视应急预案的制定。"预防为主"是城市轨道交通安全正常运营的原则。凡事"预则立，不预则废"。不同的事故，应急处理方法不同。只有事先制定多套突发事故应急预案，增强突发性事件的应急处理能力，才能把事故与灾害所造成的人员伤亡和财产损失降到最低。迅速的反应和正确的措施是处理紧急事故和灾害的关键。

应急预案是对日常安全管理工作的必要补充。主要内容包括：指挥系统组织构成、应急装备的设置（主要包括报警系统、救护设备、消防器材、通信器材等）和事故处理与恢复正常运行。

7. 定期演练机制

对紧急情况进行定期演练，可以使人们对危险因素保持长时间的警觉性，增强全员的安全生产意识，提高操作的熟练性，保持对紧急状态的敏感性及处理问题的正确性，使城市轨道交通运营系统长时间保持人、物环境的相互适应、相互协调。逐步提高各有关专业和工种的应变能力、协同配合能力和对事故的综合救援能力。莫斯科地铁当局基本上每月进行一次指挥部训练，每季度至少一次地出动百名员工以及车辆和设备进行"实战演习"。在马德里发生系列火车恐怖爆炸事件后，世界一些大城市如纽约、巴黎、伦敦、东京的地铁纷纷制定恐怖袭击防范计划，进行大规模"实战演习"。我国北京、上海、广州、香港等地的城市轨道交通管理部门，多次会同消防及相关部门进行实战演练，提高处理紧急事故的能力。

19.3.2 事故发生后的处理

1. 乘客的安全疏散问题

根据全世界的轨道交通重大事故的经验和教训，如果事故发生后乘客没有得到快速、及时、安全的疏散，将会造成严重后果。乘客快速、及时的安全疏散是整个城市轨道交通安全系统中极其重要的内容。完善的乘客安全疏散方案要尽可能详尽和具体。如城市轨道交通系统在 1~2 h 不能恢复正常运营的情况下，轨道交通运营企业应尽快联系地面公交部门，在各个轨道交通系统出口处设计对应的公交线路有效疏导乘客。事故发生后，运营部门应担负起告知责任，不能以"故障"为借口，忽视甚至漠视乘客的知情权，导致乘客出现恐惧不安和混乱。

2. 事故处理专家系统

城市轨道交通事故的分析和处理是一项复杂的、经验性很强的技术工作，城市轨道交通发生事故的原因很多，要求快速、有效、准确地识别故障原因并采取有效措施及时恢复城市轨道交通的正常运行。近年来，在安全科学领域中，计算机技术已与安全管理、安全评价、风险分析预测等工程技术广泛结合，并且推动了安全科学发展的进程。利用计算机准确及高速度的科学计算功能进行安全分析、事故诊断、安全决策等任务。

专家系统内部拥有城市轨道交通领域专家水平的知识与经验，利用专家的经验快速给出处理措施，辅助管理人员进行事故处理，提高城市轨道交通的安全经济运营水平。城市轨道交通事故处理专家系统就是建立在这样的基础上的。

3. 事故的快速处理

一旦事故和灾害发生，在线路上运行的列车不能继续按照原先的计划运行图运行，中央控制室必须及时对所有列车做出科学正确的调整。韩国大邱城市轨道交通纵火案中正是由于中央控制室管理不力，没有及时阻止另一列列车驶入已经失火的车站，导致了伤亡人员的增加，多数的死亡人员也是第 2 列列车的乘客。

未来列车自动控制系统（ACT）中应包括针对发生紧急事故和灾害情况下的列车自动调度系统。这个自动调度系统应该是一个实时专家系统。在紧急情况下，可模拟调度专家的思维方式，根据事实库中的事实，调用规则库中的规则，逐步进行推理。自动调度系统将及时制定出新的列车运行方案，防止灾害的扩大。

国际范围内恐怖主义的存在和国内社会竞争的日益加剧，使得我国今后的城市轨道交通运营安全工作的任务十分繁重，面临的安全形势不容乐观。良好运营安全局面的开创需要全社会的共同努力，需要各部门的齐抓共管。具体来说，需要人的要素、物的要素、安全管理体制要素和社会环境要素几个方面的保障。只有把这些方面有机地结合起来，才能实现安全运营。

① 人的要素是指乘客要有较强的安全防范意识，运营的管理者和作业人员要有高素质的职业道德和工作水平。

② 物的要素是指系统装备功能完备、性能先进，防灾抗灾能力强，车站和区间隧道建筑结构设计合理，灾害发生时便于逃生。

③ 制度的要素是指实现安全运营的各种管理制度要规范完备。从保障我国城市轨道交通

安全运营的实际情况来看，急需建立和完善地铁灾害应急处理制度，设施设备日常安全维护制度、紧急情况定期演练机制及国民安全教育计划。

④ 社会环境的要素是指城市轨道交通安全运营问题需要全社会的共同努力，进行综合整治预防灾难。

随着事故影响因素越来越多，越来越复杂，单独依靠城市轨道交通系统应对事故，尤其是大型、特大型事故变得越来越困难。目前我国很多城市都成立了轨道交通抢险指挥中心，由市政府牵头，动用社会多部门的力量来共同处理大型事故。

19.4 安全运营控制体系

安全运营工作是城市轨道交通企业各项工作的重中之重，是企业的"立身之本"。城市轨道交通企业必须始终坚持以安全运营为中心，狠抓运营质量，形成较为完善的安全保障体系和安全管理网络，安全运营所有管理岗位各司其职、各负其责、有章可循、有据可查，以及安全工作标准化、规范化、系统化、制度化的局面。

19.4.1 安全运营控制体系的目的

建立城市轨道交通企业安全运营控制体系的目的是：使城市轨道交通的安全生产与管理达到预先设定的目标，使事故等级和事故频率控制在预先规定的范围内，同时通过安全预防、纠正措施的落实，达到安全运营工作持续改进，不断提高安全运营质量的目的。

建立运营企业安全运营控制体系应遵循法规性、可控性、系统性、程序性和差异性的原则，体现"全员参与、持续改进"的质量管理理念。

安全运营控制体系的具体目标包括：

(1) 不发生职工（包括劳务人员）因工死亡及重伤事故。
(2) 不发生运营重大事故、大事故和有责乘客死亡事故。
(3) 不发生重大火灾事故。
(4) 不发生有责交通死亡及重伤事故。
(5) 不发生在一定数额内的有责物损的交通事故。
(6) 严重晚点率低。
(7) 险性事故和一般事故发生率低。

各城市轨道交通企业可根据企业的具体情况和运营特点，选择适合自身安全运营的控制目标，建立安全运营体系，例如某运营企业制定的安全生产指标如下：

(1) 杜绝指标。
① 不发生职工（包括劳务人员）因工死亡及重伤事故。
② 不发生重大火灾事故。
③ 不发生地铁运营重大事故、大事故和有责乘客死亡事故。

(2) 控制指标。
① 险性事故和一般事故：小于 4 起/百万列公里。
② 15 min 以上严重晚点：小于 3 次/百万列公里。

③ 不发生有责交通死亡及重伤事故、不发生有责物损在 2.0 万元以上的交通事故。

19.4.2　安全运营预先控制

轨道交通安全运营控制体系包含预先控制、过程控制、事后控制等内容。

1. 组织保障

（1）建立健全安全运营管理网络。

为了确保运营企业安全管理工作始终处于可控状态，通过完善组织管理措施，建立安全运营管理网络是一个必不可少的手段，同时在组织保障管理体系中应体现安全运营工作"行政第一负责人为安全管理第一负责人"的原则，体现安全生产齐抓共管的管理理念。

（2）建立专门负责安全工作的组织机构，体现安全运营管理主体。

在组织结构设置中，运营企业应建立专门负责安全生产的部门机构，各安全生产管理职能部门，应在赋予的工作职能下开展安全管理工作，从而使运营企业安全运营管理工作能规范有序地开展。同时为了保障安全运营控制体系的实施效果，可成立总公司安全生产委员会，由总经理和分管副总经理为负责人（正、副组长），其他各分公司领导为成员，以该组织形式履行并负责安全工作的重大决策的制定、制定总公司安全生产的控制目标、重大事件的考核和责任追究等职能，从组织保障上着手落实安全生产工作。

2. 安全运营"目标管理"工作

（1）年度目标管理指标。

明确的年度安全运营目标管理指标是确保总公司安全运营始终处于可控状态的重要手段和提高运营生产质量的有力保障。年度安全运营目标管理指标应体现"合理有效、逐步提高"的原则。年度安全运营目标管理指标应根据上年度安全运营的实际情况和本年度运营生产特点，提出切实有效的年度安全运营控制指标，根据总公司的主要特点和现阶段主要矛盾不断修改，逐步提高，与国际接轨。指标的设定应体现"安全第一、确保畅通"的安全方针。

（2）目标管理指标的分解。

在确保总公司本年度安全运营控制指标的基础上，通过责任分解，层层落实，来确保年度安全运营指标的实现。按照"守土有责原则"落实安全责任，推行"千斤重担人人挑、人人身上扛指标"的安全目标管理理念，从总公司领导、分公司领导、部门领导、班组长直到每个员工，均签订安全生产责任书，将安全责任和安全目标层层分解、层层落实，形成职责清晰、层次分明、衔接紧密、覆盖全面的安全生产责任制体系，并将安全生产责任书完成情况作为每层级领导、每位员工的绩效考核、岗位晋升考核标准之一。通过各级安全目标的实现来确保公司年度指标的实现。

（3）目标管理指标的下达形式。

确定公司、分公司的安全运营目标管理指标后，应结合公司年度安全生产责任书，通过与各单位行政第一人签约的方式承诺下达。

3. 安全运营风险评估及预警

（1）安全运营风险评估。

城市轨道交通企业应定期或不定期地对运营情况进行危险源辨识和安全评估，及时掌握当前的安全生产状况和潜在的风险，做到安全管理工作心中有数。根据安全评估的结果，及时调整安全工作的重点；对潜在的风险，制定风险的防范措施，变被动安全为主动安全。对影响安全运营的设施设备难点问题进行专题研究，不断提高设备完好率。同时应学习国内外运营安全风险评估体系的先进做法，建立切合本公司运营实际的风险评估体系，并将其作为长效管理手段。

安全运营评估工作应确保每年开展一次，遇年度新线投入运营前，应进行开通前的试运营风险评估。安全运营风险评估工作可通过专家组或评估小组的方式进行。

（2）预警工作。

公司应建立反应灵敏的预警机制，通过危险源的辨识，变事后补救为事先预防，通过建立设备设施的信息化管理手段，增强设施设备的状态监控；通过采用先进的监控技术，减少灾害天气和突发事件对轨道交通运营的影响；公司应通过强化预警机制的功能，及早发现隐患，力争将事故消灭在初期阶段。

4. 规范新线接管程序、把握关键点

（1）规范新线接管程序。

现在我国进入了城市轨道交通建设的高潮阶段，顺畅高效的接管程序是确保新线顺利接管、按时开通的重要保障。因此公司应建立和完善新线接管程序，规范建设、运营的接管节点和职责，同时明确新线部与相关部室、分公司各自的职责，确保新线接管安全顺畅。为此要从设计、施工、设备调试、验收等环节介入，不断进行安全评估，并进行总联调。

（2）强化新线接管关键节点的施工安全。

在新线接管过程中，随着运营方的逐步介入，会存在主变设备临时代管、施工计划代管、线路运行权交接等关键节点，这些阶段存在着设备处于调试阶段、施工人员多、调度条件不成熟等不利因素，易发生设备、人身安全事故，因此新线接管的关键点必须制定严密的规章和落实相关措施来保障。

19.4.3 安全运营"过程控制"

安全运营过程控制就是围绕轨道交通运营生产工作流程的全过程进行的过程控制，从运营生产计划和运行图的制定、调度指挥实施、车站客流组织和客运服务、设施设备的保障等各个环节进行全过程控制，通过各个环节有效的监控和正常运转，来实现轨道交通各组成部分的联动有效运转。建立和强化安全运营"过程控制"。采取积极有效的措施，将事后补救变事前预防，真正体现安全生产"安全第一、预防为主"的原则，同时强化安全运营过程控制是实现公司安全运营目标的重要手段和确保公司运营安全的重要保证。

1. 行车安全控制

轨道交通行车安全是运营安全生产工作的重点，因此必须强化行车安全控制，及时消除行车安全中的各种设备和人为隐患，严格执行行车岗位标准化、规范化操作。

（1）确保运营安全规章的有效性、适应性、覆盖性。

为保障轨道交通安全运营工作，必须根据轨道交通行车工作的特点和设备设施的技术条件要求，建立以安全管理制度为统领，包括安全操作规程手册、事故处理规程、应急处置预案等在内的安全规章体系,以制度来规范安全管理各个环节,以规范化保证安全,确保达到事事有章可循,严格落实安全生产规章制度才是运营安全的要求。各类安全规章制度体系如下:

① 操作类安全规章;

② 设备操作类安全规章;

③ 设备保障单位安全运营管理规章;

④ 事故预案;

⑤ 安全管理规章。

(2)确保行车岗位人员操作的规范化、标准化。

建立规范全面的安全运营规章后,要通过经常性的规章制度培训和学习,让员工清楚理解规章,通过经常检查督促让员工严格执行规章;通过经常分析事故苗头、事故隐患、事故后果,让员工认识到遵章守纪的重要性。

2. 设施、设备保障

运营设施设备质量的好坏,直接关系到列车运营安全与否。因此必须采用先进的检测手段,及时发现设施设备的隐患,建立维修管理信息化系统,不断提高设备的质量。按照设备管理控制体系的要求,科学地进行设备管理工作,提高设备完好率和运营保障力度。

(1)完善设备科学化管理、信息化管理机制。

设施设备的维修,不仅要保证质量,还要体现速度。要采用先进的设备检测技术和工具,快速检测设备状态,查找故障点,为及时、准确地掌握设备质量状态,处理设备故障提供了保证。

在设施设备维修管理上,要采用精简细修、突出重点的思路。在设备的日常维修保养中,特别抓好车辆、接触网等设备的巡视、检测、紧螺栓、加油、清洁之类的工作,以小防大杜绝大故障,或事故的发生。同时,集中技术力量解决运营生产中出现的故障或技术难题,要组织跨专业的技术攻关,从设备设施运营质量的角度为确保运营安全奠定坚实的基础。

(2)完善设备设施规程。

标准与规程是设施设备管理工作开展的依据。由于轨道交通设备种类多,且在不断发展变化,因此要求规程也要不断修改完善,每隔一定时期,运营企业应组织力量更新规程的版本,以便适应实际生产的需要,同时这些标准、规程作为企业职工技术培训和班组学习的主要内容,加强职工的标准化意识,规范日常工作行为,提高整体技术水平,确保设施设备的高质量。

3. 完善监控手段,提高应急处置能力

(1)进一步加强运营时段的现场管理,使之成为确保轨道交通运营始终处于可控状态的重要手段,深入运营一线,靠前指挥,抓小防大,安全观前移,提高现场处置能力。

(2)加强信息管理,提高突发信息传递速度。为提高应对突发事故(件)处置能力,减少事故发生对运营的影响,规范信息传递制度,理顺信息传递渠道。同时运营企业可发挥快速有效的信息传递系统的作用,提高短信群发系统的稳定性,使各级领导、技术骨干能在第一时间掌握各类运营生产信息。

(3)坚持和完善运营交班会议制度。利用运营交班制度,能将前一日的运营情况及时进行分析,协调解决运营生产中的实际问题,并能随时掌握运营安全动态,做到运营安全天天受控。

（4）坚持和完善月度运营例会制度，有利于及时分析安全运营状况和形式，把握安全动态，制定有效应对的措施。

4. 开展安全培训和演练，提高安全素质

（1）制定安全教育制度，明确安全教育内容和要求，通过各种途径和手段加强宣传教育和培训，增强员工安全防范意识，提高安全技能。对新员工落实"三级"安全教育制度，使员工在上岗前符合岗位安全知识、技能、等级的要求。其次，根据安全生产的实际需要，评定运营生产系统中各个岗位的安全等级，制定各个等级的安全知识和安全技能要求，对员工进行分层培训、考核，实行安全关键岗位持证上岗，同时结合运营实际和国内外同行业的事故事件，通过编制《事故案例》等手段教育员工，不断强化员工的安全意识。

（2）在完善事故预案处置的基础上，组织制定公司演练计划，定期、不定期地组织进行各层级的、切实有效的各种演练，不断提高各级员工对各种预案的熟练程度以及应急应变的能力。

（3）定期开展"城市轨道交通安全宣传周"，并结合国家安全生产月的活动，充分发挥车站和列车广播等宣传阵地，进行广泛的安全宣传教育，提高市民对城市轨道交通安全意识的认识和掌握。

5. 安全检查

安全检查是安全工作抓落实的重要一环。通过查隐患、查整改、查落实，控制人的不安全行为、车辆设备的不安全状态和环境不良因素对安全运营的影响。同时各单位仍要坚持将日常检查和定期检查相结合，专项检查和综合检查相结合，及时发现各类隐患，并认真抓好整改工作。

19.4.4 完善安全运营"事后控制"

1. 完善抢险救援中心运转机制

为了能快速、有效地处置运营突发事件，运营企业可成立抢险救援中心，负责整个轨道交通系统设施设备紧急抢修和灾害等抢险救援，实行准军事化管理，全天候待命。抢险救援中心设立 3 个抢险车辆备勤点，抢险车统一安装 GPS 卫星定位系统。进一步完善抢险救援中心的运转机制，特别是应考虑如何从网络化运营的高度来合理设置抢修点，以期增强应急抢修的反应能力。

2. 建立事故处理规范程序

针对轨道交通发生的事故，对事故苗头和安全隐患进行分析和处理，坚持从管理上找原因，查漏洞、定措施，通过分析查找原因、整改隐患、完善规章，改进管理，防止同类事故重复发生。

认真落实"预防为主"的方针，在管理人员中树立安全管理责任意识，切实做到事事有人负责。

3. 安全整改

对于日常运营生产中暴露的安全隐患，以开展"安全隐患整治月"等类似活动为抓手，对影响安全运营的设施设备各类隐患进行梳理，开展设施设备专项整治等活动。确保设施设备运营状态良好。并针对运行过程中暴露出的设备系统问题，组织技术力量进行技术攻关。

4. 完善考核和责任追究制度

（1）以职工手册作为职工考核的依据。
（2）月度经济责任制考核制度。
（3）领导干部安全责任追究制度。
（4）运营主业单位安全责任风险抵押金制度。

19.5 城市轨道交通事故案例分析

城市轨道交通系统是一个庞大复杂的系统工程，影响轨道交通安全运行的危险因素有很多。从城市轨道交通事故产生的基本原因来看，危险因素可以归结为人为因素、设备因素、管理因素和环境因素。在轨道交通从建设施工到正式运营的过程中，轨道交通系统中的各个组成方面都会出现危险因素。例如车辆系统、通信信号系统、通风系统、电气系统、给/排水系统、公用工程及辅助设施、人员因素等方面都会出现危险因素。

从我国的运营实践来看，管理和乘客的不良乘车行为是影响轨道交通正常运营的两大因素。对于运营时间较长的成熟线路，车辆故障是影响正常运行的主要因素；对于新开通的线路，整个系统处于磨合阶段，车辆故障和信号故障是影响正常运行的主要因素。

1. 车辆系统

自 2007 年开通以来，北京地铁 5 号线列车车门故障不是新鲜事，发生过多起。例如：

2011 年 11 月 3 日，北京地铁 5 号线一列车在北苑路北站出故障，列车停运约 10 min。原因为列车车门因人员拥挤导致出现故障，该车清客后，退出正线运营，直接回车辆段，导致部分列车晚点，造成北京地铁 5 号线短时间瘫痪。

车辆故障通常是影响线路运营的主要因素，车辆故障主要有车门故障、主回路故障、列车制动故障、电气故障、列车脱轨、列车追尾等。其中以车门故障、主回路故障居多。其中车门故障率受客流变化的影响较大。

除了车门故障，在车辆系统中，列车失控会严重影响轨道交通的安全运营，更会造成严重的人员伤亡和经济损失。造成列车失控的原因有很多，例如轨道损伤或断裂引起的列车脱轨、出轨事故；列车车门的安全标志不清，造成机械伤人事故。由于轨道交通的特殊性，在发生车辆事故后，事故救援和人员疏散的难度较大，很容易发生火灾、有毒气体中毒等二次事故，加重了事故的影响。

2005 年 4 月 25 日，上午 9 时 18 分，日本兵库县尼崎市，一列隶属西日本铁道公司的城铁列车，在一处时速限制 70 km/h 的急转弯处以 117km/h 的速度超速出轨，冲入距轨道距离 6 m 的一栋九层楼公寓，前两节车厢严重扭曲变形，造成 106 人死亡，562 人受伤。列车之所以超速，是因为日本铁道系统严苛到近乎变态的"守旧"规定，如果晚点达一分钟以上，司机会受到严厉责罚。当时列车已晚点约一分半钟，肇事司机为了免受责罚，拼命加速导致事故发生。事故现场如图 18.2。

图 18.2　西日本铁道公司福知山线城铁出轨事故现场

2. 通信信号系统

2012 年 1 月 22 日晚上 11 时 15 分，广州地铁公园前站突然发生信号故障，1 号线双向多趟列车不同程度延误，其中抽线 7 列，延误 2~3 分钟 32 列。2012 年 1 月 28 日上午 8 时许，三号线北延段机场南高增区间发生信号故障，全线列车出现不同程度的晚点，导致不少赶往机场南站的乘客错过航班。第二日下午 4 时 50 分许，地铁一号线又出现信号故障，共有 9 趟列车晚点，最长的延误 12 分 30 秒。

信号系统是轨道交通运营的行车指挥系统，信号异常会影响整个系统的正常运营。常见的信号故障有车载故障（ATC/ATP 故障）、SECAM 故障、列车收不到速度码、发车表示器不亮、中央 ATS 故障导致进路不自动触发等。对于常见的信号故障，调度员要对重点车站和重点设备实时监控，发挥车站行车人员的主观能动性，对此类故障做到尽早发现，尽快处理。

3. 通风/排烟系统

在通风系统管理上的缺陷，如风亭、风道设置不合理，妨碍通风系统正常工作，影响排烟系统在隧道内发生火灾时的正常工作。

城市轨道交通系统内，如地下隧道内发生火灾，不仅火势蔓延快，而且积聚的高温浓烟很难自然排除，并迅速在地铁隧道、车站内蔓延，给人员疏散和灭火抢险带来困难，严重威胁乘客、员工和抢险救援人员的生命安全。

4. 电气系统

接触网高压电，一旦发生接触网断线或绝缘子损坏，接触到金属结构物就会使其带电，危及人身安全；由于电气设备损坏和使用不当常有触电伤亡事故发生；变电所、配电室中的电气设备等由于短路、过载、接触不良、散热不良、照明、电热器具安置或使用不当、违章作业等均会引起电气火灾、触电事故；杂散电流会给地铁以外的金属管道、金属结构造成电蚀危害。列车内的高压电器设备的安全防护措施不当，可能造成人员伤亡事故的发生。

2009 年 12 月 22 日，上海地铁一号线发生四起事故：早 5 时 50 分，突发供电触网跳闸故障，造成该区列车停驶；7 时分左右，两车发生侧面碰撞；20 时 55 分，列车故障导致晚点；20 时 40 分，1 号线陕西南路站一变电箱冒出浓烟，几处站点短暂限流进出站口被封闭。如图 18.3 所示。

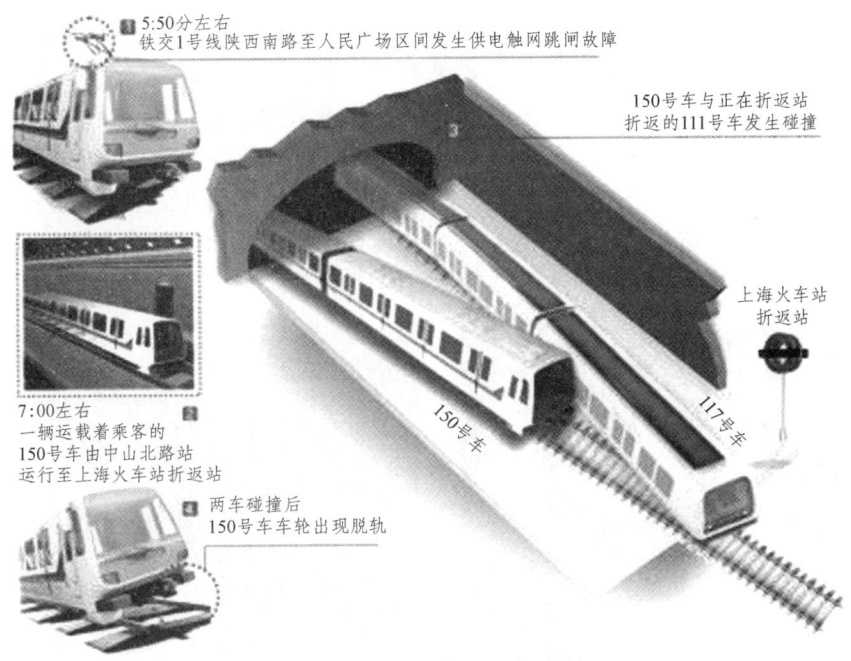

图 18.3　一号线的四起事故

5. 给/排水系统

给/排水管道的防腐，绝缘效果不佳发生泄漏现象；隧道内排水系统不完善，隧道防水设计等级过低，导致涝灾或地表水侵入；地面车站的地坪高度低于洪水设防要求；排水系统设置不完善，污水乱排以及垃圾乱扔会影响运营环境卫生。

2011 年 8 月 22 日下午 2 点 47 分，南京地铁二号线一列开往油坊桥方向的列车刚离开下马坊站约 200 m 处，车厢外突然冒出火花，车厢里也冒出浓烟，第三和第四节车厢上下错位近半米。地铁停下后，数百乘客不得不下车步行回到下马坊站。事故的原因是地下水渗入，将一段 20 多米长的混凝土结构路基拱起，导致道床上浮，列车车厢错位。如图 18.4 和 18.5 所示。

图 18.4　车厢错位

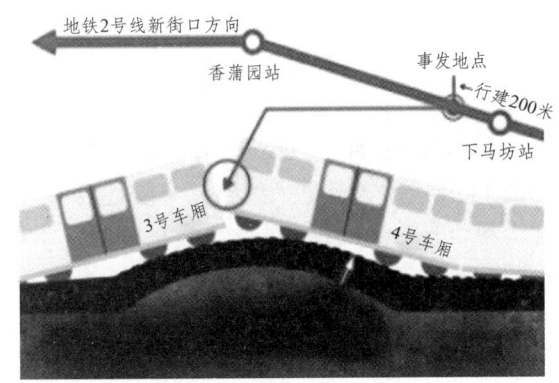

图 18.5　道床上浮

6. 公用工程及辅助设施

站台上乘客过多产生拥挤，可能会使乘客跌入轨道区，列车进站而造成人身伤亡事故；

在自动扶梯运行中,可能发生梯级下陷、驱动链断裂、梯级下滑,扶手带断裂等故障,对乘客造成伤害;车站地面材料不防滑或防滑效果不明显存在安全事故隐患;车站内的建筑物装修材料选用不当,会在发生火灾时产生有毒烟气,加重事故后果;乘客无视地铁运营安全管理的要求,擅自携带易燃易爆、有毒危险物品乘车,造成各种潜在事故隐患的存在。

2011年7月5日9时36分,北京地铁4号线A出口上行电梯发生事故造成1名12岁男孩死亡,另有3名乘客重伤,伤势严重,但生命体征平稳,另外27名乘客轻伤。见图18.6和图18.7。本次地铁电梯事故,也暴露出多年前的规划问题。

图18.6 电梯事故现场图

图18.7 电梯事故受重伤旅客

7. 人员因素

人员因素是导致城市轨道交通事故的主要原因,一般事故主要是因乘客未遵守安全乘车规则,而险性事故多由于工作人员职责疏忽引发的,主要包括以下几种。

(1)拥挤。

2001年12月4日晚,上海地铁1号线发生1名乘客死亡的事故,经过调查取证,该事故已定性为因拥挤而导致的意外事故。1名28岁的大连籍女子在等候地铁时,被急于登车的拥挤人流挤下站台,被驶入站台的列车当场轧死。

(2)道床伤亡。

道床通常指的是轨枕下面,路基面上铺设的石碴(道砟)垫层。道床伤亡是指因人员进入道床区引发的轨道交通事故造成的人员伤亡。

2013年10月17日,上海一男子在11号线南翔站擅自进入道床,被列车撞击当场身亡。地铁11号线因人员进入线路,马陆往真如方向开行的列车限速运行,发车班次间隔延长,11号线各个车站出现大量乘客滞留的现象。

(3)处理措施不当。

2003年2月18日上午9时,韩国大邱市一号线1079号地铁列车行驶至市中心中央车站时,一名男性乘客在车门打开的瞬间,点燃装满易燃液体的罐子,大火瞬间蔓延。在1079号地铁列车迅速燃烧时,地铁调度员仍允许另一辆列车1080号进站。此时地铁断电、列车不能行驶,1080号列车在无法开门的情形下也随即燃烧起来,驾驶员没有采取任何果断措施疏散乘客,仍请示调度如何处理。更不可思议的是,在事故发生5分钟后,调度居然还下达"允许1080号车出发"的指令。警方认为,由于驾驶员没有把发生火灾的事实立即通报给综合调度室运行调度员，所以致使1080号电动车进入中央路站，导致损失加大。大火后的地铁车厢见图18.8。调查结果显示，机械设备调度室职员在火势变大的上午10时左右才确认发生了火灾。

图18.8　大火后的1080号地铁车厢

（4）恐怖事件。

城市轨道交通系统，是现代都市必不可少的公共交通工具，它运力大、便宜、节能、快捷、不受天气影响，能够显著的加快城市生活的节奏，提升市民的生活品质。然而，地铁里人群密集、进出方便、通风条件有限，也使得它容易被恐怖分子盯上，成为制造无差别杀伤案件的绝佳场所。

2005年7月7日早上，1辆地铁驶离了伦敦最繁华的国王十字车站，忽然间，第3节车厢里砰的一声巨响，随即浓烟密布，车厢里到处都是惊恐万分、头破血流的乘客。几分钟后，另一枚炸弹在刚离开埃其维尔路站的216次地铁上爆炸。第三枚炸弹在311次地铁离开国王十字车站1分钟后爆炸。3枚炸弹总共造成了43名地铁乘客不幸遇难，上百人受伤。爆炸案后的车厢残骸如图18.9所示。

图18.9　爆炸案后的伦敦某地铁车厢残骸

2010年3月29日，莫斯科当地时间7时56分，一列地铁刚刚进入卢比扬卡地铁站，就在车门刚刚打开之际，第2节车厢内忽然发生爆炸，爆炸的威力巨大，旁边的几名乘客甚至被炸得身首异处。爆炸的威力相当于1.5 kg的TNT炸药，而爆炸也造成列车上的15人以及站台上的11人死亡。

爆炸发生后，另一列地铁正被滞留在文化公园站前的隧道内，车内广播宣布，因"技术问题"要求乘客在文化公园站下车。在第一次爆炸大约 40 min 后，这列地铁到达文化公园站，同此前一样，列车在开门后发生了剧烈的爆炸，造成 14 人死亡。两起爆炸共造成 40 人死亡，超过 80 人受伤。据调查，这两处地点是精心选择的，前者靠近俄国联邦安全局总部，后者位于克里姆林宫附近。而恐怖分子也故意选择高峰时期作案以获得最大的杀伤力。

8. 自然灾害

（1）台风。

根据国内外城市轨道交通事故的分析表明，台风对沿海城市的轨道交通特别是高架桥部分有一定的影响，且其破坏程度较高。因此，在受台风威胁的地区建设的轨道交通工程，其工程设计及施工过程中应加强对台风危害的防范。

（2）水灾。

2001 年 9 月，台北 18 座地铁车站淹水，台北地铁陷入瘫痪。城市轨道交通尤其是地铁工程的车站和隧道大都处于地面标高以下，一方面容易受到洪涝灾害积水回灌危害，另一方面容易受到岩土介质中地下水渗透浸泡危害。地下水或地表水进入地铁车站和隧道内，可以使装修材料霉变，电气线路、通信、信号元件受潮浸水损坏失灵，造成工程事故。地下水积存，使地铁内部湿度增加，使进入车站的乘客胸闷，不舒适。

（3）地震。

地铁的车站和隧道包围在围岩介质中，地震发生时地下构筑物随围岩一起运动，与地面结构不同，围岩介质的嵌固改变了地下构筑物动力特征。一般认为地震对地下结构影响较小。1995 年阪神大地震，神户的地铁成了人员死亡最集中的地方。有些地方正在运行的地铁车厢直接被挤成压缩饼干状，其内部惨不忍睹。

在阪神大地震之前，日本的地铁普遍采用挖开式施工，即先将地面挖开，在挖好的壕沟中铺设地铁，再在地铁的顶部回填渣土恢复地面。这种施工方式价格较低，施工期短，有一定的优越性。然而，阪神大地震证明，正是这种施工方法，使神户的地铁在地震来临之时成为"铁棺材"。这是因为挖开地面后回填，会形成不同密度和性质的土层，等于使地铁成为地面的一道伤口。一旦发生地震，地面极易在此处错开，形成断层挫裂，使地铁成为地震首当其冲的受害者。吸取这一教训后，日本的地铁施工直至今日都为隧道式挖掘，保留地铁上方完整的地质构造，大大降低了地铁在地震时的危险。

9. 施工期间

（1）不良自然条件。

各类不良地质条件，如暗河、古河道；地下人防设施；地下不明障碍物；承压水地层；复杂地貌条件等不良地质条件及施工方法不当，机具配备衬砌强度和工程进度等方面的原因，存在着塌方、异常涌水、有害气体堆积等危险因素。

2008 年 11 月 15 日下午 3 时 15 分，浙江省杭州市风情大道地铁一号线湘湖站北 2 基坑施工现场发生大面积坍塌事故，八车道的风情大道塌下去 100 多米长，塌陷深度 20 米左右，边上的河水倒灌向塌陷的地铁坑道内，见图 18.10 和图 18.11。事故造成 21 人死亡，24 人受伤，直接经济损失 4 961 万元。

图 18.10　塌陷现场图 1　　　　图 18.11　塌陷现场图 2

（2）施工管理。

被拆迁建筑的外接管线，特别是与电源、燃气等有关管线；施工期间临时交通标志、标线没有设置或设置不当；施工人员携带火种等可引起火灾的物品进入洞内，引起爆炸、火灾等事故；施工机械噪声、振动过大，会妨碍对话，影响信号联络，还会对作业人员造成不适感；长期吸入洞内作业产生的粉尘、内燃机排出废气和烟雾，会引发硅肺病、缺氧症。

南京地铁二号线元通站，隧道底部作业的 10 名风镐工人曾出现过突发脑缺氧的事件。此次事故的主要原因是，工人作业时意外打破液氮管道导致液氮泄漏，如图 18.12 所示。

图 18.12　液氮管泄露

通过对历年来国内外城市轨道交通重大运营事故及灾害的分析，其发生的主要特征有：

① 火灾事故发生比例最高，占到近一半，火灾事故、列车事故、恐怖袭击这三种事故类型是城市轨道交通运营中的主要重大事故，占总事故数的 85%。

② 次生危害大，从以往的城市轨道交通重大运营事故中不难看出，重大运营事故并不是一个孤立的事故类型，一般容易引发其他次生的事故危害。

③ 危害影响范围广，城市轨道交通重大运营事故或灾害的影响往往不仅局限于发生地点。由于城市轨道交通系统具有相对封闭、网络连通的特点，通常其影响范围会快速扩散。

20 城市轨道交通系统运营经济效益评价

20.1 城市轨道交通运营经济效益指标

20.1.1 城市轨道交通运营绩效指标体系

城市轨道交通的运营绩效指标体系由基础指标和绩效指标两大类构成，如图20.1所示。其中，基础类指标包括线网指标、车站指标两种类型，是提供服务的基础；绩效指标包括客流指标、运行指标、服务指标、安全指标、能耗指标、成本指标六种类型，是服务水平的具体反映。

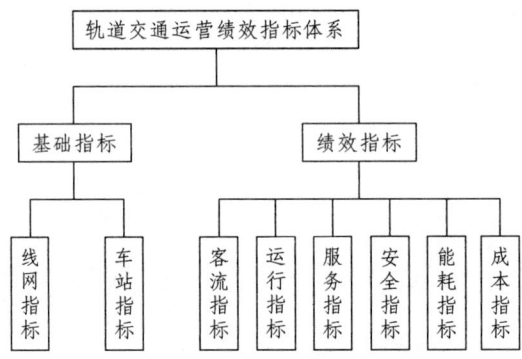

图 20.1 城市轨道交通运营绩效指标体系

20.1.2 城市轨道交通运营绩效基础指标

城市轨道交通绩效基础指标的线网指标包括运营线路条数、线路运营长度、网络运营长度和网络运营长度增长率四个计算指标；车站指标包括线路车站数、换乘车站总数、网络车站总数和平均站间距四个指标。

1. 线网指标

运营线路条数：为运营列车设置的固定运营线路总条数。
线路运营长度：运营线路按始发站站中心至终点站站中心沿正线线中心测得的长度。
网络运营长度：网络中各线路运营长度之和。
网络运营长度增长率：本期网络运营长度与上期相比的增长比例。

2. 车站指标

线路车站数：运营线路上办理运营业务和为乘客提供服务的建筑设施和场所的数量。
换乘车站总数：运营线路交汇处具备从一条线路转乘到其他线路功能的车站数量。
网络车站总数：网络中各条运营线路的车站总数。
车站间距：同一线路上两个相邻车站中心间的平均距离。

20.1.3 城市轨道交通运营绩效指标

城市轨道交通运营的绩效指标包括客流指标、运行指标、服务指标、安全指标、能耗指标、成本指标六种类型。

1. 客流指标

城市轨道交通客流指标体系如图 20.2 所示。

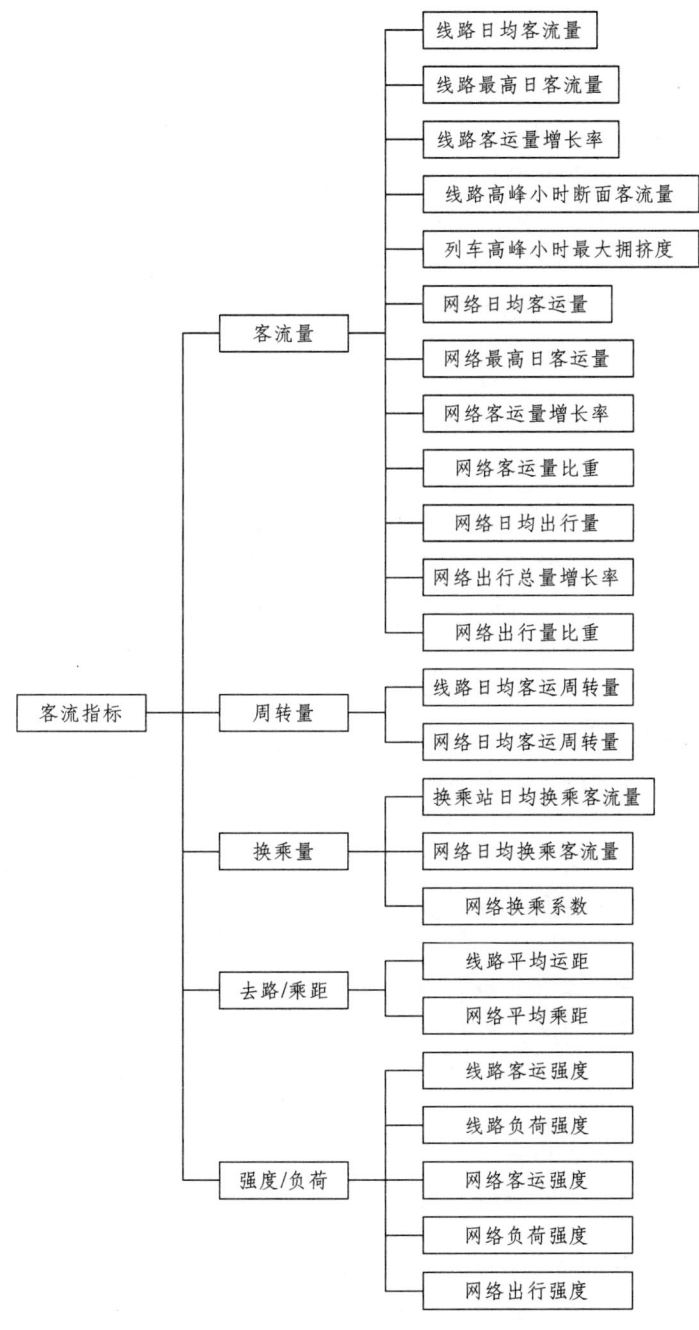

图 20.2 城市轨道交通客流指标体系框架

线路日均客运量：统计期内，线路日运送乘客总量的平均值。

线路最高日客运量：统计期内，线路日客运量中最大的日客运量。

线路客运量增长率：本期线路日均客运量与上期线路日均客运量相比的增长比例。

线路高峰小时最高断面客流量：线路高峰小时单向最大断面客流量。

列车高峰小时最大拥挤度：线路高峰小时断面客流量与相应运力的比值，反映路线高峰小时最大断面的拥挤情况，每条线路统计期内的最大值。备注：车厢空余面积定员数按国家设计标准6人/m^2计算（1 468人/列车）。车厢空余面积超员数按国家设计标准8人/m^2计算（1 880人/列车）。

网络日均客运量：统计期内，网络日客运总量的平均值。

网络最高日客运量：统计期内，最大的网络日客运量。

网络客运量增长率：本期网络日均客运量与上期网络日均客运量相比的增长情况。

网络客运量比重（网络客运量占公共交通客运量比重）：网络日均客运量占全市日均公共交通客运总量的比例。

网络日均出行量：统计期内，平均每日利用城市轨道交通网络出行的乘客数量。乘客在网络中乘换一次或多次时，均视为一个出行人次。

网络出行总量增长率：本期网络日均出行量与上期网络日均出行量相比的增长比例。

网络出行量比重（网络出行量占公共交通出行量比重）：网络日均出行量占全市日均公共交通出行总量的比例。

线路日均客运周转量：统计期内，线路日客运周转量的平均值。

网络日均客运周转量：统计期内，网络每日客运周转量的平均值。

换乘站日均换乘客流量：统计期内，某一换乘站各线路间每日换乘客流总和的平均值。

网络日均换乘客流量：统计期内，网络日换乘客流总和的平均值。

网络换乘系数：客运量与出行量的比值，用于衡量网络内部连通性的指标。

线路平均运距：统计期内，在某一线路上乘客一次乘车的平均距离。

网络平均乘距：统计期内，网络中乘客平均一次出行全程的总乘车距离。

线路客运强度：线路日均客运量与线路运营长度之比，反映线路单位长度上每日的载客量，在一定程度上体现线路的运营效率。

线路负荷强度（线路周转强度）：线路日均客运周转量与线路运营长度之比，反映线路单位长度上每日承担的客运周转量。

网络客运强度：网络日均客运量与网络运营长度之比，反映全网单位长度上每日的载客量，在一定程度上体现网络的运营效率。

网络负荷强度（网络周转强度）：网络日均客运周转量与网络运营长度之比，反映全网单位长度上每日承担的客运周转量。

网络出行强度：网络日均出行量与网络运营长度之比，反映全网单位长度上每日的出行量，在一定程度上体现网络的使用率。

2. 运行指标

城市轨道交通运行指标体系框架如图20.3所示。

旅行速度：列车在运营线路正线上从起点站发车到终点站到达计停站时间的运行速度。

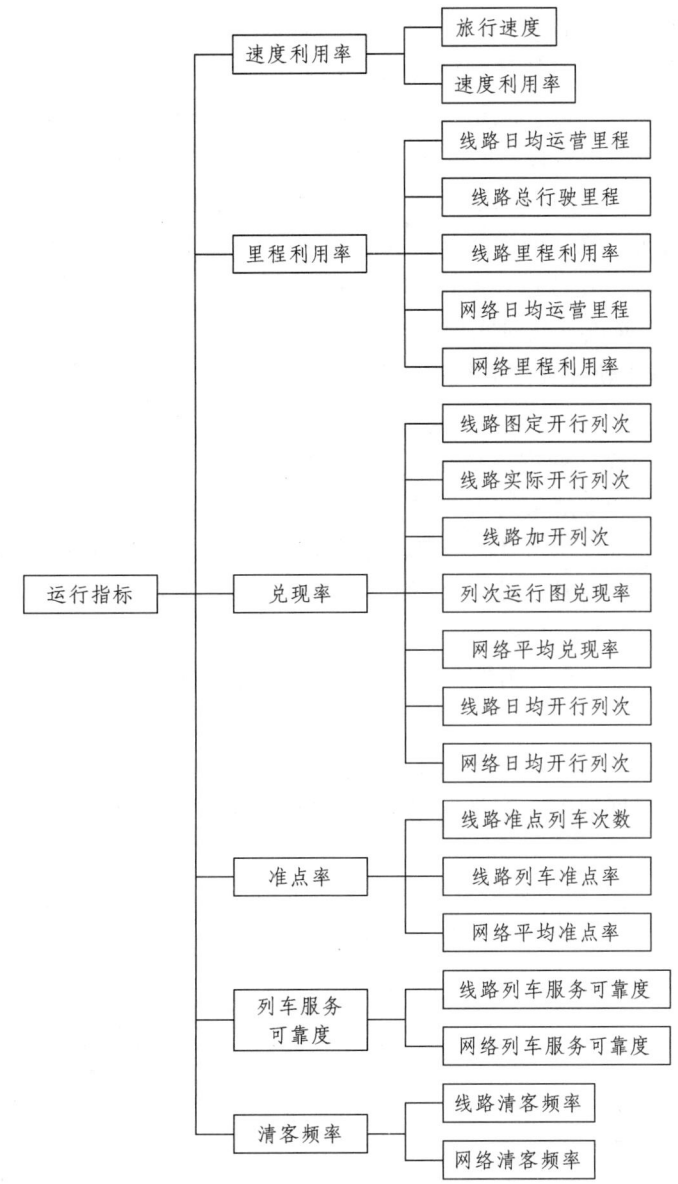

图 20.3 城市轨道交通运行指标体系框架

速度利用率：列车旅行速度与列车设计最高运行速度的比值。

线路日均运营里程：统计期内，平均每日为运营业务在运营线路上载客行驶和空车行驶的全部里程。以列车计算的运营里程被称为列车运营里程，单位为列车公里。

线路总行驶里程：统计期内，线路运营车辆所行驶的全部里程。

线路里程利用率：统计期内，线路运营车辆总行使里程中运营里程所占的比重。

网络日均运营里程：统计期内，网络中各线路日均运营里程总和。

网络里程利用率：统计期内，网络运营车辆总行使里程中运营里程所占的比重。

线路图定开行列次：统计期内，按照线路计划运行图或特定情况下制定的运行图开行的总列次。

线路实际开行列次：统计期内，列车为完成运营生产任务在正线上行驶的次数，分为载客列次和空驶列次两部分，包括计划外的加开列次。

线路加开列次：统计期内，线路根据实际需要在计划图外增加开行的总列次。

列车运行图兑现率：运行图计划执行过程中，根据计划实际开行列次（不包括加开列次）与运行图规定开行列次之比，用以表示运行图计划的执行情况。

线路日均开行列次：统计期内，列车为运送乘客在线路上平均每天所行驶的次数。

线路准点列车次数：凡按运行图图定的时间运行，早晚不超过规定时间界限的准点列车数。准点的时间界限指终点到站时间误差小于或等于 2 min 的列车（市域快速城市轨道交通系统除外），市域快速城市轨道交通系统准点的时间界限指终点到站时间误差小于或等于 3 min 的列车。

线路列车准点率：统计期内，线路准点列车次数与线路实际开行列车次数之比，用以表示用运营列车按规定时间准点运行的程度。

网络平均准点率：统计期内，网络中各线路准点列车次数与各线路全部开行列车次数之比。

线路列车服务可靠度：统计期内，线路列车发生 5 min 及以上延误事件之间平均行驶的列车公里数。

网络列车服务可靠度：统计期内，网络中列车发生 5 min 及以上延误事件之间平均行驶的车公里数。

线路清客频率：统计期内，线路发生清客之间的平均运营里程。

网络清客频率：统计期内，网络发生清客之间的平均运营里程。

3. 服务指标

城市轨道交通服务指标如图 20.4 所示。

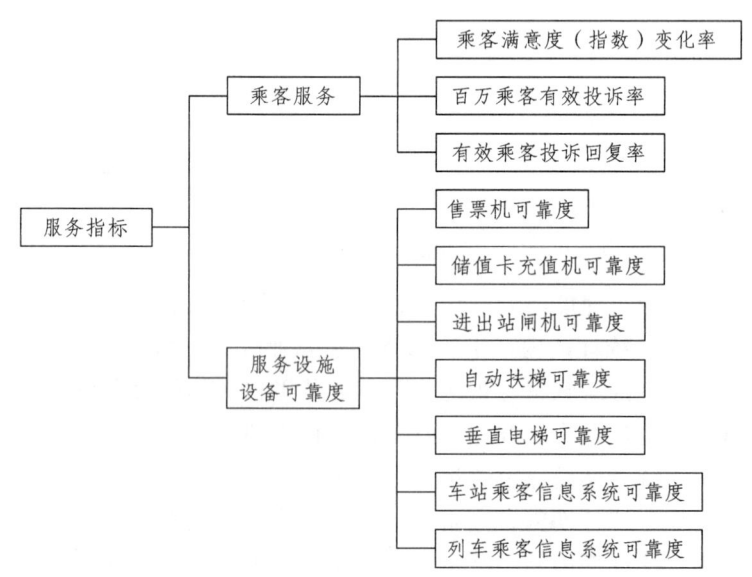

图 20.4 城市轨道交通服务指标体系框架

乘客满意度（指数）变化率：本期乘客满意度（指数）与上期乘客满意度（指数）相比的变化情况。乘客满意度应通过抽样调查和统计分析获得，服务组织或监察机构可委托第三方进行满意度测评。

百万乘客有效投诉率：统计期内，有效乘客投诉次数与网络客运总量之比。

有效乘客投诉回复率：统计期内，已经回复的有效乘客投诉次数与有效乘客投诉次数之比。有效乘客投诉应在接到投诉之日起7个工作日内回复，超过7个工作日按未回复处理。

售票机可靠度：统计期内，售票机实际服务时间与应服务时间之比，实际服务时间包括正常的加票和加币时间。

储值卡充值机可靠度：在统计期内，储存卡充值机实际服务时间与应服务时间之比，实际服务时间包括正常的加票和加币时间。

进出站闸机可靠度：在统计期内，进出站闸机实际服务时间与应服务时间之比。

自动扶梯可靠度：在统计期内，自动扶梯实际服务时间与应服务时间之比。

垂直电梯可靠度：在统计期内，垂直电梯实际服务时间与应服务时间之比。

车站乘客信息系统可靠度：在统计期内，车站乘客信息系统实际服务时间与应服务时间之比。

列车乘客信息系统可靠度：在统计期内，列车乘客信息系统实际服务时间与应服务时间之比。

4. 安全指标

运营事故次数：统计期内，网络发生运营事故的事件数。

运营事故频率：统计期内，网络发生运营事故之间的平均运营里程。

根据《地铁运营安全评价标准》（GB/T 50438—2007），对运营事故分别统计特别重大、重大、大、险性、一般五类运营事故的发生频率。

5. 耗能指标

线路每公里牵引能耗：统计期内，线路运营车辆每行驶单位里程平均消耗的电能。

网络公里牵引能耗：统计期内，网络运营车辆每行驶单位里程平均消耗的电能。

网络动力照明能耗：统计期内，网络平均每站每天的动力照明能耗，需剔除商业用电等非营运性质的能耗。

6. 成本指标

运营总成本：统计期内，运营企业为完成运营服务所发生的按国家规定应列入成本开支范围的总费用。

运营票务收入：统计期内，企业运营所得的票务收入总和。

车公里成本：车公里成本=运营总成本/（网络日均运营里程×统计天数）。

人公里成本：人公里成本=运营总成本/（网络日均客运周转量×统计天数）。

运营成本比：运营成本比=运营票务收入/运营总成本。

20.2 城市轨道交通运营成本分析

20.2.1 城市轨道交通运营成本构成

城市轨道交通运营成本由运营成本、管理费用、财务费用和营业外支出构成，营运成本、管理费用和财务费用构成营业支出，营业支出和营业外支出构成运输总支出。在城市轨道交通运营成本构成体系中，运营成本是城市轨道交通运营生产过程中实际发生的与营运生产直接有关的各项支出，主要内容包括：

（1）直接从事营运活动人员的工资、资金、津贴、补贴和按批准的结算工资收入与实际工资支出的差额；

（2）按规定提取的职工福利费；

（3）生产运营过程中运营设备运用和修理护养所消耗的材料、燃料、动力和其他费用；

（4）固定资产折旧费；

（5）运营生产过程中发生的季节性、修理期间的停工损失、事故性损失；

（6）按照国家有关规定可以在成本费用中列支的其他费用，如生产部门的办公差旅费、劳动保护支出等。

管理费用是城市轨道交通运营企业行政部门为管理和组织运输所发生的各项费用及其他各种管理费用性质的支出。主要内容包括：

（1）城市轨道交通运营企业管理人员的工资、奖金、津贴和补贴；

（2）机关办公差旅费、劳动保护费、职工制服补贴、折旧费、修理费、物资材料消耗、低值易耗品摊销及其他费用；

（3）按规定计提的职工福利费、工会经费、职工教育经费、职工待业保险金劳动保险费、印花税等相关税金、技术转让费、技术开发费、业务招待费、咨询费、聘请中介机构费、广告费、展览费、土地使用费、土地损失补偿费等；

（4）无形资产及递延资产的摊销、各种坏账损失、存货盘亏（减去盘盈）、毁损和报废。

财务费用是指城市轨道交通企业为筹集资金而发生的各项费用。主要包括城市轨道交通营运期间发生的利息净支出（减利息支出）、汇兑净损失（减汇兑收益）、金融机构手续费以及筹集生产经营资金发生的其他费用。

营业外支出是指与城市轨道交通运输生产经营活动没有直接关系的各项支出。主要包括：

（1）固定资产盘亏、报废、毁损和处置净损失；

（2）非常损失，指由于客观原因造成的损失，在扣除保险公司赔偿后应计入营业外支出的净损失，包括自然灾害损失、非季节性和非修理期间发生的停工损失；

（3）公益救济性捐赠、赔偿金、违约金等其他支出；

（4）按照会计制度规定计提的固定资产、无形资产和在建工程的减值准备。

20.2.2 城市轨道交通运营成本管理

1. 运营成本控制过程存在的问题

（1）运营成本管理意识不强。企业的成本管理只停留在表面分析和行政管理，关心的只是某个成本指标是否超标,职员只是为完成成本控制目标工作,从根本上缺乏主动性。

(2)当前的城市轨道交通建设管理及运营体制中,大多数情况下投资方、规划方、设计方、建设方、运营方分别由不同的专业化公司管理,在体制上难以克服工作接口多、各自为战的现状,因而无法从规划、建设、运营整个生命周期的角度进行投资的全盘优化,造成了成本控制的局限性。

(3)很多城市轨道交通项目由于建设前期盲目提高设备选型标准,采购并设置了大量不必要的大型机器、设备,使得后期维护空置设备的费用高。

(4)设备及基础设备更新缺乏长期、有效的规划,频繁的设备更新及基础设施改、扩建使得运营维护成本大大增加。例如,某城市的自动售检票系统,短短几年内已经整体更新换代三次,设备更新费用支出巨大。

2. 改进运营成本控制措施

(1)建立预算制度。建立预算制度,强化预算的弹性控制和硬性约束。按照预算定额,对各项相关费用逐层分解、分配,直到最末端的成本中心(如最基层的班组、人员等),根据统一领导和分级管理相结合的原则,逐步建立"公司定额—部门定额—车间定额—班组定额"的网络体系,以约束和控制各项费用的最终使用者,达到节约用款、合理用款的目的。做好分解和分配工作,需要充分研究城市轨道交通运营生产的过程,建立成本核算体系,并及时记录、统计各项费用的实际发生情况。

(2)降低人工成本。城市轨道交通运营成本中,由于人员工资及各项福利的相关费用所占比例往往超过50%,甚至更多。为此,运营公司应实行人员精简,建立科学合理的岗位用人机制,降低运营管理费用。例如,对简单工种,可采用借工办法;对技术专业性强的工种,可以采用外委办法;对勤杂工种,可采用临时工和计时工。通过量化每个职工的工作职责,通过考核绩效和工资挂钩的形式来提高劳动生产效率,控制人工成本。还应加强对员工的培训,不断提高职工技术素质,做到以少量人员实现高效率、高质量运营。较高技术水平的操作和使用,能够有效地减少检修频率,增加设备机器的使用寿命,同时做到节能省电,降低用电能耗。

(3)加强成本管理意识。设立与成本控制指标相挂钩的奖惩机制,对将成本严格控制在预算之内的部门或个人给予适当的奖励,反之,则进行一定的惩罚,这样可以提高职工降低成本的积极性。

(4)合理控制设备、设施的更新、维护费用。城市轨道交通车辆、主要设备及基础设施要定期检修、维护,同时它们都有一定的折旧年限,这部分费用是运营成本中不可忽视的。

目前,国内城市轨道交通车辆及设备系统的维修模式一般有自修、外包等形式。选择合适的维修外包商是成本控制的一个重要因素,应引入市场竞争机制,扩大维修承包商的选择范围,利用竞标等方式,降低维修成本。同时,还应加大技术引进消化再吸收的力度和员工的培训,争取掌握更多的常规设备维修、养护技术,减少外包维修资金支出。加强对设备检测,配以周期合理、计划科学的保养,能够最大限度地减少设备损耗,增加其服务寿命及服务质量,进而减少对维修的需求,使得维护成本得到有效控制。对设备更新、基础设施改造要做好可行性研究,对于不必要更新的设备(如虽然陈旧却能良好使用的设备)应尽量保留。

20.3 城市轨道交通系统效益评价

20.3.1 城市轨道交通经济效益

1. 城市轨道交通经济效益

城市轨道交通的经济效益以网络规模为前提，覆盖面越大，服务客流越多，则城市轨道交通效率越高。例如香港地铁，香港地铁是一个既快捷又安全可靠的集体运输网络，覆盖香港的"心脏"地带。整个综合铁路系统全长 211.6 km，由观塘线、荃湾线、港岛线、东涌线、将军澳线、东铁线、西铁线、马鞍山线、迪士尼线、机场快线及轻铁各线共 150 个车站组成。港铁周日平均载客量为 340 万人次，是全球首屈一指的铁路系统，以其安全、可靠程度、卓越顾客服务及成本效率见称。地铁由通车之日起，自动售票系统便开始运作，自 1997 年 9 月起香港地铁联通其他公共交通服务机构成立"联俊达"公司，推出"八达通"智能（聪明）卡票务系统，方便用户从银行直接转账充值。合理的选线设计、先进的硬件设施，保证了地铁运行的安全和通畅，加之其便利的票务政策和优良的服务，为地铁公司吸引了庞大的客流，这些因素也是地铁公司盈利的必要条件。

2. 城市轨道交通的区域经济效益

区域经济效益是指城市轨道交通的建成通车对沿线经济开发产生的促进和波及效应。

（1）沿线不动产增益的效益。城市轨道交通的建成通车，可以提高沿线居民和企业的可达性，使城市轨道交通沿线的土地和房产的价值增加，提升土地和房产的价格。城市轨道交通设施降低了经济主体在生产和生活中的转移成本和运营成本，为经济主体带来了大量的超额纯收益。这部分超额纯收益使得土地资产增值，进而促进土地价格上升。需要说明的是，在一般情况下，城市不动产也是在不断增值的，但从国内外的经验来看，城市轨道交通沿线的不动产一般会比其他地段的不动产增值幅度要大，随着城市轨道交通的不断延伸，直接带动了沿线房地产的开发和楼市的旺销。

（2）节约用地的效益。与一般的地面交通相比，城市轨道交通最突出的特点是它绝大部分线路在地下或高架上运行；同时，由于它的大运量和对其他交通方式的替代性又可以减少地面道路的建设。这两方面原因使城市轨道交通具有明显的节约城市用地的特点，这对土地日益稀缺的城市来讲显得尤为重要。鉴于城市土地不断增值的规律，此项节约效益从长远来看是一笔十分可观的收益，这也是其他交通项目所不具有的优势。

（3）缓解城市交通压力的效益。由于城市轨道交通的建成，吸引了大量的乘客改乘城市轨道交通，缓解了地面交通的拥挤程度。缓解城市交通压力的效益可以采用有无对比的方法来计算，其方法为：

$$E_1 = (Q/q) \times (r_1 + r_2 + r_3) \tag{20.1}$$

式中，E_1 为城市轨道交通缓解城市交通压力的效益，单位为元/年；Q 为城市轨道交通的年客流量，单位为人/年；q 为城市轨道交通建成前公交车辆的年客流量，单位为人/年·辆；r_1 为每辆公交车辆的购置费、设施配套费与运营费用之和，单位为元/（辆·年）；r_2 为每新增一辆公交车辆所平均花费的道路拓宽费与道路维护费之和，单位为元（辆·年）；r_3 为每新增一辆公交车所需要的平均其他费用,单位为元(辆·年)。

20.3.2 城市轨道交通社会效益

社会效益是指城市轨道交通建成通车以后所产生的全社会成员无论是否付费都能享受到的效益。社会效益主要有以下几种。

1. 增强安全性效益

由于城市轨道交通系统具有比公路交通更高的安全性,可以减少交通事故死伤的发生,将为社会节省交通事故损失费用,可以将其归结为增强安全性的效益,其增强安全性的效益为:

$$E_2 = P \times R \times Q \qquad (20.2)$$

式中,E_2 为城市轨道交通增强安全性的效益,单位为元/年;P 为交通事故平均损失费,单位为元/次;R 为城市轨道交通与公交车辆相比事故减少率,单位为次/万千米;Q 为交通量,单位为万千米/年。

2. 改善环境质量的效益

与其他交通方式相比,城市轨道交通对环境负面的影响最小。一是,城市轨道交通对环境的噪声污染几乎为零,二是,城市轨道交通均为电力驱动,没有废气排出。所以城市交通轨道交通使城市获得改善环境质量的效益。

对于城市轨道交通改善环境质量的效益,可采取补偿变量法来评价。

如图 20.5 所示,在拥有城市轨道交通的情况下,环境质量为 Q_0,人们的效用为 U_1,所付出的环境治理代价为 Y_0,现在假设没有城市轨道交通,由于其他交通方式会降低环境质量,在付出代价为 Y_0 的情况下,使环境质量降到了 Q_1 处,此时人们的效用为 U_2。人们在 Q_1 处为了获取 U_1 的效用就必须使环境代价提高到 Y_0+E,将这个过程反过来看,此时的 E 可以看作城市轨道交通改善环境质量的效益。

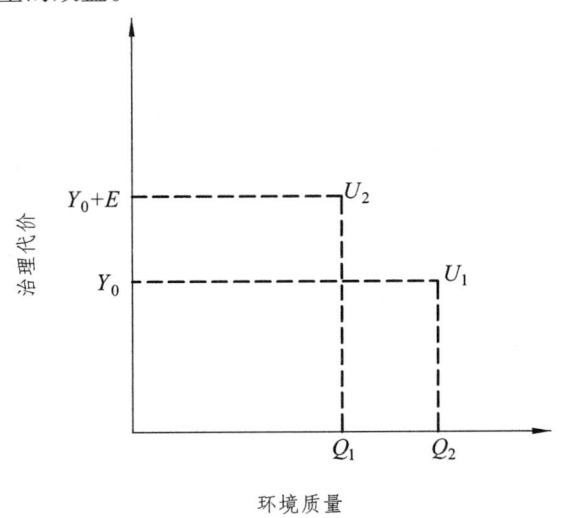

图 20.5 改善环境效益示意图

20.3.3 城市轨道交通系统效益综合评价

从受到交通影响的不同主体看，城市轨道交通的系统综合效益可分为经济效益、交通效益和社会效益三大类。其中，经济效益主要针对评价的主体是交通的经营者；交通效益主要针对的评价主体是交通的使用者；社会效益主要针对的评价主体是周边居民、自然生态环境、地方政府和国家。

研究城市轨道交通的系统效益，一般是从经济效益、交通效益和社会效益三方面进行分析与评价的，即通过系统的经济效益来体现其运营效果；通过系统的交通效益来反映城市轨道交通系统的交通功能状况；以系统的社会效益来说明系统对社会、经济和城市发展的影响。因此，在对城市轨道交通的系统效益进行综合评价时，如何选取适当的评价指标就显得尤为重要。在实践的综合评价过程中，并非是指标越多越好，但也不是越少越好，关键在于评价指标在评价中的作用大小。

通常对评价指标选取的方法有专家调研法、最小均方差法、极小极大离差法和因子分析法等。而针对选取的各个指标，其在评价体系中所占的权重也要依据一定的方法确定，其中包括层次分析法、相似度评价法、主成分分析法、优序图法和联合分析法等。

对城市轨道交通进行系统效益综合评价，在选择评价方法时可以参考以下各类方法。

（1）评价作用的指标是多种多样的，评价的问题也不是单一的，20世纪60年代产生的模糊数学在综合评价中得到了极为成功的应用，产生了特别适合对主观或定性指标进行评价的模糊综合评价方法。

（2）多指标综合评价中比较难解决的是综合的各指标信息的重复问题，近几十年来迅速发展的多元统计分析为解决这一问题提供了可能性，因而产生了主成分、因子评价方法。

（3）由于评价对象的多样性及评价的决策作用，多目标决策方法也融入了综合评价中，如功效系数法、层次分析法等，开阔的评价方法的思路。

（4）运筹学的新发展，产生了将投入和生产指标分离开来评价部门间相对有效性的数据包络法，在对非单纯盈利部门进行评级时取得了很好的效果。

（5）信息论、灰色系统理论等渗入到综合评价中，产生了熵值法、灰色关联度评价法等。

（6）多维标度分析及空间统计学的发展提高了统计分析技术上的整合能力，使多目标综合评价方法的应用更加深入。

开展城市轨道交通系统效益的综合评价涉及很多方面的因素，应针对具体项目，考虑不同的评价主体目标，因地制宜，选择不同的方法对其进行评价，也可以采用部分组合的方式进行评价，以期达到较好的评价效果。

参考文献

[1] 胡守忠. 话说轨道交通[M]. 上海：东华大学出版社，2013.
[2] 汪波. 城市轨道交通网络运营理论与应用[M]. 北京：人民交通出版社股份有限公司，2014.
[3] 毛保华，等. 城市轨道交通规划与设计（第二版）[M]. 北京：人民交通出版社，2011.
[4] 刘迁，许双牛. 我国城市轨道交通线网规划实践与思考[M]. 北京：人民交通出版社，2015.
[5] 马驷，饶咏. 城市轨道交通运营管理[M]. 北京：科学出版社，2014.
[6] 许红. 城市轨道交通规划与设计[M]. 北京：北京交通大学出版社，2012.
[7] 陈坚. 城市轨道交通概论[M]. 长沙：中南大学出版社，2014年10月.
[8] 吴命利，温伟刚，李春青. 城市轨道交通概论[M]. 北京：北京交通大学出版社，2013.
[9] 何静. 城市轨道交通运营管理（第二版）[M]. 北京：中国铁道出版社，2013.
[10] 颜景林. 城市轨道交通运营管理[M]. 成都：西南交通大学出版社，2014.
[11] 黎茂盛. 城市轨道交通运营管理[M]. 长沙：中南大学出版社，2015.
[12] 易思蓉. 城市轨道交通线路规划与设计[M]. 北京：科学出版社，2013.
[13] 叶霞飞，顾保南. 城市轨道交通规划与设计[M]. 中国铁道出版社，1999.
[14] 马子彦. 轨道交通运营事故案例分析[M]. 北京交通大学出版社，2013.
[15] 连义平. 城市轨道交通安全管理[M]. 成都：西南交通大学出版社，2011.
[16] 秦进，高桂凤. 城市轨道交通安全管理[M]. 北京：人民交通出版社，2012.
[17] 孙松伟. 城市轨道交通客流预测模型及方法研究[D]. 成都：西南交通大学，2008.
[18] 毛保华. 城市轨道交通运营与管理[M]. 北京：人民交通出版社，2006.
[19] 叶霞飞. 城市轨道交通规划与设计[M]. 北京：中国铁道出版社，2001.
[20] 陈蓓. 国外城市轨道交通发展规模研究[D]. 北京：北京交通大学，2010.
[21] 城市轨道交通换乘站客流预测方法研究[D]. 西安：长安大学，2012.
[22] 张国宝. 城市轨道交通运营组织[M]. 上海：上海科学技术出版社，2006.
[23] 毛保华等. 城市轨道交通[M]. 北京：科学出版社，2001.
[24] 彭华. 城市轨道交通[M]. 北京：人民交通出版社，2013.
[25] 顾保南，叶霞飞. 城市轨道交通工程[M]. 武汉：华中科技大学出版社，2007.
[26] 孙章等. 城市轨道交通概论[M]. 北京：中国铁道出版社，2000.
[27] 中国城市轨道交通网. http://www.chinametro.net.
[28] 百度百科网. baike.baidu.com.
[29] 城市轨道交通网. http://www.ccmetro.com.